ASTA SCHEIB

In den Gärten des Herzens

Die Leidenschaft der Lena Christ

ROMAN

Hoffmann und Campe

1. Auflage 2002
Copyright © 2002 by Hoffmann und Campe Verlag, Hamburg
www.hoffmann-und-campe.de
Schutzumschlaggestaltung: Büro Hamburg/Stefanie Oberbeck
Umschlagbild: akg-images/Julio Romero de Torres
Satz: Utesch GmbH, Hamburg
Druck und Bindung: GGP Media, Pößneck
Printed in Germany
ISBN 3-455-06495-7

Für Lena Christ

Das Schicksal des Einzelnen ist völlig
dunkel, geheim-insondable; die Kategorien
Glück und Unglück finden darauf keine
Anwendung. Es liegen aber in der Seele
grenzenlose Kräfte: dasselbe, das uns
zerrüttet, kann uns tragen wie Flügel.

Hugo von Hofmannsthal an Joseph Chapiro

1. Kapitel

Als Lena erwachte, sah sie undeutlich das Gesicht der Barmherzigen Schwester unter der weißen Flügelhaube. Durch das geöffnete Oberlicht des großen Fensters kam der Tag herein, Lena hörte den Kies unter den anfahrenden Wagen knirschen. Von der nahen Anstaltskirche schlugen die Glocken elfmal. Sie zählte stumm mit.

»Sie haben gestern den ganzen Tag geschlafen, dann die Nacht durch bis in diese Minute«, sagte die Schwester. Lena bemühte sich, Herzlichkeit aus dieser Feststellung heraushören. Die Schwester hatte eine Brille mit kleinen runden Gläsern auf der Nase, und Lena war froh, dass sie offenbar noch ziemlich jung war. Wenigstens nicht diese alte Beißzang, die Lena bei ihrer Aufnahme sofort das Gefühl gegeben hatte, in einem Gefängnis gelandet zu sein. Sie wusste sehr wohl, dass dieses Gefühl nicht gerechtfertigt war, dass sie dankbar sein musste, aus dem tropfnassen Loch ihrer letzten Bleibe in das schöne neue Schwabinger Krankenhaus zu kommen. So herunter, wie sie war. Lena fühlte sich, als habe man ihr mit einem Holzhammer auf den Kopf geschlagen, und sie wollte zurückgleiten in den Schlaf, in die Wärme und Sauberkeit des weißen Bettzeugs. Helle weiße Betten, heller weißer Vormittag wie im Winter auf dem Wendelstein. Es war Lena, als könne sie im Schnee einschlafen und müsste nie mehr aufwachen.

Doch die Schwester hatte einen Block auf den Knien, Lena sah ihn erst jetzt, und die Schwester sagte, dass sie Fragen stellen müsse, alles aufschreiben über den Neuzugang.

»Vom Armenrat wissen wir, dass Sie Magdalena Leix heißen, achtundzwanzig Jahre alt sind und katholisch. Stimmt das?«
Vom Armenrat wussten die das. Herrschaft! Wenn Lena nicht so verdammt müde gewesen wäre, hätte sie gefragt, was das denn sei, ein Armenrat. Aber so nickte sie nur, und die Schwester, die offenbar einen Schnupfen und kein Taschentuch hatte, zog die Nase hoch.
»Da hilft alles nichts, wir müssen noch einiges klären! Nachher können Sie wieder schlafen.«
Die Schwester rückte die Brille zurecht, zog wieder die Nase hoch. Sie gab sich Mühe, nach der Schrift zu sprechen.
»Also, jetzat, Sie sind verheiratet, katholisch, haben drei Kinder – und Ihr Mann?«
Sie sah Lena ein wenig schräg an, eine Sekunde nur, dann konzentrierte sie sich auf ihr Blatt und auf ihren Stift. In ihrer weißen schützenden Höhle wusste Lena, dass sie nichts mehr zu verlieren hatte. Sogar die Scham über ihr Elend, die ihr bis zuletzt noch Kraft gegeben hatte und Trotz zum Widerstand, hatte sich im Bluthusten, im Schüttelfrost und Fieber verflüchtigt. Nicht einmal für die Kissen, in denen sie lag, konnte sie bezahlen, und es gab niemanden, den sie dafür verantwortlich machen konnte.
Auch nicht ihren Mann. Oder doch? Schließlich hatte er durch seine leichtsinnigen Bauspekulationen so hohe Schulden gemacht, dass selbst seine Eltern ihm nicht mehr verzeihen konnten. Sie hatten die schöne Wohnung verlassen müssen, die mit Lenas Hochzeitsgut elegant und behaglich eingerichtet worden war. Dann gingen die Umzüge los. Immer geringere Wohnungen, Loristraße, Linprunstraße, Sternstraße, Klenzestraße. Und stets zog Franz Schwimmböck mit, der Gerichtsvollzieher. Lena hatte ihn trösten müssen, weil es ihn gar so hart angekommen war, ihr alles wegzupfänden. Die Kommode mit der Wäsche für die Kinder ließ er ihr bis zuletzt.
Anton, ihr Mann, hatte seine Wut und Enttäuschung

über Misserfolge, die Verachtung und den Zorn der Eltern bei Lena abgeladen.

»Du bist an allem Schuld! Hätte ich bloß nicht geheiratet. Alles ist so blöd wie bei den anderen auch!«

Lena erinnerte ihn anfangs noch daran, dass er sie unbedingt haben wollte. »Du warst es doch, der keine Ruhe gegeben hat, bis wir verheiratet waren!«, schrie sie ihn an, aber dann lernte sie, vorsichtig zu sein, denn Anton schlug zu. Sie wollte rebellieren gegen die Schläge, gegen die Gewalt, doch niemand war auf ihrer Seite, und gegen einen alkoholisierten Anton war sie machtlos.

Antons Eltern schimpften über die ständigen Streitereien im Haus, sie gaben Lena zu verstehen, dass sie verantwortlich sei für das Scheitern ihres Sohnes. Lena begriff es nicht. Die Schwiegereltern hatten sie freundlich begrüßt. Lenas Familie und das Hochzeitsgut war ihnen recht gewesen. Das erste Kind des jungen Paares wurde ein Bub, Toni, Stammhalter der Familie Leix. Aber als der Anton begann, in den Wirtshäusern zu trinken, als er sich mit Spekulanten einließ und schließlich die bürgerlichen Ehrenrechte verlor, gaben sie offen Lena die Schuld. Anton habe es wohl nicht schön daheim, hatte die Schwiegermutter gemeint.

Lena resignierte. Sie hatte schon auf dem Land gelernt, dass Frauen still ihre Arbeit machten und gehorchten. Die Männer hatten immer Recht. Wie die Eltern auch. Schließlich hatte Lena sich auch nie ernsthaft gegen die Misshandlungen der Mutter gewehrt. Sie liebte die Mutter, wollte es ihr recht machen, schaffte es aber nicht, so sehr sie sich auch bemühte, manchmal bis zum Umfallen arbeitete. Sie war immer darin aufgegangen zu lieben. Früher den Großvater, über sein Grab hinaus, und dann ihre Kinder: Anton, Magdalena, Alexandra. Sie war damit beschäftigt gewesen, sie zu beruhigen über den Streit, der immer öfter zu hören war, die Umzüge, die von Tag zu Tag bescheidenere Kost, schließlich das Schlafen in Lumpen auf dem nackten Fußboden. Sie hatte mit den Kindern Gotteshäuser besucht, ihnen die schönen Bilder und Statuen gezeigt. Sie ging mit ihnen zur Messe, wo die Kleinen Orgelmusik hörten und Lieder, wie sie ihnen Lena auch daheim sang, damit sie einschliefen und abgelenkt wurden von der verzweifelten Notlage, die zumindest Toni und Leni, die beiden Großen, bewusst erlebten. Alixl war erst vier, sie war schon in die Verzagtheit, den Kampf und die Niederlage hineingeboren worden.

Lena hatte die Schwiegereltern geliebt oder lieb gewinnen wollen, die sie im Anfang »unser liebes Töchterl« genannt hatten. Doch ihre Zuneigung zu Lena war wohl eher oberflächlich gewesen. Hätten sie sonst Lena und die Enkeltöchter dem Elend überlassen und nur den Stammhalter zu sich genommen? Lena sagte sich immer wieder, dass sie dem anfangs so lustigen und charmanten Anton alles geglaubt und vor allem von daheim weggewollt habe. Dass sie allein Schuld sei an ihrer Misere. Aber Leni und Alixl doch nicht!

Sollte sie sich bei Gott dafür bedanken, dass sie selber bis zu ihrem siebten Lebensjahr niemals Not gelitten hatte, da sie bei den Großeltern sorglos aufgewachsen war? Gewiss – der Großvater war nicht reich gewesen, aber es hatte immer Geselchtes und Semmelknödel gegeben, sonntags Leberknödel und in der Brühe heißes Schmalz mit braunen Zwiebeln und Schnittlauch. Schmalznudeln und Gesundheitskuchen an Feiertagen, und an Ostern gab es Osterbrot und gekochte Eier.

In den harten Jahren im Haus der Mutter hatte zwar deren Grausamkeit und Kälte Lena bedrückt, aber die Schüsseln waren immer voll gewesen mit Kraut und Braten, Bifflamod und Salat, abgebräunter Milzwurst und Brotsuppen. Es kam vor, dass die Mutter ihr zur Strafe einen Tag lang nichts zu essen gab, aber da hatte Lena schon ihre Tricks, auch wenn sie das heimlich Versteckte mit schlechtem Gewissen aß. Schließlich betrog sie die Mutter, obwohl es ihr einziger Wunsch war, von ihr geliebt zu werden. Besonders, wenn die Mutter sie strafte, hatte Lena sich armselig und allein gefühlt. Wenn sie diese Zeiten doch endlich vergessen könnte!

Die Schwester neben ihr machte eine ungeduldige Bewegung.

»Wenn Sie über Ihren Mann nicht reden wollen – können wir dann Ihre Eltern benachrichtigen? Irgendjemanden müssen Sie doch haben!«

Lena spürte, dass die Schwester den leidigen Fragebogen los werden wollte, dass Lena ihr auf die Nerven ging, aber sie konnte ihr doch nicht sagen, dass es keinen Weg mehr zurück zu den Eltern gab. Wie sollte sie einer jungen Klosterfrau erklären, dass ihre Mutter sie am Hochzeitstag verflucht hatte. »Keine glückliche Stunde sollst du im Leben haben, und jede gute Stunde sollst du mit zehn bitteren büßen!«

Lena sah wieder das harte, grausame Gesicht der Mutter vor sich, sah, wie ihre grünen Augen vor Kälte glitzerten, und sie hörte, was die Mutter noch hinzugefügt hatte: »Du sollst dir wünschen, wieder heim zu dürfen, aber rein kommst du nie mehr! So – nun weißt du es!« Lena war übel geworden bei diesen Worten, ein Weltuntergang hätte sie nicht heftiger erschrecken können, aber es gab keinen, nur eine Hochzeit, seit der sie dem Anton gehört hatte wie einem Bauern das Vieh.

Würde sie nie Ruhe finden, würde sie sich immer wieder verirren in diesem Labyrinth der Gefühle, das so dunkel und eng war und sie immer wieder in Panik versetzte?

Was war sie für eine Person? Warum liebte sie ihre Mutter immer noch, obwohl die hart und grausam war, unerbittlich, zerstörerisch. Oder war es nur Mitgefühl, das Lena fast erstickte? Lenas Vater hatte ihre Mutter nicht geheiratet, es gab Gerede. Lena hatte unfreiwillig belauscht, dass ihre Schwiegereltern sich fragten, ob der Vater Lenas denn nun Karl Christ, der Schmiedgeselle aus Mönchsroth, oder der von Scanzoni auf Zinneberg gewesen sei, bei dem die Mutter als Köchin angestellt war. Man höre hier und da, dass der seinen Bediensteten Christ vorgeschoben habe, natürlich gegen Zahlung einer hübschen Summe. Woher sonst habe Lenas Mutter ein so hohes Brautgeld für ihre Tochter gehabt?

Jedenfalls war die Mutter durch Lenas ledige Geburt gekränkt worden. Vielleicht musste sie Lena deshalb immer verletzen, und Lena musste es sich gefallen lassen. Wenn die Mutter sie ansprach, duckte Lena sich innerlich, denn die Mutter hatte dabei die Angewohnheit, den Kopf vorzustrecken, wobei die Bewegung durch den kurzen Hals etwas Ruckartiges bekam. Wie bei einer streitenden Henne. Eigentlich, so fand Lena, war ihre Mutter immer noch eine schöne Frau. Die Üppigkeit ihrer Figur, das kräftige Blondhaar, die intensiv grünen Augen und die raue, volle Stimme waren durchaus beeindruckend. Wenn die Mutter im Zimmer stand, schien für niemand anderen mehr Platz. Doch aus ihrem Inneren konnte jeden Moment ein Feuer herausbrechen. Früh, wenn Lena nach der Mutter Meinung zu spät aufstand, am Tisch, wenn Lena nicht gewählt nach der Schrift sprach, oder in der Wirtschaft, in der Küche – überall konnte Lena das Höllenfeuer in ihrer Mutter entfachen. Oft hatte sie vor Angst nichts essen können.

Sie fragte sich, ob ihre Mutter verrückt sei. Ein Mensch, den man eigentlich bemitleiden und beschützen sollte. Dann dachte sie daran, dass sie ihre Mutter ohnehin niemals wiedersehen würde.

Lena seufzte unwillkürlich tief auf und öffnete die Augen. Sie sah wieder die Helligkeit um sich, die junge Schwester, die wohl annahm, dass Lena wieder eingeschlafen war, die manchmal aufstand, sich im Krankensaal zu schaffen machte, für eine Zeit lang das Fenster öffnete, es mit einem Blick auf Lena aber wieder schloss. Da dachte Lena, dass sie glücklich sei, obwohl es ihr absurd erschien. Wie konnte sie glücklich sein in diesem Zustand totaler Armut und körperlichen Elends? Aber doch, ihr war so leicht in all diesen hellen Farben um sich herum, im Schutz dieser Schwester, die hinter der Brille die Augen zusammenkniff und wieder etwas erspähte, was sie im Raum noch richten könnte. Jetzt schrieb sie, sanft über Lena gebeugt, etwas auf eine große Schultafel mit weißem Rahmen, die am Kopfende von Lenas Bett befestigt war. Wahrscheinlich schrieb sie: »Magdalena Leix, geboren am 30. 10. 1881, Verdacht auf Tuberculosis.«

Gegenüber, an der Wand, las Lena nach mehrmaligem Hinsehen und Buchstabieren auf einem Schild: »Es ist verboten, auf den Boden zu spucken!«

Lena machte eine unwillkürliche Bewegung, berührte dabei den Arm der Schwester, die ihn sofort zurückzog. Lena war erstaunt. Konnte jemand noch ängstlicher vor Berührung sein als sie selber? Was wusste sie von dieser jungen Barmherzigen Schwester? Warum war sie in den Orden eingetreten? Warum arbeitete sie auf der Lungenstation, wo sie sich jeden Tag mit der unheilbaren Schwindsucht anstecken konnte, die in Bayern schaudernd »Sucht« genannt wurde?

Jetzt sah die Schwester zu ihr hin, kam wieder mit dem Block an ihr Bett. Fieberhaft fragte sich Lena, was sie ihr erzählen solle, und plötzlich fiel ihr ein, dass die Schwester auch Pilgermädchen gewesen sein könnte, so wie Lena in ihrer Jugend. Eine Zeit, an die sie sich gern erinnerte.

»Wissen Sie, was ein Pilgermädchen ist?«, fragte sie die Schwester, und die ließ sprachlos den Block sinken, starrte Lena verblüfft an.

»Freilich weiß ich das, wie kommen Sie darauf?«

»Haben Sie Pilgerfahrten gemacht nach Altötting?«

»Ja – und nach Grafrath und nach Birkenstein!«

Die Schwester wurde lebhaft und vergaß offenbar für eine Weile ihren Block und die Befragung Lenas. Sie erzählte ihr, dass sie als Kind häufig krank gewesen sei. »Die Pilgerfahrten nach Altötting zur Schwarzen Madonna waren ein großer Trost für mich.«

»Wissen Sie eigentlich«, fragte Lena die Schwester, »warum die Madonna so schwarz ist?«

»Ich hab schon so viele Leute gefragt, keiner weiß es so recht«, antwortete die Schwester lachend.

Lena erinnerte sich noch gut daran, dass sie als vierzehnjähriges Pilgermädchen tief beeindruckt war von diesem Bild der Gottesmutter, das durch seine dunkle Farbe und die kostbaren Kleinodien, mit denen die Madonna über und über behangen war, so bunt, so strahlend, so fremd auf Lena gewirkt hatte wie noch kein Heiligenbild vorher. Die Madonna war keine Hiesige, das sah Lena mit Erleichterung, diese Dunkle, Fremde wusste hoffentlich nicht, dass Lena ein Bankert war, ein elendiger.

Die Stimme der Schwester riss Lena aus ihren Erinnerungen. »Ich weiß noch genau, wie stolz ich war, als ich mein Pilgerkleid bekam,« sagte die Schwester gerade, und Lena stimmte ihr zu:

»Ich bin vor Angst fast gestorben, dass ich mein Kleid zerreißen oder sonstwie verderben könnte.«

Die Mutter Lenas hatte lange gemurrt, dass sie kein Geld hinauswerfe für ein Pilgerkleid. Doch der Stiefvater unterstützte Lenas Bitte, und schließlich ging sie so festlich gekleidet wie alle anderen Pilgermädchen auch. Ein himmelblauer Schulterkragen lag auf dem langen weißen Gewand, ein großes Herz aus Silber hing am blauen Band um Lenas Hals, im Haar trug sie ein blauweißes Kränzchen, und der lange Pilgerstab hatte wahrhaftig ein silbernes Kreuz.

»Morgens in aller Herrgottsfrühe ging das los mit dem Pilgern«, berichtete Lena, »ich musste schon um vier Uhr aufstehen, der Weg über den Marienplatz zum Ostbahnhof brauchte Zeit.«

»Und am Ostbahnhof stand dann ein Sonderzug bereit, stimmts, der brachte alle Wallfahrer nach Mühldorf!«

Die Schwester schaute Lena an wie eine Vertraute, und Lena erzählte ihr freimütig, dass sie immer geglaubt habe, das feine Pilgerkleid stehe ihr nicht zu, sei eine Anmaßung. »Einmal begegneten mir unterwegs heimkehrende Nachtlichter, die schrien ›dös spinnate Luada‹, und dann kam der verschlafene Bäckerjunge und glotzte mich ziemlich blöde an. Und am Marienplatz wollten mir einige Burschen, die johlend und streitend aus dem Ewigen Licht heraustorkelten, sogar den Pilgerstab abnehmen. Doch da halfen mir gottlob andere Wallfahrer.«

»Ja du liebe Zeit«, fragte die Schwester, »sind Sie denn ganz alleine in der Früh zur Heilig Geistkirche gelaufen?«

Lena sagte, dass sie noch genau wisse, wie ihr das Herz bis in die Schläfen hinauf geklopft habe: »Ich bekam meine zitternden Hände nicht mehr so recht unter Kontrolle, denn ich hatte einige der damischen Ritter mit meinem Stab kräftig auf den Kopf gehauen und nach ihnen getreten!«

»So sollten sich Pilgermädchen nicht aufführen«, sagte die Schwester mit gespieltem Ernst, »schließlich waren wir Marienkinder!«

Lena wollte nicht wissen, wie zerrauft sie damals ausgesehen hatte. Nur gut, dass sie keine Zeit gehabt hatte, darüber nachzudenken. Gemeinsam mit ihren Rettern lief sie zum Gotteshaus, vergaß sogar, sich mit dem Weihwasser zu bekreuzigen, und polterte rasch auf den Chor hinauf. Sie sollte während der Generalkommunion die Soli des Marienliedes singen, und ihr fiel ein, dass sie dringend auf den Abort musste.

Zu spät. Die Orgel brauste schon, und unter den Blicken des Prälaten Huhn vergaß Lena den Notruf ihrer Blase. Bei dem ergreifenden Marienlied allerdings musste sie die Schenkel gehörig zusammenklemmen, so dass sie nur mit größter Mühe ihre Soli herausjubilieren konnte. »Oh Maria, gnadenvolle«, sang Lena, und sie hoffte, dass die schönste Zier der Himmelsauen huldvoll auf ihre Blase niederblicken und sie vor dem Zerplatzen bewahren würde.

Die Schwester sah sie gespannt an, und Lena überlegte, ob sie ihr erzählen konnte, dass ihre liebste Schulfreundin, die, wie alle ärmeren Pilgermädchen, kein Geld für ein eigenes Bett hatte, ihres mit Lena teilte. Sie hatten ihre mageren Mädchenkörper aneinandergeschmiegt, sich ausgiebig betrachtet und geküsst, hatten gekichert, auch wenn sie wussten, dass sie es am Ende dem Prälaten Huhn würden beichten müssen. Lena hatte es dann lieber dem Benefiziaten Stein anvertraut, weil der nicht so ewiglang in die Mädchen hineinfragte. Ihr Vertrauen in den schlichten Geistlichen wurde nicht enttäuscht. Er beruhigte Lena, meinte, sie habe ja noch nicht das Kleid der Unschuld zerrissen. Ein wenig staubig sei es wahrscheinlich schon, aber das könne sie mit Reue und Vorsatz leicht wieder wegputzen. Dann holte er doch wahrhaftig aus seiner hinteren Rocktasche eine Riesentüte mit Malzzucker und gab Lena davon.

Sie dankte der Gnadenmutter von Altötting, denn sie war schon einmal wegen Verfehlungen gegen das Gebot der Keuschheit von der Mutter halb totgeschlagen worden. Vermutlich hatte die Mutter sie nur deshalb nicht ganz totgeschlagen, damit sie auch ferner jemanden zum Misshandeln besaß, denn über die Stiefbrüder wachte der Vater. Er war auch freundlich zu Lena, verteidigte sie sogar einmal gegen die Mutter, so dass Lena für einige Wochen ein schöneres Zuhause hatte, aber sobald der sakramentische Zorn über die Mutter kam, musste Lena wieder zittern.

Nein, unmöglich, von ihren Liebeleien auf den Pilgerreisen konnte Lena der Barmherzigen Schwester nichts erzählen. Doch die Augen der jungen Nonne waren so voller neugieriger Teilnahme auf Lena gerichtet, dass sie begann, ihr von ihrem Aufenthalt im Kloster zu berichten.

»Gott oder die Gnadenmutter von Altötting werden gewusst haben, dass meine Flucht vor der Mutter ins Kloster bös ausgehen musste«, begann Lena.

»Was – Sie sind ins Kloster aus Angst vor der Mutter?«, fragte die Schwester. Sie sah Lena jetzt ungläubig an, und Lena gab zu, dass sie ziemlich brutal aus ihren Träumen vom heiligen Leben herausgerissen worden sei.

»Ein junges Mädchen hatte mir in der Gaststätte meiner Eltern vorgeschwärmt, wie schön sie es im Institut der Englischen Fräulein habe. Nur singen müsse man da und beten, das sei schon alles. Ich brannte sofort vor Verlangen, an diesen Ort zu kommen. Beten war nicht gerade meine Sehnsucht, obwohl man dabei ungestört an andere Dinge denken konnte – aber Singen tat ich für mein Leben gern. Ich hab Ihnen ja schon erzählt, dass Prälat Huhn mich in den Chor aufgenommen hatte und dass er mich Solo singen ließ. Da haben sie immer geschaut, die andern Sängerinnen! Da gab es so richtig fade Wachteln und alte Schrauben, die ständig etwas an mir auszusetzen hatten.«

»Jessas«, sagte die Schwester, »der Prälat Huhn! Bei dem bin ich zur Kommunion gegangen und gefirmt worden. So ein Zufall! Ja – und dann? Sind Sie dann wirklich ins Kloster?«

»Leider. Mit den Englischen Fräulein wurde es zwar nichts. Die wollten mich nicht, weil ich ein lediges Kind war. Ich kam nach Schwaben ins Kloster Ursberg, wo es Anstalten gab für Taube und Blinde, für Kretins, Epileptische, Irre, Tobsüchtige und Besessene. Meine Mutter hat mich hingebracht. Ich hatte zuletzt doch ziemlich viel Angst vor dem Kloster und hab wohl im Zug vor mich hin gestiert. Uns gegenüber saß eine Frau mit ihrer Tochter, die immer so krampfartige Bewegungen machte. Die Frau fragte meine Mutter, ob ich auch ein Depperl sei und nach Ursberg müsse.«

»Na, da waren Sie ja schon in der richtigen Stimmung«, sagte die Schwester trocken, und Lena bestätigte, dass ihr in der Tat immer bänger ums Herz geworden sei.

»Der Superior sagte beim Empfang, der Orden habe um die fünfhundert Professschwestern und ungefähr zweihundert Novizinnen, die noch nicht durch die ewigen Gelübde gebunden seien und den Orden noch verlassen könnten. Doch er erzählte, wie erst kürzlich der himmlische Bräutigam solchen Verrat bestraft habe: Die betreffende Novizin lebte jetzt in der Irrenabteilung.«

Lena sah die Schwester an, die ihr mit großen Augen zuhörte. »Glauben Sie auch, dass ich Ihnen etwas vorlüge? Niemand, dem ich vom Kloster Ursberg erzählt habe, hat mir geglaubt.«

»Natürlich glaube ich Ihnen«, sagte die Schwester ruhig, »warum sollten Sie die Unwahrheit sagen?«

»Ich bin ja selber den Kandidatinnen im Kloster auf den

Leim gegangen«, erinnerte sich Lena. »Zuerst waren sie freundlich, doch dann ging es los mit dem Drill. Die Kandidatinnen waren so falsch wie viele der Nonnen. Arrogant waren sie und vom Ehrgeiz besessen, vor den Oberen des Klosters als angehende Heilige bewundert zu werden.«

»Davon kann ich auch ein Lied singen. Falschheit und Heuchelei gibt es auch unter den Barmherzigen Schwestern. Aber hatten Sie denn niemanden, dem Sie sich anvertrauen konnten?«

Lena erklärte, dass ihr am zweiten Tag eine ältere Novizin als Schutzengel an die Seite gestellt wurde. Jede Neue bekam so einen. »Ich glaube, ich hatte den ehrgeizigsten. Da war kein Schutz zu erwarten. Ich habe mich bald heftig weggesehnt aus dem Kloster. Oftmals musste ich mich zwingen, nicht vor Enttäuschung loszuheulen. Deshalb wollte ich die Hand meines Schutzengels nehmen. Ich wollte mich in der unmenschlichen Heiligkeit des Konvents lediglich vergewissern, dass ich unter Menschen war. Da wurde ich aber sofort schrill zurechtgewiesen: ›Pfui, das gefährdet doch die Reinheit! Das Betasten des Körpers nährt die Sinnlichkeit, und die Hände gehören auch zum Körper.‹«

»Da haben Sie aber wirklich Pech gehabt. Hat denn die Präfektin des Klosters nicht eingegriffen?«

»Die stand im besonderen Geruch großer Heiligkeit. Aus ihrer Zelle hörte man das Klatschen von Geißelhieben und inbrünstiges Seufzen und Rufen nach dem himmlischen Bräutigam. Anstrengend war, dass die Kandidatinnen an diesen Lobpreisungen teilnehmen wollten, und so musste auch ich manchmal, obwohl ich zum Umfallen müde war, nachts in der Kapelle des Mutterhauses vor dem Tabernakel knien, die Arme ausgebreitet und die Augen unverwandt auf das Altarbild geheftet, auf dem Jesus Christus zu sehen war. Ich sag es Ihnen ganz ehrlich – ich dachte während der Verzückung der anderen daran, dass Jesus mir zu einem anständigen Essen verhelfen solle, denn es gab nur raues Brot, dünnen Kaffee und zum

Mittagsmahl, das aus Salat oder Kraut, Kartoffeln und etwas fettem Fleisch bestand, einen Becher Bier. Offenbar war Jesus aber damit einverstanden, dass die Forellen aus dem Teich, das Kalbfleisch, die weißen Brote und der selbst gemachte Käse nur für die Oberen da war. Jesus gab mir auch keine Antwort auf meine Fragen, ich musste im Gegenteil Acht geben, dass ich niemandem meine Gedanken verriet. Tat ich es, wurden mir von den Kandidaten und von den Oberen die Worte im Munde herumgedreht, so dass sie mich fast täglich bestraften. Ich konnte keinen Schritt tun, ohne dass ich nicht bespitzelt und verleumdet wurde.«

»Nun ja – so richtig gottesfürchtig waren Sie auch nicht«, sagte die Schwester zu ihr, doch als Lena sie überrascht ansah, lachte sie.

Lena berichtete weiter, das Schrecklichste für sie sei gewesen, als sie dann am Josefitag die jungen Bräute Gottes vor dem Altar liegen sah. »Sie waren mit einem schwarzen Tuch bedeckt wie Leichname. Und dann machte sich der Bischof daran, jeder künftigen Nonne die Haare abzuschneiden als Zeichen dafür, dass alles Diesseitige nichts, nur das Jenseitige alles sei. Da ergriff mich noch mehr Abscheu. Niemals würde ich mir meine langen blonden Haare abschneiden lassen! Ich glaubte den Oberen im Kloster kein Wort mehr. Schließlich haben alle Gottesmütter, deren Bilder und Statuen ich kenne, langes Haar. Und die Engel auch. Warum mussten dann die Bräute Jesu kurz geschoren werden? Alles im Kloster war falsch, verlogen. Hier war niemand und nichts im Zustand der Gnade!«

»Und wie sind Sie geflüchtet? Über die Klostermauern?«

»Das hätte ich mich nicht getraut. Im Klosterhof liefen scharfe Hunde herum, die passten auf, dass die armen Depperten nicht wegrannten. Nein, ich habe meine Mutter gebeten, mir zu erlauben, das Kloster zu verlassen. Damals hab ich mich gewundert, dass sie gleich einverstanden war. Später wusste ich, dass sie meine Arbeitskraft zurückhaben wollte!«

Wie die Oberen das aufgenommen hätten, dass sie austreten wollte, fragte die Schwester gespannt. Lena sagte, die Präfektin habe, ihr mit auf den Weg gegeben, dass sie verloren sei, zugrunde gehen müsse. Sie richtete sich mühsam ein wenig im Bett auf, spitzte die Lippen, wie es die Präfektin getan hatte, und deklamierte: »Magdalena, Magdalena!, du bist verloren, du gehst zugrunde! Schon sehe ich den Abgrund der Weltlichkeit, in den du fallen wirst. Doch geh in Frieden, mein Kind, falls die Welt noch einen für dich hat!«

»Sie Ärmste«, sagte die Schwester erschrocken, »da läuft es mir ja kalt den Rücken herunter!«

»Ich war selig, dass ich wieder heim durfte. Als ich wieder in München war, hatte ich wahrhaftig das Gefühl, der Unterwelt entronnen und wieder in der Stadt Gottes zu sein.«

»Wie alt waren Sie damals?«, fragte die Schwester leise, und Lena sagte, dass sie siebzehn Jahre alt gewesen war. Für einen Augenblick fürchtete Lena, wieder in ihre Jugend hineinzustürzen. Es war eine große Versuchung, denn damals war sie für eine kurze Zeit fast unbeschwert gewesen, leicht, wie mit Schmetterlingsflügeln. Manchmal glaubte Lena heute noch, seinen Atem an ihrer Wange zu spüren. Klar stand das Bild des jungen Priesters vor ihr. Damals, mit siebzehn, erwählte sich Lena einen Mann, den sie lieben konnte. Ein junger Priester kam in die Pfarrei. Als Lena ihn zum ersten Mal aus dem Beichtstuhl treten sah, glaubte sie, den schönsten Mann auf Erden zu sehen. Ein blasses Gesicht, dunkle Augen, die ihr wie Brunnen der Güte schienen. Hatte sie sich bislang schon einmal ausgemalt, wie ein schöner Mann aussehen könnte? Jetzt wusste sie es, so wie dieser Priester sah ihr Wunschbild aus. Er war blond, hoch gewachsen und hatte offenbar eine große Kraft in sich, denn er lächelte oft und sprach mit weicher, angenehmer Stimme. Sicher kam er aus ersten Kreisen, er trug einen Adelsnamen, und Lena wünschte sich, sie stamme wirklich und wahrhaftig von den Scanzonis ab. Wenn Lena bei ihrem Angebeteten zur Beichte ging, und das tat sie nun regelmäßig, wusste sie, sie würde alles tun, jede Buße, die er von ihr verlangte. Er schien Lena absolut vertrauenswürdig. Anders als der alte Kooperator, der beim Beichten versteckt, aber schier unersättlich Fragen zur Unkeuschheit stellte, schien der junge Priester aufrichtig, offen und direkt. Lena berichtete ihm im Beichtstuhl von dem primitiven Drängen der jungen Männer. Er beruhigte sie, schlug ihr vor, das nicht persönlich zu nehmen. Viele junge Männer seien eben gscherte Rammel, die nicht gelernt hätten, Frauen mit Respekt und Rücksicht zu begegnen. Sie solle sich weiter entschieden gegen sie wehren und ihnen zeigen, dass sie keine Angst vor ihnen habe.

In der Pfarrbibliothek lieh Lena sich Bücher aus. Er beriet sie dabei. Wies sie unter anderem auf Jeremias Gotthelf hin, dessen Erzählung von der Schwarzen Spinne Lena verschlang. Von der Freundlichkeit des Priesters ermutigt, sprach Lena über die schöne Zeit beim Großvater in Glonn, auch über ihre Mutter, und, zögernd, über die Misshandlungen, die mit dem siebten Lebenjahr begonnen hatten und nicht aufhörten. Das Lächeln des Priesters erlosch, er strich Lena übers Haar und wandte sich ab. Ihn erinnerte Lenas Geschichte an den Mythos der Vertreibung aus dem Paradies. »Jetzt hast du es schwer, auf dieser Erde Fuß zu fassen. Wärest du beim Großvater in Glonn geblieben, könntest du vielleicht eine Großbäuerin werden. Von allen geachtet. Du mit deinen gescheiten Augen.«

Als er Lena wieder anblickte, zitterte sie vor Freude und dem Verlangen, sich ihm in die Arme zu werfen. Sie fand den jungen Priester unendlich begehrenswert. Sie hätte ihn in sich einsaugen mögen. Wenigstens schien er nichts davon zu wissen, dass sie ein Bankert war, gottlob!

Sogar in seiner Wohnung besuchte Lena den jungen Geistlichen. Sie sprachen über Musik, über Chöre und Soli, und der Priester bat Lena, ihm vorzusingen. Etwas Heiliges sollte es aber nicht sein, das höre er alle Tage. Lena sagte, ihr falle gerade nur eines ein von dem Dirndl, das um Holz in den Wald geht, ganz früh am Morgen, und dem ein hübscher Jägersbursch nachschleicht.

Er lachte, seine Heiterkeit war überhaupt nicht priesterlich, dachte Lena, er hat sicher seine Geheimnisse, aber von ihm drohten ihr keine Gefahren. Er setzte sich ans Harmonium und Lena sang:

Drauf sagt der Jaga zu der Dirn,
geh, lass dein Asterlklaubn;
I möcht so gern mit dir dischkriern
Und dir in d'Äugerln schaugn.

Der Priester sah sie an, als habe sie ihn überführt. Oder hatte Lena sich das eingebildet, geglaubt, in sein Leben hineinschauen zu können? Als sie zu ihm hinstürzte, ihn umklammerte, weinte, ausrief, wie sehr sie ihn liebe, zog er sie ruhig zu sich hoch, hielt ihr Gesicht fest in seinen Händen, und sie sahen einander an. Lena wusste, dass sie sich nichts so sehr wünschte, wie ihn liebkosen zu dürfen. Ihr war auch klar, dass sie gehen musste. Er konnte nur enttäuscht sein von ihr, wenn er sie näher kennen lernen würde.

Er ließ sie los, rief seiner Wirtschafterin zu, dass sie Kaffee bringen möge. Sie brachte nur eine Tasse, warf ihr einen giftigen Blick zu, und Lena fühlte sich durchschaut, machtlos. Doch der Priester nahm die Tasse, als wäre alles in Ordnung, und gab sie Lena, während die Wirtschafterin dabeistand und keinen Zweifel daran ließ, dass sie bleiben würde.

Lena gab dem Priester die Tasse zurück. Er trank an derselben Stelle, wo Lena abgesetzt hatte, und sagte spöttisch zu Lena, dass jetzt die Mauern Ohren bekommen hätten. Er riet ihr, sich einen Satz des heiligen Augustinus zu merken, am besten für ihr ganzes Leben. Denn Augustinus habe sich offen und schmerzhaft mit dem rätselhaften Leben des Menschen auseinandergesetzt, »der halb wolle und halb nicht wolle«. Das könne er Lena jetzt leider nur sehr kurz und schlicht sagen, weil sie wenig Zeit füreinander hätten und weil sie noch so jung sei. Aber wenn sie die Erkenntnis des Augustinus in ihr Lebensbuch schreibe: »Mir selbst ward ich zum großen Rätsel«, dann könne sie sich immer verzeihen, gleichgültig, wie verschlungen und unverständlich ihr Lebenslauf sich auch gestalten werde.

Auf dem Heimweg sagte sich Lena die Einsicht des Augustinus, dessen Namen sie aus Predigten und aus den Gebetbüchern kannte, immer wieder vor. »Mir selbst ward ich zum großen Rätsel.« Sie verstand es letztlich nicht, spürte aber, dass es um Vergebung ging, die Lena bei ihrer unheiligen Lebensführung sehr nötig brauchte. Sie wusste, dass es ein großes Geschenk war, das ihr der junge Priester gemacht hatte, und sie würde es bewahren.

Der Priester war bald darauf versetzt worden, erreichte aber noch, dass Lena an der Kirche erste Sopranistin und Chorsängerin wurde.

Wenige Tage später hatte sich Lena mit einem Mal krank und elend gefühlt. Eigentlich ging es ihr schon seit Tagen schlecht. Einer ihrer Stiefbrüder war an Diphterie erkrankt, sie hatte sich offenbar angesteckt bei ihm. Vielleicht würde er sterben und sie auch. Lena war damit einverstanden, vor ihrem Leid um den jungen Priester zurückzuweichen in den Tod.

Die Mutter hielt Lenas Schwäche, ihr Taumeln für Simulieren. Lena sah wie durch einen Schleier den kräftigen Nacken der Mutter, sie fürchtete ihren Zorn, ihre Stimme, die dann vor Wut laut war, dunkel und heiser. Ihre großen Hände. Die Mutter hatte trotz aller Vornehmheit, trotz ihrer städtischen Kleidung und ihrer gewählten Sprache die schweren Hände einer Bäuerin.

Lena musste vor diesen Händen fliehen, sich vor der Mutter in Sicherheit bringen. In ihrer Trauer um den Priester hatte sie noch sterben wollen. Doch unter dem jähen Zorn der Mutter wurde ihr klar, dass sie nur ein Leben hatte, und sie folgte ihrem starken Impuls, sich zu retten. Sie hatte doch nur sich selbst. Deshalb wollte sie ihn so verzweifelt haben, den jungen Priester, der ihre Hoffnung gewesen war – Lena gestand es sich ein, dass sie auf ihn gehofft hatte, das passte zur ihr, zu ihrer minderwertigen Natur. Die Mutter hatte es immer gesagt, dass Lena nichts tauge, und vielleicht hatte sie Recht. Denn kein Mädchen darf sich einen Priester wünschen, nicht einmal zum Ausweinen, und Lena hatte sich ja nicht nur ausweinen wollen. Sie spürte, wie ihr heiß wurde, sie war schändlich, nicht einmal die Gebote Gottes achtete sie, und was würde die Schwarze Gnadenmutter von Altötting sagen, wenn sie wüsste, was Lena mit dem Priester hatte tun wollen.

Abrupt fand Lena sich wieder in der Realität des Krankenzimmers, denn die Schwester strich leise über Lenas Wange und ging weg mit dem Bemerken, dass sie für Lena ein neues Hemd holen wolle, sie sei ja völlig durchgeschwitzt.

Es war inzwischen dunkel geworden, von draußen warf eine Laterne Licht durch die hohen Sprossenfenster des Krankensaales, Lena betrachtete den Schatten auf der Wand. Und wie durch Watte hörte sie die Stimmen der anderen Frauen im Saal, doch es war ihr, als segelten sie auf kleinen Schiffen, ähnlich dem ihren, und sie hatte nicht die Lust und noch weniger die Kraft, sich für das Elend um sie herum zu interessieren. Dass es sich um Menschenelend handelte, sozusagen um ein Orchester von Husten und Seufzen und Weinen, war ihr auch im Dämmerschlaf zu Ohren gekommen, und Lena wollte keineswegs mitspielen.

Die Schwester brachte ein frisches Hemd und zog Lena mit geschickten Griffen um. Dann setzte sie sich mit ihrem Block und dem Stift wieder zu Lena ans Bett. Am liebsten würde sie mit Lena die ganze Nacht durchschwatzen. Aber sie sehe ja selber, wie viele Kranke zu versorgen seien, und deshalb müsse sie den Aufnahmebogen jetzt ausfüllen. Aber sie könnten es ja rasch hinter sich bringen.

»Was ist denn los mit Ihrem Mann? Warum kümmert der sich nicht um Frau und Kinder?«

»Himmel«, sagte Lena ausweichend, »was soll ich jetzt noch erzählen, ich bin müde vom vielen Reden!«

»Kommen Sie, ich brauche den Anmeldebogen, sagen Sie halt einfach die Wahrheit, das ist immer am besten.«

Lena sah die Jüngere verblüfft an, doch die Schwester nickte so arglos, dass ihr die Worte schwer fielen. Deshalb stieß sie sie schließlich grober hervor, als sie wollte:

»Mein Mann hat mich schon nach kurzer Zeit unserer Ehe – «

Lena stockte, die Schwester sah sie an.

»Ja? Was hat er –?«

»Geschlagen hat er mich und –«

»Und?«

»Na ja –«

Lena sah, dass die Schwester unter ihrer Haube rot wurde. Auch Lena fühlte sich nicht wohl. Sie fürchtete sich, der Schwester zu missfallen, sie zu enttäuschen. Wie sagt man einer, die vielleicht noch nie – ach was, die wird davon schon nicht sterben.

»Mein Mann hat mich –«

»Er hat Sie –?« Die Schwester hielt sich unwillkürlich den Mund zu, und Lena nickte und sagte kühl, dass es fast jeden Tag passiert sei, sogar in der Schwangerschaft und im Kindbett.

Die Schwester vergaß für einen Moment ihr Schriftdeutsch, sie rief anklagend und verteidigend zugleich:

»Himmisakra! So ein Krüppel, so ein verreckter! Da ham S' ja sicher einen Haufen Kinder kriegen müssen!«

»Sechs«, sagte Lena. »Drei leben. Der Bub ist bei den Schwiegereltern, die Mädchen sind im Waisenhaus.«

Die Schwester stand rasch auf, so als verlöre sie sonst ihre Fassung. »Zuerst bringe ich Ihnen eine gescheite Suppe!«

2. Kapitel

Lena war noch so schwach, dass die Schwester ihr nur etwas Brühe zu essen geben konnte, dann fiel sie wieder in ihren todähnlichen Erschöpfungsschlaf. Der Oberarzt der Station, Professor Hermann Kerschensteiner, kam mit seinen Assistenten zur Visite in den Saal. Er blieb bei Lenas Bett stehen, gab den Assistenten und Schwestern ein Zeichen, leise zu sein.

Kerschensteiner sah auf die Patientin, von der er glaubte, dass sie schlafe, und dann schaute er die jungen Ärzte an, die mit ihm das Bett umstanden. Lena war von dem langen Gespräch mit der Schwester so erschöpft, dass sie ihre Augen nicht öffnen konnte, doch die Worte des Arztes hörte sie wie durch einen Vorhang:

»Ich glaube, im Gesicht dieser Patientin Duldsamkeit und Passivität dem Leben gegenüber zu sehen. Aber der Zug um den Mund, die beiden Falten zwischen den Brauen zeigen mir, dass sie auch zu Rebellion und Zorn fähig ist.«

Der Arzt wies auf die langen Narben an den Handgelenken Lenas. »Sie sehen, dass sie sich schon einmal das Leben nehmen wollte. Am Körper hat sie noch mehr Narben, ältere und frische. Sie ist zweifellos als Kind misshandelt worden und auch noch in jüngerer Zeit.«

Kerschensteiner sah seine Mitarbeiter erwartungsvoll an, sie schauten etwas ratlos zurück. Was war an dieser Frau so interessant, dass sich der Chef selber um sie kümmerte? Gut, man hatte sie von der Straße aufgelesen, halb verhungert, Blut spuckend, wahrscheinlich litt sie an einer Lungentuberkulose, vielleicht hatte sie eine Kaverne, aber sie war ja viel zu schwach für einen Pneu. Es sah hoffnungslos aus. Solche Fälle gab es viele, und der Chef sah streng darauf, dass sie alle gut gepflegt wurden. Doch warum redete er über diese Frau wie über einen hochinteressanten medizinischen Fall? Er sprach fast wie ein Psychiater. Was sollten sie dazu sagen?

Kerschensteiner schob mit der für ihn typischen Bewegung seine Brille zurecht, lächelte sein kaum merkliches Lächeln, das seinem Gesicht einen Ausdruck von stets wachsamer Güte gab. Jeder seiner Mitarbeiter wusste, dass der Oberarzt schon vor der Eröffnung des Krankenhauses München-Schwabing in seine Position berufen worden war. Er hatte diese überaus moderne Anlage, die inzwischen von Medizinern aus vielen Ländern besucht wurde, organisatorisch und planerisch mitgestaltet. Kerschensteiner machte darauf aufmerksam, dass Tuberkulose und Geschlechtskrankheiten besondere Einrichtungen erforderten. Er befasste sich mit seelischen Schädigungen im Krankenhaus und vor allem mit der Bettenzahlbegrenzung. Er vertrat den Standpunkt, dass mit der Größe der Anstalt auch die Gefahr der Entseelung des Betriebes zunehme und dass diese Gefahr beim Bau einer Krankenanstalt nicht aus den Augen gelassen werden dürfe. Auch forderte er, dass die Anstalt dringend ein pathologisches Institut brauche, sozusagen das Gewissen eines Krankenhauses.

Natürlich machte sich Kerschensteiner mit diesen Forderungen, für die er zäh kämpfte, nicht nur Freunde. Vor allem der Magistrat der Stadt hatte schon von Luxus und Verschwendung beim Bau des neuen Schwabinger Krankenhauses gesprochen. Doch da Kerschensteiner bei den berühmtesten Ärzten in Deutschland assistiert hatte und auf seinem medizinischen Fachgebiet Hervorragendes leistete, konnte er letztlich seinen erfolgreichen Weg weitergehen.

Seine Assistenten hatten große Hochachtung vor ihm, deshalb bemühten sie sich, den Enthusiasmus ihres Chefs zu teilen, seine Energie, sein leidenschaftliches Interesse für die Kranken. Und dass diese Frau dem Tode näher war als dem Leben, das sahen sie wohl.

»Wenn sie auch aus den unteren Schichten kommt«, sagte Kerschensteiner, »ist sie doch nicht mit der breiten Masse zu vergleichen. Sie hat nicht die Farblosigkeit, die grobe Machart des Durchschnitts.« Er wies auf die langen schlanken Hände Lenas, auf die schmalen Gelenke, das magere, aber fein geschnittene Gesicht. »Sehen Sie, wie edel sie wirkt.« Beflissen nickten die jungen Männer, und Kerschensteiner wusste, dass sie keineswegs etwas gesehen hatten außer einer Consumption, einer Phthisis. Nichts von dem wohlgeformten Ohr, den blonden Haaren, die auf dem Kissen lagen. Nichts von dem Wuchs ihrer dichten dunklen Wimpern. Alles an dieser jungen Frau schien zugleich fein und doch stark zu sein. Ein Beispiel für die Mühe der Schöpfung, die neben einer Horde von hässlichen, ungeschlachten Menschen immer wieder einmal etwas Exquisites hervorbringt. Er als Arzt musste sie alle lieben oder doch wenigstens liebevoll behandeln, auch die von gröberem Zuschnitt. Darum bemühte er sich jeden Tag aufs Neue. Aber die Umstände, die diese schöne Patientin in einen derart desolaten Zustand gebracht hatten, interessierten ihn außerordentlich. War es möglich, dass sie ihren achtundzwanzigsten Geburtstag schon hinter sich hatte?

3. Kapitel

»Kenne ich Sie nicht?«, fragte eine Frau, die in dem Bett neben ihr lag, und Lena wandte sich ihr zu. Bislang war sie mit Schlafen und Dämmern und Grübeln abgelenkt gewesen, so dass sie keine der anderen Patientinnen mehr als schemenhaft wahrgenommen hatte. Doch nun sah sie zerzaustes dünnes Haar über einem eingefallenen Gesicht, die Nase trat lang und spitz daraus hervor, so dass Lena erschrak. Diese Frau sah aus, als gehöre sie schon dem Tod. Wie sollte Lena wissen, ob sie einander früher einmal begegnet waren?

»Sie sind doch die Wirtsleni aus der Sandstraße«, flüsterte die Frau. Sie musste sich für jedes Wort anstrengen, und Lena, gerührt von diesem Bemühen, versuchte sich zu erinnern, doch es gelang ihr nicht.

»Ich war die Millifrau, Fräulein Leni, Sie haben mir oft eine Tasse Kaffee extra gegeben, weil mein Geld nicht gereicht hat. Drum bin ich auch bei Ihrer Hochzeit in die Kirch gegangen. Eine schöne Hochzeit war das, wirklich schön.« Erschöpft fiel die Frau wieder in ihr Kissen zurück, war nur noch auf ihr rasselndes Ein- und Ausatmen konzentriert.

Im elterlichen Wirtshaus hatten immer wechselnde Frauen die Milch in großen Kannen gebracht, Lena erinnerte sich an keine. Und dass ihre Hochzeit schön gewesen sein sollte, das konnte auch nur eine Zuschauerin finden. Lena wollte sich nicht mehr daran erinnern. Was war durch diese Heirat nicht alles mit ihr geschehen! Zu nah war ihr die Zeit, wo sie mit ihren beiden Töchtern in der Neubauwohnung hauste, die ein Baumeister in Haidhausen ihr zum Trockenwohnen gratis überlassen hatte. Das

Wasser war an den Wänden heruntergelaufen. Sie hatte sich mit den Mädchen an einer halbwegs trockenen Stelle der Küche zusammengekauert. Die Suppe aus einem Brühwürfel, entrahmter Milch und einem Stück Brot hatte sie den Kindern gelassen, die sie hungrig heruntergeschlangen. Fiebernd und frierend drängten sich die beiden an sie, die siebenjährige Magdalena und die kleine, zarte Alix. Toni, den Großen, hatten die Schwiegereltern in Obhut genommen.

Eine Nachbarin, der es nicht viel besser erging als ihr, brachte eine Ausgabe der *Münchner Post*, die sie im Englischen Garten gefunden hatte. Sie las Lena vor, dass die Residenz, also der greise Prinzregent Luitpold, jährlich um die 340 000 Mark ausgab, um soziale Nöte zu lindern.

»Schaun Sie, Frau Leix, unser Prinzregent zahlt Geld, damit die Bürger Brennmaterial bekommen, er gibt Geld, damit Wärmestuben eingerichtet werden, er zahlt zu den Mietzinsen, zur Kinderspeisung und zur Arbeitslosenunterstützung. Sogar die Säuglingsfürsorge soll gefördert werden, hier steht es schwarz auf weiß. Frau Leix, Sie sind doch noch jung, Sie können laufen, Sie müssen in die Residenz, da kriegen Sie bestimmt ein Geld! Ich bin alt, ich stirb sowieso bald, aber Sie müssen sich holen, was der Prinzregent hergibt!«

Lena hatte schon lange keine Zeitung mehr gelesen. Am nachdrücklichsten, hieß es in einem weiteren Artikel, wirke sich aber die Belebung der Wirtschaft durch gesteigerte Bautätigkeit aus. Wenigstens das konnte Lena bestätigen. Es gab genug Wohnungen, in jedem Stadtteil, allerdings lief in denen, die Lena beziehen konnte, überall das Wasser an den Wänden herab und nicht aus dem Wasserhahn, wie Lena es aus dem Elternhaus und aus ihrer ersten ehelichen Wohnung kannte.

Die Nachbarin drängte wieder. »Gehen Sie, Frau Leix, melden Sie sich in der Residenz. Sie bekommen sicher ein Geld.«

»Das glaub ich nicht«, erwiderte Lena, »ich war schon einmal auf dem Amt. Die verweisen mich immer an meine Eltern und an die Schwiegereltern. Die glauben mir nicht, dass beide mich nicht unterstützen wollen.«

Lena war nicht darauf vorbereitet gewesen, in wirtschaftliche Not zu geraten. Die hatte sie erst gegen Ende ihrer Ehe kennen gelernt. Dabei hatte sie geglaubt, die Ehe mit Anton Leix würde ihr ein neues Leben ermöglichen. Hatte sie das wirklich geglaubt? Hatte sie Zeit gehabt, irgendetwas zu glauben, zu hoffen oder gar zu lieben? Oder hatte sie an das aufwändige Hochzeitskleid gedacht, die schimmernde Seide, das Diadem, den üppigen Schleier, die Fahrt in der Hochzeitskutsche? Vielleicht hatte die Hoffnung auf Freiheit sie berauscht, auf ein neues Ansehen. Die Näherin, die ihr das Kleid absteckte, ihr Aussehen lobte, als sei sie eine Prinzessin, hatte beigetragen zu ihrem inneren Rausch. Handwerker, die ihre Möbel nach alten Vorbildern anfertigten und vor ihr dienerten, nährten ihre Siegesgewissheit. Lena durfte Stoffe aussuchen, der Stiefvater begleitete sie und beglich die Rechnungen. Die Wohnung bekam Zentralheizung, und der Vater bezahlte sogar die Einrichtung für ein Bad.

Die wenigen Monate zwischen der Werbung Antons und dem Hochzeitstag mussten eigentlich voll von Hoffnungen und Träumen gewesen sein, denn Anton durfte sich Lena nicht nähern. Nur Blumen durfte er bringen und sich dafür einen züchtigen Kuss abholen. Doch konnte Lena sich nichts davon ins Gedächtnis zurückrufen, so sehr sie sich bemühte.

Was hatte sie für Anton Leix empfunden? Eines wusste Lena – wäre er ihr auf der Auer Dult begegnet oder auf dem Oktoberfest oder sonstwo in der Menge, er wäre ihr sicher nicht aufgefallen. Anton war nicht größer als Lena, eher kleiner, außerdem schmal und mager. Existierte er dadurch, dass er heftig um Lena warb? Ihr Sicherheit und Auskommen versprach? Ein Nachbarssohn war er, bekannt in der Gegend, der einzige Erbe der Eltern. Hatte das Lena imponiert?

Heute würde sie am liebsten alles verfluchen, was Anton veranlasst hatte, seine Wünsche auf sie zu richten.

Hatten ihre Augen ihn angezogen, ihre langen Beine, ihre schmale Taille, das üppige Haar? Das alles hätte Anton doch dazu bringen müssen, vorsichtig mit ihr umzugehen, liebevoll. Im Anfang benahm er sich auch ritterlich, charmant, überaus freundlich. Schien so völlig anders als der, der er in der Ehe wurde, ein brutaler, heftiger Choleriker. Im Laufe der Zeit wurde er so grausam, wie ihre Mutter es gewesen war. Dabei hatte Lena mit dieser Ehe auf jeden Fall die Hoffnung verbunden, den Misshandlungen durch die Mutter zu entgehen.

Doch diese Hoffnung starb schon in der Hochzeitsnacht. Die Todesursache war Antons Brutalität, mit der er Lena, die schon vor Erschöpfung eingeschlafen war, in Besitz nahm. Wie der Bulle die Kuh, da kannte Lena sich aus und war beim ersten Mal, als sie beim Besamen zusah, gewaltig erschrocken gewesen. Sie hatte sich niemals vorgestellt, dass so etwas ihr selber geschehen könnte. »Lass das jetzt aber einen schlechten Traum sein!«, bat sie am Morgen nach der Hochzeit die Gnadenmutter von Altötting, und die Schwiegermutter sagte am nächsten Tag, Lena habe einen seltsamen Zug um den Mund. Lena sah verstohlen in den Spiegel, fühlte sich alt, müde, unsäglich verlassen.

Wie hatte sie sich gefreut, ein eigenes Bad zu besitzen! Ein Bad! In keiner der Wohnungen, auch nicht in den Häusern, die sie mit den Stiefeltern bewohnt hatte, war ein Bad vorhanden gewesen. Und jetzt konnte Lena sich Tag und Nacht in einem behaglich warmen Bad pflegen, in dem sie nicht einmal den Ofen schüren musste. Doch die Wanne auf Löwentatzen hatte sich nach der Heirat als gefährlicher Ort erwiesen. Lena wollte sie, gebückt über den Rand, nach ihrem ersten Bad reinigen, da war Anton schon über ihr gewesen, er riss ihren nur mit dem Unterhemd bekleideten Hintern hoch, griff an die Brüste, sie gehörte ihm schließlich ganz, und Lena hatte anfangs noch nicht gewusst, dass ihr Schreien und Treten ihn erst recht in Stimmung brachte. Schrie sie zu laut, so dass die Schwiegereltern es hören könnten, presste er ihr seine

Hand auf den Mund, schier zum Ersticken, und Lena blieb nur zuzubeißen. Doch das liebte Anton nicht, dafür musste er Lena strafen, er war der Herr im Haus.

Lena lernte, dass Anton es jeden Tag tat. Als Lena schwanger war, verlangte er, dass sie ihn zu seinen Trinkkumpanen in die Kneipen begleitete. Er liess es zu, wenn einer Lena an den Bauch griff und Zoten riss. Seine Frau war umstellt von groben Lackln. Sie hätte ihn anschreien mögen: »Sieh her, ich bin es doch, Lena, der du schöngetan hast. Blumen habe ich bekommen, Konfekt und einen Ring, und du hast versprochen, mich zu lieben und zu ehren. Und was ist nun?« Was auch Lena sich vorgestellt haben mochte von den ehelichen Pflichten, so abscheulich wie es der Anton machte, das konnte sich niemand ausmalen. Er benahm sich noch wüster als die rohen Kerle, die Lena oftmals in der elterlichen Gaststube belästigt hatten, wenn sie allein bediente. Sie hatten Witze erzählt, die Lena anekelten, versucht, sie zu küssen, ihr an die Beine oder an den Busen zu fassen. Dann war Lena zum Stiefvater gerannt, der die Wüstlinge hinauswarf und ihnen notfalls Hausverbot erteilte.

In dieser Zeit, als sie die ledige Wirtsleni war, von vielen umschwärmt, nicht zuletzt auch wegen ihrer Mitgift umworben, fühlte sich Lena oftmals wie die Kuh auf dem Viehmarkt, um die die Männer herumgingen, ihr ins Maul sahen, an die Euter fassten. Oft hasste Leni die Wirtsstube, aber es gab kein Entkommen.

4. Kapitel

Als Kerschensteiner schon längst gegangen war, sann Lena plötzlich darüber nach, woher sie seine Stimme kannte. Sie war absolut sicher, sie schon einmal gehört zu haben. Und plötzlich fiel es ihr ein! Sie war schon einmal im Krankenhaus gewesen, damals, als die Liebe zu dem jungen Priester ihr Schmetterlingsflügel verliehen hatte. Ausgerechnet in dieser Zeit hatte die Mutter ihr angedroht, sie totzuschlagen, weil Lena in der Schwäche eines Fieberanfalls die kostbarste Schüssel der Mutter zertrümmert hatte. Die Mutter schrie, dass sie Lena umbringen werde, wenn sie ihr nicht die gleiche Schüssel wiederbringe wie die verlorene.

Das war unmöglich, da es ein antikes Stück war, und Lena hatte unglaubliche Angst vor den grausamen Misshandlungen der Mutter gehabt. Sie lief aus dem Haus, durch die Sandstraße in die Nymphenburger, über Laim nach Großhadern, wo sie mitten auf der Straße zusammenbrach. Ein Bauer, der sie ohnmächtig fand, lud sie auf seinen Milchwagen und brachte sie in eine Gastwirtschaft. Die Wirtsleute ließen sie übernachten und brachten sie am nächsten Tag ins Städtische Krankenhaus links der Isar. Der junge Assistenzarzt, der sich damals um sie gekümmert, der sie beschützt und der Mutter mit Anzeige gedroht hatte, war Dr. Kerschensteiner gewesen. Das wusste Lena jetzt ganz sicher, doch sie würde es nicht erwähnen.

In ihrem Schwabinger Krankenhausbett dachte Lena daran, dass sie von der Mutter abgeholt worden war, als sie vor mehr als zehn Jahren aus dem Krankenhaus entlassen wurde. Dass die Mutter sie nach den eindringlichen Vorhaltungen Dr. Kerschensteiners auch eine Weile besser behandelt hatte.

Doch diesmal? Wohin sollte sie diesmal gehen? Sie konnte von Glück sagen, dass hilfsbereite Menschen auf sie aufmerksam geworden waren, weil sie so elend aussah. Abgemagert, die Wangen eingefallen, mit tiefen Augenringen, so hatte sich Lena im Spiegelglas eines Schaufensters gesehen, ehe sie ohnmächtig auf der Straße zusammengebrochen war. Inzwischen hatte sie die Letzte Ölung durch den Anstaltsgeistlichen bekommen, war aber noch nicht tot. So viel stand fest. Immer wieder tauchte Lena aus ihrem Erschöpfungsschlaf auf, sah durch die großen Fenster nach draußen, sah die anderen Betten mit ihren üppigen doppelten Kopfkissen wie weiße Schiffe durch den Raum schweben und beim letzten Mal, als sie für eine Weile wach lag, kamen wieder weiß gekleidete Gestalten in den Raum, vier Ärzte und zwei Barmherzige Schwestern. Sie bewegten sich zwischen den Betten, Lena schloss die Augen, öffnete sie wieder ein wenig, und einer der Männer trat zu ihr, fasste sanft ihren Arm.

»Frau Leix?«

Lena antwortete nicht. Sie war müde, und sie hatte Angst, das Falsche zu sagen. Dieses weiße Bett in diesem weißen Raum war das Einzige, was sie besaß, auch wenn es nur geliehen war. Solange sie schlief, konnte niemand sie danach fragen, wann sie bezahlen würde. Lena beschloss, immer weiter zu schlafen, so lange es irgend ging. Dabei hatte sie den weiß gekleideten Arzt durchaus gesehen, als er zum ersten Mal an ihrem Bett gewesen war. Er war blond wie der junge Priester, und er hatte so gelächelt wie er. Blond war auch Lenas Vater gewesen, der Karl Christ. Das hatte ihr der Großvater berichtet, und das war schon fast alles, was Lena von ihrem Vater wusste. Mehr war aus dem Großvater nicht herauszubringen gewesen, nur, dass der Vater sich zu seinem Kind bekannt habe. Man sei im Dezember 1881, wenige Wochen nach Lenas Geburt, aufs Amtsgericht Ebersberg gegangen. Der Großvater hatte Lena ein Protokoll gezeigt. Darin hieß es:

»Es erscheinen die ledige großjährige Maurerstochter Magdalena Pichler aus Glonn, deren Vater, der Maurer Mathias Pichler von da, und der ledige, großjährige Karl Christ, Schmiedgeselle aus Mönchsroth, Bezirksamt Dinkelsbühl. Erstgenannte bittet vor allem, Mathias Pichler als Vormund zu verpflichten über ihr am 30. Oktober 1881 außerehelich geborenes Kind Magdalena und bezeichnet dann auf Vorhalt als natürlichen Vater solchen Kindes den miterschienenen Karl Christ. Mathias Pichler erklärt sich bereit, die Vormundschaft zu übernehmen, derselbe wurde dann mittels Handgelübde an Eidesstatt förmlich als Vormund über Magdalene Pichler in Pflicht genommen ...«

Großvater hatte das Schriftstück wieder weggelegt.

Lena fragte neugierig: »Wie hat der Karl Christ denn ausgesehen? So wie ich?«

Großvater lachte und sagte, Karl Christ sei ein sauberes Mannsbild und nicht unrecht gewesen, »aber er hat von bürgerlichen Ehrbegriffen nicht viel gehalten. Du musst die Mutter fragen, wenn du mehr wissen willst«.

»Das würde ich mich niemals trauen!«, sagte Lena erschrocken. Sie wusste instinktiv, dass sie Mutter es ablehnen würde, auch nur ein Wort über den Vater zu verlieren, der sie nicht geheiratet und ihr damit empfindlich die Ehre abgeschnitten hatte.

»Die Mutter wird bloß wieder narrisch vor Zorn und schimpft mich aus!«

»So ist sie leider, meine Tochter«, sagte der Großvater bitter, »ihre Mutter war auch so jähzornig und bös! Bei der hatte ich auch schon das Fegefeuer auf Erden.«

»Gut, dass du jetzt mit meiner Leneimuatta verheiratet bist«, tröstete ihn Lena. Sie hatte als Kind von den Nachbarn gehört, dass ihre leibliche Großmutter eine schlimme Beißzang gewesen war.

»Deine Mutter hat großes Glück gehabt, dass sie den Josef Isaak gefunden hat«, meinte der Großvater nachdenklich. »Ledige Mütter gelten so wenig wie ihre Kinder, aber Josef Isaak ist ein gutmütiger Mann, der konnte über den Makel deiner Geburt hinwegsehen.«

»Der behandelt mich viel besser als die Mutter«, sagte Lena spontan, und der Großvater hatte ihr liebevoll übers Haar gestrichen.

Lena war es inzwischen gewohnt, mit der Unsicherheit ihrer Herkunft zu leben. Trotzdem fragte sie sich immer wieder, wer ihr Vater gewesen sein mochte. Wenn es Karl Christ war und nicht der Herr von Scanzoni, wer war dann Karl Christ? Dass er ein Schmiedgeselle war, sagte Lena nur, dass so einer kräftig sein musste und keine Angst vor glühendem Eisen haben durfte.

Im Schlafsaal, in dem weißen Unschuldsbett, versuchte Lena, die noch niemals so viel Muße zum Nachdenken gehabt hatte, das Gespinst um ihre Herkunft zu entwirren. Jetzt hatte sie Zeit, zu entscheiden, ob sie nicht aufhören sollte, sich Gedanken über den nie gekannten Vater zu machen. Hatte es nicht auch Vorteile, ihn nicht zu kennen? Doch Lena spürte, dass sie sich selber belog, dass sie im Stillen dem Großvater Vorwürfe machte, dass er ihr nicht berichtet hatte, wie es denn gewesen war mit der Liebschaft der Eltern. Waren sie lange zusammen gewesen, hatten die Leute davon gewusst, hatte man sie als schönes junges Paar beim Tanz gesehen, waren sie einander versprochen gewesen? Oder war doch etwas dran an dem Gerücht, dass Karl Christ nur eingesprungen war für den anderen, der ihm dafür viel Geld gegeben hatte?

Doch – war es nicht schändlich, dem Großvater die Schuld zu geben, dass Lena nichts über ihren Vater erfuhr? Sie war es doch, die versagt hatte. Warum hatte sie nicht mit der Großmutter darüber gesprochen? Oder mit der Schwester der Mutter – alle hätte Lena fragen können, aber jetzt war es zu spät. Lena musste vor sich selber zugeben, dass sie ihre Fragen immer wieder aufgeschoben hatte, oder weggeschoben. Und jetzt saß sie da und suchte in jedem Mann ihren Vater. Vielleicht war auch ihre Sehnsucht, ihre schwärmerische Liebe zu dem jungen Priester in Wahrheit die Liebe zum Vater gewesen?

Warum hatte sie dann aber der Werbung Antons nachgegeben? Er hatte nicht die geringste Ähnlichkeit mit dem jungen Priester. War dunkelhaarig, nie zärtlich und sanft und beherrscht gewesen. Eher das Gegenteil. Anscheinend wollte ihr Mann durch seine Brutalität Lenas Fantasien, ihre Illusionen und ihre Überempfindlichkeit bekämpfen. Er benahm sich wie ein Wilder, der sich nur von seinen Launen leiten lässt. Ohne Güte, ohne Gefühl. Er verwundete, als sei er selber verwundet. Lena fragte sich manchmal, ob in ihrem Mann ein Giftpfeil steckte, der ihn wütend und unberechenbar machte wie ein angeschossenes Tier. Ihre natürliche Unsicherheit, ihre Ängste und melancholischen Stimmungen bemerkte er nicht. Schon als sie bei der Trauung weinen musste, hatte Anton laut geflüstert, sie solle aufhören mit dem Getrenz. Sonst hätte sie ja Nein sagen können.

Das war nun zu spät. Lena war oftmals nicht einmal die Zeit geblieben, wenigstens die Kinder fortzubringen, Fenster und Türen zu schließen, wenn er es wieder tun wollte. Auf dem Fußboden, auf dem Stuhl, an der Wand oder über dem Kinderbett fielen die Kleider zu Boden, zerrissen, es war Krieg, im Krieg gehörten die Frauen dem Sieger, er drückte ihr den Kopf nach hinten, sie wollte widersprechen, sich wehren, doch sie dachte an seine Kraft, die Wut, mit der er ihr Prügel androhte. Oft war er betrunken. Mit einer Hand drückte er sie an die Wand, sein starkes Glied schien sie zu zerreißen, lange konnte sie es nicht mehr aushalten, sie ließ sich fallen, obwohl er dadurch noch wütender wurde. Hoffentlich schleppte er sie nicht wieder zum Tisch, sie hatte für den Abend gedeckt. Wenn er mit ihr alles herunterfegte, hätte sie nichts zum Nachtessen für die Kinder.

Lange ging das schon so. Es schien ihr wie ein Strom tierischen Lebens. Sein abnormaler Appetit schien ihr zwanghaft, süchtig. Und sie selber? Gelähmt und willig, Opfer zu bringen. Sie wollte ihm ein Heim bieten, eine Frau, die immer da ist. Haus, Bett und Leib, mehr war Lena nicht für Anton.

Oft flüchtete sie sich ins Waschhaus, wo er sich nicht hintraute. Dort waren immer Nachbarinnen mit ihren Kindern, sie schürten das Feuer unter dem großen steinernen Waschkessel oder schweiften die Wäsche im eiskalten Becken. Auch Lena hatte dort Zuber und Waschbrett, sie machte sich an der Wäsche zu schaffen, blieb so lange, bis sie ihren Mann wieder in seinem Büro wusste.

Lenas Bettnachbarin hatte ihren total abgemagerten Körper wieder mühsam im Bett aufgerichtet, sie sah Lena an mit ihren fiebrigen, dunklen Augen, die fast aus den tief liegenden Höhlen heraustraten. Lena dachte, dass die schweren Milchkannen, die sie täglich, sommers wie winters, schleppen musste, die Gesundheit der Frau zerstört hatten. Sie war vielleicht noch schlimmer dran als Lena.

»Sie kennen mich wohl nicht mehr«, flüsterte die Frau, »aber ich erinnere mich noch gut. Sie haben mir oft Leid getan. Was haben Sie von Ihrer Mutter zu erdulden gehabt! Die Frau Isaak – ja, ja, jetzt spielt sie die große Dame, doch wenn die mal vor ihrem Herrgott steht, dann ist es um sie geschehen!«

Im Wirtshaus hatten viele Gäste Lena bedauert, sie sogar gegen die Mutter verteidigt. Und doch hatte Lena ihr Leben lang gehofft. Besonders als Kind war sie in ihrer Liebe zur Mutter verloren gewesen. Lena lebte im Hansschusterhaus in Glonn. Die Mutter in der Stadt. Als einmal ihr Besuch angekündigt war, lief sie von Glonn über die Brücke den Berg hinauf, durch Felder und Wiesen über Schloss Zinneberg bis Grafing. Doch kein Zug war gekommen. Es wurde Nacht, Lena lief zurück, verirrte sich im Sumpf, fürchtete sich, fand schließlich doch den Weg nach Westerndorf. Eine Tante brachte sie heim, und die Großeltern schalten sie nicht, sie wussten, dass Sehnsucht nach der Mutter sie getrieben hatte. Damals liebte Lena ihre Mutter, die sie kaum einmal gesehen hatte, völlig unkritisch, gehorsam. Sie war hingebungsvoll gewesen, doch die Mutter wollte sie nicht. Noch nicht.

Am liebsten hätte ihre Mutter sie umgebracht. Heute wusste Lena das. Manchmal, in weicheren Stimmungen, glaubte sie nur, es zu wissen. Dann wieder neue Grausamkeit. Wie zuletzt, an Ostern. Lena hatte kein Geld mehr gehabt – nichts zu essen für sich und die Kinder. Sie war zur Mutter gegangen, hatte sich erniedrigt, gebettelt. Umsonst. Die Mutter sagte, sie habe Schulden beim Bräu. Doch durch Zufall bekam Lena mit, wie sie den Schäfflern einen Beutel Geld aus dem Fenster warf. Schäfflertänze waren teuer. Viele Menschen waren vor der Gastwirtschaft der Eltern zusammengelaufen, die Mutter und der Stiefvater schauten mit den Brüdern zum Fenster hinaus. Alle freuten sich, waren stolz, dass sie sich die Schäffler leisten konnten.

Was für eine schöne Familie, dachte Lena erbittert. Vater, Mutter, drei wohlgeratene Buben. So folgsam. Für diese Familie war es ein Unglück gewesen, eine Tochter wie Lena zu haben. Faul, ungeschickt, mit vorlautem Mundwerk. Warf sich dem erstbesten Kerl an den Hals, nur damit sie den Eltern in ihrer Gaststätte nicht mehr mithelfen musste. So ein Undank von dem Trampel. Seien wir froh, dass wir sie los sind. Seitdem ist Ruh' eingekehrt in der Familie. Alles Gute, liebe Isaaks, hatte Lena gedacht, ich werde euch nicht mehr belästigen.

Es war nicht die Grausamkeit der Mutter, ihr Egoismus, der Lena wehtat, sondern das Vergnügen, das die Mutter offensichtlich dabei empfand. Würde es ihr Vergnügen machen, die Tochter zu vernichten? Hatte Lena die Träume der Mutter schon vor ihrer Geburt zerstört? War die Mutter vielleicht seelisch so heruntergekommen, dass die Vernichtung ihrer unehelichen Tochter, des Bankerts, das einzige wirkliche Vergnügen war, das ihr blieb?

Zu viele Blicke des Abscheus, des Hasses, zu viele Schläge mit der Peitsche, mit dem Ochsenfiesel hat sie von der Mutter bekommen. Schlimmer noch waren die Flüche, die Verwünschungen. Narben verheilen, Flüche bleiben in der Seele wie Zecken in der Haut, sie sagen Katastrophen voraus.

Und Lena? War sie im Grunde immer noch das kleine Mädchen aus Glonn, die Hansschusterleni, deren größtes Glück es war, mit dem Großvater aufs Feld hinauszufahren? Während er pflügte und säte, pflückte Lena Blumen und besah sie und die Welt dahinter durch bunte Glasscherben, die sie vor dem Haus des Glasers aufgelesen hatte.

Das war vormals gewesen, im Paradies. Dann kam die Mutter und holte sie in die Stadt. Lenas Haar wurde kurz geschnitten, sie bekam ein kurzes Kleid nach städtischer Mode, die Mutter trug ihr viele Arbeiten im Gasthaus auf. Sie verwies ihr schroff die bäuerische Sprache, und Lena getraute sich kaum mehr, den Mund aufzumachen. Sie durfte nicht mehr Kuchei sagen, sondern Küche, statt Stubn hieß es Zimmer und statt Flöz sagten sie Hausgang. Und Kihrwisch durfte sie auch nicht mehr sagen, sondern Kehrbesen.

In der Schule war sie die Dotschn oder die Gscherte. Lenas unbewusster Stolz, die Hansschusterleni zu sein, wurde täglich gedemütigt. Sie begann, die Kirchgänge, ihre einzige arbeitsfreie Zeit, zu lieben. Die Heiligenbilder, die milde auf sie herabschauten, die brennenden Kerzen, heimelig wie im Hansschusterhaus, Weihrauch und die Pracht der Gewänder, die Orgelmusik. Wenn Lena sich vorstellte, bei der heiligen Kommunion den Leib Christi zu essen, wurde sie fast ohnmächtig vor Staunen, sie wagte es lange nicht, die Hostie zu schlucken, aus Angst, Jesus Christus zu verletzen. Wochen, Monate vor der ersten heiligen Kommunion bemühte sich Lena, heilig zu werden, rein von Sünden. Der Herr Kooperator hatte ihr erklärt, dass Jesus Christus in ihr Herz eintreten werde wie in eine Stube. An Lena lag es, ob dieser Raum sauber und freundlich oder aber schmutzig und chaotisch aussah. Jesus würde es sofort bemerken, wenn Lena sich unkeuschen Gedanken hingegeben hätte.

»Wie oft, wann, wo, über was hast du nachgedacht«, fragte der Kooperator, »hast du an unzüchtige Bilder gedacht und wie lange? Hast du unzüchtige Lieder gesungen, schamlose Reden geführt mit anderen Kindern? Hast du dich unkeuschen Begierden hingegeben? Hast du das mit dem Finger, mit der Hand oder mit einem fremden Gegenstand getan? Hast du mit anderen Kindern Unkeuschheit getrieben? Wie habt ihr das gemacht? Hast du Knaben angesehen oder berührt an einem Körperteil?«

Lena war zuerst sehr erschrocken gewesen, hatte sich geschämt. Schließlich wäre sie ja beinahe heilig geworden. Doch mit jedem Mal, wo der Herr Kooperator sie ausfragte, sie zu sich ins Pfarrhaus bestellte, um sie wieder und wieder über diese Sünden auszufragen, verlor sich Lenas Scham. Sie begann, anderen Mädchen von diesen Dingen zu erzählen, bis sie eines Tages zum Oberlehrer bestellt wurde, der ihr auf den Kopf zusagte, dass sie und ihre Mitschülerinnen Unkeuschheit trieben und dass sie und die anderen Karzer bekämen. Natürlich würde den Eltern Mitteilung gemacht.

Von der Strafe der Mutter, an der sich auch der Stiefvater beteiligen musste, hatte Lena heute noch Narben. Die Schläge machten sie sensibel für die Überwachung durch Kooperator, Lehrer und Eltern, sie ekelte sich davor. Die Unterwerfung unter die Gebote der Keuschheit, der Zwang zur Nächstenliebe, Tugenden, die Verbote der Mutter schienen sie zu ersticken. Es ging immer nur um Leiden und Tod und Qual und Gehorsam. Lena wollte ihr Hansschusterhaus zurückhaben. Den Großvater. Die Künikammer, deren Schätze ihr zeigten, dass sie ein Herkommen hatte, kein Findelkind vor dem Armenhaus gewesen war.

5. Kapitel

Professor Hermann Kerschensteiner war für Lena kein Fremder. Aber er erinnerte sich offenbar nicht mehr an ihren Aufenthalt im Städtischen Krankenhaus links der Isar. Als er an ihrem Bett stand, mit seinem kaum sichtbaren Lächeln, kam es ihr vor, als kenne sie ihn schon ewig. Dabei lag sein Leben so völlig außerhalb ihres eigenen, dass sie nicht einmal als Zuschauerin daran teilnehmen konnte. Doch nach und nach erfuhr Lena durch Gespräche von Patientinnen oder Andeutungen der Schwestern, dass der Herr Professor sehr viel arbeite, über jedes Maß hinaus.

Besonders Theresia, Lenas Lieblingsschwester, versäumte keine Gelegenheit, die Bedeutung des Professors zu erwähnen. »Er schreibt«, so berichtete sie stolz, »schon wieder in der neuesten Fachzeitschrift für das Krankenhauswesen!«

»Jawohl«, bestätigte eine Patientin und schwenkte eine Zeitschrift, »hier, bitte – mein Mann hat mir den Artikel über die Betreuung von Kranken oder über Ausbildung und Fortbildung des Krankenhauspersonals mitgebracht!«

»Seine Schriften werden von Ärzten und Krankenhausdirektoren in ganz Deutschland gelesen. Und er will, dass unser Schwabinger Krankenhaus eine eigene Krankenpflegeschule bekommt. Dann können wir junge Schwestern so ausbilden, dass sie zu uns passen«, ergänzte Theresia.

Sie war ohne Zweifel vom Chefarzt so fasziniert wie die meisten Schwestern oder Ärzte. Die Patientinnen sowieso. Kam er frühmorgens zur Visite, kämmten sich alle, wenn sie dazu in der Lage waren, und dann wartete der ganze Krankensaal auf die gewisse Unruhe, die Schritte auf dem Flur, die ihn ankündigten.

Lena verstand, dass die Patientinnen sich für den Professor interessierten. Sie lauerte inzwischen ebenso gespannt auf sein Kommen wie die anderen. Nicht ein Wort der Gespräche entging ihr, wenn es sich um ihn drehte. Eine Frau kannte eine Zugeherin, die beim Herrn Professor sauber machte, und sie wusste, dass die Frau Professor Kerschensteiner selber sehr krank sei. Mit wichtiger Miene berichtete sie:

»Sie ist schon krank gewesen, als der Herr Professor sie geheiratet hat. Mit dem Herzen hat sie es, und der Herr Professor ist mit ihr bei vielen anderen Ärzten gewesen. Er pflegt sie liebevoll –«

»Ein Sohn ist auch da«, unterbrach eifrig eine andere Patientin, »Robert heißt der, er ist aus der ersten Ehe der Frau, aber der Herr Professor liebt ihn, als wäre er sein eigen Fleisch und Blut.«

Die erste Patientin nahm nun wieder das Wort, sagte, der junge Herr sei schon einmal mit seinem Stiefvater auf die Station gekommen. »Der Herr Professor hat ihn herumgeführt. Der Junge will auch einmal Arzt werden«, sagte die Bekannte der Zugeherin und sah stolz um sich.

»Ja mei, wenn ich so einen Mann hätt wie den Doktor«, seufzte eine andere Patientin, und Lena überlegte sich, ob sie dieses Verlangen auch hätte, aber sie kam zu keinem Ergebnis. Sie war intensiv damit beschäftigt, sich zu fragen, womit sie die Aufmerksamkeit des Arztes erregte. War ihre Krankheit schwerer, ihr Körper verletzter, ihre Stimme oder ihr Lächeln Mitleid erregender als bei anderen Frauen? Er fragte sie eindringlicher, blieb länger an ihrem Bett stehen und untersuchte sie gründlicher. Lena dachte, dass der Doktor außer ihrem Großvater der erste Mann war, der sie wirklich angeschaut hatte.

Dass sie so viel Aufmerksamkeit bekam, von einem derart vornehmen Mann. Lena hörte in ihrem Halbschlaf, wie die anderen Patientinnen sich wieder über ihn unterhielten. Der Professor und seine Familie waren das Lieblingsthema des Krankensaales.

»Mei«, seufzte eine Frau laut, »mir ham ein Glück mit unserem Herrn Professor! So viel freundlich, wie der ist. Kümmert sich um a jede.«

»Da haben S' aber recht. Wenn ich noch an die Clemensstraß' denke, wo ich vor acht Jahr gelegen bin – Zucht und Ordnung, das war denen heilig. Wie du dich gefühlt hast als Kranke, des war dene wurscht.«

»Akkurat so war's. Die Doktors haben kein Wort geredt mit dir. Und die Schwestern ham kommandiert. Fast wie a Viech bin i mir da vorkemma.«

Wichtig berichtete die Frau, die mit der Zugeherin bei den Kerschensteiners bekannt war, dass schon der Vater des Professors ein Geheimrat gewesen sei, der Obermedizinalrat Dr. Josef von Kerschensteiner. Leiter des bayerischen Medizinalwesens sei der gewesen. »Der hat sogar unsern Kini aufschneiden dürfen, weil's wissen wollten, ob sie ihn ertränkt haben!«

»Ja wos!«

»Insern Kini?«

»Wos Sie net sagn!«

Eine Weile war Stille im Saal, dann erhob sich wieder die Stimme der Frau, die das Gespräch begonnen hatte. »Des ist überhaupts eine ganz alte, angesehene Familie«, rief sie, »dem seine Schwester ist auch schon berühmt! Julie Kerschensteiner heisst sie. Sie hat vor etwa fünf Jahren eine Schule gegründet, die Höhere Mädchenschule Kerschensteiner. Heut ist das die berühmteste Mädchenschule in München. Weit über dreihundert Schülerinnen hat's schon!«

»Davon hab ich auch gehört«, rief es aus dem Bett rechter Hand neben Lena. »Die Julie Kerschensteiner soll noch keine dreißig sein. Darf denn überhaupt eine Frau studieren und eine Schule leiten?«

»Die scho!«, rief wieder die Freundin der Zugehfrau. »Sie wollt' ja auf ein Gymnasium, aber sie haben's net gelassen. Bis zu dene ganz Oberen in der Regierung is gangen. Da ham die zu ihr gsagt, eher können S' Chinesisch lernen, ehe Sie bei uns in Bayern auf ein Gymnasium derfa! Da hats halt selbst eins aufgmacht! Mitten in Schwabing, in der Franz-Josef-Straß'!«

»Au weh!«, rief wieder Lenas Bettnachbarin, »ob's da an Mann kriegt, wanns so gscheit is?«

»Des Fräulein Julie?«, rief fast beleidigt die andere, »da fehlt sich nix! De scheena dunkle Augn, wo's hot und so an Haufen schwarzes Haar. Die is mit berühmte Maler befreundet, einer, der allerweil kimmt, heißt Franz Marc, der malt so komische Pferdl ...«

»Könnt das sein«, grübelte eine andere Patientin, »könnt das sein, dass es noch einen Kerschensteiner gibt, der wo berühmt is? Ich hab neulich in der Zeitung gelesen, dass es einen Stadtschulrat gibt, der so heißt. Der soll ein Reformator des Schulwesens sein, ham's gschriebn. Vielleicht hat seine Nichte des von ihm geerbt, des mit die Schulen!«

»Des ko scho sei, möglich is alles,« rief es aus einer anderen Ecke, »mi freuts, das alle so vornehme Leut san. Die lassn unsereins net im Stich. Der Herr Professor schickt mi in d' Heilstätte, pfeilgrad in'n Schwarzwald eini.«

»Da soll er Eana besser ins Riesengebirg schicken, nach Görbersdorf, da derfen d' Leut jeden Tag heiße Milli mit Cognac saufn und aufm Balkon liegn!«

»Und a jeder kriagt a blaue Flaschn, die hoaßt ma ›Blauer Heinrich‹, und dahinein derfst Tag und Nacht spuckn!«

»Ja pfüad di Good!«

In die Stille, in das verhaltene oder auch brüllende Husten der anderen dachte Lena, dass sie auch gerne in eine Familie wie die Kerschensteiners hineingeboren wäre. Sofort tat sie Abbitte bei ihrem Großvater, auf ihn war sie jederzeit stolz. Nicht nur, weil er klug und tüchtig gewesen war. Alles hatte er können, die feinsten Tische und Truhen schreinern, er mauerte ganze Häuser auf, denn diesen Beruf hatte er drei Jahre lang gelernt. Doch er konnte auch Zimmer ausmalen und mit den schönsten Blumenborten schmücken, er war überall gefragt als Zimmermann, und wenn das Vieh krank war, wusste er auch zu helfen. Er war sich nicht zu schade, einen Toten einzugraben, wenn der Totengräber wieder einmal bis zum Umfallen getrunken hatte.

Schöne Hände hatte der Großvater gehabt, Lena hatte sie an den Abenden, wenn sie beim Großvater auf der Hausbank gesessen war, wieder und wieder angesehen. Der Großvater war anders als die meisten Leute im Dorf. Er ging nie in die Wirtschaft, redete auch nicht viel. Er war hoch gewachsen, rasierte sich oft und sah vor allem in seinem Festtagsgewand mit den vielen Silberknöpfen sehr edel aus. Wenn er aus einer so vornehmen Familie wie die Kerschensteiners gekommen wäre, hätte er auch ein Geheimrat werden können, aber mindestens, da war Lena sich völlig sicher.

Doch der Vater des Großvaters, auch Mathias Pichler geheißen, war schon Hansschuster in Glonn gewesen. Der Großvater Lenas heiratete nach dem Tod seiner ersten Frau, Anna, deren Schwester Magdalena. Ihr Vater war der Bauer Augustin Hauser, Eberl von Westerndorf. Seine Töchter bekamen eine solide Aussteuer, deren Schätze in der Künikammer im Hansschusterhaus aufbewahrt wurden.

Lena dachte noch oft an dieses ihr verbotene Zimmer, in dem alter Hausrat verwahrt wurde, in reich bemalten Truhen lagen die Hochzeitskleider der Familie, Pelzhauben, Mieder, seidene Fransentücher, silbernes Geschnür mit uralten Talern und mehrreihigen Silberketten. Sogar das Brautkrönlein der Urugroßmutter fand Lena darin. In einem Glaskasten standen zierliche Meißener Figuren, auch einen Apothekenkasten mit den wunderlichsten medizinischen Bestecken bewahrte der Großvater auf.

Lena fragte sich heute, ob diese Schätze, die nach dem Tod der Großeltern raffgierigen Verwandten in die Hände gefallen waren, nicht auch Lob und Bewunderung verdienten. Waren sie nicht die Bestätigung dafür, dass ihre Vorfahren auch auf sich hielten, in ihrer Art sogar vornehm gewesen waren?

Lena hätte nicht sagen können, auf welcher sozialen Stufe ihre Großvatersfamilie in Glonn angesiedelt gewesen war. Die Großeltern hatten Freunde im Glonntal gehabt, waren eingeladen worden und hatten ihrerseits Gäste bewirtet. Immer wurde schön aufgedeckt, an Mangel konnte sich Lena nicht erinnern.

Aber gemessen an einer alteingesessenen Münchner Familie, in der es nur Studierte, Gewappelte und Großkopferte gab, war Lenas Glonner Familie ein Hennadreck gewesen, so viel war klar. Und ihre Eltern, die Mutter und der Stiefvater Isaak? Sie waren wohlhabende Wirtsleute, aber an Geheimräte oder Professoren hatten sie höchstens Bier und Wein auszuschenken oder ihnen das von der Speisenkarte Gewünschte vorzusetzen.

Dabei wäre die Mutter so gerne eine vornehme Dame gewesen. Lena würde nie den Tag vergessen, an dem sie die Mutter zum ersten Mal gesehen hatte. Lena war schon fünf Jahre alt gewesen, sie hatte gewusst, dass es in der Münchner Stadt die Mutter gab, die Münkara Muatta. Gesehen hatte Lena sie noch nie. Und dann stand sie eines Tages in der Stube, und sie erschien Lena sehr groß, und der ungeheure Cul de Paris unter dem karierten Kleid schüchterte Lena noch mehr ein als der üppig mit Schleifen und Margeriten geschmückte Hut. Die Mutter war dagestanden, hatte Lena kaum angesehen, ihr nicht einmal die Hand gegeben. »Bist auch da«, hatte sie gesagt.

Wie weit war Lena jetzt von ihrem friedlichen, glücklichen Leben bei den Großeltern entfernt. Sie fühlte sich zerrissen. In welche Richtung sollte sie gehen? Lena hatte manchmal das Gefühl, als würde Professor Kerschensteiner ihr Leben erraten. Er sah mehr als Lenas Narben, kannte sie intimer, als sie sich selber erklären konnte. Manchmal kam er am Abend. Ohne seine weiße Schwadron. Fragte sie in seiner leisen, behutsamen Art, ermöglichte ihr so Worte, Geständnisse, die ihre Schuldgefühle milderten. Sie war so lange dem Hunger, dem Kreuzverhör der Armut ausgesetzt gewesen, dass sie ihr Leben nicht mehr zu einem Ganzen zusammensetzen konnte. Sie fühlte sich wie ausgespuckt und war nun überwältigt, dass einer freundlich war, es für notwendig hielt, dass es eine Magdalena Leix auf dieser Erde gab. Hätte er sonst so viel seiner Zeit auf sie verwendet?

Der Gedanke, dass Kerschensteiners Frau trotz sorgfältiger Pflege nicht gesund wurde, ließ Lena etwas klarer sehen. Einer, der eine kranke Frau heiratet, konnte nicht aus der Welt kommen, aus der Lena stammte und in der es hieß: Frauensterben ist kein Verderben. Viehverrecken ist ein Schrecken.

Obwohl Lena es sich nicht erklären konnte, war es für sie eine Erleichterung, dass der Professor von ihrem Krankenbett nicht in ein glückliches Eheleben hinausging. Ebenso beruhigte es sie, dass Kerschensteiner mit seiner Familie im Krankenhaus wohnte, damit er im Bedarfsfalle rasch zur Stelle sei. Es hieß, er habe eine Vierzimmerwohnung mit Küche, Bad und Magdkammer. Es gebe bei ihm elektrisches Licht, Warmwasserversorgung, Zentralheizung. Lena fragte sich, ob die Barmherzigen Schwestern ihn rufen würden, wenn es ihr schlecht ginge.

Was war das nur für eine Verzauberung, die sie an wenig anderes denken ließ als an den Arzt? Kerschensteiner sah im herkömmlichen Sinne nicht besonders gut aus, aber für Lena hatte er eine Schönheit, die sie bisher an keinem Mann gesehen hatte. Einmal, als es nachts im Saal still war und Lena schlafen konnte, träumte sie von dem Professor. Er wollte mit ihr tanzen und flüsterte ihr verliebte Worte ins Ohr, die Lena unbeschreiblich glücklich machten. Sie tanzten in einer warmen Helligkeit, und als Lena erwachte, war die Helligkeit noch lange in ihr.

Zwei Frauen waren in dieser Nacht gestorben. Lena hatte nichts davon bemerkt, bis die Schwestern sie im Licht des Morgens auf dem Leichenkarren davonfuhren.

6. Kapitel

»Ich möchte heute eine Röntgen-Aufnahme von Ihrer Lunge machen lassen. Fühlen Sie sich dazu stark genug?«

»Was ist das?«, fragte Lena erschrocken, und der Professor erklärte ihr, dass es einen großen Wissenschaftler in Würzburg gebe, der heiße Wilhelm Conrad Röntgen und habe die sogenannten X-Strahlen entdeckt. Damit habe er den Ärzten ein segensreiches Geschenk gemacht.

»Wir können jetzt praktisch durch die Rippen hindurch auf die Lunge leuchten und wissen dann, ob eine Tuberkulose vorliegt, ein Schatten auf der Lunge, eine Kaverne oder ein Krebs. Das Verfahren gibt es erst seit fünf Jahren, und es ist die einzige Chance, Lungenleiden sicher zu erkennen.«

Lena bekam nur ungenau mit, wie die Assistenten berichteten, dass an dieser und jener Krankenanstalt immer noch kein Röntgengerät zur Verfügung stünde, weil viele Chefärzte diese X-Strahlen-Diagnostik strikt verbieten würden. Lena hörte Kerschensteiner seufzen und erklären, dass der Prophet im eigenen Vaterlande oft nichts gelte, dass viele große Entdecker in der Medizin zuerst einmal bekämpft worden wären. Er sei sicher, dass die Röntgen-Diagnostik sehr bald in ganz Deutschland zum medizinischen Standard gehören werde.

Lena hörte das alles und hörte es auch nicht. In ihrem Kopf drehte sich nur eine Gewissheit: Sie hatte die Sucht. Es war Lena schon lange klar, dass sie es auf der Lunge hatte, aber als der Professor das Wort Tuberkulose aussprach, war es dennoch ein Schock. Sie wusste, dass die weiße Pest den Tod brachte, früher oder später. Überall da, wo die Menschen weder von einem Arzt betreut wurden noch etwas zu essen hatten, wo sie frieren mussten und im Dreck leben, da breitete sich die weiße Pest aus. Lena hatte mit ihren beiden Mädchen an solchen Orten gehaust. Leben war das nicht gewesen.

Wie mochte es ihren Kindern gehen? Lagen Leni und Alixl vielleicht auch schon auf den Tod, weil sie so oft hatten frieren und hungern müssen? Lena würde Schwester Theresia bitten, einen Brief an das Waisenhaus zu schreiben. Sie musste wissen, wie es ihren Mädchen ging. Toni hatte es sicher warm bei den Großeltern, und bestimmt gab es für ihn genug zu essen. Die Schwiegereltern hatten zwar auch viel Geld verloren, weil sie für ihren Sohn gebürgt hatten, aber zum Leben würde es ihnen bestimmt reichen. Sie besaßen das große Haus in der Sandstraße, und der Schwiegermutter gehörten von Vaters Seite noch Äcker.

Lena wurde aus ihren Gedanken gerissen, denn Professor Kerschensteiner fragte gerade seine Assistenten, ob sie wüssten, dass vor ein paar Tagen Robert Koch gestorben sei. »Nein«, sagten die Männer fast im Chor, murmelten »welch ein tragischer Verlust«, und »unersetzlich«, »ein großer Wissenschaftler!«. Eine der Barmherzigen Schwestern, die dabeistand, bekam einen roten Kopf. Sie stotterte, »hm, also, ich weiß überhaupt nicht, wer Robert Koch ist!«

»Sie sind wenigstens ehrlich«, meinte Professor Kerschensteiner mit seinem Lächeln, das Lena so mochte, und er erklärte der Schwester, dass Robert Koch vor knapp dreißig Jahren den Tuberkel-Erreger erkannt habe. »Das wird für ewig sein Verdienst bleiben. Leider haben wir immer noch kein wirksames Mittel gegen die Krankheit. Koch hat zwar geglaubt, er habe auch ein Heilmittel gefunden, das Tuberkulin, aber das erwies sich als folgenschwerer Irrtum, da er nichts über die Dosierung wusste. Tausende Ärzte und Patienten hofften auf das Mittel, doch die Hoffnung wurde grausam enttäuscht. Es gab erhebliche Nebenwirkungen, schwere Organveränderungen und daraufhin viele Todesfälle. Die Euphorie wurde bald von negativen Bewertungen abgelöst. Ich persönlich behandle nicht mit Tuberkulin, ich habe bisher nur Rückschläge beobachtet. Daher setze ich alles daran, die körperlichen Abwehrkräfte meiner Patienten zu stärken durch ein gutes Klima, durch äußerste Hygiene und leichte, frische Kost. Schwere Fälle müssen operativ behandelt werden. Dazu hat uns Professor Sauerbruch glücklicherweise Wege gezeigt.«

Kerschensteiner glaubte in den Augen Lenas Angst zu sehen, er beruhigte sie, sagte, dass für Lena so eine schwere Operation, für die der Brustkorb geöffnet werden müsse, nicht in Frage käme. »Als Sie eingeliefert wurden, hatte ich schwerste Befürchtungen. Nun aber glaube ich eher, dass eine gute Pflege, gutes Essen und viel Licht, Luft und Ruhe Ihnen Besserung bringen werden. Aber ich möchte es genau wissen. Schwester Theresia wird Sie in etwa einer Stunde abholen.«

Lena wusste, dass Kerschensteiner sie trösten wollte. Wie er das bei anderen auch tat. »Ihre Gesundheit ist aus dem Gleichgewicht gebracht. Wir werden Ihnen helfen, so gut wir das können.« In den fünf Wochen, in denen Lena in diesem Saal lag, waren viele Kranke zu Fuß gekommen und auf der Bahre hinausgefahren worden. Sie waren anfangs voller Hoffnung gewesen, klammerten sich an die Hoffnung, waren in ihre Hoffnung verliebt. Doch dann hatten sie, vermutlich an dem Punkt der endlosen Müdigkeit, an dem Lena ebenfalls gewesen war, in diesem Müdigkeitsmeer hatten sie das Hoffen und Kämpfen aufgegeben, sich gefügt und unterworfen.

Lena war es so ergangen. Als Frauen vom Bezirksamt ihre beiden Mädchen abgeholt hatten, als sie selber mit letzter Kraft zum Schwabinger Krankenhaus hatte gehen wollen, als sie in einer der Straßen zusammenbrach, glaubte sie, dass ihr Lebensende gekommen sei, und sie wehrte sich nicht mehr dagegen. Ihre Angst vor Krankheit und Tod, die sie am Grab des Großvaters gewürgt hatte, war verflogen. Selbst die Frage nach der Ungerechtigkeit, die sie aus dem Glonner Paradies in die Hölle des Elternhauses und ihrer Ehe trieb, gerade sie stellte sich Lena nicht mehr. Sie wusste, sie war die Überflüssigste von allen, und jetzt war eben Schluss.

Doch dann, in der tiefen Ohnmacht, sah Lena sich an einem Ufer stehen, in einer Gegend, in der sie noch niemals gewesen war. Sie erinnerte sich aber deutlich an jede Einzelheit. Bunte Schleier hoben und senkten sich sanft, und Lena war auf eine seltsame Art zufrieden und ruhig gewesen, bis der Gedanke an Magdaleni und Alixl in ihr lebendig wurde. Sie sah ihre Kinder, und eine tiefe Trauer, sie zu verlassen, beherrschte Lena. Sie wollte zurück, und als sie feste Hände fühlte, die ihre Wangen leicht, aber anhaltend schlugen, konnte Lena zurückkommen von dem fremden Ufer, auftauchen aus den bunten Geweben und wieder da sein.

Von diesem Moment an wollte sie leben, sich nicht mehr fügen. Es kam zwar immer wieder vor, dass Lena Phasen zornigen Aufbegehrens gegen ihr Schicksal durchlebte, dass sie am liebsten mit allem Schluss gemacht hätte, aber diese Momente wurden seltener. Immer dringender verlangte es sie danach, auf die Beine zu kommen. Sie wollte kämpfen, für Leni und Alix wollte sie sich immer wieder aufrichten gegen diese dunkle Flut in ihrem Leben, die sie mit sich gerissen und auf die unterste soziale Stufe gespült hatte.

7. Kapitel

Professor Kerschensteiner machte sich bereit für die Visite. Sah die Krankenblätter durch und besprach mit seinen Assistenten die Neuzugänge und Abgänge der letzten vier Wochen, in denen er Urlaub genommen hatte. Er war mit seinem Freund und Kollegen Adolf Schlick in Griechenland gewesen. Neben der Medizin gehörte sein leidenschaftliches Interesse der Archäologie. Seit er als Kind in den Ferien bei Ausgrabungen dabei sein durfte, hatten ihn die alten Scherben nicht mehr losgelassen. Er wollte Archäologie studieren. Doch dann hatte er den Bitten seines Vaters nachgegeben. Er war auch gern Mediziner, doch die Bodenaltertümer oder Hügelgräber seiner Heimat interessierten ihn ebenso wie die Trümmer Trojas, die gefallenen Säulen von Selinunt oder Olympia. Dennoch war er fast erleichtert gewesen, als die Rückreise anstand, da er seiner bettlägerigen Frau wegen auf jeder Reise ein schlechtes Gewissen hatte. Sie jedoch hatte ihn wie immer freudig und liebevoll empfangen, es war, als seien sie in einem gemeinsamen Pulsschlag verbunden. Oftmals, wenn sie Seite an Seite lagen, er ihren flachen Atem hörte, wünschte er sich, dass sie immer bei ihm bleiben könne, obwohl er wusste, dass sie nach medizinischem Ermessen nicht mehr lange leben würde.

Ihn störte das Mitleid seiner Freunde, Verwandten und Kollegen, die ihn ständig dafür loben wollten, dass er seine Frau nicht im Krankenhaus unterbrachte, sondern sie, unterstützt von Schwestern, daheim pflegte. Auch Robert, der Sohn, verzichtete auf viel Freizeit zugunsten seiner Mutter. Kerschensteiner wusste manchmal nicht, ob er den Jungen deshalb so liebte, weil er das gesunde Abbild seiner Mutter war, oder ob er in dem Jungen seine eigene Kindheit wiederfand – jedenfalls fühlte er sich in seiner kleinen Familie als der Beschenkte.

Er hatte jetzt das Krankenblatt von Magdalena Leix vor sich liegen. Es gab nichts Neues bei dieser Patientin. Die Röntgenaufnahme hatte einen kleinen Schatten auf der Lunge ergeben, doch der Allgemeinzustand hatte sich überraschend gebessert. Die Patientin konnte sogar stundenweise aufstehen und herumgehen.

Kerschensteiner fragte sich, warum er Magdalena Leix nie begegnen konnte, ohne ein leises Interesse an ihr zu spüren. Auch in Griechenland hatte er manchmal mitten am Tag an sie gedacht. Er war sogar in Versuchung gewesen, dem Kollegen Schlick von ihr zu erzählen, hatte es dann aber gelassen. Es war ihm zu riskant, denn es schien ihm so, als sei seine Welt leerer gewesen, bevor er Magdalena Leix gekannt hatte. Dabei war sein Dasein ausgefüllt von der Arbeit am Krankenhaus, der Liebe zu seiner Frau und dem Stiefsohn, den Freunden und Kollegen, seinen medizinischen Schriften und Vorträgen, seiner Welt der Bücher – er las die großen Philosophen, war fast berauscht von Nietzsche, dessen Texte er prunkvoll und inhaltsschwer fand.

Shakespeare und Goethe lagen auf seinem Nachttisch, aber sein bester literarischer Freund war Gottfried Keller, und er nahm sich vor, Magdalena Leix demnächst den Roman »Der grüne Heinrich« zu geben. Kerschensteiner wusste inzwischen, dass Magdalena Leix ohne Vater aufgewachsen war. Manchmal, in den Nächten, wenn er zu einem besonders schweren Fall gerufen wurde, hatte er auch am Bett dieser Patientin gesessen und hatte noch andere, tiefere Einblicke in ihr Leben bekommen. Er fühlte sich auf eigentümliche Weise bereichert. Ihre Schilderung des Fegefeuers ihres Lebens, die Flucht aus der Mutterhölle in die der Ehe, hatten ihn begreifen lassen, dass wir Menschen von unbekannten, aber magischen Kräften in Erfahrungen getrieben werden, die sich wiederholen. Wir glauben, dass unser Glück ebenso wie unser Missgeschick von außen auf uns zukommt. Dabei sind sie uns längst vorbestimmt.

Es war ihm nicht klar, ob Magdalena Leix ihre Kraft, der Grausamkeit ihrer Umwelt standzuhalten, aus ihrer Religion bezog oder aus anderen tiefen Impulsen. Er würde bald versuchen, mit ihr darüber zu reden. Dass er ihr helfen würde, wusste er schon lange. Die Gespräche mit ihr hatten ihm ein Gefühl von Dynamik und Leben vermittelt, ein Gefühl des Wachsens, der Weite, der Fülle. Er hatte begriffen, warum er so lebte, wie er lebte. Er wollte in möglichst vieles einbezogen sein. Neben Magdalena Leix hatte er nicht mehr das Gefühl der Leere, das ihn früher oftmals beschlichen hatte, trotz seines immensen Einsatzes für seinen Beruf und die Familie.

Gleich der Hauptfigur im »Grünen Heinrich« hatte die erlittene Vaterlosigkeit Magdalena Leix geprägt. Aber nicht nur diese Parallele war es, die ihn sicher machte, dass die seltsame Patientin seinen literarischen Geschmack in diesem Punkte teilen würde. Gottfried Keller schrieb in einer klaren, schönen Sprache, für die man keine akademische Bildung brauchte, aber es blieb einem nichts übrig, als intelligent zu sein, wenn man Keller verstehen wollte. Kerschensteiner war sicher, dass diese junge Frau intelligent war. Die Literatur hatte immer große Kräfte in ihm geweckt, gerade die von Gottfried Keller und Adalbert Stifter. Und er wollte, dass seine Patientin diese Chance auch bekam. Gleich würde er sie bei der Visite sehen. Er freute sich auf unbestimmte Weise darauf.

Lena war aufgestanden. Wenn sie sich einige Sekunden an die Wand lehnte, verschwand der Taumel, und sie fühlte sich standfest auf den Beinen. Das kühle Glas der Fensterscheibe tat ihr gut. Sie lehnte ihren Kopf dagegen und sah hinaus auf frisch eingesäte Rasenflächen, junge Bäumchen in einer Landschaft, die vom Neubau des Krankenhauses geprägt war. Ausgedehnte gärtnerische Anlagen waren schon zu bewundern, und sie sah jedes Mal, wenn sie aufstehen durfte, interessiert auf die sauberen Wirtschaftshöfe mit dem Granitwürfelpflaster, sah die glatten Straßendecken, die Alleereihen aus Kastanien oder Linden, die Einfassungen von geschnittenen Hainbuchenhecken oder von Buchs und Liguster. Sträucher und Büsche begrenzten das Grundstück, und Lena dachte, sie habe erst hier gelernt, Straßen, Wiesen, Bäume und Menschen wahrzunehmen. Wenn das Fenster zum Lüften geöffnet wurde, roch Lena förmlich die Landschaft da draußen, nahm sie mit all ihren Sinnen in sich auf. Als ihre übergroße Erschöpfung, die Todesnähe von ihr gewichen war, freute sie sich am Läuten der Kirchglocken, sie begann, die Menschen zu beobachten, die draußen arbeiteten oder spazieren gingen. Sie begann auch, die Barmherzigen Schwestern zu beobachten, die Patientinnen im Saal. Was waren das für Leute, wie kamen sie hierher?

Schließlich war Lena nicht zum ersten Mal mit vielen fremden Menschen zusammen. In der Schule, im Kloster hatte sie gelernt, wie hinterhältig die meisten Mitmenschen waren, dass die wahren Ziele und Absichten hinter frommem Getue versteckt wurden. Hier lernte Lena, wie gemein und niederträchtig auch Kranke im Todesstadium noch sein können. Und die Barmherzigen Schwestern machten aus den Lungenkranken Ausgestoßene, Entrechtete, Entmündigte. Sie ließen keinen Zweifel daran, dass auf die meisten Frauen die Leichenhemden warteten, in großen Stapeln, gewaschen und sorgfältig geplättet.

Lena spürte, dass sie nicht zu denen gehörte, die bald mit dem Leichenwagen abgeholt würden. Dass sie davongekommen war, bald entlassen werden konnte. Dieser Gedanke brachte sie sofort wieder dazu, sich mit ihrer Vergangenheit zu beschäftigen. Sie dachte an die vielen Wohnungen, die sie unweit dieses Krankenhauses schon bewohnt hatte. Als sie ein Kind war, als die Mutter sie zu sich nach München befohlen hatte, wohnten sie in der Adalbertstraße, die Lena aber nie vertraut wurde, weil der Stiefvater das Haus bald verkaufte, und die Isaaks waren dann noch im selben Jahr in die Schraudolphstraße gezogen, von dort in die Glückstraße, und von da ging es heraus aus Schwabing, in die Nähe des Gärtnerplatztheaters, in die Buttermelcherstraße, wo der Stiefvater ein vierstöckiges Haus mit einer Altmetzgerei kaufte. Dort hatten sie dann zwei Jahre gelebt, ehe Lena ausgerissen war, zurück zum Großvater nach Glonn.

Die vielen Umzüge, Schleppen von Bettzeug, Geschirr, treppauf, treppab, Püffe, Schläge, Gezeter von der Mutter, Schimpfworte von den Lehrern, weil Lena durch die vielen Pflichten fast immer zu spät zur Schule kam. Sie musste nachsitzen, das brachte ihr den Hohn der Mitschüler und daheim den Zorn der Mutter. Der Stiefvater versorgte die Metzgerei und die Wirtschaft, selbst er schien die wütende Frau zu meiden, die dicker und dicker wurde und nur noch üble Laune hatte.

Dann kam das Stiefbrüderchen zur Welt, und niemand hatte mehr Augen für Lena. Sie dachte, sie könne sich wegducken im Schatten der Wiege, doch sie fand sich wieder als Kindsmagd, die für jedes Greinen des Stammhalters gestraft wurde. Sie hatte damals häufig Gott und die Schwarze Gnadenmutter von Altötting gefragt, warum sie keinen Vater habe, der sie beschützte. Dieser Karl Christ wusste doch, dass er eine zehnjährige Tochter hatte. Warum kümmerte er sich nicht um sie? Er hatte sich doch zu ihr bekannt. War doch etwas dran an der Geschichte mit den Scanzonis?

Lena ertappte sich immer wieder dabei, dass sie sich in dem Gedanken sonnte, eine Bessere, eine von Scanzoni zu sein.

Sie hatte durch Zufall bei einem Besuch in Glonn ein Foto Albert von Scanzonis auf einer Festschrift des Schützenvereins gesehen und es heimlich mit einem eigenen Konterfei verglichen. Wenn man so wollte, konnte einem die gleiche sehr hohe Stirn auffallen, der ähnliche Haaransatz, die Nase, die Form des Mundes. Doch Lena hatte die beiden Fotos weggelegt und seitdem nicht mehr angesehen. Wozu auch.

Doch dann berichtete sie dem Professor davon, als er

wieder einmal zu später Stunde durch die Abteilungen ging, weil er mit seinen Kollegen tagsüber die königliche Familie durch die Anstalt führen musste und nicht zur Hauptvisite hatte kommen können. Nur weil es Nacht war, nur weil man im Krankensaal lediglich Umrisse sehen konnte, traute sich Lena.

»Herr Professor, glauben Sie, dass meine trostlose Lage, all das Fürchterliche, das ich erlebt habe, dass das damit zusammenhängt, dass ich niemals meinen richtigen Vater kennen gelernt habe, dass ich nicht einmal seinen Namen sicher weiß?«

Da Kerschensteiner nicht sofort antwortete, fuhr Lena fort, aus Sorge, dass er weggehen könnte.

»Kann es ein Leben beeinflussen, wenn die Mutter ihrem Kind nicht die Wahrheit sagt? Wenn das Vertrauen des Kindes durch die Mutter grausam zerstört wird?«, fragte sie noch hastig.

Kerschensteiner sah Lena verblüfft an. Wieder bekam er ein Beispiel von dem logischen Denken dieser einfachen Frau. Die Kollegen, so weit sie sich überhaupt für sie interessierten, waren der Meinung, dass Frau Leix völlig in sich zurückgezogen sei. Auch ein gewisser Stolz sei zu spüren, oder aber Angst.

Während der Professor sie nachdenklich ansah, spürte Lena, wie sie rot wurde vor Verlegenheit. Warum hatte sie wieder zu viel geredet! Immer, wenn er an ihrem Bett saß, redete und redete sie, als habe sie Angst, Kerschensteiner würde wieder fortgehen, ehe sie ihm alles gesagt hatte. Sie fühlte sich unglücklich, allein, weil der Professor schwieg, doch da sagte Kerschensteiner, dass er schon daran glaube, dass die mangelnde Liebe eines Vaters zu ersetzen sei.

»Ihr Großvater, der Ihnen ja offenbar viel Liebe gegeben hat, konnte das Versagen des Vaters zweifellos ausgleichen. Sie haben den Vater ja nicht vermisst, solange Sie in der Obhut Ihrer Großeltern waren.«

Das stimmte. Trotzdem fragte sich Lena, warum die Liebe und Güte des Großvaters nicht ausgereicht hatte, warum sie immer und immer wieder über ihre beiden möglichen Väter nachdachte. Aber sie nahm sich vor, in Zukunft über diese Schwierigkeiten nicht mehr zu sprechen. Nicht einmal mit dem Professor wollte sie das tun. Am liebsten hätte sie beide möglichen Väter einfach vergessen. Ohnehin hatte sie ein akutes praktisches Problem zu lösen, denn ihre Entlassung stand bald an. Wie gut, dass die anderen Patientinnen schliefen oder so laut husteten, dass sie von den Gesprächen Lenas mit dem Professor nichts mitbekamen.

Lena hatte kein Geld. Immer wieder hatte sie das Geständnis herausgeschoben. Wie sollte sie die Krankenhauskosten für die langen Wochen ihres Aufenthaltes bezahlen. Lena wusste, dass sich der Tagessatz für Patienten im allgemeinen Saal auf 3 Mark pro Tag belief. Wenn sie daran dachte, dass sie 126 Mark zu zahlen hatte, wurde ihr schlecht, denn sie besaß keinen Pfennig mehr und auch nichts, was sie noch hätte verkaufen können. Anfangs hatte sie Schwester Theresia einweihen wollen, doch sie kümmerte sich um die schwer kranken Neuzugänge, Lena sah sie nur noch selten. Es half nichts, sie musste es dem Professor sagen.

»Herr Professor, ich weiß nicht, wie ich – ich meine, ich habe kein Geld, ich kann die Behandlungskosten nicht bezahlen. Können die auch gestundet werden? Wenn ich entlassen bin, wenn ich arbeiten kann – will ich alles zurückzahlen.«

Es war Lena noch peinlicher, als sie gedacht hatte. Doch der Professor schüttelte den Kopf, streichelte kurz über Lenas Hand und sagte, dass sie sich darüber keine Sorgen machen müsse. Er lächelte und erinnerte Lena an die Damen, die sonntags häufig mit Blumen und Kuchen in den Sälen auftauchten und sich um mittellose Kranke kümmerten. Und deren Männer oder Väter stifteten auch größere Geldsummen an das Krankenhaus. Erst jüngst habe es wieder eine großzügige Stiftung gegeben. »Hofrat Dr. Valentin Rigauer stiftete fünfzigtausend Mark und bestimmte, dass von den Erträgnissen die Kur- und Verpflegungskosten Bedürftiger in den Sälen bezahlt werden sollen. Sie sehen, es ist auch für Sie gesorgt!«

Professor Kerschensteiner verabschiedete sich, und Lena sagte, dass sie gleichzeitig froh, aber auch beschämt sei. »Ich glaube, es ist das Schlimmste, ohne Geld dazustehen. Auf die Hilfe anderer angewiesen zu sein.«

Kerschensteiner setzte sich noch einmal auf Lenas Bett. Er nahm ihre Hand, sah sie mit seinen grauen, intelligenten Augen an. »Ich bin acht Jahre älter als Sie, glaube ich. Aber mein Leben hat sich so stürmisch entwickelt, dass ich das Gefühl habe, als wäre ich mindestens Ihr Vater. Viele Jahre lang habe ich studiert, geforscht, geschrieben, in Kliniken behandelt. Ich habe mir Ansehen erworben, man überträgt mir Verantwortung, lädt mich überallhin ein, weil man meine Vorträge hören will. Über alledem habe ich vergessen, dass ich dabei bin, das Wichtigste zu verlieren, was der Mensch auf dieser Erde besitzt, nämlich Zeit. Ich hetze frühmorgens aus meiner Wohnung in die Krankensäle. Ich hetze zum Bahnhof, um irgendwo in Deutschland Vorträge zu halten. Oder ich sitze bis in die Nacht, um mich über medizinische Probleme zu belesen. Das heißt, ich fange zu viel mit meiner Zeit an! Sie gehört zwar mir, aber ich habe es geschehen lassen, dass meine Stunden und Tage vergehen wie im Rausch! Mein Magen sagt mir schon, dass ich nicht richtig umgehe mit meiner Zeit.«

Der Professor beobachtete die Wirkung seiner Worte auf Lena. Er las in ihren Augen Neugierde, Begreifen, Erstaunen, und er fuhr fort in seinen Erläuterungen, erklärte Lena, dass sie etwas habe, wovon die meisten Leute viel zu wenig haben. Zeit.

»Sie haben kein Geld. Das ist kein kleines Problem, und es muss ernst genommen werden. Sie werden für den Anfang etwas von mir bekommen. Meine Frau ist sehr damit einverstanden. Aber viel wichtiger ist, dass Sie jetzt Zeit haben. Wir haben erfahren, das Ihre Kinder fürs Erste gut aufgehoben sind, Sie können sie demnächst besuchen. Den größten Teil Ihrer Zeit sollten Sie darauf verwenden, für sich selber zu sorgen. Sie können sehr schön schreiben. Das weiß ich, seit Sie unsere Krankenblätter so sorgfältig ins Reine bringen. Sie haben ja auch schon vor Ihrer Krankheit Schreibarbeiten gemacht. Ich kenne Leute, die Schreiber nach Diktat suchen. Ich werde Sie empfehlen.«

Der Professor sah Lena mit amüsiertem Lächeln an: »Sie haben mir einmal gesagt, dass Sie sich hin und wieder bei Gott darüber beklagen, dass er so viele Leute reich und glücklich werden lässt, während Sie nur die Schattenseiten des Lebens zu sehen bekommen. Das stimmt nur auf den ersten Blick, glaube ich. Doch in einem war Gott gerecht; er gab uns Menschen Zeit, dem einen mehr, dem anderen weniger. Doch jeder hat die Möglichkeit, mit dieser Zeit etwas Vernünftiges anzufangen. Natürlich braucht man dazu Verstand, aber den haben Sie. Glauben Sie mir, es kommt darauf an, was Sie in Zukunft aus Ihrer Zeit machen.«

8. Kapitel

Lenas langer, unten ausgestellter Rock, die eng taillierte Jacke mit der dünnen Spitzenbluse darunter waren in der Wäscherei des Krankenhauses sorgfältig gewaschen, desinfiziert und geplättet worden. Dafür hatte Schwester Theresia gesorgt, und Lena sah im spiegelnden Glas des Schaufensters eine große, sehr schlanke Frau mit ovalem Hut, keineswegs unelegant, und sie spürte, wie der Zauber des Lebens in der Hohenzollernstraße langsam in ihr Wirkung zeigte. Die Straße unter ihren Füßen schimmerte, ein Strom von Kutschen wogte in Richtung Leopoldstraße, Englischer Garten. Lena fiel ein, dass die Sommerferien zu Ende gegangen waren, die Münchner fuhren wieder in die Theater, in die Oper, in die Restaurants. Für einen Moment befiel sie eine unbestimmte Sehnsucht wie Heimweh, ein Verlangen nach Kerschensteiner. Sie versuchte sich vorzustellen, dass sie in einer der eleganten Kutschen säße und ihr Begleiter der Professor wäre. Doch ihr wurde klar, dass sie sich das nicht einmal vorstellen durfte. Verrückt war sie schließlich nicht.

Aber sehr allein. In ihrem Pensionszimmerchen gab es keine Kranken, die husteten oder lamentierten, Lena musste keinem barschen Kommando einer Barmherzigen Schwester widersprechen. Sie hörte alles, was draußen geschah, nur wie ein Rauschen, wenn sie das Fenster geschlossen hielt. Aber sie hatte es meistens geöffnet, denn der Lärm der Straße war für Lena derzeit der süße Lärm des Lebens. Das Wetter war zum Staunen schön, Lena konnte sich nicht erinnern, einen so leuchtenden und warmen Oktober erlebt zu haben. Ihr neues Leben gefiel ihr mit jedem Tag mehr. Schon als sie in der Pension den violetten Hut aus dem Koffer geholt, ihn ans Tageslicht gehalten und sorgfältig zu bürsten begonnen hatte, schien ihr altes Leben ihr völlig fremd und hundert Jahre her. Die Schwiegermutter hatte ihr den Hut zu Tonis Geburt geschenkt. Jetzt war Lena, als hätten die Leix und Isaaks sie eingescharrt und wären ihres Weges gegangen. Endlich waren sie ihre Tochter und Schwiegertochter los geworden.

Doch Lena war im Schwabinger Krankenhaus zu neuem Glauben an sich auferstanden. Sie fühlte sich wie ein Kind, das sich mit Mutters Hut verkleiden und zum Spazieren gehen will.

Heute hatte sie nur wenig Zeit, denn sie war mit Kathi verabredet, einer Frau, mit der sie früher im Kirchenchor gewesen war. Vorletzten Freitag hatten sie sich wieder getroffen. Nach vierzehn Jahren. Vor einem Schaufenster mit feinen Schuhen waren sie nebeneinander gestanden. Eine jede wollte sich wegdrehen, dabei waren sie beinahe aneinandergerumpelt. Sie standen voreinander und überlegten kurz, doch dann lachten beide.

»Jessas, d' Lenei, grüß dich Gott, ich kann's gar nicht glauben!«

»Mei, Kathi, ist das eine Freud!«

Lena schaute in das rosige Gesicht der Kathi, das ihr in ehrlicher Freude zugewandt war. Aus dem zaundürren Mädchen, das eine zarte, helle Stimme gehabt hatte, war eine üppige Frau geworden, die nur deshalb nicht dick wirkte, weil sie ziemlich groß gewachsen war. Ihre Blicke glitten denn auch besorgt über Lenas Gestalt.

»Bist du krank gewesen, du schaust ja aus wie eine Bohnenstange?«

Lena nickte. Kathie musste zum Bahnhof, und Lena hakte sich bei ihr ein, um sie zu begleiten.

»Weißt du eigentlich, dass ich in Passau verheiratet bin?«, fragte Kathi. »Heut bin ich in der Münchner Stadt, weil ich nur in der Apotheke vom Schwabinger Krankenhaus das richtige Medikament für meinen Kaspar bekomme. Er hat Podagra, weißt du!«

»Da bist du genau richtig«, rief Lena eifrig, »denn das Schwabinger Krankenhaus ist das modernste und erfolgreichste in ganz Bayern!«

Sie zählte nicht ohne Stolz über ihr Wissen auf, wie berühmt das Krankenhaus war, dass es von Fachleuten aus allen möglichen Ländern besucht würde, die lernen wollten, wie man heute die Menschen unter den bestmöglichen Bedingungen heilt. »Stell dir vor, aus Paris und Florenz sind sie gekommen, aus Graz, Prag, Tokio, aus New York und Moskau, aus Budapest, Zürich, Kopenhagen, mei, ich glaub, aus dreißig Ländern waren sie da, aha, jetzt fallts mir wieder ein, aus Konstantinopel, Buenos Aires, aus Wien sowieso, und sogar aus dem Kaukasus.«

Kathi sah Lena verblüfft an. »Was du dir alles merken kannst – hast du das auswendig gelernt?«

»Mei, ich war halt wochenlang krank, eine schwere Grippe, weißt du.«

Mehr erzählte Lena nicht. Sie wusste, dass alle Leute erschraken, wenn sie das Wort »Sucht« hörten. Sie bekamen Angst vor Ansteckung, Angst vor dem Tod. Einer, der die Sucht hatte, war widerwärtig, armselig, von der Menschheit ausgestoßen. Doch Lena gehört nicht dazu, die Röntgenaufnahmen hatten ergeben, dass sie vollständig geheilt war. Sie wollte nicht einmal in die Nähe einer Suchtkranken gerückt werden. Daher war ihre Lüge notwendig.

»Du glaubst gar nicht, wie ich es genieße, mit dir am Arm in der Mittagssonne zum Bahnhof zu gehen!«

Kathi drückte Lenas Arm und beeilte sich zu sagen, dass es ihr genauso gehe. »In Passau hab ich niemand, mit dem ich über alte Zeiten reden kann wie mit dir. Mei – haben wir ein Glück, dass wir uns getroffen haben!«

»Das ist mein erster großer Spaziergang seit langem, und hier auf dem Bahnhofsplatz mit den Pferdedroschken, der Trambahn und den vielen Reisenden hab ich das Gefühl, dass ich wieder dazugehöre zum Leben.«

»Warst denn wirklich so krank, Lenei?«, fragte Kathi teilnehmend, doch Lena lenkte sie ab, wies auf ein glänzend gewienertes Automobil, dessen Fahrer am Steuer saß und rauchte. »So ein Trumm Auto tät ich auch gern fahren«, lachte Lena, doch Kathi interessierte sich mehr für die Passanten. »So viele schöne Trachten sieht man da!«, staunte sie, »und wie viel städtische Eleganz. München ist halt Residenzstadt, da kann Passau nicht mithalten!«

»Und einen Prinzregenten haben wir auch!«, sagte Lena mit gespieltem Stolz.

»Aber der soll ja ein ganz Bescheidener sein. Der tät immer in einer Lodenjoppe dasitzen und arbeiten, sagen's.«

»Der weiß, dass die Leut dem schönen Kini nachtrauern«, sagte Lena. Dann deutete sie auf die Menschen, die mit Gepäck beladen den Bahngeleisen zusteuerten.

»Ich möchte wissen, wohin die Leut alle reisen!«, rief Lena vergnügt. »Oder worüber sie alle ratschen, die da so gemütlich herumstehen.«

»Ui, schau mal die an!« Kathi deutete verstohlen auf eine Droschke, und Lena sah eine elegante Dame aussteigen mit reichem, gelbem Spitzengeriesel am Rock, auch der Hut hatte eine üppige Dekoration aus dieser Spitze, selbst der Sonnenschirm war damit ausgestattet. Diese Dame war zweifellos nicht nur schön, sie war auch klug. Sie wusste offenbar, dass starke Sonneneinstrahlung nicht besonders gesund war, aber für Leute, die es auf der Lunge hatten, konnte sie geradezu gefährlich werden, und Lena ging mit Kathi durch das schützende Säulenvordach zu den Geleisen. Dabei nahm sie sich vor, nie wieder bei Sonnenschein ohne Hut und Schirm nach draußen zu gehen. Aus medizinischen Gründen, aber auch, weil die Dame mit dem Spitzengeriesel die Schönste auf dem belebten Bahnhofsplatz gewesen war.

Zwei Wochen war das jetzt her, und immer noch spürte Lena, wie gut es war, Kathi wieder zu haben! Mit ihr kamen die besten Erinnerungen zurück, die Zeit im Chor, die Sehnsucht nach dem jungen Priester, der in eine andere Welt gehörte. Lena hatte damals nichts an sich gefunden, was seines Interesses wert gewesen wäre. Aber sie hatte umso mehr Zärtlichkeit für ihn gespürt, Sehnsucht und Zärtlichkeit. Heute, wo Kerschensteiner seine Stelle eingenommen hatte, wusste sie das. Aber damals war sie noch ein Kind gewesen, eine Blume oder eine Kastanie in der Schale. Nur Kathi war ihr vertraut. Sie hatten auf den Pilgerfahrten das Bett miteinander geteilt, eng umschlungen, selig und ständig miteinander tuschelnd. Lena fand sich innerlich zerbrochen, irgendwie zersplittert wie Glas, aber wenn sie mit Kathi zusammen war, fühlte sie sich heil.

Und jetzt, wo sie beide erwachsene Frauen waren, fühlten sie sich so nahe wie früher auch. Ohne großes Getue hatten sie geschworen, einander nicht mehr aus den Augen zu lassen. Kathi musste für Kaspar jede Woche nach Schwabing kommen, seine Medizin wurde aus Kräutern stets neu gemischt.

Auf das heutige Treffen mit Kathi freute sich Lena besonders. Sie wollten aufs Oktoberfest, das in diesem Jahr seinen hundertsten Geburtstag feierte. Der kranke Kaspar in Passau, dem das Oktoberfest viel bedeutete, hatte Kathi überredet, hinzugehen. Stellvertretend für ihn sozusagen. Wenigstens sie sollte diesen denkwürdigen Tag mitfeiern und ihm davon erzählen. In ihren langen Münchner Jahren war Lena nicht einmal auf der Wiesn gewesen. Die Mutter hatte es ihr nicht erlaubt, weil in dieser Zeit auch im Gasthaus recht viel los gewesen war. Und mit Anton wäre es Lena ein Graus gewesen. Die ausgeschnittenen Dirndl der Frauen hätte Lena büßen müssen. Seine Blicke wären schon zwischen den Buden zudringlich geworden.

Lena musste sich davor hüten, wieder in das dunkle Gefängnis ihrer Gedanken hineinzufallen. Davor würde Kathi sie schützen. Kathi wusste nichts Näheres von Lenas Ehe, und so konnte Lenas Gefühl einer neuen Lebensfreude sich ungehindert entfalten.

Sie hatte Lust, ein wenig zu flanieren. Was war das überhaupt für ein Wort? Wo hatte Lena es her? In ihre frühere Welt hatte es nicht hineingepasst. Auch wenn die Mutter ihren Stand als Wirtsfrau hinter teurer modischer

Kleidung zu verbergen suchte, ging sie in diesen Gewändern höchstens zur Kirche. Ließ sich dort von Ärmeren bewundern und beneiden, doch Lena hatte schon gehört, dass man über die Mutter herzog:

»Schau nur den Hut an, an größern hatt's wohl nicht geben?«

»Sie ist früher eine Köchin vom Land gewesen, die tun vornehm, bleibn aber immer Dotschn!«

»Außerdem ist sie viel zu fett!«

Die Mutter schien diese bissigen Bemerkungen nicht gehört zu haben, jedenfalls blieb sie dabei, sich für die Kirche aufzubrezeln, um daheim alles herunterzureißen, sich die Schürze vorzubinden, die Ärmel aufzukrempeln, und dann schallte wieder ihre schneidende Stimme durch die Gaststube, und Lena wusste, dass jetzt wieder die alltägliche Hetze begann. Die Mutter war überkritisch, nie zufrieden, nie gab es ein Lob, geschweige denn eine Liebkosung. Ständig suchte sie einen Makel an der Tochter.

Die Mutter. Lena hatte es satt, sich immer an sie zu erinnern. Andere Mädchen hatten womöglich noch viel verbrecherischere Mütter, die, weil hochgebildet und intrigant, sich den Anschein gaben, das Beste für das Kind zu wollen, und es in Wahrheit auf die Seite schaffen ließen. Seit sie im Krankenhaus die Geschichte des Meretlein aus dem »Grünen Heinrich« gelesen hatte, das als kleines Mädchen von der eifersüchtigen und verlogenen Stiefmutter in das Haus eines bigotten Pfarrers in Obhut gegeben und dort zu Tode gehetzt wird, fühlte Lena sich seltsam getröstet. Meretlein, obwohl eine Demoiselle aus reichem, adligem Hause, war noch jünger und hilfloser als Lena gewesen, als die Stiefmutter es aus dem Schloss vertrieb. Die Pfarrersleute hatten das überaus schöne und liebenswürdige Mädchen täglich mit der Rute gezüchtigt und mit Hungerkuren traktiert. Es starb nach einem Jahr verstört und heruntergekommen an einem Fieber.

Lena hatte überlebt. Jetzt musste ihr Körper sich erholen. Dann würden vielleicht auch die geistigen Kräfte zurückkommen, von denen der Professor so oft gesprochen hatte und von denen Lena glaubte, dass sie ihr in den Albträumen der Vergangenheit abhanden gekommen waren. Deshalb würde sie jetzt den feinen Schirm nehmen, der das Trockenwohnen, den Verkauf der letzten Habseligkeiten irgendwie überlebt hatte. Und die Handtasche, mit einem Stofffetzen poliert, konnte sich auch noch sehen lassen.

Sie wollte gut gekleidet sein. Kleidung war wie der Rahmen um ein Bild. Wer will schon eine armselig gekleidete Frau ansehen? Schon als kleines Mädchen hatte es Lena mit Behagen und Stolz erfüllt, wenn die Großmutter sie festlich ausstaffierte. Sie konnte sich noch deutlich an die Freude erinnern, als ihr für die Fahrt zur Stadt ein Spitzenhemd angezogen wurde, die ersten Unterhosen unter dem roten Flanellrock, über den ein grünes Seidenkleid kam, dessen Spenzer mit bunten Glasknöpfen besetzt war. Die Zöpfe hatte die Großmutter mit echten Silberhaarnadeln hochgesteckt.

Auch im hoffnungslosen Elend der Haidhausener Wohnung hatte Lena versucht, sich und die Kinder zu pflegen. In der tiefsten Verarmung versuchte sie Magdalena Leix zu sein, früher Gastwirtstochter mit beachtlichem Hochzeitsgut, jetzt Ehefrau und Mutter ohne einen Pfennig. Der Duft der sorgsam gehüteten Kleider rief Lena immer die Atmosphäre ihres früheren Lebens zurück, ob sie wollte oder nicht.

Noch mehr als die Gedanken an vergangene Kränkung tat das Alleinsein weh, die Einsamkeit, die Kälte. Seit Leni und Alixl im Internat waren, fühlte sich Lena entwurzelt, mitgerissen von einem Strom, der in immer eisigere Gewässer führte. Doch dann war Professor Kerschensteiner gekommen, und seine völlig überraschende und bis heute nicht begreifbare Anteilnahme hatten das Eis auf ihrer Seele schmelzen lassen. Lena überlegte nicht mehr, warum der Arzt sie bevorzugte, vielleicht hatten Gott und die Schwarze Gnadenmutter von Altötting ihn dazu gebracht. Seit ihrer Genesung fühlte Lena sich gekräftigt und stark in dem Gefühl, dass ein Mensch, allseits bekannt und geehrt, sie beachtete und ihr half.

Selbst als sie bald nach ihrer Entlassung feststellen musste, dass die ihr noch verbliebenen Kleider muffig rochen und teilweise jeden Glanz verloren hatten, tröstete sie eine Geschichte, die Kerschensteiner ihr erzählt hatte: Sein Vater, der in ganz Bayern berühmte und vom König geadelte Geheimrat, war von äußerster Bescheidenheit, was seine Kleidung anging. Wurde er vom Prinzregenten Luitpold zum Essen eingeladen, bestrich er seinen abgeschabten Zylinder mit schwarzer Tinte, doch bei Tisch war er der Bedeutendste, unterhielt seine Gastgeber mit seinem brillanten humanistischen Wissen.

Wenn Lena auch klar war, dass sie mit dem Geheimrat außer schäbiger Kleidung nur wenig gemeinsam hatte, gefiel ihr die Geschichte nicht nur, sie begriff auch, worum es ging. Konnte Lena auch nicht Geheimrat werden, besaß sie doch einen wachen Verstand, wenn sie ihn auch bislang nicht vorteilhaft eingesetzt hatte. Die Welt bescherte ihr aber auch reichlich Widerwärtigkeiten – allein, wenn sie an Anton dachte. Soweit Lena wusste, saß er im Gefängnis. Seine bürgerlichen Ehrenrechte waren ihm aberkannt worden. Das sollte ihr aber gleichgültig sein. Oder sogar lieb, denn so konnte sie vor seinen Besitzansprüchen wirklich sicher sein. Der Gedanke, dass Anton einsaß, war Lena noch nie so klar geworden wie in diesem Moment. Er saß hinter Gittern, und sie lebte frei in dieser sonnendurchfluteten Welt! Das hatte sie der Schwarzen Gnadenmutter zu verdanken, dessen war Lena sicher.

Sie atmete tief, streckte sich, fühlte eine Leichtigkeit. Nur der Not keinen Schwung lassen. Wo sie diesen Spruch gehört hatte, wusste Lena nicht, aber er fiel ihr in diesem Moment ein und war willkommen.

Gleich würde Lena Kathi treffen. Sie bog in die Leopoldstraße ein, die heute ein günstiger Ort für gefühlvolle Träumereien zu sein schien. Jedenfalls kam es Lena so vor, als seien die eleganten Damen in ihren engen Kostümen und riesigen Hüten, die am Arm ihrer Begleiter dahinflanierten, alle mehr oder weniger unglücklich verliebt, denn die Kavaliere schauten manchmal ein wenig gelangweilt. Doch die Damen hoben ihre Gesichter zu ihren Kavalieren auf wie leere weiße Schalen, die mit Köstlichkeiten gefüllt werden, und Lena dachte daran, dass sie seit dem Frühstück nichts mehr gegessen hatte. Sie kam an Restaurants vorbei, an denen auf Schiefertafeln die Menufolge des Tages aufgeschrieben war. Lena hätte am liebsten alles gegessen: Leberknödelsuppe oder welche mit Nokkerln, einen Nieren- oder Schlossbraten, ein schönes Ochsenfleisch, eine gebratene Haxe mit Kartoffelsalat. Oder einen ausgelösten Kalbskopf. Kalbsschäuferl. Und Gurkensalat. Und Andivi ...

Leider hatte sie fast das ganze Geld verbraucht, das ihr der Professor gegeben hatte. Sie wollte es zurückzahlen, so viel war klar. Sie sparte wirklich, wo es nur ging. Doch etwas essen musste sie trotzdem, ihr Hunger trieb sie in eine kleine Wirtschaft, die »Fleischsuppe mit Einlagen« für 6 Pfennige anbot, und sie musste sich zusammennehmen, nicht über die kräftige Brühe herzufallen. Sittsam aß sie Löffel um Löffel, war ganz hingegeben an den würzigen Geschmack des Brotes, das sie als kostenlose Beigabe bekam.

Jetzt musste sie sich aber sputen! An der Ecke Hohenzollernstraße würde Kathi warten, und Lena lief so rasch, wie ihre Stiefelchen und der lange Rock es erlaubten, den belebten Gehsteig entlang. Da stand Kathi auch schon und sah sich suchend um.

»Kathi!«, rief Lena, und die Freundin schaute erfreut in ihr vom Laufen gerötetes Gesicht. »Mei – jetzt hast du ja direkt mal Farbe bekommen«, lachte Kathi, und sie winkte einer Droschke.

»Ui – wir fahren mit der Scheesn!«, entfuhr es Lena.

»Mir san mir!«, lachte Kathi, »mein Kaspar hat mir reichlich Taschengeld mitgegeben. Er sagt, dass nur einmal hundertjähriges Oktoberfest sei, und wir sollen es genießen!«

Lena liebte es, in der Kutsche zu sitzen, zumal an einem solchen Tag, und sie lehnte sich mit einem zufriedenen Seufzer neben Kathi in die Polster zurück. Offenbar kannte die Freundin keine Geldsorgen. Kathis Ehemann war Kunstschreiner in Passau. Er hatte eine Werkstatt mit sechs Schreinergesellen und vier Lehrbuben. Meister Kaspar war gestraft mit der Podagra, sein großer Zeh schmerzte gerade wieder derart, dass er nur in der Werkstatt an seinem Schreibtisch sitzen, die Aufsicht führen und leidigen Schreibkram erledigen konnte. Das war ihm arg, und er hoffte auf die neue Schwabinger Medizin, die ihn möglichst bald von den verfluchten Schmerzen erlösen sollte.

Lena sah Kathi an, die in ihrem tiefblauen Seidenkleid mit dem großen Spitzenkragen, dem blauen ovalen Hut und feinen weißen Strümpfen in Spangenschuhen aus Lack direkt herrschaftlich aussah. Besonders erstaunt war Lena über Kathis Haare. Kunstvoll waren sie aufgesteckt unter dem Hut, der vorn in der Stirn saß und hinten mit dem Haarturm abschloss. Dies Kunstwerk konnte Kathi unmöglich allein zu Wege gebracht haben.

»Kathi – du siehst heut so fesch aus wie eine Opernsängerin oder wie eine vom Film! Allein die Haare! Wer hat dir die so elegant aufgesteckt?«

»Des macht mir allerweil die Gustl, meine Hilfe in der Wirtschaft. Grad achtzehn is worden an Josefi. Die kennt sich aus in der neuesten Mode, dazu ist's so geschickt, dass jede Putzmacherin blass werden tat. I kauf mir Modeheftlrn und die Stoffe, und die Gustl bringt's besser hin als jede Näherin. Sie könnt leicht in einem teuren Salon arbeiten, aber sie mag net. Ihr gfallt's bei uns.«

Das Letztere sagte Kathi mit einem seltsamen Unterton, so dass Lena ihre Freundin forschend ansah. Und da sprudelte es auch schon aus Kathi heraus, als habe sie nur darauf gewartet, es Lena erzählen zu können. Die Gustl, eher klein und zart, hatte ihre großen Rehaugen auf den Kaspar gerichtet. »Jeden der Gsellen könnt's haben, alle san's verliebt in das Madl, aber na, mei Kaschba muaß es

sei. Der Meister. Sie will halt ganz hoch hinauf, so a Saufratz, so a schlechta, und mir tuts allerweil schön. Sie glaubt wohl, ich hab keine Augn im Kopf!«
»Und dein Kaspar?«, fragte Lena zögernd. »Er wird doch nicht –«
Kathi seufzte tief. »Das ist es ja gerade. Ich kenn mich nicht mehr aus in ihm. Acht Jahr sind wir verheiratet, leider ham mir immer noch kein Kind.«
Kathi holte ein großes weißes Taschentuch aus ihrem Beutel, schneuzte sich energisch und sah Lena aus ihren hellblauen, jetzt verschwimmenden Augen an. »Wann mir Kinder hätten, wär alles anderscht. Aber ich krieg halt keine.«
Kathi seufzte wieder schwer, und Lena musste fast lachen, nahm sich aber zusammen. Sie wollte Kathi nicht kränken, aber in ihren Augen saß die Freundin im gut gepolsterten Nest, und ihre Sorgen schienen Lena klein. Vielleicht hatte sie es sich im Selbstvertrauen der Frau Meisterin zu bequem gemacht, hatte dem Dienstboten das Feld überlassen und merkte erst jetzt, dass ihr nur noch ein Fußbreit davon gehörte.
Sie sagte deshalb lächelnd zu Kathi, dass sie sofort mit ihrem Mann reden solle, wenn sie heimkomme von der Wiesn. »Lass das Misstrauen nicht in dir hochkommen. Wenn du deinen Kaschbar liebst, dann musst du um ihn kämpfen. Und als Erstes sagst der Gustl, sie soll sich eine neue Dienststelle suchen. Dann siehst du schon, was dein Mann dazu für ein Gesicht macht.«
Kathi rückte näher an Lena heran und schob ihre Hand unter den Arm der Freundin. »Di hat mir der Himmel gschickt«, sagte sie, und aufatmend schaute sie sich um, denn die Droschke näherte sich der Schwanthalerhöhe. Gleich würden sie auf der Theresienwiese sein, wo schon viele Menschen jeden Alters in ihrer Festtagstracht hinströmten. Sie schienen fröhlich und erwartungsvoll, unterhielten sich, manche Burschen winkten Lena und Kathi in ihrer Droschke strahlend zu.
Es schien Lena, als seien die Menschen unter dem satt-

blau leuchtenden Oktoberhimmel glücklich und zufrieden mit ihrem Leben. Gut, bei Lichte besehen hatten die einen oder anderen sicher auch ihr Päcklein zu tragen, Lena erfuhr es schließlich gerade an Kathis Beispiel. Doch sie hatte wenigstens ein achtbares Heim, keine Geldsorgen, und mit dem spinnaten Luada würde sie schon noch fertig werden. Lena dagegen musste völlig von vorn beginnen, sich ein eigenes Leben aufbauen. Aber wie sollte das aussehen? Ob sie mit Schreibarbeiten so viel verdienen konnte, dass ihr Geld für eine Wohnung, das Essen und die Kleidung reichte?

Während Kathi den Kutscher entlohnte, sah Lena über die Zelte, Buden und Karussells der Wiesn. Die Menschen gingen dicht gedrängt durch die Gassen, bald waren Lena und Kathi mittendrin im Gedränge und bewunderten das Kalb mit den zwei Köpfen, die Dame ohne Unterleib, Menschenfresser und Feuerschlucker.

Lena drückte wieder Kathis Arm, sagte dankbar zu ihr, dass sie ohne die Freundin nie zum Oktoberfest gekommen wäre. »Weil du mich einlädst, kann ich auch mal da sein, wo sich alle Welt vergnügt. Hier denkst du doch, es gibt keinen Kummer, keine Sorgen, nur Sonnenschein und Zeitvertreib. Ich hab noch nie so viel lustige Leut beieinander gesehn!«

Die Sonne ging gerade hinter der Bavaria unter, und in ihrem satten Schein fand Lena alle Menschen gutherzig und liebenswürdig. Jeder schien die beiden jungen Frauen aufzunehmen in den Kreis der Glücklichen, und als sie im überfüllten Zelt saßen, den Klängen der Zithern, Geigen und Klarinetten zuhörten, prosteten ihnen zwei Burschen zu, die sich offenbar für die Beherrscher der Wiesn hielten und sich gern mit der Anmut Lenas und Kathis geschmückt hätten.

Man ging gemeinsam zum Schichtl, und siehe da, die beiden Herren schafften es tatsächlich, in dem kleinen Theater für alle einen Platz zu bekommen. Vom ersten Wort an hingerissen, lauschte Lena dem Michael August Schichtl, der in einer komischen Livree steckte, die ihm aber in Lenas Augen eine verschmitzte Würde gab. Auch die rote Perücke mit dem kleinen Zylinder zeigte, dass er sich über sein Aussehen lustig machte, und das gefiel Lena besonders. Schichtl ließ seine klugen, lustigen Augen über die Zuhörer schweifen, und Lena hätte wetten können, dass sie es war, die er manchmal besonders gründlich anschaute:

»Hochgescheertes Publikum, wohlriechende Landbewohner«, begann Schichtl. »Es beginnt jetzt eine Extra-Gala-Vorstellung. In der ersten Abteilung haben Sie gleich das Auftreten des Mannes mit dem Löwengebiss. Wer a böse Schwiegermuatta hat, der kann's mitbringen. Die beisst er nacha. Dann der Latingoo! Wer ist der Latingoo? Gel, des möchts gern wissen? Aber i sags net. Oder ausnahmsweis! A Höhlenmensch is der Latingoo! Der hat meterlange Haar. So was Haarigs habts überhaupts no net gsehng.

Treten Sie näher, meine Herrschaften, der Tritt kostet heute nur zehn Pfennig! Sie mit Eahnene Trittling derfa scho a Zwanzgerl zahlen. Hier, meine Herrschaften, sehen Sie das Zauberwesen – die Spinne. Eine Spinne mit einem Menschenkopf, einem Mädchenkopf. Wer spinnt heutzutag net? Alles spinnt. D' Spinna spinnt, d' Zeit spinnt, d' Dichta spinna, Sie spinna, de Verliebten spinna. Aber alle verlierens den Kopf dabei, wenns spinna. Bei mir aber sehngs a Spinna mit'n Kopf ...«

Wieder einmal fühlte Lena, wie ihre Last leichter wurde. Alles spinnt, sagte der Schichtl, und Lena wusste, er hatte Recht. So einfach war das. Sie fühlte sich in diesem Moment jeder Forderung gewachsen, die das Leben an sie stellen würde.

Später, als sie auf den Ausgang der Wiesn zugingen, sah sie die alten Leix. Die Schwiegermutter in feinster Seide, blitzend im Schmuck ihrer Nadeln, Ringe und Spangen, der Vater Leix in der Tracht mit Samtgilet und Silberknöpfen, und zwischen sich führten sie Toni an der Hand.

Fast hätte Lena geschrien, aber dann fand sie es lächerlich, beim Anblick des eigenen Kindes einen Schreck zu bekommen. Sie ging auf die drei zu. Noch bevor Toni sie gesehen hatte, blickten sich die Schwiegereltern kurz an, machten kehrt und begannen, Toni mit sich ziehend, zu laufen. Lena wollte hinterher, besann sich dann aber auf Kathi, die fragend von Lena zu den rennenden Leix schaute. »Was soll ich nur tun?«, dachte Lena.

9. Kapitel

Lena war auf dem Weg zu ihrem neuen Brotherrn. Sie spürte die Kälte in ihren Zehen. Ihre warmen Stiefel waren beim Schuster. Es fehlte ihr das Geld, sie abzuholen, denn sie hatte ihre letzte Barschaft gebraucht, um sich einen warmen Unterrock, Strümpfe, Hemden und Unterhosen zu kaufen. Sie hoffte, dass ihr neuer Brotherr pünktlich zahlen würde, denn der Weg von der Clemens- in die Hohenzollernstraße hatte ausgereicht, Lenas Schuhe nass und ihre Zehen gefühllos zu machen. Doch es bedrückte sie nicht sonderlich, wenn sie davon absah, dass jede Erkältung sie wieder an den Rand einer Lungenentzündung bringen konnte. Noch war es nicht so weit, noch genoss es Lena, die trockenkalte Münchner Luft zu atmen, die ihr die Nasenflügel festklebte.

Am liebsten ginge sie jetzt auf den festgetretenen Wegen des Englischen Gartens, die in der Sonne schimmerten wie frisch gewaschene Laken. In Gedanken sah sie über den kahlen Baumästen den weißblauen Himmel, hörte das Schimpfen der Vögel und wie an den Rändern der Bäche die Enten miteinander quasselten. Das Krachen des festgefrorenen Schnees unter den Rädern der Droschken und Karren schien ihr Musik. Sie lief in den Spuren dieser Räder, und auch ihr eigener Schritt ließ Spuren hinter sich.

Manchmal wunderte Lena sich, dass sie so vergnügt war. Jeden Tag war sie hungrig auf das Leben, freute sich, wenn Kathis Mutter, ihre neue Zimmerwirtin, sie zum Morgenkaffee herunterrief. Sie war Witwe, ihr einziger Besitz war das Haus in der Clemensstraße, das später einmal Kathi gehören würde. Frau Böck vermietete an Studenten, und als Kathi ihr Lena vorgestellt hatte, war gerade eine Stube unterm Dach frei geworden. Als Lena das Zimmerchen sah mit dem blau gestrichenen Bauernbett, dem Waschlavoir, dem bunt bemalten Schrank und einem Schreibtisch unterm Fenster, da war sie schier in Verzückung geraten. Dazu die durchsichtigen Spitzenvorhänge, die beiden gläsernen Lampen mit dem geschwungenen Rand – das war ja ein Zimmer für eine Prinzessin! Lena war sich aus irgendeinem verborgenen Grund sicher, dass sie hier anders leben würde als da, wo sie bisher gelebt hatte. Je weiter sie sich in ihrer Erinnerung von den Gasthäusern der Eltern und ihren ehelichen Wohnungen entfernte, umso mehr erschienen sie ihr wie Gräber.

Die Leute, die jetzt Teil ihrer Welt waren – Kathi, die Witwe Böck, Kerschensteiner, ihre Brotherren, die ihr diktierten oder deren Texte sie abschrieb, schienen Energie zu haben und Schwung, sie hatten einen weicheren, gelösteren Gesichtsausdruck, auch die Art, wie sie mit Lena redeten, war besonders.

Seit Lena in ihr winziges Zimmer übergesiedelt war, schien es ihr ein Leichtes, alles Bedrängende aus ihrer Vergangenheit zu vergessen. Nicht einmal die Eleganz und den Komfort ihrer ersten Wohnung vermisste sie hier. Nie hätte Lena geglaubt, dass von ein paar Baumwipfeln ein solcher Trost ausgehen konnte. Wenn sie im Bett lag, Frau Böcks Wärmflasche an den Füßen, ein Glas Rotwein auf dem Nachtschrank, schrieb sie im Licht der Lampen auf einem umgedrehten Frühstückstablett die Texte für ihre Brotherren, und sie dachte, dass die Welt gut sei und wunderbar.

Sie arbeitete, und das bedeutete, nicht mehr von der Mutter ausgenutzt, getriezt und malträtiert oder in der Ehe erniedrigt und ruiniert zu werden. Diese neue Arbeit auf gleicher Höhe mit den Baumwipfeln machte ihr Freude. Sie, die Wirtsleni, die Buchhaltersfrau, vermochte mit ihrer Handschrift, die ihr mühelos gehorchte, Seite um Seite zu füllen. Sie verstand meistens nicht wirklich, was sie da schrieb, besonders, wenn sie Reinschriften für

Kerschensteiner anfertigte, der ständig in Zeitnot war und sich freute, dass Lena seine Vorträge so leicht leserlich abschrieb. Sie arbeitete seit der Entlassung aus dem Krankenhaus für einige seiner Bekannten, die Ärzte und Wissenschaftler waren, und eines Tages hatte er ihr ein Manuskript mitgebracht, das er für die *Süddeutschen Monatshefte* verfasst hatte.

Das Thema hieß »Wandlungen in der Medizin«, und Lena bemühte sich nicht nur, den Text mit ihrer reinsten und schönsten Schrift abzuschreiben, sie bemühte sich auch, ihn zu begreifen. Kerschensteiner schrieb darin über den berühmten Arzt Rudolf Virchow, der in seiner Zeit, wie es Goethe von Vergil gesagt habe, nur auf den Knien kritisiert werden durfte. Das fand Lena interessant, denn sie sah einen Widerspruch darin, sich hinzuknien, um jemanden zu kritisieren. Aber der Gedanke gefiel ihr. So wie alles, was Kerschensteiner tat oder schrieb.

Als Lena alles viermal gelesen hatte, verstand sie es auch einigermaßen. Ihre nächste Anschaffung würde ein medizinisches Lexikon sein, sie würde im Antiquariat in der Schellingstraße danach suchen, denn es machte ihr große Lust, sich in die Gedanken Kerschensteiners hineinzuversetzen und hier, in den schöngeistigen *Süddeutschen Monatsheften*, wo der Professor gehalten war, sich volkstümlich auszudrücken, bot sich ihr eine Gelegenheit.

Inzwischen war sie in der Hohenzollernstraße angekommen. Wie immer, wenn sie bei Unbekannten klingelte, machte sich Lena vorher Gedanken, was für Leute das wohl sein könnten. Diesmal hörte sie nach dem Druck auf die Klingel kurze, kräftige Schritte, die sich rasch näherten, und ein jüngerer Mann öffnete ihr die Tür.

Lena fand, dass ihr neuer Arbeitgeber aussah wie das Leiden Christi zu Pferde.

»Ich heiße Jerusalem, Peter Jerusalem«, sagte er, und obwohl Lena nicht fragte, fuhr er fort: »Ein ungewöhnlicher Name, nicht wahr? Ich führe ihn auf Vorfahren zurück, die an Kreuzzügen ins Heilige Land, nach Jerusalem, teilgenommen haben.«

Er sagte das so flüssig, als habe er es auswendig gelernt, und es kam Lena so vor, als wäre ihm seine Kreuzfahrerherkunft sehr wichtig. Sie überlegte für eine Sekunde, ob sie da mithalten solle, und schon sagte sie: »Mein Stiefvater heißt Isaak, mein Vater heißt Christ. Jerusalem, Isaak, Christ – eine Art biblische Dreifaltigkeit – oder?«

Jerusalem starrte sie für einen Moment an, verzog den Mund, als wolle er lächeln, oder lieber doch nicht – jedenfalls nahm er Lena wortlos ihren Mantel ab, und sie schwor sich, bei diesem offenbar komplizierten Herrn fürs Erste lieber zu warten, bis sie gefragt wurde.

Sie hatte ohnehin vormittags gehustet, und jetzt fühlte sie sich, als hüte sie vor Jerusalem ein dunkles Geheimnis. Lena hoffte, dass die zwei Löffel Honig ihr halfen, diese Schreibstunden hustenlos zu überstehen.

Ihr Gastgeber bereitete auf einem Gaskocher Tee zu, und Lena tat so, als sehe sie sich die Bücher auf dem Regal an. Ihr fiel auf, dass Jerusalem schmal war, fast mager. Er war nicht sehr groß und wirkte in seinem dunklen Hemd mit dem zugeknöpften Kragen wie ein Mönch. Er trug eine randlose Brille, und manchmal kniff er kurz die Augen zusammen, was ihm etwas Zerstreutes gab. Haare hatte er nur sehr wenige, sie umgaben kranzförmig seinen kahlen Schädel und waren zart wie Flaum.

So wie er den Tee zubereitete, behutsam die Flamme entzündete, den Tee abmaß und dann das kochende Wasser vorsichtig in die kleine Teekanne goss, wirkte Jerusalem auf Lena geduldig und vornehm, und als sie ihm gegenübersaß, fand sie, dass sein Mund weich war, die Stimme dagegen eher dünn, aber energisch. Er sah sie forschend an, und Lena spürte, dass sie innerlich zu zittern begann. Wie jedes Mal, wenn ein neuer Brotherr sie prüfte und sie wieder mit ihren Selbstzweifeln kämpfen musste. Doch am heutigen Zittern war auch die Kälte schuld, die trotz eines Ofens, den Jerusalem nachgeschürt hatte, das Zimmer nicht wirklich warm werden ließ. Hinzu kam, dass Lena ein warmer Mantel fehlte. Sie trug über ihrem Kostüm die Tischdecke ihrer Zimmerwirtin, die Lena schon oftmals ihren Mantel geliehen hatte. Heute jedoch musste sie aufs Amt, da brauchte sie ihn selber.

Lena holte sich wieder in die Gegenwart zu ihrem neuen Brotherrn Peter Jerusalem zurück, trank den Tee in kleinen Schlucken. Sie sah, dass die Fensterscheiben trotz des Ofens Eisblumen aufwiesen, und überlegte, ob Jerusalem nur deshalb eingeschürt hatte, weil er sie erwartete. Vielleicht musste auch er sparen. Die Einrichtung des Zimmers war einfach, es gab nur einen Tisch, auf dem Papiere, Briefe und Karten, aber auch Schals und Mützen herumlagen. Auf dem Kanapee mit der abgeschabten Lederhaut saß Lena in einer Vertiefung, und Jerusalem, der noch ein zweites Mal Teewasser aufgestellt hatte, setzte sich wieder ihr gegenüber auf einen leichten Stuhl, der Lena nicht sonderlich vertrauenerweckend vorkam. Jerusalem bewegte sich auch leise und vorsichtig, als wolle er die Einrichtung schonen. Seine Augen, waren sie blaugrau?, musterten Lena ernst und mit einer gewissen Melancholie. Den Schwung, den Lena an vielen Schwabingern ausmachte, schien er nicht zu haben.

Er räusperte sich, erzählte von deutschen Volksbüchern, die er für den Verlag Wilhelm Langewiesche in Ebenhausen neu herausgeben wollte. »Langewiesche gibt eine Buchreihe heraus, die heißt ›Bücher der Rose‹, und dafür will ich alte deutsche Dichtung neu auswählen und herausgeben.« Er habe da Glück gehabt, fügte Jerusalem hinzu, und Lena meinte, einen warmen Ton in seiner Stimme zu hören. »Die Königliche Hof- und Staatsbibliothek zu München und die Königliche Bibliothek zu Berlin überlassen mir die Originalausgaben! Ich habe sogar die Erlaubnis zur Wiedergabe der alten Holzschnitte!«

Stolz schwang unüberhörbar mit in Jerusalems Worten, und Lena nahm sich vor, dem Unternehmen respektvoll gegenüberzustehen.

»Inzwischen ist der Termin herangerückt. Meine Handschrift ist nicht gut leserlich, deshalb werde ich Ihnen teils diktieren und teils Manuskripte, die schon geschrieben sind, zur Reinschrift mitgeben. Sie sind ja inzwischen darin geschult, schwierige Schriften zu entziffern.«

Lenas freute sich auf diese Arbeit. Endlich einmal ein Stoff, wo sie sich auskannte. Im Hansschusterhaus hatte die Großmutter ihr und den Kostkindern im Winter häufig Märchen erzählt. Von Geistern und Dämonen, die in den stürmischen Nächten ihr Unwesen treiben. Das »Nachtgjaid« jagte dann durch die Lüfte. Wehe, wenn ein Kind so einem wilden Reiter begegnete. Von Hexen wurde da berichtet, die auf der Ofengabel zum Kamin ausreiten und Wetter machen konnten. Am liebsten hatte Lena die Sage gehört, nach der in alten Zeiten auf einem Schloss drei wunderschöne Burgfräulein lebten. Sie waren herzensgut und großzügig zu den Untergebenen. Eines Tages kamen drei Raubritter und begehrten die schönen Edelfräulein zur Frau. Vor den Augen der Bewerber stürzten sich die Schönen vom Felsen hinab in den Tod. Sie sollen noch heute in den Nächten in langen weißen Kleidern umherschwebend zu sehen sein.

Wunderbar und interessant fand Lena auch Geschichten von Elfen, die als wunderschöne Wesen in Wäldern und auf Wiesen schweben. Vielleicht fand der Herr Jerusalem die auch interessant? Lena berichtete ihm, dass ihr Großvater sie auf Zaubergeister aufmerksam gemacht hatte.

»Wenn wir spät von der Arbeit auf dem Feld heimkamen und die feinen Nebel auf den Hügeln um Glonn tanzten, dann sagte der Großvater, dass ich genau hinsehen solle, denn das seien die Elfen. Sie trügen bei ihren nächtlichen Tänzen glänzend weiße Gewänder, die besonders in Mondnächten zauberhaft schimmerten. Zuweilen lockten sie Menschen an, die dann nie mehr zu den Ihrigen zurückkehrten.«

Jerusalem kannte diese Elfengeschichten, und er erklärte ihr, dass viele Dichter sich damit beschäftigt hätten. »Eine solche Elfensage«, erklärte Jerusalem, »bildet den mythologischen Hintergrund zu Goethes Gedicht vom Erlkönig, das eigentlich Elfenkönig heißen müsste.«

Jerusalem schenkte Lena nochmals Tee ein, er gab ihr auch ein Stück trockenen Kuchen, das aber schon sehr hart war, und Lena knabberte nur sehr vorsichtig daran, denn Geld für einen Zahnarzt konnte sie nicht ausgeben.

»Die Volksbücher, die ich herausgeben will, haben noch viel ältere Stoffe zum Inhalt. Ich beginne mit einer Dichtung aus dem Jahre 1535«, sagte Jerusalem und suchte in einem Stoß von vergilbten Blättern. »Die schöne Magelone. Eine sehr lustige und kurzweilige Historie von der schönen Magelone, eines Königs Tochter von Neapel und einem Ritter, genannt Peter mit den silbernen Schlüsseln, eines Grafen Sohn aus der Provence ...«

»Sie können schon mitschreiben«, sagte Jerusalem leicht ungeduldig, als er sah, dass Lena ihn aufmerksam, aber etwas unschlüssig anschaute, und Lena beeilte sich, seinen Ausführungen zu folgen.

Der Tee und die Glut des Ofens hatten Lena erwärmt, ihre Hand war locker, sie schrieb leicht und flüssig und hörte trotzdem der Geschichte zu, was ihr bei wissenschaftlichen Texten nicht gelang. Sie musste allerdings Acht geben, dass der märchenhafte Stoff in ihr nicht die winterliche Stube bei den Großeltern auferstehen ließ, dass sie nicht die Großmutter in ihrem schwarz bedruckten Kleid beim Ofen sitzen sah, die kleinen Kostkinder um sich. Und den alten Hausel, seine Hände weit hinter dem Körper abgespreizt, wie er lautlos auf und ab ging. Er verließ nie das Haus, weil er sich um seine Ersparnisse sorgte, die er in die Wand eingemauert hatte. Er blieb gern bei den Märchenstunden dabei, was ihm auch erlaubt wurde. Dafür hatte er dann, wenn die Großeltern allein zur Kirche oder auf den Markt gingen, als Kindsmagd auszuhelfen.

Lena schalt sich, weil sie immer wieder abschweifte zu ihren Glonner Erinnerungsbildern. Dabei brauchte sie all ihre Konzentration für die seltsam altmodische Sprache, in der – für Lenas Begriffe – langatmig und umständlich die Geschichte von einem reichen und berühmten Adelshaus in der Provence erzählt wurde, dessen einziger Sohn und Erbe ausziehen will, sich in Ritterspielen zu üben und berühmt zu werden, um auf diese Weise der unvergleichlich schönen und liebenswürdigen Magelone zu gefallen, Tochter des Königs zu Neapel ...

Je tiefer sie in den Stoff eintauchte, desto besser gefiel Lena der langsame Rhythmus, gewann sie Gefallen an der ungewohnten Erzählweise:

Der schöne Jüngling Peter gewann das Ritterturnier, die schöne Magelone verliebte sich in ihn, und als er sie beim Mittagsmahl zum ersten Mal sah, »dachte er in seinem Herzen, es wäre keine schöner auf Erden als diese schöne Magelone. Ward also entzündet zu ihr in Lieb und deuchte ihn der selig zu sein, der ihre Lieb gewinnen könnte; und hielt es selber für unmöglich, daß ihn solch Glück begegne. Nichtsdestoweniger wie ihm, geschah auch der schönen Magelone in ihrem Herzen von dem Ritter ...«

Als Jerusalem seine Bücher zusammenlegte, was Lena erleichtert als Ende des Diktats ansah, setzte er seine Brille ab und rieb sich die Augen, was ihm etwas Hilfloses gab. Er hob den Deckel von der Teekanne, obwohl der Tee längst getrunken war, machte sich auf dem unordentlichen Tisch zu schaffen und fragte Lena nebenbei, ob sie Münchnerin sei.

Da er während des Diktats flüssig und ohne Unterbrechung gesprochen hatte, Lena auch nicht anschaute, sondern eher zum Fenster hin sprach, glaubte sie, er habe keinerlei persönliches Interesse an ihr. Das war ihr recht. Er sah so aus, als habe er schon viel studiert, aber noch nichts erlebt, und Lena wollte vor ihm nicht die Unterwelten ausbreiten, die das Leben ihr bisher beschert hatte. Mochte dieser Kreuzfahrer-Nachkomme von ihr denken, was er mochte. Er würde schon früh genug erfahren, was mit Lena los war.

Sie stand auf, nahm ihre Bleistifte und die Tischdecke von Frau Böck und fühlte sich linkisch unter Jerusalems Blicken. Was sollte sie sagen? Lena spürte, dass sie sich nicht ausdrücken konnte. Sie war damit beschäftigt, in ihren Gedanken Gespräche mit Kerschensteiner zu führen, die es in Wahrheit nie geben würde. Darin sagte sie dem Professor, dass sie fast jede Nacht von ihm träume, dass er der einzige Mensch sei, vor dem sie nicht auf der Hut sein müsse. Jeden Tag hätte sie unzählige Fragen an ihn. Schon allein deshalb, weil die Welt voller Anstandsregeln sei für eine allein stehende Frau. Sie gehe zu Herren als Diktatschreiberin, aber sie wisse nicht einmal, ob sie sich in ein Gespräch mit ihnen einlassen dürfe.

Lena stand vor ihrem Brotherrn, der sie neugierig ansah. Sie senkte den Blick, als gelänge es ihr ohne genaues Hinsehen nicht, ihre dünnen Zwirnhandschuhe anziehen, die ohnehin gegen die Kälte nichts auszurichten vermochten. Jerusalem sah ihr dabei zu, in Wahrheit jedoch zogen ihre dichten schwarzen Wimpern seine Aufmerksamkeit an, die gleichmäßig an ihren weißen, helllila geränderten Augenlidern wuchsen. Im Licht der Lampe warfen sie einen lila Schatten auf die sehr blassen Wangen. In ihrem Gesicht waren ihm auf den ersten Blick die hohen Wangenknochen aufgefallen, unter denen jetzt, im Dämmerlicht, Schatten lagen, die den Eindruck von etwas Zartem, Feinem hervorriefen. Sie wollte nicht mit ihm reden, nun gut. Sie würde wiederkommen, er hatte Arbeit für sie, sie brauchte ihn. Er wollte, dass sie wiederkam. Ja.

Lena ging die Treppe hinunter. Peter Jerusalem hatte hinter ihr die Türe verschlossen und »auf Wiedersehen. Möglichst übermorgen« gesagt. Auf der Mitte der Treppe war eine Putzfrau beschäftigt, die Stufen zu reinigen. Sie war kräftig wie ein Mörtelweib, auch ähnlich gekleidet mit ihren rauen, gerafften Röcken und dem vorne geknoteten Kopftuch. Sie machte keine Anstalten, Lena Platz zu machen, schrubbte und schüttete Wasser aus ihrem Eimer auf die Stufe, auf der Lena stand.

»Entschuldigen S' schon«, sagte Lena verärgert und schob sich an der Putzfrau vorbei, die sie mit undeutbarem Lächeln anstarrte. Lena spürte, wie sie errötete, und langsam wurde sie wütend, und zwar auf sich selber. Was diese Frau dachte, konnte ihr doch völlig gleichgültig sein. Schließlich verdiente sie in allen Ehren ihr Brot und war nicht zu verwechseln mit den Frauen, die sich für Geld Männern hingaben. Oder schickte es sich nicht für sie, in Junggesellenwohnungen zu arbeiten? Ihre bisherigen Brotherren waren alle verheiratet gewesen, und Lena war von den Ehefrauen oder vom Dienstmädchen empfangen worden. Doch Peter Jerusalem war Junggeselle. War es vielleicht so, dass er Dirnen in seine Wohnung kommen ließ und die Putzfrau deshalb ...

Die kalte Abendluft tat Lena gut, sie roch wieder dankbar den Schnee, wenn die Kälte auch bald empfindlich in die Fingerspitzen stach, was sie aber nur ungenau wahrnahm. Ihre Wangen brannten von dem Gedanken, dass man sie für eine Dirne halten könnte. Trug sie ein Zeichen, ein Brandmal, nur weil sie keinen Rückhalt in einer Familie hatte, mittellos war und von der Hand in den Mund lebte? Die Arbeiter am Bau, denen robuste Mörtelweiber zur Hand gingen, hatten Lena früher in der Sandstraße, im Wirtshaus der Eltern, respektvoll und bewundernd angesehen, die Mörtelweiber führten sich manierlich auf, hatten sie schon mal gegen die Mutter verteidigt, wenn sie Lena ungerecht kritisierte oder herumhetzte. Mörtelweiber standen in dem Ruf, derb und laut und versoffen zu sein, doch wenn Lena sie auf den hohen Baugerüsten die schweren Mörteleimer schleppen sah, mit erhitzten Gesichtern unter dem nachlässig aufgesteckten Haar, mit aufgekrempelten Ärmeln und geschürzten Röcken auf schmalen Brettern balancierend, dann hatte sie gehörigen Respekt vor diesen Frauen, die trotz der Schinderei ihren Humor nicht verloren. »I bin d' Keenigin von Jerusalem!«, hatte die Marie selbstbewusst gesagt, wenn sie von der nahen Baustelle zur Brotzeit in die Deutsche Eiche gekommen war, und sie hatte Lena immer ein Trinkgeld gegeben, obwohl sie arm war. Jedenfalls hatte Lena sich als Wirtstochter von besserem Stand gesehen. Heute fand sie ihren Eifer, mit dem sie damals Mutter und Stiefvater gefallen wollte, allenfalls rührend. Einer ihrer vielen Irrtümer.

Bildete Lena sich inzwischen ein, dass die Männer sie

zweideutig anschauten? Was wollten sie? Was wussten sie von Lenas Einsamkeit? Anton hatte davon nie etwas begriffen. Er hatte Lena genommen, wann und wo er Lust dazu hatte, es war, als hätte er aus jeder Vereinigung neue Kraft für die nächste gewonnen. Und die Lust auf das Leben, denn er war pfeifend hinausgegangen, und Lena hatte sich leer gefühlt, gebraucht. Sie fühlte sich ausgeschlossen.

Nah war sie nur den Kindern gewesen. Lena, die von ihrer Mutter niemals eine Zärtlichkeit empfangen hatte, niemals auch nur eine liebevolle Geste – Lena küsste und streichelte die kleinen Körper ihrer Kinder, drückte sie an sich, sog tief atmend ihren besonderen Geruch in sich ein. Toni mit seinem weißblonden Flaum auf dem Kopf. Lange hatte es so ausgesehen, als bekäme er keine Haare. Lena massierte vorsichtig das Köpfchen mit Öl, immer wieder, und als er dann einen dunklen Schopf bekam, einen ordentlichen Haarschüppel, schrieb sie es ihrer Mühe zu. Toni. Lena hätte oftmals in die Sandstraße laufen mögen, zum Haus der Schwiegereltern. Toni ging zur Schule, sie könnte ihn treffen, doch die Schwiegereltern würden es ihr verwehren, Toni stünde dann zwischen ihr und seinen Großeltern. Und gegenüber, im Wirtshaus, die Eltern. Die Stiefbrüder. Sie könnten Lena sehen. Die Mutter würde über ihr Elend triumphieren.

Sie fühlte sich allen fremd. Sie wusste nicht recht, wie ihr geschah, spürte nur die Angst des Ausgeschlossenseins. Wie ein einsamer Wanderer, noch dazu völlig durchgefroren, rannte sie der Clemensstraße zu. Im Treppenaufgang begegnete ihr Lotte, eine junge Frau, die zwei Zimmer im ersten Stock gemietet hatte und Puppen machte. Nicht hier im Haus, sie arbeitete in ihrem Atelier in der Kaulbachstraße, doch Lena kannte einige der Zauberwesen, ähnlich den Elfen aus Großmutters Geschichten oder aus den Büchern Peter Jerusalems. Sie war mit Lotte einmal auf der Auer Dult gewesen, wo Lotte brokatene oder seidene Stoffe, Perlen, Bänder, Drähte und Wachs erstanden hatte.

»Komm erst einmal herein zu mir, du bist ja ein Eiszapfen!«

Lotte zog Lena in ihr Wohnzimmer, setzte sie in einen breiten bequemen Sessel und stopfte eine Decke um sie herum fest. Vom Ofen nahm sie eine Kanne, goss wahrhaftig heiße Schokolade in eine Tasse, schob sie Lena in die klammen Finger und nahm selbst auch einen Trinkbecher mit der dampfenden Flüssigkeit. »Mein Gott, Lena, ich hab ja gar nicht gewusst, dass du keinen Wintermantel hast!« Als Lena nicht antwortete, sondern vorsichtig den ersten Schluck Kakao nahm, fuhr Lotte fort:

»Ich hab dich mit der Tischdecke aus dem Haus rennen sehen, da war es schon zu spät. Du läufst ja immer, als würdest du trainieren. Aber ich habe einen Mantel für dich, den leih ich dir, bis du dir selbst einen kaufen kannst. Frau Böck hat mir gesagt, dass du lange krank gewesen bist. Und Winterstiefel müssen wir auch für dich auftreiben. Sonst landest du bald wieder im Schwabinger Krankenhaus.«

Lena trank die Schokolade, deren Weg in ihren Körper sie wohltuend spürte. Es war ein vollkommener Genuss, und sie spürte, wie hungrig sie war. In ihrem Zimmer hatte sie noch ein gutes Stück Brot, und sie freute sich darauf, es Bissen für Bissen lange zu kauen und zu spüren, wie das Brot in ihrem Mund immer süßer wurde. Doch Lotte holte aus einer Lade eine Tüte und leerte Kreuzersemmeln in eine tiefe Schale. Sie aß die Semmeln zu ihrer Schokolade und bot Lena davon an, die nach kurzem Zögern kräftig in das knusprige Gebäck hineinbiss, und für den Moment wollte sie nur das Krachen der Semmel in ihrem Mund wahrnehmen, das Gefühl, hier schwesterlich geborgen zu sitzen, ohne den Zwang, auszubrechen.

Lotte kaute auch, den Blick sinnend auf Lena gerichtet. Lena betrachtete Lotte ihrerseits, wenngleich etwas verlegen, aber das um einige Jahre jüngere Mädchen hatte gleich am ersten Tag ihres Einzuges bei Frau Böck ihr Interesse geweckt. Lotte war eine verwirrende Erscheinung für Lena. Sie trug ihr dichtes dunkles Haar im Pagenschnitt, der lange Pony, den sie oft zerstreut nach hinten schob, fiel ihr ins Gesicht. Das gab ihr das Aussehen eines hübschen Knaben. Lotte hatte dunkle, etwas schräge Augen, der Mund war voll und weich, aber trotzig.

Doch das war es nicht allein, was Lena anzog, aber auch unsicher machte. Schon bald nach ihrem Einzug hatte sie erlebt, dass Lotte oft Besuch bekam. Von Frauen und Männern, die sie in Droschken abholten oder zu Fuß, um im Englischen Garten zu frühstücken oder im Café. Lotte erzählte ihr, dass ihre Freunde beim Theater arbeiten würden, sie waren Schauspieler oder Schriftsteller, auch Maler, Graphiker und junge schöne Frauen, die Malern Modell standen, Malweiber waren oder Sängerinnen. Viele lebten auch nur in den Tag hinein, sagte Lotte lässig, aber das sei ihr zu langweilig.

Lotte musste über Geld verfügen, das schien Lena klar. Sie kam aus Berlin, war die Tochter eines Direktors, der schon verstorben war. Aber ihre Mutter, von der Lotte liebevoll sprach, schickte regelmäßig Pakete. Vielleicht auch Geld, denn Lotte reiste viel, sie hatte ihre Puppen in Berlin und Wien ausgestellt, das war sicher teuer. Auch das Kaufhaus Tietz in München präsentierte schon mehrfach Pritzelpuppen. Musste Lotte dafür auch bezahlen?

»Kosten diese Ausstellungen viel Geld?«, fragte Lena vorsichtig, und Lotte lachte. »Nee, stell dir vor, dafür krieg ich sogar was. Die Leute kaufen meine Puppen, manche kosten um die dreihundert Mark. Davon bekommt einen Teil der Aussteller und den größeren Teil bekomm ich.«

Lotte stand auf, holte eine Zeitschrift. »Deutsche Kunst und Dekoration« stand da in schönen Lettern, und Lena sah Abbildungen von Lottes Puppen: Tänzer und Tänzerinnen, Damen und Herren einer Hofgesellschaft, Musiker, Kinder. Ein Kritiker hatte geschrieben, dass Lotte Pritzel »mit Wachs, Seide, Spitzen und Perücken dichten könne«. Liebhaber ihrer Puppen seien vornehm, kulturell eingestellt und kunstliebend: hohe Reichs- und Staatsbeamte, Bankiers, Industrielle, Großgrundbesitzer, Kenner und Sammler neuer und alter Kunst.

Angesichts so viel Bedeutendem fühlte sich Lena sofort klein, einsam und isoliert, doch sie wollte das Lotte nicht zeigen. Sie stellte die leere Tasse hin, nahm das Heft in die Hände, um die Wunderwerke von Puppen richtig ansehen zu können. »Lotte«, sagte sie ebenso unsicher wie überwältigt, »wo hast du das gelernt? Da hast du sicher drauf studieren müssen.«

»Jetzt fang du nicht auch noch damit an«, sagte Lotte verdrossen. »Immer wieder will man wissen, von wem ich es habe oder wie ich auf die Idee gekommen bin, diese Puppen zu machen. Und selbstverständliche Voraussetzung ist immer, dass es mit Kunstgewerbeschule, Entwurfklasse, Altklasse, Plastilin, Ton, Kostümkunde und was weiß ich begann – alles Dinge, gegen die ich nicht das Geringste habe, nur dass sie mir nicht beschieden waren.«

Mit Kastanien und Streichhölzern habe sie angefangen, Männchen zu basteln, sagte Lotte trocken. Da konnte Lena mithalten. Der Großvater hatte von den riesigen Kastanienbäumen auf Zinneberg die glänzenden rotbraunen Kastanien mitgebracht, und er spitzte Streichhölzer an und zeigte Lena, wie man wunderliche Männlein und Tiere daraus fabrizieren konnte.

Indessen holte Lotte Kleider und Kostüme aus ihrem Schrank, warf alles auf einen Diwan und begann sich ein Kleid nach dem anderen prüfend vor den Körper zu halten, um es dann rasch wieder hinzuwerfen. Sie schaute Lena forschend an.

»Sag mal, du kommst ja vom Land, wie ich gehört habe, und hast schon als Kind in der Kneipe deiner Eltern gearbeitet. Dann kam Heirat und Kinderkriegen dran. Warst du eigentlich schon mal in Schwabing auf einem Künstlerfest?«

Lena kuschelte sich noch einmal tief in die warme Wolldecke Lottes. Sie musste gleich hinaufgehen in ihr Zimmer und mit dem Abschreiben einiger Texte beginnen, die sie noch für einen Wissenschaftler der Technischen Universität zu erledigen hatte. Künstlerfest? Was sollte sie auf einem Künstlerfest? Sie wüsste ja nicht einmal, was sie mit Leuten, wie sie um Lotte herumscharwenzelten, reden sollte.

»Naaa«, sagte sie daher derber, als sie beabsichtigt hatte, doch Lotte war davon nicht zu beeindrucken. Sachlich sagte sie, sie habe das Gefühl, als wäre Lena in ihren Leben bislang zu kurz gekommen. »Nun gehst du auf die dreißig zu und hast immer noch nichts erlebt. Das macht keinen Sinn«, lachte Lotte und fragte: »Oder willst du als vertrocknete Jungfer ins Grab sinken? Jetzt sei kein Frosch. Heute ist ein Hausball vom *Simplicissimus*, da gehe ich mit meinen Freunden hin, und du kommst mit. Hier, such dir ein Kleid aus, du bist groß und klapprig, dir passt alles!«

Die berlinische Keckheit Lottes, die auch auf der Straße ein loses Mundwerk hatte, gefiel Lena vom ersten Tag an. Wie Lotte dreisten Verkäufern auf der Dult über den Mund fuhr, wie sie in der Tram freche Militärs zurechtstutzte und im Café schnippischen Serviererinnen Beine machte, das hätte Lena auch gerne gekonnt. Da Lotte fortfuhr, ihr zu erklären, dass sie dauernd schreibend in der Clemensstraße hocke und draußen das Leben an ihr vorüberrausche, da gab sie endlich nach. Sie ließ sich von Lotte sogar die Haare auftürmen, die auch darin soviel Geschmack und Geschick bewies wie bei ihren Puppen. Schließlich sah Lena im Garderobenspiegel eine Person mit blauen Spitzenstrümpfen, einem dunkelgrünen Seidenkleid, das am Hals mit einer beträchtlichen Schleife gebunden wurde, und Knopfstiefeletten mit Absatz, in denen Lena einen Kopf größer aussah als Lotte.

»Menschenskind«, sagte Lotte, als sie Lena prüfend musterte, »so'ne Puppe mach ick demnächst. Die so aussieht wie du jetzt. Die nenn' ick dann aber nicht Lena, sondern Magdalena. Die Sünderin.« Lena gefiel es, wenn Lotte in ihren Berliner Ton verfiel, der sie gut kleidete. Lena gefiel so ziemlich alles an Lotte.

Mit der Droschke fuhren sie in die Blüte, ein Restaurant in der Barerstraße, wo der Ball stattfand. Die Stimmung war schon sehr ausgelassen, als Lotte und Lena ankamen.

Sie wurden sofort an einen Tisch gezogen, bekamen Sektgläser in die Hand gedrückt, und Lotte wurde herumgereicht, umarmt und geküsst, doch sie vergaß darüber nicht, Lena der Runde vorzustellen. »Das ist Lena«, sagte sie übermütig, »sie ist meine Hausgenossin und Freundin, sie schreibt einen Roman über die schöne Magelone, und ihr habt sie respektvoll zu behandeln.«

Lena hörte anfangs noch komplette Namen wie Fritz Strich, dann gab es einen Walter, der auch so hieß und Lotte hofierte, eine Annemarie Seidel, eine Sybille Binder, doch bei Karl, Joachim, Rolf, Richard und Uli drehten sich die Namen schon wie in einem Wirbel. Lena konnte ihr aufgesetztes Lächeln nicht mehr festhalten, nicht mehr so tun, als gehöre sie selbstverständlich dazu. Ihr schwirrte der Kopf, eigentlich suchte sie nur den Ausgang, doch da bekam sie schon ihr zweites Glas Sekt von dem kleinen Korpulenten, der sichtlich schon betrunken war und mit ihr Brüderschaft trinken wollte. Die Frauen waren schön, elegant, sie sahen Lena aus den Augenwinkeln an und berieten sich wahrscheinlich miteinander, wen Lotte da wieder angeschleppt hatte und ob man sie ernst nehmen müsse.

Die Frau, die Sybille hieß, fragte Lena, »wo erscheint denn Ihr Roman, den würde ich mir ja direkt kaufen« – da zog ein großer Schlanker Lena vom Stuhl und holte sie zum Tanzen. Ein Tango wurde gespielt, und Lena war sofort berauscht von dem Rhythmus, aber sie hatte noch mehr Sorge, sich beim Tanzen zu blamieren. »Ich kann gar nicht Tango tanzen«, sagte sie. »Aber ich, und das reicht!« behauptete ihr Tänzer, und er tanzte so temperamentvoll, dass Lena Angst vor einem Hustenanfall bekam. Doch dann überließ sie sich seinen geschmeidigen Bewegungen und genoss eine Art sinnlichen Rauschzustand, der noch gesteigert wurde durch die abrupten Bewegungen des Tangos, die irgendwie Lenas Fantasien von der Liebe entsprachen. Außerdem roch dieser Richard gut, vielleicht nach welken Veilchen, Lena kriegte es nicht heraus. Sie war sowieso unfähig, diese

Stunden mit Lottes Freunden auch nur vor sich selber zu beschreiben.

Sie erwachte aus diesen Gedanken, als die Musik zu Ende war und Richard sie, dem Tanz gemäß, kurz, aber fest an sich presste. Dann dankte er ihr mit einem Handkuss. Er strahlte Lena offen an, sagte ihr, dass sie hervorragend Tango tanze und überdies wundervolles Haar habe, er liebe Blondhaar, obwohl seine Frau brünett sei. »Nur eines irritiert mich – Sie sind schweigsam wie ein Trappistenmönch. Ich habe mich aber entschlossen, das zu genießen, meine Frau redet nämlich ausgesprochen viel.« Er machte ihr noch einige Komplimente, er war ein Schriftsteller, wie Lena später hörte, doch sie war trotz seiner Freundlichkeit wie in einem fremden Land. Sie nahm zwar an einem Fest teil, man hatte sie willkommen geheißen, doch sie fühlte sich, als sprächen die anderen eine Fremdsprache. In gewisser Weise taten sie das auch, denn sie hatten völlig andere Erfahrungen als Lena, einen weiteren Horizont. Eines wusste Lena aber genau – sie wollte sich nicht in diesen Kreisen als Einbrecherin überführen und in einem Verhör nackt ausziehen lassen.

Als Lena am Arm Richards zum Tisch zurückkam, hatte sich dort eine rege Diskussion entwickelt. Uli, die Frau Richards, die offensichtlich schon einige Gläser Sekt getrunken hatte, war eine große, klug aussehende Frau mit langem glatten Haar. Sie führte entschieden das Wort, und als sie Richard und Lena herankommen sah, sagte sie noch lauter, fast provozierend, dass sie in ihrer Ehe unglaublich unkeusch geworden wäre: »Die ganze Schamhaftigkeit, die mir meine Mutter, die Beichtväter und der sogenannte gesellschaftliche Anstand eingetrichtert haben, ist innerhalb von ein paar Wochen – quatsch!, Tagen, zusammengestürzt. Es gibt einen Mann auf dieser Welt, vor dem ich nicht die geringste Scham habe. Seht ihn euch an, hier ist er, mein Richard, nur hat er gerade diese Lena am Arm. Und wenn schon.«

Uli wollte weitermachen mit ihren Ausführungen, doch Richard bat sie, zwar lachend, aber doch eindring-

lich, damit aufzuhören. »Komm, Uli, du hast zu viel getrunken, das interessiert doch niemanden.«
»Hast du eine Ahnung!«
»Los, Uli, lass dich nicht irritieren!«
»Richard, sei kein Spielverderber. Wie du grad getanzt hast – das war auch nichts anderes als – na ja, du weißt schon!«
Lena wollte weglaufen, nur weg, aber gleichzeitig erwachte in ihr eine Begierde, zuzuhören. Einmal die Nebel zu zerteilen, hineinzuschauen in diesen magischen Zirkel, in dem Frauen und Männer sorglos Liebkosungen austauschten, sich Raubtiernamen gaben. Lotte wurde von den Männern zärtlich »Puma« genannt, und Lena sah gerade, wie sie von einem stattlichen Mann mit einer wüsten Mähne schier zu Boden geküsst wurde. Man hätte ihn getrost einen Löwen nennen können. Lena spürte überrascht, dass sie sich plötzlich danach sehnte, diesem Zirkel beizutreten, und sei es nur für diesen Moment. Wie konnte man in einer Minute fliehen wollen und sich in der anderen danach sehnen, dazuzugehören? Das musste vom Alkohol kommen, von dem eiskalten Sekt, der herrlich schmeckte und den Lena durstig hinuntergoss. Sie musste betrunken sein, denn sie wollte hören, was diese Uli über die Ehe predigte.
Uli erklärte gerade, dass keine Berührung, kein Blick ihres Mannes ihr peinlich sei. »Im Gegenteil, ich liebe es, wenn er Obszönes mit mir tut. Schlimme Worte sagt. Er ist mein Gatte, die Religion und das Gesetz erlauben mir, meinen unordentlichen Instinkten zu folgen. Stellt euch vor, wie rasch meine Schamhaftigkeit zusammengebrochen ist. Wenn mich jemand ernsthaft bestürmt hätte, als ich noch ein junges Mädchen war – nicht auszudenken.«
Uli hatte inzwischen noch eine Menge Zuhörer bekommen. Sogar der Kellner, mit Sektflaschen und Geschirr auf dem Tablett, hörte hingebungsvoll zu. Richard tat zwar, als belustige ihn die Szene, doch er fasste Uli beim Arm, wollte sie zu sich hochziehen, Sybille schob ihn jedoch zur Seite, verlangte sanft, aber nachdrücklich, dass

Uli ausreden dürfe. »Ihr Männer habt lange genug alle Vorteile gehabt. Jahrhundertelang. Jetzt sind wir mal dran. Und Uli ist so schön in Schwung.«

»Also was mich betrifft«, sagte Uli, »ich bin unkeusch. Und ich hab das Gefühl, dass meine Unkeuschheit zutiefst verwurzelt ist. Deshalb bin ich misstrauisch gegen all die Tugend und Keuschheit, die ihr Männer uns Frauen umhängt wie einen Keuschheitsgürtel.«

Uli hob jetzt ihren langen spitzen Finger wie eine Lehrerin.

»Wann sind wir tugendhaft? Wenn wir uns keinem Mann hingeben.

Wann sind wir schamhaft? Wenn wir lebhaft erröten, sobald ein Mann unseren Busen oder unser Knie erblickt. Was mich betrifft, ich habe mich einem Herrn, diesem Herrn Richard nämlich, in diesem Jahr hingegeben, obwohl ich ihn im vorigen noch gar nicht kannte. Und wenn einer sagte, ich hätte ihn verführt, tut man mir nicht Unrecht. Ich kann ihn dazu bringen, mit mir zu reden, wie die kleinen lasterhaften Mädchen untereinander reden. Wäre er nicht mein Mann, wäre ich seine Hure, seine Konkubine. Da er jedoch mein Mann ist, bin ich mit denselben Instinkten, denselben schlimmen Worten, denselben geschlechtlichen Handlungen eine hochehrbare Frau.«

Für eine Sekunde war es still, alle schienen darauf zu warten, dass Uli durchatmen und weiterreden würde, doch als sie dem Ober ihr leeres Sektglas mit einer bittenden Geste hinhielt, schenkte er ihr mit hochachtungsvollem Gesichtsausdruck ein. Die anderen umringten Uli, küssten sie, lobten sie, Sybille brach eine Blume aus der Tischdekoration und steckte sie Uli ans Kleid. Und Lena wünschte sich in diesem Augenblick nichts so sehr, als in Ulis Haut zu schlüpfen, sie sehnte sich danach, die freudige Aussage über diese Ehe einzutauschen gegen ihre eigenen, bitteren Erfahrungen.

10. Kapitel

Lotte war zu einer Ausstellung nach Berlin gereist voller Vorfreude und Spannung auf die Reaktion des Berliner Publikums, hatte aber trotzdem nicht vergessen, Lena vor der Abreise einen warmen Mantel zu leihen und einen Filzhut, den man tief über die Ohren ziehen konnte. »Du bist ja eine ausgezeichnete Tango-Tänzerin, wie ich seit gestern weiß. Wenn ich zurückkomme, gehen wir in die Tanzgruppe Rudolf von Labans. Von dem wird viel Interessantes berichtet, und Tanzen ist ein Stimulans, das mir noch fehlt.«

Natürlich waren Lottes Freunde in einem Rudel gekommen, um sie abzuholen und zum Bahnhof zu bringen. Lena hatte aus ihrem Fenster zugesehen, wie Richard und Rolf Lottes Koffer trugen, Annemarie kam mit einer Reisedecke und einem Schirm aus dem Haus. Uli und Sybille hatten Lotte untergehakt, und sie stiegen unter viel Gelächter und Küssen in die Droschken ein. Als Lotte hinaufwinkte zu Lenas Fenster, schlossen sich alle anderen an, winkten, riefen, warfen Kusshände, und der dicke Rolf erbot sich, Lena am Abend abzuholen, zum Leberknödelessen bei Kathi Kobus. Doch Lena dankte nachdrücklich, sie rief hinunter, dass sie schreiben müsse, was die anderen zu bewunderndem »Sakra!«, »Da schau her!« und »Wann wird denn das Opus fertig sein!?« veranlasste.

Lena hatte nichts dagegen, mit ihnen in die Schwabinger Kneipen, Cafés und Restaurants zum Tanzen zu gehen und auch zum Fasching. Doch sie wollte nicht die Sklavin der Vergnügungen anderer werden wie die umschwärmte Diseuse Emmy Hennings, die auf keinem Fest fehlte, oder wie das schöne Mädchen Marietta, eine Malermuse, die nachts um eins alle Kleider fallen ließ und nackt tanzte. Meist traten sie im Simpl auf, einer Künstlerkneipe, die nach der Zeitschrift *Simplicissimus* genannt war.

Dort saß Lena eines Abends wie gebannt auf ihrem Stuhl, völlig hingerissen von ihrer Umgebung. Sie begriff nicht, wie eine Frau sich auf der Bühne so ausgelassen zeigen konnte wie Emmy Hennings, die ihr Haar wie eine Kappe um den Kopf geschnitten trug und mit ihrem Körper umging wie mit einem Instrument. Trotzdem hatte Lena das Gefühl, als sei sie bis aufs Äußerste angespannt. Lotte hatte ihr erzählt, dass Emmy Hennings hart und unerbittlich über die Männer reden würde, Dinge sagte, die andere sich nicht einmal zu denken getraut hätten. Niemals hätte Lena den Mut aufgebracht, die Männer durch das, was in ihrem Inneren brannte, zu verletzen. Doch Emmy Hennings sagte laut in die Runde, sie wolle niemals das private Eigentum eines Mannes sein, und was manche Frauen ersehnten, sich einzig und allein einem Manne hinzugeben, das wäre nicht ihre Sache. »Ich nehme nicht«, sagte sie herausfordernd, »ich lasse mich nehmen. Ich bin ein Freiwild. Und wem es gelingt, der fängt mich. Ich würde mir nicht mal Gedanken darüber machen, wenn es der Geliebte meiner Freundin wäre. Ich würde ja alles übertrumpfen und besiegen, allein durch meine Gegenwart.«

Der große Mann mit den wachen, freundlichen Augen hinter einer kleinen Brille, dessen Bart mit dem störrischen Haar wetteiferte, wollte ständig Lotte oder Uli küssen, denen das gut gefiel. Sie schienen Lena allesamt wie ein Sieb, in das man Sekt, Lachen, Witze, Küsse, Umarmungen und Komplimente hineinschütten konnte, so viel man wollte, oben war immer wieder Platz für Neues.

Der mit dem dickmähnigen Löwenkopf, der Küsser, von dem Lena nur wusste, dass er Erich hieß, lachte amüsiert über die Reden der Diseuse. Er zog Emmy Hennings damit auf, dass sie sich katholisch hatte taufen lassen. »Gib es doch zu, es war für dich eine prächtige Sensation, dich in der Ludwigskirche taufen zu lassen. Es war wirklich allerliebst, zu sehen, wie sich bei dir der Entschluss, katholisch zu werden, so durchaus deutlich aus Neugier, Sentimentalität und Geilheit zusammensetzt.«

Emmy Hennings zuckte nur mit den Schultern und ließ sich von einem ihrer vielen Verehrer eine Zigarette anzünden. Lena hatte nur etwas von einer Taufe in der Ludwigskirche verstanden. Heilige Mutter Gottes – Emmy Hennings war auch noch katholisch! War ihr Wortschwall nicht erschreckend, zeigte er nicht einen Abgrund? Oder war alles leeres Geschwätz? Waren schließlich nicht alle Frauen Eigentum ihrer Männer? War es nicht Gottes Gesetz, dass eine Frau sich einem Mann, nämlich ihrem Ehemann, hingab und sonst niemandem?

Plötzlich überlegte Lena, was ihr Großvater wohl zu den Darbietungen Emmy Hennings' oder Mariettas sagen würde. Oder die Großmutter, Hochwürden Späth – überhaupt die Glonner? Lena stellte sich vor, sie würden alle als Zuschauer in dieser Künstlerkneipe sitzen: Der Bader Gschwandler im Sonntagsgewand mit den Silberknöpfen, der Huberwirt mit seinem flachen Hut und der reichen Uhrkette überm Samtgilet, der Schusterpauli im Militärrock, die Huberwirtsmarie im silbergeschnürten Mieder, der Ropfer in seiner alten pichigen Jacke, die alte Sailerin hätte auch ihr Festgewand an mit der rotseidenen Schürze, die Schlosserresl wär in ihrer perlenbestickten Riegelhaube erschienen, der Herr Oberlehrer und der Herr Religionslehrer im steifen schwarzen Rock.

Die Glonner, das wusste Lena, hatten keinen Sinn dafür, wenn das Leben von den gewohnten Bahnen abkam und dazu von ihnen eine Stellungnahme forderte. Sie würden sich in dieser für sie verzwickten Situation nicht wohl fühlen, würden die Sängerin und die Nackttänzerin auf der Bühne ihren Unmut spüren lassen. »Flihtschn« würden sie rufen »Fetzn« oder »Mistamsel«, vielleicht auch »gscherte Molln« oder »Loas«, und der Meßmer Brunnfärber würde den Pfarrer Späth fragen, ob er die Krampfhenna bei den Ohren nehmen und hinauswerfen solle.

Lena sehnte sich in diesem Moment so heftig nach Glonn, dass es ihr den Hals zuschnürte. Sie hatte Mühe, sich wieder auf ihr Münchner Leben zu konzentrieren, das sich im Moment in dieser Simpl genannten Kneipe abspielte. Auf der Bühne hatte Emmy Hennings sich bereits einem anderen Thema zugewandt. Sie sprach davon, dass von allen Frauen die Prostituierten ihre größte Sympathie hätten. »Man nehme das schutzloseste Geschöpf«, sagte sie, »ein Straßenmädchen. Wenn es verboten ist, sich Liebesstunden bezahlen zu lassen, muss es verboten werden, Liebesstunden zu kaufen. Aber die Erfahrung lehrt, dass der Mensch ohne Liebesstunden nicht leben kann.«

Der Erich mit den unbändigen Haaren ging hin zu Emmy, umarmte sie versöhnlich und sagte, dass sie über alle Maßen gescheit sei, aber doch lieber tanzen solle als predigen, »denn im Tanz kannst du dich besser austoben. In deinem Tanz kannst du die höchsten sinnlichen Sensationen erleben und sie uns allen mitteilen, ohne dir den Mund zu verbrennen«.

Lotte sagte zu Lena, dass sie Emmy Hennings sehr gern habe. »Sie ist aber oftmals von einer so fieberhaften Unruhe, dass einem Angst und Bange werden kann. Sie kriegt ihre Rastlosigkeit einfach nicht unter Kontrolle, nicht einmal das Kettenrauchen kann sie einschränken. Alles an ihr ist irgendwie fließend, nicht zu fassen. Ich frage mich oftmals, wer Emmy eigentlich ist, aber ich weiß nur, dass sie meine Fantasie anregt. Ich habe schon eine Emmy-Puppe gemacht, aber Emmy hat sich gottlob nicht erkannt, als ich sie ihr gezeigt habe.«

Auf dem Heimweg hängt Emmy sich bei Lotte ein. Der löwenköpfige Erich, von dem Lena inzwischen wusste, dass er Mühsam hieß, wollte in ihre Mitte, doch die beiden Frauen ignorierten ihn, küssten einander unablässig, und er schien sich in seiner Statistenrolle gut zu amüsieren. Auch hatte er dem Alkohol stark zugesprochen. Er sah sich um, suchte offenbar Publikum, doch alle waren lebhaft miteinander in Gespräche oder Diskussionen verwickelt, und an jeder Straßenecke gab es Abschiede, wurde die Gruppe kleiner.

Schließlich sah Erich auf Lena, die etwas abseits von den anderen ging, begleitet von dem kleinen Rolf von Hoerschelmann, der ihr gerade berichtete, dass er die Kunstschule von Debschitz besuche, und zwar die Zeichenklasse. Erich hängte sich ohne Umschweife bei Lena ein, deutete leicht schwankend auf Lotte und Emmy, die immer noch küssten und kicherten. »Das sind Frauen, wie ein Mann sie braucht. Ach was – die Welt braucht solche Frauen. Sie beflügeln die Fantasie, versprechen einem Erfahrungen, von denen man nur träumen kann, und dann nebeln sie sich ein und du hörst nur noch Klatsch der trivialsten Art, so dass du wirklich denkst, dass du alles nur geträumt hast. So sind die Frauen, und die Puppenpritzel ist die diabolischste, weil sie manchmal so Wunderschönes und Leidenschaftliches sagt, dass meine Liebe und Bewunderung für sie grenzenlos ist. Und dann gefällt es ihr wieder, mich schlecht zu behandeln. Aber ich bin doch ihr einziger Freund!«

Das Letzte sagte Erich mit der kindlichen Bestimmtheit, die Angetrunkene oft an den Tag legen, und Lena überlegte, ob Mühsam nicht trotzdem Recht habe. Sie hatte mitbekommen, dass Lotte vor etwa einer Stunde mit Walter Strich gestritten hatte, was des Öfteren passierte. Manchmal hatte Lotte verweinte Augen, aber Lena fragte nie, und es schien ihr, als wäre es Lotte gerade recht so, denn sie sprach manchmal abfällig vom klatschverseuchten München, in dem jeder durch den Kakao gezogen werde.

Jedes Mal, wenn Lena mit Lotte und ihren Freunden ausging, war sie in ihrem Innersten unsicher. Waren diese Menschen denn alle verrückt? Sie hatten ein gesteigertes Selbstgefühl, umgaben sich mit einem Glorienschein, wie Lena sie bislang nur Jesus Christus, Gott, der Gnadenmutter und den Heiligen zugestanden hatte. Sie bewunderte Lotte, sah, wie sehr sie von den Männern, aber auch von Frauen hofiert wurde. Trotzdem fand Lena sie oft hilflos, traurig, auch wenn Lena sich nicht erklären konnte, warum.

Lena hätte Lotte gerne beschützt, fand diesen Gedanken aber lächerlich. Sie, Lena, ein Nichts, wollte eine von allen umschwärmte Frau beschützen, die für ihre Kunst berühmt war und mit Ausstellungen ihrer Puppen in Kunstzeitschriften und Ausstellungen geehrt wurde. Doch Lena wusste nicht, wer Lotte wirklich war. Wer sie alles sein konnte. Das ahnte Lena nicht einmal von sich selber. Auf jeden Fall war sie nicht die Art Person, für die man sie hielt, seit Lotte in die Welt gesetzt hatte, dass Lena Romane schreibe. Und jedes Mal nahm Lena sich vor, Lottes Einladungen in die Schwabinger Nächte in Zukunft auszuschlagen. Sie kannte ihre Grenzen. Ihr war klar, dass sie den Erfahrungen dieser Nächte nicht gewachsen war. Außerdem brauchte sie dringend ausreichend Schlaf, sonst konnte sie ihren Alltag nicht bewältigen.

Sie war jetzt fast jeden Tag zwei Stunden mit der schönen Magelone befasst, aber sie dichtete ja nicht, wie Lotte es ihren Freunden weismachte, sie schrieb nur mit, was ihr Brotherr Jerusalem aus seinen Büchern herauslas. Die Arbeit ging ihr gut von der Hand, sie war von Jerusalem und dem Professor entlohnt worden und hatte daher endlich ihre warmen Winterstiefel vom Schuhmacher holen können. Mit Lottes Mantel und dem Hut fühlte sie sich warm und beschützt, beim Bäcker hatte die Verkäuferin sogar »gnä Frau« gesagt.

Es war noch früh am Morgen, bei Frau Böck roch es nach frisch gebrühtem Kaffee, sie klopfte bei Lena: »Lenerl, Sie müssen heut mit mir Kaffee trinken, Kathi hat geschrieben und auch für Sie einen Brief beigelegt!«

Frau Böcks ohnehin frisches Gesicht war ganz rot vor Aufregung: »Stellen Sie sich vor, Kathi ist guter Hoffnung! Vielleicht haben ja die Moorbäder geholfen, zu denen Sie ihr geraten haben!«

Lena nahm die frischen Brezn mit, die sie gerade beim

Bäcker geholt hatte, und so saß sie mit Frau Böck in der gemütlichen Wohnstube. Die anderen Mieter schliefen noch, und Frau Böck musste sich bremsen, damit sie nicht mit Lena in der Küche herumtanzte.

In Kathis Brief an Lena stand neben dem freudigen Ereignis, dass sie ein neues Dienstmädchen habe. Die Traudl könne weder frisieren noch nähen, aber darauf verzichte Kathi gern. Dafür sei wieder Friede im Haus.

»Am Samstag kommt ja die Kathi«, sagte Lena erfreut, und Frau Böck sagte glücklich: »Wir wollen auf dem Dachboden nach Kindswäsche suchen, die ich noch von ihr hab!«

Kaspar humpele immer noch wegen seines kranken Zehs, aber es gehe ihm schon viel besser, schrieb Kathi, und Lena war genau wie Frau Böck froh, die Kathi alleine da zu haben.

Lena freute sich mit Frau Böck. Vielleicht waren die Moorbäder Kathi tatsächlich hilfreich gewesen. Lena hatte sich, ausgelöst durch Kathis Kummer, daran erinnert, dass die Großmutter den Frauen, die vergebens auf Nachwuchs warteten, immer geraten hatte, Moorbäder zu nehmen. Das ist gute Erde für uns Frauen, hatte die Großmutter gesagt. Moor gab es reichlich im Land, und Kathi hatte sich in Bad Kohlgrub, wo eine Base von ihr wohnte, mit Moorbädern behandeln lassen.

»Auf dem Land sind die Leut doch näher an der Natur als wir in der Stadt herinnen«, sagte Frau Böck dankbar zu Lena.

Lena wollte sich heute selber einen freien Vormittag schenken. Es war nicht mehr so kalt wie im Januar, die Straßen blieben frei vom Schnee, nur an den Rändern waren noch angeschmutzte Reste aufgehäuft. Dazu schien eine blasse Wintersonne, die alles, Häuser, Straßen und Bäume, in ein silbriges Licht zu tauchen schien. Lena hatte noch den Kaffeeduft in der Nase, sie fühlte sich satt, warm und fröhlich, und freute sich auf den arbeitsfreien Morgen. Am Nachmittag musste sie wieder zum Diktat, doch bis dahin waren noch fast sechs Stunden Zeit. Es war Lena, als habe sie in dieser Stadt noch nie sechs Stunden Zeit gehabt, die ihr allein gehörten. Sie wollte endlich einmal zu Hause sein, wo sie schon mehr als zwanzig Jahre lebte.

Sie ging zur Leopoldstraße, stieg in eine Droschke und fuhr zum Liebfrauendom, den sie noch nie von innen gesehen hatte, auch wenn sie es selber ungehörig fand. Die Münchner Kirchen waren für sie zunächst Heilig Geist und später St. Benno gewesen, wo sie mit Anton getraut worden war. Benno war der Stadtpatron Münchens, Lena liebte St. Benno wie alle Kirchen, und besonders den Dom zu Unserer Lieben Frau. Er war in München fast aus jeder Straße sichtbar, gaukelte einem in vielen Straßen und Plätzen der Stadt vor, dass er in wenigen Metern erreichbar sei.

Lena genoss es mit kindlicher Freude, durch die Stadt zu fahren, die Geschäfte, Restaurants und vornehme Privathäuser zu sehen, in denen sie früher Fleisch und Wurst abliefern musste, immer zu Fuß, den anfangs recht schweren Korb von einer Hand in die andere wechselnd, immer in Eile, immer mit noch mehr Botengängen betraut von der Mutter, die nicht sehen wollte, wie erschöpft Lena schon am Mittag war.

Sie bat den Kutscher, sie am Marienplatz aussteigen zu lassen, denn der lag so schön und sauber da im blassen Winterlicht, dass es Lena in der Droschke zu eng wurde. Sie sprang hinaus auf das schimmernde Pflaster, sah das reich ausgestattete Rathaus dastehen wie einen Palast und dachte, dass da drinnen die Großkopferten von München saßen, die auch nicht schlechter residieren wollten als der Prinzregent. Zum ersten Mal sah sie bewusst den üppigen Figurenschmuck an der Fassade, und sofort fiel ihr ein, dass einmal im Wirtshaus der Eltern eine Zeitschrift liegen geblieben war, in der man das Münchner Rathaus sehen konnte, so überladen mit Figuren, dass sie schier keinen Platz hatten an dem Gemäuer, überall herunterfielen oder sich festklammerten. Halb München schaute dem Gewurl zu, selbst die Türme Unserer Lieben

Frau lehnten sich über die Hausdächer und sahen mit großen Augen auf das Schauspiel. Neben dem Bild stand zu lesen: »Unter den gothischen Figuren des Rathausneubaus ist es soeben wegen Überfüllung zu einer Rauferei um den Platz gekommen. Vor Zuzug weiterer gothischer Figuren wird deshalb dringend gewarnt. Magistrat der kgl. Haupt- und Residenzstadt München.«

Die Zeichnung hatte ein gewisser Adolf Münzer gemacht, und Lena fand, dass er mit seiner Kritik nicht Recht hatte, so sehr ihr das Kunstwerk auch gefiel. Ihr schienen Figuren sinnvoll an einem Rathaus, wo über das Leben der Münchner gestritten und entschieden wurde, wo allerdings ein strenger Wachmann in langem Rock und Mütze Acht gab, dass keiner dieser Münchner eintrat, wenn er nicht ausdrücklich darum gebeten worden war.

Ein vornehm gekleideter Herr im Gehrock und modischem Hut fragte Lena: »Sie, werte Tame, sagen Sie amol, wie haaßt tös Gebäud, tas vor uns liegt?«

»Das ist das Rathaus«, teilte ihm Lena mit, und sie dachte bei sich, dass wieder mal ein Berliner Bayerisch reden wollte und pfeilgrad danebentraf. Im Wirtshaus der Eltern gab es des Öfteren Zugereiste, deren größter Ehrgeiz es war, für Bayern gehalten zu werden. Die redeten ähnlich wie dieser Fremde und wunderten sich, wenn die bayerischen Gäste sie nicht verstanden. Besonders ein Stammgast, der Grundbesitzer Cramer, kleidete sich immer in reiche Miesbacher Tracht und seine Frau ebenfalls. Beide bemühten sich, bayerisch zu sprechen, doch sie waren Zugereiste, Preußen, und die einheimischen Gäste verstanden sie nicht. Oder wollten sie nicht verstehen. Dadurch wurden sie aber nur angespornt, sie kannten keine Grenzen in ihrem Eifer, es den Bayern gleichzutun. Vor allem deshalb, weil ihnen der Hochstetter Girgl immer versicherte, dass man sie von keinem Bayern wegkennen würde, im Ausschauen nicht und nicht an der Sprache und überhaupt nicht. Und dann tranken die Cramers mit dem Girgl immer einige Glas Bier vor Freude.

Lena ließ das Leben auf dem Marienplatz zufrieden auf

sich einwirken. Sie sah die Leute, die einzeln oder eingehakt über den Platz gingen. Es waren vor allem Frauen und Männer im Feiertagsgewand. Sie wollten sicher ins Café Rathaus oder in eines der umliegenden Geschäfte. Oder sie hatten genug Geld, sich mit einem der blitzenden Automobile chauffieren zu lassen. Lena atmete tief durch, sie dachte, dass hier auf diesem Platz mit den großzügigen Stadtpalästen, den kunstvoll verzierten Türmen und Zinnen die Großstadt sich anders zeigte als in den dunklen Gassen der Armen, in den Elendswohnungen, die sie auch kennen gelernt hatte. Hier, am weitläufigen, besonnten Marienplatz spürte Lena, dass München eine große Stadt war mit kräftigem Pulsschlag. Dass sich vor allem hier im Rathaus alles entschied, was nicht irgendwo und irgendwie entschieden werden konnte, sondern nur hier, in München.

Nach einem Blick auf die Mariensäule und der stummen Bitte an die Gottesmutter, dass sie Lena helfen möge, ihre Kinder zu sich zu holen, lief Lena zur nahen Frauenkirche. Über den freien Platz pfiff ein kalter Wind. Lena zog ihren Hut noch tiefer über die Ohren und vergrub sich im großzügigen Kragen des Mantels von Lotte, in dem sie sich schon richtig daheim fühlte. Die Stiefel hielten die Füße immer noch warm, und so konnte Lena richtig entspannt und aufrecht durch die Straßen laufen.

Am vorderen Südportal mit dem wunderschönen Schnitzwerk drängten sich drei Kinder in einer Ecke aneinander. Sie sahen eigentlich gepflegt aus, allerdings fremdartig, mit sehr dunkler Haut, und über ihren einfachen Kleidern trugen sie lediglich Schürzen. Sie schienen zu frieren. In Lena erwachte sofort Sorge und Liebe, sie sah die erwartungsvoll geweiteten Augen der Kinder und fragte sie, ob ihnen kalt sei. Sie holte aus ihrem Beutel ein Markstück, der Junge, dessen Haar kurz geschoren war, riss ihr die Münze mit einem Freudenschrei aus der Hand, dann rannte er mit den beiden Mädchen davon, und Lena wusste, dass sie in der nächsten Zeit jeden Pfennig umdrehen musste.

Lena bekam plötzlich Angst, ihre Kinder zu verlieren. Sie durchlebte die letzten Armutsjahre mit Leni und Alixl. Es gehe ihnen gut, antworteten sie jedes Mal, wenn Lena einen Brief oder ein Päckchen schickte. Leni konnte schon ein paar unbeholfene Worte schreiben, sie war in der zweiten Klasse. Alixl mit ihren fünf Jahren malte meistens Sonne oder Sterne auf ihren Brief, für den Gruß führten die Schwestern in Moosburg ihr die Hand. Lena sehnte sich danach, die Kinder um sich zu haben, aber schon das Zimmer mit Mittagstisch bei Frau Böck kostete im Monat 50 Mark. Für sich und die Kinder bräuchte sie zwei bis drei Zimmer, je nachdem, wie sie geschnitten waren, dazu eine Küche, und solch eine Wohnung würde mindestens 100 Mark kosten. Solange sie nicht ausreichend verdiente, würde sie nicht nach Moosburg fahren. Dort die Kinder zu besuchen, sie aber nicht mit heimnehmen zu können, schien Lena das Grausamste.

»Heilige Mutter Gottes, lass mich nicht vom Leben aufgefressen werden, ehe ich meine Kinder wieder bei mir habe. Der Gedanke, dass fremde Frauen sie erziehen, tut mir weh. Du weißt, dass ich im Kloster nicht gut behandelt wurde und dass ich von ganzem Herzen hoffe, in Moosburg möge man ehrlicher und liebevoller sein. Leni und Alixl sind ja noch kleine Kinder. Ich würde mich so gerne selber mit meinen Mädchen beschäftigen, heilige Mutter Gottes. Ich möchte so freundlich mit ihnen reden, wie es die Großeltern mit mir getan haben. Die Bildung, die ich im Kloster Ursberg bekommen habe, möchte ich in Geduld und Liebe an sie weitergeben. Ich glaube, das wäre für Leni und Alixl ein Glück. Bitt für mich bei deinem Sohn, heilige Gottesmutter. Amen.«

In einem Seitenschiff kniete Lena vor der Statue der Mutter Gottes, die Lena traurig, aber auch entrückt anzusehen schien. Das Jesuskind hatte dicke Händchen und dicke Wangen, es sah so aus, als hätte es noch nie eine Wohnung trockenwohnen müssen und habe immer genug zu essen gehabt. Doch in den Gesichtern der Marien war oft eine große Verlassenheit, in denen ahnte man den Tod Jesu Christi schon voraus.

Lena kniete sich noch eine Weile ins Mittelschiff in die blank gewetzten Bänke mit ihrer schönen Schnitzerei. Sie sah die prunkvollen Handwerks- und Vereinsfahnen der Tafern- und Bierwirthe von 1840, die der Kaminkehrer von 1858, und sie dachte an die Kirche in Glonn, die sehr viel kleiner war als dieser herrliche Dom, gleichwohl aber auch reich ausgestattet mit Gold und Stuck und Malerei.

Die Glonner Kirche, nur ein paar Meter vom Hansschusterhaus entfernt, war Lenas zweite Heimat gewesen. Im Sommer lief sie mit allen anderen Kindern unterm Glockenläuten barfuß durch den Friedhof in die Kirche, denn dem Pfarrer Späth ging das Geklapper der Holzschuhe auf die Nerven. Und der Messmer Brunnfärber schaute die Kinder immer grimmig an und nahm sie fest bei den Ohren, wenn sie nicht still waren. Einmal traf es Lena und die Apothekermariele, und Mariele schwor dem Brunnfärber Rache. Am nächsten Samstag nach dem Rosenkranz taten sie feines weißes Pulver auf das Pflaster neben dem Altar, wo immer die Kinder knien mussten. Das Pflaster war vom Alter ganz rau und hell, und man sah das Pulver überhaupt nicht. Sie taten es nur bei den Buben hin.

Im Sonntagsgottesdienst war Pfarrer Späth wieder aufgebracht, er war sich im Klaren darüber, dass viele Glonner, vor allem die Kinder, zum Schwätzen in die Kirche gehen und zum Leuteanschaun. Er predigte von der Austreibung aus dem Tempel und schrie: »Mein Haus ist ein Bethaus. Ihr aber habt es zu einer Mördergrube gemacht!« Und er schimpfte über die Erwachsenen, dass sie zu weltlich dächten, und vor allem schrie er die Kinder an, dass sie nicht ständig lachen und sich von den Betstühlen herunterstoßen sollten und dass er sie alle hinauswerfe, wie es Jesus auch getan habe, wenn sie nicht aufhörten, mit ihren Messern, Bildern und Schmalznudeln während des Gottesdienstes Handel zu treiben.

Bei den Buben war aber aus anderen Gründen eine große

Unruhe ausgebrochen. Sie wetzten ihre Füße an den Betstühlen oder kratzten sich heftig, und als der Lindnerpeter rief, dass er sich die Zehen abreißen könne, weil sie derart jucken würden, da schrien auf einmal alle Buben durcheinander, dass es sie gar so viel beiße, und der Messmer nahm einen nach dem anderen bei den Ohren und warf ihn hinaus aus der Kirche. Was war das für ein Tumult gewesen, und der Pfarrer konnte nicht weiterpredigen, weil auch die Mütter der Buben aufstanden und hinausgingen.

Lena schrak auf aus ihren Gedanken, als die Glocken des Domes zu läuten begannen. Es musste zwölf Uhr sein, Lena spürte, dass sie hungrig war, bat rasch noch einmal die Gottesmutter um ihren Segen für ihre Kinder und ging aus dem Dämmer der Kirche hinaus auf den Vorplatz, wo Frauen ratschend beieinander standen, Handwerker ihre Lieferkarren schoben, Kinder spielten. Sie beeilte sich, in die Sparkassenstraße zu kommen, wo es in der Kronfleischküche eine gute Fleischbrühe mit Herz und Kron' für ein Zehnerl gab. Auch Gemüse gab es dort sehr preiswert, und Lena konnte sich stärken für den anstrengenden Schreibnachmittag bei Peter Jerusalem.

11. Kapitel

Heute waren die Schildbürger das Thema, und Lena schrieb »nach der Ausgabe vom Jahre 1598: wunderseltsame, abenteuerliche, unerhörte und bisher unbeschriebene Geschichten und Taten der obgemeldeten Schildbürger in Misnopotamia, hinter Utopia gelegen«. Im eigentlichen Text hieß es denn: »Es haben die Alten vor viel hundert Jahren diesen herrlichen Spruch, welcher auch noch zu diesen Zeiten wahrhaft und deshalben gelten soll, gehabt, da sie also gesprochen:

>Eltern wie die geartet sind,
>also sind gemeinlich ihre Kind:
>Sind sie mit Tugenden begabt,
>An Kindern ihr desgleichen habt.
>Kein guter Baum gibt böse Frucht.
>Der Mutter nach schlägt gern die Zucht.
>Ein gutes Kalb, eine gute Kuh.
>Das Jung tuts gern dem Vater zu.
>Hat auch der Adler hoch von Mut
>Forchtsame Tauben je geburt?
>Doch merk mich recht, merk mich mit Fleiß,
>Was man nicht wäscht, wird selten weiß.«

Unwillkürlich ließ Lena ihren Stift sinken. »Des is fei a Schmarrn! Also, ich meine – da haben sich die Schildbürger aber geirrt.«

Jerusalem blickte auf, blinzelte Lena nervös durch seine Brille an: »Wieso – wovon reden Sie?«

Es tat Lena sofort Leid, dass sie sich spontan geäußert und den Schreibfluss unterbrochen hatte. Jerusalem mochte es nicht, wenn sein Rhythmus gestört, sein Tempo nicht eingehalten wurde. Die Zeit drängte. Sie hatten noch »Fortunatus« zu schreiben, »Dr. Faust« und »Die schöne Melusine«, das war Arbeit für eine Woche.

Deshalb beeilte sich Lena zu sagen, dass es ihr grad so ausgekommen sei, er solle es dabei belassen.

Doch in Jerusalems Augen kam Neugierde. Seit Wochen versuchte er vergeblich, eine persönliche Bemerkung aus ihr herauszubekommen, und jetzt, wo sie vielleicht etwas über sich sagen wollte, blockte er sie ab. Er fragte sie deshalb, warum sie das Gedicht einen Schmarrn finde, und Lena antwortete, dass Kinder nicht unbedingt so sein müssten wie ihre Eltern. »Und Töchter gleichen schon gar nicht in jedem Fall ihren Müttern. Meine Mutter hat mir viele Jahre meines Lebens vergiftet, sie hat mir nie ein liebes Wort gegeben. Sie hat mich vom ersten Tag meines Lebens an gehasst. Ich dagegen liebe meine beiden Töchter zärtlich, ich habe Sehnsucht nach ihnen, sie haben von mir noch nie ein böses Wort gehört.«

Jerusalem legte seine Bücher beiseite, er goss für Lena und sich Rotwein ein, reichte ihr ein Glas und bat sie, ihm doch mehr über ihre Mutter, über ihre Familie, über ihr Leben zu erzählen. Er wisse gar nichts von ihr. »Sie haben mir nicht einmal die Frage beantwortet, ob Sie Münchnerin sind«, sagte Jerusalem mit seinem Lächeln, das gleichwohl etwas Strenges hatte. »Gibt es da vielleicht ein Geheimnis?«, fragte er weiter und fuhr wie abwesend mit dem Finger über den Rand des Weinglases, sah dann aber wieder Lena an. Wovor fürchtete sie sich? Jerusalem fand, dass ihr Gesicht heute besonders hohl und blass aussah, zwei kleine Linien um den Mund hatten sich scharf eingekerbt. Waren sie schon vor zwei Wochen da gewesen, als sie zum ersten Mal zu ihm kam? Dabei war es inzwischen draußen heller geworden, ein weiches Wintersonnenlicht erhellte den Raum, er hatte zum Arbeiten nur zwei Kerzen aufgesteckt. Jerusalem stellte verwundert fest, das er die Gesellschaft seiner Diktatschreiberin jedes Mal mehr genoss.

Er wurde nicht klug aus dieser Frau, dabei war er schon bei der ersten Begegnung von ihr angezogen gewesen. Sie sah auf eine schmucklose Art schön aus. Ihre Größe und das fast Eckige ihrer Gestalt gefiel ihm. Wie lebte sie? Woher hatte sie diese feinen Linien um den Mund, die er bislang noch nicht wahrgenommen hatte. Das weiße Dreieck ihres Gesichts wurde fast undeutlich vor dem Blau der Dämmerstunde, doch die feinen Linien blieben.

Da Lena immer noch schwieg, fragte er, ob sie des Öfteren ausgehe, und er spürte, dass ihm diese Vorstellung nicht passte. Vielleicht verkehrte sie sogar in den umliegenden Gaststätten?

»Davon würde ich Ihnen unbedingt abraten. Hier in Schwabing tummeln sich vor allem zwielichtige Subjekte, die sich für Maler, Sänger oder Dichter halten und nichts anderes im Sinn haben, als sich mit leichtsinnigen Mädchen zu vergnügen. Hier sind nämlich die Bürgermädchen ebenso wie die Kontoristinnen, Näherinnen und Serviererinnen nur auf Abenteuer aus, und die Männer nutzen das für sich. Sie haben Vermieter, die nicht auf Anstand achten, weder bei den Herren noch bei den Damen. Alle kommen nach Schwabing, um sich auszuleben, und manche junge Frau ist dabei auf die schiefe Bahn geraten.«

Jerusalem ereiferte sich fast. Bislang war er Lena eher sanft und leidenschaftslos erschienen. Was war heute mit ihm los? Von welchen Leuten sprach er? Ob er Lottes Freunde dazurechnen würde? Wahrscheinlich schon. Vielleicht musste sie öfter am Abend ausgehen, um all die Lokale kennen zu lernen, von denen Lottes Freunde sprachen. Woher hatte eigentlich Jerusalem seine Kenntnis, wenn er diese Vergnügungen mied? Ging er nur als Zuschauer hin?

Lotte und ihre Freunde passten nicht in die Kreise, von denen Jerusalem sprach. Vielleicht war Lena ihnen auf den Leim gegangen, vielleicht waren sie in Wahrheit leichtsinnig – Lena hatte jedoch den Eindruck gehabt, dass sie Lust daran hatten, sich täglich zu sehen, mitzureden über alle Ereignisse des Tages, mitzudenken über das

Leben an sich und jeden Tag intensiv zu leben. Wäre sie nicht so gehemmt gewesen, wäre sie sich nicht so unbedeutend und ungenügend vorgekommen, hätte sie sich in Lottes Kreis bestimmt wohl gefühlt. Lotte. Lotte, die Freche, die Selbstbewusste. Wie würde sie sich verhalten, wenn sie jemand ausfragen wollte über ihr Herkommen, ihre Vergangenheit? Sie würde bestimmt ziemlich ruppig zurückfragen, dessen war sich Lena sicher. Sie würde ein wenig Lotte sein, ein wenig Lena, dann träfe sie vielleicht den richtigen Ton.

Ruhig und höflich fragte Lena: »Wenn Sie über die Vergangenheit reden wollen, können Sie mir ja erzählen, woher Sie kommen.«

Überrascht schaute Jerusalem Lena an. Also hatte er doch Recht. Seit ihrem Kennenlernen hatte sich Magdalena Leix verändert. Sie war ruhiger geworden, sicherer. Trug auch viel bessere Kleidung als an ihrem ersten Arbeitstag bei ihm. Wie hatten wenige Wochen aus der schüchternen, ihm naiv erscheinenden Frau eine Person gemacht, die das Gespräch in Bahnen lenkte, die ihr passten? Jerusalem beschloss, wachsam zu sein.

»Über mich gibt es so gut wie nichts zu berichten. Ich bin 1877 in Kassel geboren. Mein Vater war Redakteur einer Zeitschrift, Dr. Traugott Ernst Jerusalem. Wir haben bis zu seinem Tod in Schlesien gelebt. 1901 kam ich mit meiner Mutter nach München und schrieb mich an der Universität ein. Meine Mutter, eine geborene von Safft, hatte nur noch wenige Mittel, sie konnte mich nicht unterstützen oder doch nur kaum. Zum Studium hatte ich ohnehin bald keine Lust mehr. Ich wollte Schriftsteller werden. Schrieb ein Schattenspiel, das im Münchner Ausstellungspark aufgeführt wurde. Doch seitdem ist mir nichts Künstlerisches mehr gelungen, und ich begnüge mich damit, für Verlage Bücher aus dem Französischen zu übersetzen. Was ich derzeit tue, wissen Sie ja. Aber nun sind Sie dran!«

Diese Aufforderung kam wie ein Befehl, aber Jerusalems Stimme war sanft und einfühlsam, und er meinte, dass Lena in Wahrheit Lust habe, ihm ihr Leben zu erzählen, sie wolle es nur nicht zugeben. »Ich bin sicher, dass Sie etwas bedrückt. Sie müssen sich jemandem offenbaren, das wird Ihnen gut tun.«

Der Herr Jerusalem machte es sich einfach, dachte Lena. Natürlich, wenn man einen Doktor als Vater angeben kann und eine Adelige als Mutter, dann hat man ein Guthaben, das sich ein Leben lang nicht aufbraucht. Trotz regte sich in Lena. Wenn er es unbedingt wissen wollte, dass sie ein Bankert war und ihre Mutter eine Köchin, bitte sehr.

»Können Sie sich vorstellen, dass ich an dem Tag, an dem ich meine Mutter zum ersten Mal sah, schon fünf Jahre alt war? Ich sehe sie noch heute, wie sie groß und aufgeputzt in der Stube stand und gesagt hat: ›Bist auch da.‹« Jerusalem fragte erstaunt, wer denn bis dahin für sie gesorgt habe, und Lena erzählte ihm von den hellen Zeiten beim Großvater, die aber nur sieben Jahre dauerten. »Und danach hat mein Lebensschiff einen Zickzackkurs eingeschlagen, getrieben von einer Unterströmung der ständigen Quälerei, an der ich fast erstickt und untergegangen wäre.«

»Aber die Zeit bei den Großeltern war demnach sehr glücklich?«

»Sie war so vollkommen, dass sie mir heute manchmal wie ein Traum erscheint. Ich war ein sorgloses Kind, das mit anderen Mädchen und Buben Glonn eroberte, den Marktflecken, wo jeden Tag interessante Dinge passierten. Das Haus des Großvaters war für mich ein Palast. Wir hatten eine Künikammer, in der die Schätze der Familie gehortet wurden. In unserer Küche hielt die Großmutter Köstlichkeiten für mich bereit. Und wenn ich am Abend ins Bett ging, hörte der Großvater meinen Geschichten vom Tage zu und erzählte mir seine.«

»Das war dann für Sie ja eine riesige Umstellung, als Sie von dem behüteten Landleben in die Stadt kamen zur Mutter«, vermutete Jerusalem. »Zuerst hab ich mich gefreut, war stolz, dass sie mich ausstaffiert haben für die

Münkara Muatta. Ich kam in die Stadt, sah den hohen Dom des Bahnhofs, Pferdekutschen, breite Straßen, auf denen prächtige, reich verzierte Häuser Schatten warfen, Frauen mit großen Hüten, Männer im Frack eilten die Trottoirs entlang, vornehme Hofkutschen ließen die Menschen stehen bleiben, winken oder knicksen. Ich war voller Freude und Staunen.«

»Hat denn Ihre Mutter Sie in all das Neue eingeführt?«, fragte Jerusalem.

»Ach woher!«, sagte Lena spöttisch. »Schon am nächsten Tag begannen die dunklen Stunden. Ich wurde mit einem großen Korb losgeschickt, in dem ich Fleisch zu vornehmen Kunden tragen musste, und bin durch die Stadt gehetzt. Ich hab immer sehnsüchtig die Droschken angeschaut, weil meine Füße wehtaten, und die Kinder, die in Spielschürzen und Hüten auf der Straße spielten, wie habe ich die beneidet. Und dann der Verkehr – ich wich verängstigt Automobilen aus, die heiser hupten und schnaubend an mir vorbeifuhren. Bald dachte ich, ich sei in der Hölle.«

»Die Münchner Stadt«, berichtete Lena ihrem Brotherren, »ist für mich bis heute ein einziger großer Wunsch geblieben. Ich wollte die schönen breiten Straßen mit den Palais und noblen Läden anschauen, vor denen die Landauer des Hofes parkten, die schönen Kirchen, Theater und Lichtspielhäuser hätte ich mir gern einmal in Ruhe angesehen, aber auch die kleinen Hütten in der Au wollte ich kennen lernen, doch ich habe immer nur die Straßenschilder gesehen. Die Postillione auf ihren prächtigen Pferden intersssierten mich, das Karlstorrondell mit den schönen Geschäften und eleganten Leuten, den Prinzregenten in seiner vornehmen Kutsche mit den Dienern in Livree. Immer in Eile, roch ich mal das Parfüm einer eleganten Dame, an der ich vorbeirannte, sah vor eine Droschke gespannte Pferde an, eine Bäuerin in ihrer Tracht, die mir auf der Stelle Heimweh nach Glonn machte.«

Lena erzählte ihm auch von ihrer harten Arbeit in den

verschiedenen Gaststätten der Eltern, dass sie in der Schule gestraft wurde, weil sie daheim keine Hausaufgaben machen konnte und so oft zu spät kam. Dass die Mutter sie schlug, wenn sie zur Schule wollte, ehe ihre Arbeit getan war. Wie dann in steter Folge drei Stiefbrüder auf die Welt kamen und ihr noch die Pflichten einer Kindsmagd auferlegt wurden. Von ihrer Flucht ins Kloster berichtete sie, von ihrer Flucht wieder hinaus aus der falschen Heiligkeit und den Lügen, von ihren immer neuen Zerwürfnissen mit der Mutter, der Flucht in ein Ausflugslokal namens Floriansmühle, wo es ihr so gut wie noch niemals in ihrem Leben gegangen war.

Jerusalem wollte wissen, warum sie denn nicht dort geblieben sei, da habe sie doch freundliche Menschen um sich gehabt, ein gutes Auskommen, und vor allem – »da waren Sie doch vor Ihrer Mutter sicher.«

»Nicht wirklich«, erklärte ihm Lena. Die Mutter sei gekommen, habe ihr gesagt, dass die Leute in der Gaststätte schon reden würden, wie die Isaaks denn ihre eigene Tochter in Dienst gehen lassen könnten. »Sie wollte meiner Eitelkeit schmeicheln. Stellte mich plötzlich als reiche Bürgerstochter hin. Darauf bin ich sofort hereingefallen. Ich habe die Mutter nicht durchschaut. Sie wollte mich zurückhaben, um weiterhin ihre Launen an mir auszulassen, mich weiterhin auszubeuten. Der Stiefvater ließ sich von ihr nichts gefallen, und den Brüdern durfte sie nichts tun, da hat der aufgepasst. Außerdem war der Stiefvater oft krank, musste sich tagelang schonen, da hat er gewiss der Mutter befohlen, dass sie mich zurückholt. Ich war ja so ehrgeizig, ich wollte, dass die beiden stolz sind auf mich, deshalb habe ich für zwei gearbeitet. Das hat ihnen natürlich viel Geld gespart. Aber gleich nach meiner Rückkehr fing das Leiden wieder an.«

Und dann war da die Werbung des Nachbarssohnes, der gleichaltrig und gut aussehend gewesen war. »Er hat mir geschmeichelt, mich mit Blumen und Konfekt beschenkt. Heute weiß ich, dass er sich nur um mich beworben hat, weil ich ein stattliches Brautgeld von den Eltern mitbekommen sollte.«

»Aber Sie kannten den jungen Mann ja gar nicht!«, rief Jerusalem überrascht.

»Mir war alles egal, wenn ich nur wegkonnte, der Mutter entkommen, in einen eigenen Hausstand, wo sie mich nicht den ganzen Tag herumkommandieren würde.

Mein Gott, war ich ein Rindvieh! Drei Kinder hab ich bekommen, gewünscht hab ich mir nur das erste, aber ich hab die beiden jüngeren auch lieb gehabt. Aber mit meiner jungen Familie ist es steil bergab gegangen. Mein Mann hat nicht nur getrunken, sondern auch unser Vermögen verspekuliert. Sogar seine Eltern hat er um einen beträchtlichen Teil ihres Geldes gebracht.« Lena lachte kurz auf.

»Und wissen Sie, wer schuld war? Ich natürlich. Ich hab mit der Familie in immer billigere Wohnungen ziehen müssen, Anton ist schließlich wegen Unterschlagungen ins Gefängnis gekommen. Plötzlich stand ich da ohne jedes Einkommen, ich habe mit Schreibarbeiten versucht, wenigstens die Kinder zu ernähren. Irgendwann bin ich schließlich im Krankenhaus aus einem tiefen Erschöpfungsschlaf aufgewacht.«

Peter Jerusalem hörte fast atemlos zu. Er war ebenso beeindruckt wie verblüfft. Er hatte nicht das Gefühl, eine Geschichte zu hören, er sah Bilder wie im Imperialkino am Stachus, sah Personen, wie sie handelten und sprachen, jede war ein Individuum.

Peter Jerusalem hörte aus ihrer Erzählung alles, was er aus den Texten altbayerischer Schriftsteller kannte – oder oftmals vermisste: Anschaulichkeit im Denken, Bildkraft des Ausdrucks, hintersinnigen schlagkräftigen Humor. Was die Schauplätze anging, die Themen und die Handlung, waren ihre Schilderungen begrenzt, beschränkt auf den Raum ihres unmittelbaren persönlichen Lebens. Deutlich spürte Jerusalem, dass Magdalena Leix eine Sicherheit besaß, ein Einfühlungsvermögen, das sie weit über die provinzielle Beschränktheit des Heimatschrifttums hinaushob.

Und diese Frau saß an seinem Tisch, schrieb für ihn alte deutsche Dichtung in ihrer schönen Schrift, dabei konnte sie so viel mehr. Das Wunderbarste dabei war ihre völlige Ahnungslosigkeit. Ihm, Peter Jerusalem, der Medizin, Kunstgeschichte und Philologie studiert und nicht abgeschlossen hatte, der nicht einmal mehr die Energie dazu aufbrachte, Luftschlösser zu bauen, dem nichts gelungen war, von dem nichts erwartet wurde, ihm bot sich hier ein Talent, dessen Teil er werden, an dem er teilhaben musste.

12. Kapitel

»Dein Herr Jerusalem entwickelt sich wohl heimlich still und leise zum Herrn Oberkontrolleur«, sagte Lotte. Sie schob mit dem Fuß die Türe zu Lenas Zimmer ins Schloss, stellte ihr Tablett ab und schenkte Lena, die auf ihrem Bett lag und schrieb, heiße Schokolade ein. Das war inzwischen zum Ritual geworden. Wenn Lotte nicht in der Kaulbachstraße ihre Puppen erschuf, wenn sie nicht zu ihren Ausstellungen reiste, kam sie immer wieder auf eine Plauderstunde zu Lena, und jedes Mal brachte sie Kakao von Suchard mit, den sie genau in der Stärke zubereitete, die Lena mochte. In letzter Zeit hatte Lotte sich angewöhnt, über Peter Jerusalem zu schimpfen. Sie fand, dass er Lena zu schlecht bezahlte und dass er sie allzu sehr antrieb, ihre Erinnerungen zu schreiben.

»Ich finde es ja schön und gut, dass er es durchgesetzt hat, dass du alle deine wahnsinnigen Erlebnisse aufschreibst. Das habe ich dir auch geraten, und der Professor in Schwabing hat es dir schon am Krankenbett vorgeschlagen, wie du mir gesagt hast. Der Jerusalem hat es zwar geschafft, dass du wirklich angefangen hast mit dem Schreiben. Aber dass er jetzt jeden Tag die Zeilen zählt, das ist, gelinde gesagt, übertrieben. Der ist eifersüchtig, der will dich ans Haus fesseln. Du sollst überhaupt keine Freizeit haben. Und schon gar nicht sollst du mit uns Feste feiern. Wie der mich immer anschaut. Am liebsten würde er dir den Umgang mit mir verbieten. Der ist doch total verklemmt!«

Lena hatte sofort ihr Schreibzeug beiseite gelegt, als Lotte hereingekommen war. Sie kannte Lottes Meinung über Peter Jerusalem. Es bedrückte Lena, dass Lotte

Recht hatte. Jerusalem verabscheute Lotte und ihren Klüngel, wie er das nannte, und er warnte Lena täglich vor diesem Umgang. Daher seufzte sie dramatischer, als es nötig gewesen wäre, und nahm dankbar den Kakao von Lottes Tablett. Er war noch heiß, und Lena zog wohlig den würzigen Geruch ein. Sie versuchte, Lotte etwas von Peter Jerusalems Wesen zu erklären, obwohl sie sich selbst nicht auskannte.

»Weißt du, Peter Jerusalem ist vielleicht streng, aber er meint es gut mit mir, glaube ich – er –«

Lotte unterbrach sie sofort. »Glaub das nur ja nicht, Lena, der meint es höchstens gut mit sich selber. Er ist ein trockener, fantasieloser Pedant. Der kennt keinen Humor und keine Lebensfreude, ist ohne Energie und ohne jeden Erfolg. Da musst du doch nur die ärmliche Bude sehen, in der er haust. Das wäre ja alles nicht so wichtig, aber er behandelt dich schon jetzt wie sein Eigentum. Du wirst sehen, der verlangt sofort einen Teil vom Honorar, wenn du mit deinem Buch Erfolg haben solltest. Wetten?«

Lena seufzte wieder, diesmal war ihr Seufzer aber echt. »Wer soll sich schon für meinen Schmarrn interessieren? Der Jerusalem sagt ja auch, dass es nix is, so wie ich es aufschreib. Erzählen könnte ich, sagt er, aber mit dem Schreiben sei es weit gefehlt. Ich fang jetzt schon zum dritten Mal neu an!«

»Darf ich?«, fragte Lotte, und nachdem Lena nickte, vertiefte sie sich in die Seiten, die Lena mit Bleistift in ihrer klaren Schrift vollgeschrieben hatte. Lena machte Lotte Platz, damit sie sich auf dem Bett bequem zurechtsetzen konnte, und sie erzählte Lotte, dass sie sich mit Jerusalem nur noch stritt, seit sie begonnen hatte, ihr Leben aufzuschreiben. »Der wurde richtig wütend, als ich ihm sagte, dass du und Professor Kerschensteiner mir auch schon geraten hattet, meine Erinnerungen niederzuschreiben!«

Lena sah Lotte zu, wie sie, völlig vertieft, in ihrem Manuskript las. Gut, dass Lotte nicht dabei war, als Jerusalem herumgebrüllt hatte:

»Was haben die denn für eine Ahnung! Ein Mediziner! Eine Puppenmacherin! Frau Leix, Sie müssen sich entscheiden, auf wen sie hören wollen. Kerschensteiner wird Sie keinen Schritt weiterbringen und diese Lotte Pritzel schon gleich gar nicht. Die hat doch nur Feste und Ausflüge und Liebschaften im Kopf. Von der müssen Sie sich fern halten, wenn Sie mit mir arbeiten wollen.«

Das sonst so bleiche Gesicht Peter Jerusalems war rot angelaufen, Lena dachte daran, wie er mit einer ärgerlichen Bewegung ein Manuskript auf den Boden geworfen hatte. »Ich hätte es mir ja denken können, dass ich nur Undank ernte!«

Er fragte, ob Lena denn nicht endlich einmal damit aufhören wolle, den falschen Leuten zu glauben. »Ich kann ihnen leicht die Masken vom Gesicht reißen, alle tragen sie Masken, die Pritzel mit ihren verworfenen Puppen, Kerschensteiner selbstverständlich auch, die Maske des Wohltäters, der in Wahrheit nur Ruhm und Ehre für sich selber will!«

Jerusalem redete, lief in der kleinen Stube auf und ab, während Lena am Fenster stand und auf die Straße schaute. Sie sah die Bäume des Innenhofes sich sanft im Wind wiegen, da wollten schon silbrige Eichkätzchen ans Licht, sie tanzten anmutig oder auch wild, wie eben der Wind den Rhythmus vorgab. Ein zartblauer Himmel mit schmalen Wolkenbahnen gab sich sommerlich, doch der Wind konnte sein sanftes Lied zu heftigem Fortissimo steigern, und Lena wusste, dass es draußen immer noch kalt war.

An Peter Jerusalems Zornesausbrüche hatte sie sich schon gewöhnt, er konnte sich hineinsteigern in seine Wut über alle möglichen Dinge, und waren es nur Zeitungsnotizen, in denen er seine Ansichten nicht geteilt sah. Doch diesmal hatte er Lena ein Stichwort gegeben, das sie immun machte gegen seine Stimmungen, und sie begann in ihrem Herzen Kerschensteiner zu verteidigen. Laut wagte sie es nicht zu sagen, aber umso heftiger im Geheimen. Dass er ein bedeutender Arzt, Forscher und Lehrer der Medizin sei, dass er schon heute, wo er fast noch ein junger Mann sei, so viel für die Menschen getan habe wie hundert andere in ihrem ganzen Leben nicht. Dass er seinem Ruhm gelassen gegenüberstehe und äußerst bescheiden sei. Was wusste Peter Jerusalem davon. Er hatte Kerschensteiner noch nie gesehen, kannte ihn nur vom Hörensagen.

Anders Lena, für die Kerschensteiner kein gewöhnlicher Mann war. Er mochte auf den ersten Blick vielleicht unauffällig sein, doch er hatte das schönste Gesicht, das Lena je bei einem Mann gesehen hatte. Seine Hände waren schmal und weich, einmal, in einer Nacht an ihrem Bett, hatte er, vermutlich ohne es zu wissen, Lenas Hände mit den seinen umschlossen. Sie spürte noch immer den sanften, warmen Druck, und sie war bis heute gerührt davon. Zuerst hatte sie gedacht, Kerschensteiners Augen seien grau, doch sie waren viel eher grün, konnten sprühen, wenn er lachte, wobei sich an einer Wange ein Grübchen bildete. Liebe Gnadenmutter von Altötting, du musst mir verzeihen, betete Lena, denn sie hatte das allergrößte Verlangen, dieses Grübchen mit ihren Lippen zu berühren. Mit Kerschensteiner verglichen, waren alle Menschen um Lena belanglos, mehr oder weniger. Wenn Lena das Haus verließ, war Kerschensteiner neben ihr, wenn sie durch die Straßen ging, berührte sie heimlich den Ärmel seines Jacketts, wenn sie in der Nacht müde im Bett lag, war er an ihrer Seite. Lena hatte in Lottes Kreisen gehört, dass ein Freund Tuberkulose bekommen habe. Der kleine Hoerschelmann meinte dazu, diese Schwindsucht mache Angst, natürlich, Todesangst, aber sie gebe den Betroffenen auch mehr vom Leben, ein intensiveres Leben. »Wer die Sucht hat«, so glaubte der kleine Hoerschelmann, »der hat eine heiße Fantasie!«

Darüber hatte Lena lange nachgedacht, immer wieder, und dann war sie darauf gekommen, dass alles stimmte. Sie hatte durch ihre Sucht Kerschensteiner kennen gelernt, seitdem war ihr Leben reicher geworden, stärker. Und wenn sie jetzt ihr Leben aufschrieb, tat sie es für ihn. Für ihn würde sie die Wahrheit aufschreiben, sich ohne

Furcht ihren Erinnerungen stellen, weil er wahrhaftig war. Für ihn würde sie sich anstrengen, weil er seine ganze Kraft einsetzte, um den Menschen zu helfen. Sie wusste schon lange, dass sie Kerschensteiner liebte. Dass er sie so, wie sie war, nicht lieben würde, war ihr klar. Aber vielleicht konnte sie ihm etwas bedeuten, wenn sie alles aufschrieb, wenn sie versuchte, wenigstens so zu werden, wie sie sein wollte.

Lenas Gedanken kehrten zurück zu Lotte, denn die hatte gerade die Blätter von Lenas Manuskript neben sich auf die Bettdecke gelegt. Sie sah Lena an, als sähe sie ein Gespenst.

»Lena, ist das wahr, hast du das alles selber erlebt? Die Geschichte mit deiner Mutter?«

»Ja«, sagte Lena einfach, »leider ist jedes Wort wahr, und ich habe keine Erklärung dafür, warum meine Mutter so grausam und voller Hass auf mich ist und warum ich sie bis heute liebe. Sie ist böse, gefährlich und verlogen, da bin ich mir sicher, aber ich muss wohl auch diese böse Mutter lieb haben, ob ich will oder nicht.«

»Was hat denn der Jerusalem an deinem Text auszusetzen? Schon wie du anfängst, der erste Satz, der nimmt einen sofort gefangen. Das ist doch gekonnt!«

Lotte nahm das Manuskript, las vor:

Geliebt hat mich meine Mutter nie; denn sie hat mich weder je geküßt noch mir irgendwelche Zärtlichkeit erwiesen; jetzt aber, seit der Geburt ihres ersten ehelichen Kindes, behandelte sie mich mit offenbarem Haß. Jede, auch die geringste Verfehlung wurde mit Prügeln und Hungerkuren bestraft, und es gab Tage, wo ich vor Schmerzen mich kaum rühren konnte ...

»Ich habe schon oft gehört«, überlegte Lotte, »dass es in Bayern, zumindest auf dem Land, nicht üblich ist, seine Kinder zu liebkosen. Auch wenn Eltern ihre Kinder lieben und stolz auf sie sind, würden sie es nie durch Zärtlichkeiten zeigen.«

»Das stimmt«, antwortete Lena, »selbst mein Großvater, der mich wirklich gern hatte, klopfte mir höchstens mal anerkennend auf meinen rundlichen Bauch, wenn die Großmutter mich umgezogen hat. Oder er nahm mich auf den Schoß und erzählte mir Geschichten. Aber meine Mutter hat mich einige Male halb totgeschlagen, und mit meinen kleinen Stiefbrüdern hat sie geschmust – daher weiß ich, dass sie niemals einen Funken Liebe für mich gehabt hat. Alle Eltern, die ich kenne, wollen das Beste für ihre Kinder, meine Mutter wollte für mich das Böse.«

Impulsiv nahm Lotte die Freundin in die Arme: »Aber das ist jetzt vorbei, Lena, Menschenskind, du wirst jetzt eine richtige Schriftstellerin, wirst reich und berühmt. Dann kann sich deine Mutter in ihrer Vorstadtkneipe grün und blau ärgern!«

Triumphierend schwenkte Lotte das Manuskript, sie rief belustigt: »Lena, du kennst ja auch den Genitiv! Du schreibst in allerbestem Hochdeutsch: *seit der Geburt ihres ersten ehelichen Kindes*. Dabei heißt es immer, dass die Bayern den Genitiv eher umgehen und lieber sagen: bei der Geburt von ihrem ersten ehelichen Kind ...«

»Das haben mir die Lehrerinnen im Kloster beigebracht«, lachte Lena, »aber ich komme auch erst immer beim dritten Durchlesen drauf.«

»Ich bin eine Preußin – allerdings eine von denen, die unrettbar an Bayern verloren sind. Am liebsten würde ich auch noch bayerisch reden, aber ich halt mich zurück – ich hab Respekt vor diesem Idiom. In Berlin gibt es auch Münchner, und von denen sagt keiner ›icke‹.

Doch was die bayerische Literatur angeht – da hab ich sicher mehr in mich hineingestopft als viele Münchner, und deshalb kann ich beurteilen, dass du einen unglaublich reichen Wortschatz hast! Glaub mir, Leneken, ich staune! Und darauf trinken wir jetzt!«

Lotte holte zwei Cognacgläser und goss für jede großzügig ein. Lena hatte schon gelernt, sich nicht zu zieren. Während sie die scharfe Wärme des Alkohols in sich spürte, hörte sie etwas erstaunt, aber glücklich zu, wie Lotte sich in Begeisterung redete.

»Du hast eine Knappheit und zugleich eine Vielfalt in deinem Ausdruck, die ich dir gar nicht zugetraut hätte, immerhin ist es dein erstes Buch. Ich habe einiges von Lautensack, Ruederer und Ludwig Thoma gelesen, und ich kann dir sagen, du brauchst dich nicht hinter denen zu verstecken, du kannst den Kopf hoch tragen.

Und wenn der Jerusalem meckert, dann sagst du dem, dass du eben ein bayerisches Buch schreibst und dass die Bayern eine eigene Sprache haben, eine eigene Grammatik und einen eigenen Rhythmus. Und sogar eine eigene Sprachmusik! Das alles lässt du dir von einem Zugereisten wie ihm nicht nehmen. Der hat ja keine Liebe zum Bayerischen, und schon gar nicht zu dir – der sieht ja nur sich selber und seine dürren Worte.«

»Da hast du aber Recht!«, rief Lena erstaunt. »Geradeso ist es. Er will immer meine Seiten umschreiben, und ich bringe es bei der Nacht wieder ins Reine und schreibe alles so, wie ich es schreiben muss. Drum streiten wir dauernd miteinander, weil er alles besser wissen will als ich.«

»Dem rücke ich aber mal auf die Bude. Der zerstört dir am Ende noch die Musik deiner Sprache!«

Lena war so glücklich, dass sie Lotte umarmte und mit ihr im Zimmer herumtanzte. Sie musste sich ihres Schreibens nicht schämen! Lotte war klug und gebildet, sie verkehrte mit ebenso klugen und gebildeten Leuten, mit Schriftstellern und Verlegern, sie kannte sogar Ludwig Thoma persönlich, von dem Lena viel gehört hatte, aber noch nichts gelesen. Jerusalem verbot es ihr, bayerische Autoren zu lesen, damit sie nicht irritiert würde.

»Er schreibt mir auch immer vor, was ich lesen soll«, beschwerte sie sich. »Im Moment darf ich ja überhaupt nicht mehr lesen, aber in den ersten Tagen gab er mir Bücher von Gottfried Keller und Jeremias Gotthelf. Die sollte ich studieren und dann so schreiben wie sie. Dabei hatte ich von Kerschensteiner längst den ›Grünen Heinrich‹ bekommen, weil der zu seinen Lieblingsbüchern gehört. Als ich Jerusalem das sagte, war er wieder beleidigt.«

Lena beklagte sich, dass sie bei dem Tempo, zu dem Jerusalem sie anhalte, überhaupt nicht dazu käme, ein größeres Werk zu lesen. »Ich weiß nicht, wie Jerusalem sich das vorstellt. Aber im Krankenhaus hatte ich Zeit genug. Jeden Satz aus dem ›Grünen Heinrich‹ hab ich genossen.«

Lotte haderte immer noch mit Jerusalem:

»Der glaubt wohl, wenn man nur die richtigen Autoren läse, könne man schreiben wie sie. Dann hätte aus ihm ja auch ein guter Schriftsteller werden müssen. Wen sollst du denn nachahmen, Gottfried Keller oder Jeremias Gotthelf? Vielleicht beide? Das ist ja absurd!«

»Ich könnte ja schreiben wie Dante, ich habe seine ›Göttliche Komödie‹ immer wieder gelesen. Aber ich glaube, ich habe nichts verstanden, nur ein bisschen auswendig gelernt«, lachte Lena übermütig und zitierte aus dem siebenundzwanzigsten Gesang:

»Dem Vater, Sohn und Heiligen Geiste klang
Ringsum durchs Paradies ein Gloria-Singen,
dass wahrlich mich berauscht der süße Sang.

Es schien, was strahlend ich mich sah umringen,
ein Lächeln mir des Alls, und Trunkenheit
Durch Aug und Ohr ins Herze fühlt ich dringen ...

Jetzt kommt was, ich glaub', von Jupiter und Mars, aber ich kann es nicht mehr recht.«

Lena grinste ein wenig geniert. »Nur die paar Zeilen kann ich auswendig, wahrscheinlich, weil sie mich an die Texte aus meinem Gebetbuch erinnern. Und weil sie einfach schön sind!«

»Wie kommst du denn an Dante, da hast du dir ja tatsächlich den zugänglichsten Stoff ausgesucht«, sagte Lotte amüsiert.

Lena holte aus einem Koffer ein zerfleddertes, verfärbtes Buch. Sie hielt es liebevoll in der Hand, erzählte Lotte, dass sie das Buch auf einer Bank im Englischen Garten gefunden habe, in der Zeit, als sie dort auch Zeitungen suchte, zum Lesen und zum Anschüren. »Ich hatte nichts mehr. Alles hatte ich auf der Auer Dult an die Buchtandler verkauft. Aus der Zeit meiner Ehe besaß ich Bücher von Gerhart Hauptmann, Thomas Mann, Arthur Schnitzler und Frank Wedekind. Ich habe viel gelesen damals. In den Zeitungen las ich Buchbesprechungen, und dann habe ich mir diese Bücher gekauft. Ich war ja viel allein mit den Kindern. In der ersten Zeit, als es uns noch besser ging miteinander, da hat mein Mann sich den Spaß gemacht, meine Bücher aufzuschlagen und mir Sätze daraus vorzulesen. Ich musste abgewandt von ihm sitzen und herausfinden, wer der Schriftsteller war. Ich habe es oft gewusst, doch, ziemlich oft.«

13. Kapitel

"Schauen Sie genau auf den Bilderhaken an der gegenüberliegenden Wand. Ich werde langsam rückwärts von zehn bis eins zählen. Jedes Mal, wenn ich eine Zahl nenne, atmen Sie tief ein und blinzeln langsam mit den Augen. Also: Zehn – tiief einatmen. Sie blinzeln langsam mit den Augen, gaaanz langsam. Neun – tiiief einatmen, langsam mit den Augen blinzeln, gaanz langsam. Acht – blinzeln, gaaanz langsam. Sieben – tiiief einatmen, gaaanz langsam blinzeln. Sechs. Tiiief einatmen..."

Peter Jerusalem zählte bis eins, und Lena war so sehr darum bemüht, zu atmen und zu blinzeln, dass sie keinen klaren Gedanken fassen konnte. Wann ging es denn los mit der Hypnose? Jerusalem musste doch Zauberformeln sprechen wie die Hexen und Feen, von deren Tänzen die alte Sailerin oft erzählt hatte. Die Hexen sammelten sich in einem engen Tal, schlugen mit Stöcken, Kuhglocken und Schellen den Rhythmus, während die anderen Hexen tanzten, schneller, immer schneller, bis die Seelen den Körper verlassen, zum Himmel aufsteigen und sich den Vögeln im Flug anschließen können. Dann schlüpfen die Geister der Toten in die Körper der Hexen und sprechen durch sie zu den Menschen.

Bei diesen Erzählungen war Lena immer in eine glühende Erregung verfallen, so dass der Großvater mit der alten Sailerin schimpfte. Sie solle die Kinder nicht narrisch machen mit ihren Hexengeschichten. Aber Lena hatte die alte Frau immer wieder bestürmt, denn sie liebte es, sich zu gruseln und Angst zu haben. Doch hier, in dem luftigen, jetzt allerdings verdunkelten Zimmer mit den einfachen Bauernmöbeln musste Lena Acht geben, dass sie nicht über Peter Jerusalem lachte, der seiner Stimme etwas Gewichtiges gab, der nur sich selber wahrzunehmen schien und in seiner Rolle als Hypnotiseur aufging.

Er schloss jetzt sanft Lenas Augenlider und fuhr fort, um sie herumzugehen und leise, aber sehr eindringlich, auf sie einzureden.

»Lassen Sie Ihre Augen jetzt geschlossen. Ihre Augenlider sind ganz schwer. Sie spüren in Ihren Augenlidern ein wohliges Gefühl der Müdigkeit, der Entspannung. Vielleicht auch ein gewisses Flattern. Lassen Sie dieses Gefühl stärker werden, lassen Sie es zunehmen, bis Ihre Augenlider total, vollständig und angenehm entspannt sind.«

Jerusalem gab seiner Sprache dunkle Töne, noch dunklere, dann wieder helle, so als ob er in einer Geheimsprache redete. »Es ist etwas«, raunte er, »was nur Sie für sich tun können. Lassen Sie sich Zeit, und entspannen Sie Ihre Lider, und während Sie sie entspannen, können Sie es diesem Gefühl der Entspannung erlauben, sich in alle Richtungen auszudehnen.«

Das gefiel Lena ausnehmend gut. Jerusalem hielt sie nur selten zur Entspannung an, er legte Wert darauf, dass sie jeden Tag an ihren Erinnerungen schrieb, doch sie ließen sich nicht immer herbeizitieren. Vor allem die Zeiten im Kloster wollten nicht zurückkommen. Vielleicht mochte Lena sie auch gar nicht mehr wahrhaben. Zu groß war die Erwartung auf Erlösung gewesen und zu groß die Enttäuschung. Die Klosterfrauen. Ihre hellen Farben, die sich matt gegen die dunklen Gewänder absetzten, unter dem Schleier hatten viele eine mädchenhafte Weichheit und Reinheit, die sich erst bei den älteren Schwestern zu verlieren begann, nach den Jahren der Kasteiungen und Bußübungen. Viele verschlangen heimlich und dafür umso gieriger erotische Zeichnungen und Geschichten, waren besessen vom Lieben, aber sie konnten sich nicht hingeben, schämten sich, erstickten ihre eigene Natur. Und das Verlangen, die Lust, kochte in ihnen, und zurück blieb das Gift des Neides und der Eifersucht. Und das bekamen dann die jungen Novizinnen zu kosten.

Diese Erinnerungen versperrten Lena manchmal tagelang die Möglichkeit zu schreiben. Jerusalem verstand das nicht. »Sie müssen sich disziplinieren, Tag für Tag«, sagte er, und deshalb war Lena erstaunt, dass er ihr in dieser Sitzung riet, sich Zeit zu lassen. Vielleicht wollte er erreichen, dass sie in der Hypnose schrieb, dass er in Zukunft vollständig die Kontrolle über sie bekäme?

Lena konzentrierte sich wieder auf seine Stimme, die ihr gerade versprach, dass angenehme Wellen der Erinnerung sich in ihrem gesamten Körper ausbreiten würden. »Ihr ganzer Körper entspannt sich jetzt vollständig. Es ist ein angenehmes Gefühl, und Sie atmen ein wenig langsamer. Sie können jetzt Ihren Atem noch mehr entspannen und noch ein wenig mehr, bis Sie sich ganz ausgeglichen fühlen. Sie befinden sich nun in Ihrem natürlichen Entspannungszustand, und es gibt etwas, das Sie möchten. Es findet hier statt. Hier und jetzt.«

Soll ich jetzt die Augen aufmachen oder soll ich mich schlafend stellen? Lena wusste nicht, wie man sich nach einer Hypnose verhält, in der man über die Wolllust der Klosterfrauen nachgedacht hat, aber sie musste den Erwartungen Jerusalems entsprechen, ihn nicht enttäuschen, denn er hatte ohnehin wenig Freude an ihr. Jedenfalls gab er ihr das zu verstehen. Er allein sei es doch, der sich wirklich um sie kümmere. Er nehme ihr alle Geldsorgen ab, beaufsichtige ihre Schreibarbeit, und jetzt habe er auch noch das schöne Landhaus in Fürstenfeldbruck gemietet, damit sie ungestört arbeiten und sich an der guten Luft ergehen könne, die Bruck, wie es die Einheimischen nannten, im Gegensatz zu München biete, das mit seinen vielen Automobilen wahrlich zum Himmel stinke. »Die Stadt ist für Sie nicht unbedingt der richtige Aufenthaltsort, so lange Ihr angegriffenes Lungengewebe noch nicht ganz verheilt ist. So viel Mediziner bin ich, um Ihnen eine Luftveränderung anzuraten.«

Unter dem Einfluss von Lotte sah Lena inzwischen die Situation etwas anders. Auch ohne Peter Jerusalem hatte sie durch ihre Schreibarbeiten immerhin so viel verdient, dass sie die Miete und den Mittagstisch bei Frau Böck bezahlen konnte. Und Kerschensteiner hatte sich weiterhin bemüht, ihr neue Brotherren zu verschaffen. Doch als Lena ihm berichtet hatte, dass sie inzwischen damit beschäftigt sei, ihr Leben aufzuschreiben, hatte er sich sehr gefreut und vielleicht auch eine gewisse Erleichterung gezeigt. Lena war glücklich gewesen, ihn von der Sorge um sie zu entlasten.

Sie hatte begriffen, dass Peter Jerusalem der einzige Mensch war, der sich ihrer annehmen konnte und wollte. Nicht zuletzt aus dem schlichten Grund, dass er keine Arbeit mehr hatte. Auch Kerschensteiner und Lotte hätten sich gerne um sie gekümmert. Aber sie hatten ein eigenes, mit Aktivitäten und Angehörigen und Freunden ausgefülltes Leben.

Peter Jerusalem war allein. So viel wusste Lena inzwischen. Seine Mutter war gestorben, Freunde hatte er offenbar wenige. Lena hatte in den Monaten ihrer Arbeit bei ihm noch nie einen Besucher erlebt. Auch seine Arbeitssituation wollte Jerusalem offenbar nicht verändern. Er war von dem Gedanken fasziniert, Lena zur Niederschrift ihres bisherigen Lebens zu bringen. Bis zum Zeitpunkt ihres Zusammenbruchs, bis zur Einlieferung ins Schwabinger Krankenhaus sollte sie ihre Erlebnisse aufschreiben. »Sie werden sehen«, versprach Jerusalem immer wieder, »ich mache aus Ihnen eine Schriftstellerin.«

Lena konnte sich das zwar nicht recht vorstellen, aber eine andere Möglichkeit für ihre Existenz tat sich nicht auf. Diktatschreiberin wollte Lena nicht ihr weiteres Leben lang bleiben. Es war äußerst anstrengend für sie, Texte mitzuschreiben, ohne deren Sinn zu erfassen.

Außerdem fand sie es schon nach den ersten Seiten wunderbar, beim Schreiben dem eigenen Leben zu entfliehen. Jerusalem glaubte ja, dass jedes ihrer Worte wahr sei, genau dem Erlebten entsprach. Das stimmt schon auch, Herr Oberkontrolleur. Aber es stimmte auch wiederum nicht. Nie würde Jerusalem herausfinden, dass Lena weit über ihren Alltag hinauskletterte, indem sie ihn beschrieb. Sie konnte ihm nicht entkommen, natürlich nicht. Aber sie konnte ihn formen, gestalten, wie sie früher die Aufsätze in der Schule gestaltet hatte, die sie nach ihrer Lektüre der Bibel schrieb. Wenn ihr nichts einfiel, nahm sie das Buch Hiob zu Hilfe, das Hohelied, Jesaia, den Prediger Salomon oder die Offenbarungen des Johannes.

Die Lehrer waren mit ihren Leistungen im deutschen Aufsatz immer zufrieden gewesen, sogar der gestrenge Kurat im Kloster. Und diese besondere Aufregung im Kopf, diese unwillkürliche Anspannung, wenn die Umrisse der Geschichte sichtbar werden, die war heute noch ähnlich wie damals in der Schule. Doch niemals wäre Lena auf die Idee gekommen, dass außer zur Benotung in der Schule ihr Schreiben jemanden interessieren könnte. Davon wollte Jerusalem sie nun täglich überzeugen. Und er wollte ihr helfen, er kannte Verleger, hatte Ahnung von dem Geschäft des Buchmachens. Daher hatte sie auch zugestimmt, mit Jerusalem nach Fürstenfeldbruck zu ziehen. Außerdem waren die Mieten in Bruck erheblich billiger und die Luft sicher besser. Lena spürte, dass ihre Gesundheit noch nicht ganz wieder hergestellt war.

Lotte, die wieder mal für einige Wochen nach Berlin übergesiedelt war, hatte beim Abschied gesagt, Lena solle auf sich aufpassen. »Dein Oberkontrolleur weiß ziemlich genau, dass mit ihm nicht viel los ist. Glaub mir, du bist das Wunder seines Lebens. Der erwartet alles von dir! Nach Bruck sollst du mit ihm, weil er dich isolieren will von uns allen, du sollst ganz sein Geschöpf werden. Leneken, glaub mir – der Jerusalem ist so durchsichtig für mich, dass er gar nicht geröntgt werden muss.«

Lena seufzte: »Wenn ich das bloß auch sagen könnte! Ich sehe überhaupt nicht klar bei dem. Mal ist er verklemmt – ganz seltsam verdruckst kann der sein –, und dann wieder spielt er den Größenwahnsinnigen!«

Lotte trat nah zu Lena, tippte ihr auf die Brust: »Leneken, ick sach dir – der spielt nicht, der *ist* größenwahnsinnig. Deshalb schreibe, wie es dir aufs Papier läuft! Du bist die Schriftstellerin! Ich mache meine Puppen auch ganz so, wie ich das will! Nur auf diese Weise entsteht etwas Echtes!«

Ach Lotte! Sie war so selbstbewusst, dass Lena sich in ihrer Nähe sehr viel stärker fühlte, und sie überlegte sich oftmals, was Lotte an ihrer Stelle wohl tun würde.

Natürlich hatte Lena der Freundin auch berichtet, dass Jerusalem sie hypnotisieren wolle. »Ach Gottchen!«, hatte Lotte gesagt, »das sieht dem so ähnlich, dass es fast schon lächerlich ist! Ich glaube nicht, was die Herren und Damen Spiritisten mit ihrem Tischerücken und den Blumenapporten erleben! Aber streu heimlich ein paar abgelebte Nelken auf ihn, wenn er wieder mal Tischerücken macht. Dann ist er sicher glücklich! Gefährlich ist Hypnose nur, wenn man dran glaubt. Aber du bist ja im Glonntal geerdet, du fällst auf den Humbug nicht rein. Schlaf einfach, wenn er dich wieder als Medium braucht!«

Lotte hatte Recht, einen Vorteil hatte die Hypnose, man konnte wunderbar vor sich hinträumen, an Gott und die Welt denken, während der Hypnotiseur sich abmühte. »Wachen Sie auf, Lena – haben Sie während der Hypnose Bilder gesehen?«, fragte Jerusalem, als Lena die Augen öffnete.

»Schon.« Lena wusste immer noch nicht, was sie Jerusalem berichten sollte, was er von ihr erwartete. So entschloss sie sich zur Wahrheit. Sie habe die Nonnen im Kloster gesehen, sagte sie.

»Haben Sie auch ihre Stimmen gehört?«, fragte Jerusalem. Und, ohne eine Antwort abzuwarten: »Vielleicht bekommen Sie durch die Hypnose ja einen kreativen Impuls. Das ist schon vielen Autoren passiert. Die Worte fließen dann mühelos aus einer unsichtbaren Quelle durch die Hand des Schreibers auf das Papier.«

In seiner leisen, aber energischen Art bat Jerusalem, Lena möge doch rasch in ihr Zimmer gehen und die Klosterszenen beschreiben. Jetzt sei sie ganz sicher dazu in der Lage.

Nur zu gern ging Lena in ihr neues Brucker Zimmer, das sie mit jedem Tag lieber mochte. Durch das Fenster neben ihrem Bett sah sie in den mit Bäumen und Blumenbüschen nicht allzu dicht bewachsenen Garten, der an eine Gärtnerei grenzte, wo Lena Männer und Frauen in den hölzernen Gewächshäusern und auf den gepflegten Beeten arbeiten sah. Es war April und das Wetter naturgemäß launenhaft, und heute hatte es geregnet.

Lena fühlte sich plötzlich sehr müde. Als sei Hypnose Schwerarbeit. Sie setzte sich an den lindgrünen Kachelofen, der eine umlaufende Bank hatte, auf der sie sofort daheim gewesen war. Das sonst so lichte Zimmer schien Lena jetzt schwer, tief in der Erde verankert, die von den Beeten draußen dunkel und glänzend herüberschimmerte. Sie roch den frischen Duft der regennassen Bäume, des nassen Grases, der Wind presste ihn durch die Fensterritzen hinein.

Wasser und Wind. Sie bringen die Gedanken, die Worte. Lena hatte Heimweh nach Schwabing. Alle Straßen dort schienen zum Kölner Platz zu führen, wo Er wohnte und arbeitete. Die Sehnsucht kam und ging wie Wellen, die stürmisch ankommen und zurückfluten ins Meer. Wie oft war Lena zum Krankenhaus gegangen. Abends. Damit niemand sie sähe. Auf dem Hinweg schienen die Straßenlaternen ein Feuerwerk der Hoffnung zu versprühen. Vielleicht würde Lena Kerschensteiner sehen, wie er in ein Auto stieg, wie er mit seinem Stiefsohn in die Stadt fuhr.

Lena war klar, wie unsinnig ihr Verhalten war. Dass keiner der Menschen, die ihr in den Straßen begegneten, derartige Fantasien hatte wie sie. Doch sie war nun mal anders als andere Menschen, sie war sie selbst, und in Kerschensteiner glaubte sie einen Teil von sich selbst zu sehen, den Teil, der das Gute in ihr war, das Schöpferische. Er konnte aus sich so ungeheuer viel hervorbringen, dass es Lena schwindelte. Sie war noch am Anfang. Konnte ihr etwas gelingen, wenn sie ohne ihn sein musste?

Lena schlich um das Krankenhaus, um seine Welt. Sie kam sich vor wie ein Vogel, der auf das Fenstersims fliegt, um in das Zimmer zu schauen, in dem die Menschen leben. Sie sah Kerschensteiner am Krankenlager seiner Frau sitzen. Sie sah, wie er ihre Hand an seine Lippen führte, ihre Wange streichelte, sie überaus zärtlich küsste. Lena schwor ihm, dass er seine Ängste, seine Trauer in ihr wiederfinden werde.

Heilige Mutter Gottes – was für eine Anmaßung! In Lena zersprang die Sehnsucht wie die Saite einer Violine, und sie hatte das Gefühl, sie säße auf kalten Steinen. Rasch stand sie auf, suchte mit zitternden Fingern ihr Schreibzeug zusammen und versuchte, über ihren Aufenthalt im Kloster Ursberg ein paar Notizen zu machen:

So war denn mein Leben ein ganz angenehmes geworden, und ich ertrug die Bosheiten der Mißgünstigen um so leichter, als ich nicht die einzige Gehaßte und Verfolgte war. Es waren vielmehr eine Reihe jüngerer Mädchen von den Günstlingen der Präfektin dieser als bösartige, ränkesüchtige Personen geschildert worden, weshalb es täglich bei der morgendlichen Betrachtung Strafen und Bußen regnete.

Es klopfte. Jerusalem kam herein, und sein aufleuchtendes Gesicht zeigte, dass er stolz war, Lena durch seine Anstrengungen zum Schreiben gebracht zu haben. Er habe gestern den Anfang der Klosterszenen durchgelesen, sagte er, da bitte er um eine Ergänzung. Jerusalem blätterte in Lenas Aufzeichnungen, fand die Stelle und las ihr vor:

Man wies mich wieder in das kleine Zimmer, und dann führte mich die blasse Schwester ins Refektorium, wo die Kandidatinnen bei der Vesper saßen. Liebenswürdig nahmen sich sofort einige von ihnen meiner an und erklärten mir alles, was ich wissen mußte oder wollte. Ich war ihnen dankbar dafür; denn ich hielt es für natürliche, herzliche Kameradschaft. Später freilich erkannte ich meinen Irrtum: Es war alles nur Drill und von wahrer Güte wenig zu finden.

»Hier machen Sie Schluss. Da gehört aber nach meinem Verständnis noch eine ausführlichere Beschreibung hin. Ich habe mir auch schon etwas überlegt. Wir sollten schreiben: ›Bigotterie paarte sich mit Stolz, Selbstsucht mit dem Ehrgeiz, vor den Oberen schön dazustehen und als angehende Heilige bewundert zu werden.‹«

Wären Kerschensteiner und Lotte nicht gewesen, hätte Lena mit Sicherheit Jerusalems Vorschlag zugestimmt. Doch Kerschensteiners spürbares Interesse an ihr, seine Zuwendung und Hilfe hatten ihr gezeigt, dass »Häuslerkind« kein Brandmal war, wie sie es in kindlicher Empfindsamkeit öfters gespürt hatte. Als einmal die alte Baronin von Scanzoni ins Dorf gekommen war, vom Friedhof vorbei am Hansschusterhaus, hatte sie die Nase gerümpft über den Gestank des Viehs und über Lena, weil die an der Stange geturnt und keine Unterhose angehabt hatte. Lena hatte Kerschensteiner die Geschichte erzählt, und er hatte herzlich gelacht und gesagt, um Lenas Kindheit in Glonn könne man sie wahrhaftig beneiden.

Auch Lotte und ihre Freunde hatten durch die liebenswürdige Selbstverständlichkeit, mit der sie Lena aufgenommen hatten, gezeigt, dass sie als eine von ihnen angesehen wurde, und Lotte hatte oft gesagt, dass Lena erzählen könne wie keine Zweite.

Deshalb verteidigte Lena ihren Text. »Bigotterie – das ist kein Wort, das ich benütze. Es hängt an mir wie ein zu großer Mantel. Ich kann mir zwar ungefähr vorstellen, was es bedeutet, aber es gehört mir nicht. Und schon gar nicht gehört mir ›Bigotterie gepaart mit Stolz‹, das gefällt mir einfach nicht. Und da es meine Erinnerungen sind, um die es geht, sollten Sie nicht so anhabisch sein.«

»Anhabisch!«, äffte Jerusalem sie nach. »Anhabisch – was ist denn das für ein Wort.«

»Sehen Sie, das kennen Sie nicht, und es ist Ihnen fremd. Sie mögen es nicht. Anhabisch heißt rechthaberisch.«

Jerusalem machte einen Sprung auf Lena zu, sein Kopf fuhr aus seinem Hals heraus wie ein Geschoss. Sein bleiches Mönchsgesicht bekam rote Flecke, und er schrie Lena an: »Ich – ich bin rechthaberisch? Da hört doch alles auf. Schließlich habe ich Philologie studiert, wenn Sie wissen, was das heißt, und darüber hinaus andere Wissenschaften. Ich unterrichte die Tochter meines Verlegers in Englisch und Französisch, helfe Studenten bei ihren Dissertationen, da werde ich wohl noch Ihre schlechten Schulaufsätze korrigieren können!«

Lena wusste, dass seine Wutanfälle nicht ungefährlich waren. Wer ihm nicht gab, was er verlangte, der bekam seinen Unmut zu spüren. Lena hatte schon erlebt, wie er Handwerkern die Leviten las, wenn sie nicht pünktlich lieferten oder das Gelieferte nicht dem entsprach, was Jerusalem sich vorgestellt hatte. Dabei war es immer um unwesentliche Kleinigkeiten gegangen. Obwohl es unsinnig war, hatte Lena sich seiner geschämt, und sie war immer auf der Seite der Lieferanten gewesen.

Heute war sie die Lieferantin, und sie griff an. Raffte sämtliche Manuskriptseiten, versuchte sie zu zerreißen, was ihr aber nicht gelang, also knüllte sie alles zusammen und war im Begriff, es ins Ofenloch stecken. Jerusalem, für einen Moment bestürzt, riss ihren Arm zurück, nahm die misshandelten Seiten und schrie Lena an, ob sie noch bei Sinnen sei. »Sie haben wohl die Hysterie von Ihrer Mutter geerbt! Ihre Großmutter soll ja auch hysterisch gewesen sein!«

Später bügelte Jerusalem sorgfältig jede Seite, doch es nützte nichts. Niemand als Lena selber konnte die dünne Bleistiftschrift noch lesen, jetzt, wo jedes Blatt zerknüllt war. Also schrieb Lena in den nächsten Tagen die Seiten noch einmal – samt der »mit Stolz gepaarten Bigotterie«, denn inhaltlich war das schon richtig. Doch sie nahm sich vor, dass sie sich in Zukunft nicht mehr bevormunden lassen würde. Und »anhabisch« sollte auch in einer ihrer Geschichten vorkommen.

14. Kapitel

Und Cäcilia. Ihretwegen kämpfte Lena mit sich. Sie wollte streng bei der Wahrheit bleiben, das hatte sie Kerschensteiner versprochen, aber konnte sie aufschreiben, was sie und Cäcilia – war da nicht alles in Unordnung geraten? Hatte da nicht das Böse eine stärkere Anziehungskraft gehabt als das Gute? Lena war ins Kloster gekommen, um den Heiligen nachzueifern. Die Mutter war gewiss so eine Unheilige, von denen die Präfektin ständig sprach, trotzdem war sie Lenas Mutter, und die Sonne scheint über Gerechte und Ungerechte. Das wussten sie im Kloster nicht, obwohl sie angeblich ständig in der Bibel lasen.

Cäcilia las heimlich Zeitungen, die ihr Vater ins Kloster schmuggelte. Schon deshalb konnte es bei Cäcilia auch nichts werden mit der Heiligkeit, denn Heilige sind ja völlig durchsichtig, von Gottes Helligkeit bis in die tiefsten Tiefen durchdrungen. Seit sie Cäcilia begegnet war, musste Lena Gott bitten, wenigstens für kurze Augenblicke nicht in ihre Tiefen hinabzuleuchten. Da waren nämlich Bilder von Cäcilia in Lenas Armen. Da war Lenas Rücken, der sich in einem starken Schauer zurückbog, weil Cäcilia sie überall küsste, vom Mund angefangen hinunter zum Hals und weiter und weiter, und Lena fühlte, wie ihr Rücken zerschmolz, nie war sie einem Menschen so nahe gewesen, und nie vorher hatte sie sich wunschlos gefühlt. Verliebt blickte sie in Cäcilias schönes junges Gesicht unter den brandroten Locken, die am Tag manchmal unter dem hässlichen Schleier hervorlugten, was sofort gerügt wurde. Doch jetzt fielen sie üppig und ungebändigt in Cäcilias Stirn.

Cäcilia fuhr mit ihrem Finger leicht über Lenas Körper, so, als wolle sie ihn nachzeichnen.
»Wie dünn du bist! Als könntest du leicht zerbrechen! Wo andere einen Bauch haben, ist bei dir eine Kuhle! Warum kann ich nicht auch so dünn sein wie du!«
Cäcilia war rundlich, überall, Lena wollte in ihre frischen Wangen hineinbeißen wie in einen Apfel, sie schmiegte sich an jede Rundung des Körpers, fühlte die warme weiche Haut wie Seide in der Morgensonne. Lena stöhnte wohlig, Cäcilia antwortete ihr, umschlang sie tausendfach, sie bemühten sich, leiser zu sein, sich wortlos zu wälzen, mal strahlte Cäcilia auf Lena herunter, mal sah Lena das Gesicht Cäcilias unter sich leuchten.
»Ich möchte dich sehen«, flüsterte Lena, »ansehen – ich hab noch niemals –«
»Wir dürfen kein Licht machen – außerdem bin ich zu dick! –«
Sie lachten, Cäcilia begann, mit Lenas langen Haaren zu spielen. Lena fühlte sich wie berauscht. Das sollte niemals aufhören. Doch die Klosterwände hatten Ohren.
»Cäcilia. Lass uns hier weggehen!«
Cäcilia richtete sich auf, zog ihr Unterhemd heran und begann mit leisen, langsamen Bewegungen, sich wieder anzuziehen. Sie seufzte, sagte, dass Lena klug genug sei, zu wissen, dass sie in der Welt verloren seien. »Wir müssen froh sein, wenn man uns nicht entdeckt. Das ist unsere Tragik.«

Allein gelassen mit der Aufgabe, ihr Klosterleben aufzuschreiben, vor einem Stapel Papier in ihrem Brucker Zimmer, dachte Lena an Cäcilia. »Mir selbst ward ich zum großen Rätsel«, die Lebenseinsicht des Kirchenvaters Augustinus, die ihr der junge Geistliche in München mit auf den Weg gegeben hatte, stand wieder vor ihrem geistigen Auge. Und der Schluss des Buches von Jeremias Gotthelf, »Die schwarze Spinne«, das sie sich erstmals in der Pfarrbücherei geliehen hatte, war ihr eingefallen, wenn sie, die Entdeckung fürchtend, aus Cäcilias Zelle in den Schlafsaal der Novizinnen zurückgelaufen war.

Jeremias Gotthelf schrieb, dass nur die braven Menschen gut schlafen, »die, welche Gottesfurcht und gute Gewissen im Busen tragen«.

Lena hatte erfahren, dass der Schriftsteller Jeremias Gotthelf ein Pfarrer war und seine Bücher so gut wie eine Predigt. Lena sollte Gott fürchten, dann würde sie niemals Angst haben vor der Schwarzen Spinne, die sich auf die Köpfe der Menschen setzt und ihnen den Tod bringt.

Damals hatte Lena gefürchtet, dass die Liebe zu Cäcilia sie die Liebe Gottes kosten könnte. Auch Cäcilia war nicht sicher gewesen, ob sie nicht sündigten. Dabei war Cäcilia zehn Jahre älter als Lena, sie war Nonne und examinierte Musikerzieherin. Sie hätte es besser wissen müssen.

Lena war sich jetzt darüber im Klaren, wie sie über die erste Begegnung mit Cäcilia schreiben würde.

Da traten wir plötzlich in einen großen Saal. Darinnen saß eine junge Nonne mit gewinnendem, freundlichen Blick in den kindlichen Zügen am Flügel, während neben ihr ein junges Mädchen einen Stoß Liederbüchlein im Arm hielt und am Tisch verstreut mehrere Oratorien und Messen lagen.

Lena erfuhr in der Gesangstunde, dass im Kloster die Musik sehr gepflegt wurde. Die Stimmen waren gut geschult und das Spiel der Schwester meisterlich.

Sie präludierte erst ein wenig und spielte dann etliche Variationen des zu behandelnden Liedes. Endlich gab sie das Zeichen zum Einsatz, und nun hallte der Saal wider von den Tönen einer herrlichen altitalienischen Messe.

»Darf ich mitsingen?«, hatte Lena die junge Nonne gefragt, und die sagte: »Freilich, warum denn nicht.«

Lena war vorher so müde gewesen von den Andachtsübungen und dem Rosenkranzbeten – doch beim Singen fühlte sie sich frisch, wie verzaubert. Die Schwester hatte sie ganz überrascht angeschaut: »Wo bist du denn unterrichtet worden? Du singst ja direkt himmlisch!«

»Ich hab im Kirchenchor gesungen seit meiner Kommunionzeit. Unser Pfarrer hat mir auch Klavierunterricht geben lassen.«

»Du musst unbedingt Musikkandidatin werden«, hatte Schwester Cäcilia gerufen. »Ich geh sofort zum Superior und bitte ihn, dass er dich mir als Musikkandidatin zuteilt!«

Damit war Lenas glücklichste Zeit im Kloster angebrochen. Sie lernte Violin- und Klavierspiel, machte rasch Fortschritte. *Und als ich dann auch im Violinspiel über die ersten Anfänge hinaus war, taten sich vor mir immer wieder neue Wunder auf, und ich schien mir in eine andere Welt versetzt.*

Als die anderen Lehramtsjüngerinnen sahen, dass Cäcilia, der Schwarm aller jungen Mädchen, Lena sehr lieb gewann und sie wie eine Freundin behandelte, begannen die Intrigen. Bald war Lena zum Sündenbock der Kandidatur gemacht. Je mehr Cäcilia sie lobte, desto mehr Schimpf und Tadel bekam sie von den anderen.

Es gab noch genug andere Geschichten aus dem Kloster zu erzählen. Wenn Lena an den Kurat dachte, der von allen Pater Sankt Aloysius genannt wurde, weil er in seiner Strenge und Reinheit ganz dem Bild des Heiligen glich, musste sie heute noch lächeln. Die Nonnen, die eifrig auf ihr Seelenheil bedacht waren, priesen ihn als Muster reiner Sitten. Bis eines Tages aufgekommen war, dass dieser tugendsame Priester eine Lehramtskandidatin, ein gut gebautes, etwa zwanzigjähriges Mädchen, des Öfteren am Abend mit in seine Stube nahm und sie erst nach Stunden daraus entließ. Kandidatinnen hatten sie aus seinem Zimmer schleichen sehen, und eine alte Nonne lauerte ihr daraufhin auf. Sie wartete in einer Nische auf die Kandidatin, zerrte die Erschrockene ans Licht, beschimpfte sie, und im ganzen Kloster hub ein großes Geschrei an. Die Sünderin und der Priester mussten das Kloster verlassen.

»Ich sehe, Sie machen eine Pause«, sagte Peter Jerusalem, der den Kopf zur Tür hereinstreckte. »Ich habe Tee gemacht und war auch beim Bäcker. Es gibt einen wunderbaren Zopf, die Bäckersfrau sagte, es wären Eier drin und Butter. Kommen Sie doch in die Küche.«

»Wunderbar – ich möchte mir nur eben die Hände waschen, dann komm ich sehr gerne, ich hab sogar schrecklichen Durst!«

Was für ein Mann ist eigentlich Peter Jerusalem, ist er ein echter heiliger Aloysius, oder interessierte er sich nur nicht für mich, dachte Lena, als das kalte Wasser an ihren Händen herabströmte. Es gab eine kleine Kammer mit einem reich bemalten Becken aus Blech, aus dem kaltes Wasser floss, und es gab einen Badeofen, den sie bisher noch nicht hatten anschüren können, obwohl sie es des Öfteren versucht hatten, und Lena meinte, dass ein Teil in dem Ofen fehlen müsse, denn er qualmte immer wie ein Schornstein, wenn sie ein Feuer in ihm machten.

Auch Peter Jerusalem, der in seinen täglichen Bedürfnissen äußerst bescheiden war, hätte gerne ab und zu ein Bad genommen.

In der Küche hatte Peter Jerusalem schon an dem groben Holztisch Platz genommen. Ein Samowar, Andenken an seine Mutter, der in München auf dem kleinen Tisch keinen Platz gefunden hatte, bildete neben einer Zinnvase mit Zweigen den Mittelpunkt des gedeckten Tisches. Lena setzte sich auf die kleine lederbezogene Eckbank, und Peter Jerusalem bot ihr von dem Gebäck an, das von einer Glasur glänzte und appetitlich duftete.

Lena aß mit immer größerer Lust, sie hatte gar nicht mitbekommen, dass sie derart hungrig war. Der Tee war heiß und kräftig mit einem Schuss Rum, den Lena bald in ihrem Körper zu spüren glaubte, vor allem in ihrem Kopf.

Sie sah sich in der ziemlich geräumigen Küche um, die zwei Fenster zum Garten hin hatte und deren Boden mit schönen, breiten Dielen ausgelegt war. »Man müsste die Gardinen herunterreißen und außer dem Tisch und dem alten Herd sämtliche Möbel dem Lumpensammler mitgeben, dann könnte das eine gemütliche Küche werden«, sagte sie.

»Finden Sie sie so schrecklich – gefällt Ihnen der Rest des Hauses auch nicht?«, fragte Jerusalem, und Lena wunderte sich über seinen interessierten, fast teilnahmsvollen Ton. Der war neu. Hing das damit zusammen, dass Lena schon eine Menge Seiten geschrieben hatte, die Peter Jerusalems Zustimmung fanden?

Sie fand es zweckmäßig, gleich beim Thema zu bleiben, und sagte, dass sie im Moment nicht wisse, welches Ereignis aus ihrer Klosterzeit sie noch aufschreiben solle. »Das war eine derart geschäftige Zeit, dabei sollte es im Kloster doch still sein. Doch mir dreht sich alles im Kopf, und ich kann mich auf nichts so recht konzentrieren.«

»Offen gesagt – da kann ich Ihnen nicht helfen, ich war noch nie im Kloster«, sagte Jerusalem, und es schien ihm peinlich zu sein, dass er nicht alles wusste.

Doch Lena erklärte, ihr sei die Geschichte des Meretlein aus dem »Grünen Heinrich« von Gottfried Keller eingefallen. »Seit ich sie gelesen habe, geht sie mir nicht mehr aus dem Kopf. Und jetzt habe ich vor, sie aufzuschreiben, aber sehr vereinfacht und verändert, so als wäre das Meretlein ins Kloster Ursberg aufgenommen worden und hätte da dieselbe Behandlung erfahren wie im Pfarrhaus des ›Grünen Heinrich‹.«

»Nun«, sagte Jerusalem nachdenklich, »Gottfried Keller ist seit über zwanzig Jahren tot, ihn können wir nicht mehr fragen. Aber wenn Sie die Geschichte tatsächlich sehr stark verkürzen und verändern, wird auch sein Verleger nichts einwenden, wenn es überhaupt jemandem auffällt. Sie dürfen das Kind natürlich nicht Meret nennen.«

»Nein, bei mir heißt sie Margaret. Ich werde gleich nach dem Tee mit der Niederschrift anfangen.«

Jerusalem wischte seinen Mund mit einer Serviette ab, legte sie sorgfältig gefaltet auf die Fensterbank und setzte sich neben Lena auf die Tischkante, eine saloppe Haltung, die Lena an ihm noch nie gesehen hatte. Ehe sie noch denken konnte, was nur mit ihm los sei in der letzten Zeit, sagte Jerusalem: »Ich wünschte, ich würde aus Ihnen klug. Natürlich weiß ich, dass es Frauen gibt, die mich nicht mögen, allen voran Ihre Freundin Lotte. Dann gibt es welche, die fürchten, ich würde ihnen einen Heiratsantrag machen.«

Zum ersten Mal sah Jerusalem Lena offen an, zumindest schien es ihr in diesem Moment, als sei es das erste Mal. »Ich hoffe nicht, dass Sie zu einer dieser Kategorien gehören. Ich hoffe nicht, dass Sie mich nicht mögen. Und ich glaube auch nicht, dass Sie von mir denken, dass ich Sie heiraten will.«

»Nein«, sagte Lena ebenso verblüfft wie bestimmt, »nein, auf diese Idee bin ich noch nicht gekommen.«

Jerusalem trug die Teetassen zum Ausguss, lehnte sich dagegen und sah zu Lena hinüber. Er sah ihr ehrliches Erstaunen und war gekränkt. Vielleicht glaubte eine Frau ihres Herkommens, dass nur Männer aus einer niedrigen sozialen Schicht sich um sie bemühen würden. Er war immerhin Akademiker und aus guter Familie. Sie war ein uneheliches Häuslerkind.

Aber sie war mehr als das. Und das wusste in der letzten Konsequenz nur er. Sie war eine Schriftstellerin von großem Talent. In den ungefähr sechzig Seiten, die sie geschrieben hatte, saß alles auf Anhieb. Kein Wort war zu viel. Keines zu wenig. Sie schrieb Sätze, wie nur Dichter sie schreiben.

Lena schien auch selber mit dem Geschriebenen einverstanden zu sein, denn sie hatte nur ganz selten etwas durchgestrichen und durch Besseres ersetzt. Kein Zweifel, Lena war eine seltene, ganz ursprüngliche Erzählerbegabung. Er selber hatte längst eingesehen, dass er nicht mit diesem Talent begnadet war. Das ging aber nur ihn etwas an. Als Lenas Lehrer und Förderer, der er zu werden gedachte, würde er immerhin mehr im Licht stehen als heute, wo er lediglich ein Gelegenheits-Tutor war, -Übersetzer und -Herausgeber, welch Letzteres er der Humanität des Verlegers Langewiesche verdankte, der um seine wirtschaftliche Notlage wusste und ihm mit Aufträgen half, wo er konnte.

Oft beneidete er Lena, wenn er sie schreibend in ihrem Zimmer wusste. Sie hatte kein beneidenswertes Schicksal, weiß Gott nicht, aber sie lebte ihr ganzes Leben lang in ihrer Heimat, in Bayern, war damit verwurzelt, woraus auch ihre Kunst entstand. Er selber dagegen hatte keine Heimat in dem Sinne. Sein Vater, der in seiner Jugend als Tramp durch die Vereinigten Staaten von Amerika gewandert war, zog auch nach der Heirat mit der Familie von Ort zu Ort. Sie waren nirgends sesshaft gewesen, ständig unterwegs. Kaum eingewurzelt, wurden die jungen Bäume wieder herausgerissen. Wie hätten sie da gut gedeihen und Früchte tragen können! Als Redakteur bei Zeitungen war sein Vater von einer großen Stadt zur anderen umgezogen, Peter Jerusalem hatte als Kind nur kahle Häusermauern und steinerne Straßen erlebt.

Mit sechzehn Jahren war er nach Bayern gekommen, und nach des Vaters Tod zog er mit der Mutter in die Hauptstadt. Das war um die Jahrhundertwende gewesen, er war damals Anfang zwanzig, und sein Studium an der Universität, das ihn dazu ausrüsten sollte, Schriftsteller zu werden, verdross ihn bald, außerdem konnte seine Mutter ihn nicht lange finanziell unterstützen. Seine schriftstellerischen Versuche befriedigten ihn auch nicht, er wollte mehr, als er konnte.

Und nun musste er der Aktivität einer Frau zusehen, die im Nebenzimmer auf demselben Niveau, auf dem sie gelebt hatte, schrieb. Anders als Ludwig Thoma, der als Akademiker, als Jurist, zu den Dachauer Bauern kam und über sie schrieb, schrieb Lena über die bäuerliche und später kleinbürgerliche Welt, aus der sie kam. Jerusalem gestand sich ein, dass er eifersüchtig war auf Lenas Schreiben, dass er es manchmal kaum ertragen konnte. Ihr, die an Herkommen und Bildung weit unter ihm stand, gelang alles. Vielleicht hatte sich das, was ihr in der Schule und im Kloster angeboten worden war, so gut ineinander verwoben, dass ein edles Produkt herauskam.

Lena hatte nur die Volksschule in München besucht, doch schon dort hatte sie eine sorgfältige Musikerziehung bekommen, hatte Violin- und Klavierspiel gelernt. Im Kloster Ursberg war sie in Mathematik, im deutschen Aufsatz und in der Grammatik unterrichtet worden. Der Gesangs- und Instrumentalunterricht war bei ihr als Musikkandidatin im Vordergrund gestanden. Trotzdem hatte Lena in der Klosterbibliothek häufig Bücher ausgeliehen. Jerusalem war oft überrascht gewesen von ihrem sicheren Urteil über die Bücher, die sie gelesen hatte. Vor allem bei Gottfried Keller kannte sie sich aus, das musste er, wenn auch ungern, zugeben.

Einmal hatte er Lena ärgerlich gefragt, warum sie immer von Kerschensteiner spräche, ihm so dankbar sei, dabei habe der doch nur seine Pflicht als Arzt getan.

»Er hat mir das Buch ›Der grüne Heinrich‹ zuerst geliehen und später geschenkt. Ich lese immer wieder darin, und da ist es doch klar, dass ich Kerschensteiner jeden Tag einmal dankbar bin!«

Jerusalem spürte, dass Lena ihn provozieren wollte, weil er Kerschensteiner angegriffen hatte. Ihren heiligen Kerschensteiner. Jerusalem wusste nicht, ob er sich mehr darüber giftete, weil dieser Professor in der Tat auch in den Zeitungen sehr oft genannt und geehrt wurde, was er übertrieben fand, oder darüber, dass Lena ihn vergötterte, denn dass sie seinen Namen stets auf der Zunge trug, zeigte ja, wie beeindruckt sie von ihm war. Dabei war er, Jerusalem, ihr Entdecker und Wohltäter, er tat schon jetzt mehr für sie als jeder andere Mensch. Er zweifelte daran, ob Gottfried Keller die richtige Lektüre für sie war. Daher hatte Jerusalem ziemlich spitz gefragt, ob Lena denn Gottfried Keller wirklich verstehe.

»Das weiß ich nicht«, hatte sie ruhig geantwortet, »mir gefällt an ihm, dass er die Natur nicht nur durch rauschende Wässer, silbernen Mondschein und die Lieder der Nachtigall beschreibt. Er schaut so hin, wie wir als Kinder in Glonn den Tieren zugeschaut haben. Wie er die kleinen gelben Kreuzspinnen in ihren Netzen beschreibt, wie sie spinnen, auf Beute lauern, sie gegen ihre Feinde verteidigen, und dann kommt einer und vernichtet das ganze Werk. Die Spinne sagt sich: Es hilft nichts, ich muss in Gottes Namen wieder anfangen! So wie das Tier nicht weiß, dass es der Mensch war, der sein Netz zerstört hat, so greift Gott in das Leben des Menschen ein, und der weiß vielleicht nicht, oder will es nicht glauben, dass es Gott ist, und nennt das Eingreifen Schicksal.«

Auch bei Jeremias Gotthelf konnte sie mitreden. Sie hatte »Uli der Knecht« gelesen und sagte, dass Gotthelfs Botschaft einfach sei. Wer faul und nachlässig lebt, bereitet sich selber die Hölle auf Erden. »Aber wie er das beschreibt, das genieße ich. Seine Sprache ist so bildhaft wie die bayrische: sich die Zähne aus dem Maul fluchen, bei Bettelbrot und Spitalsuppe auf einem schlechten Strohsack enden, das ist eine Sprache mit Vergleichen und Bildern, wie sie in seinem Schweizer Alpental gesprochen wird.«

Diese große Kunst beherrschte Lena selber, doch glücklicherweise wusste sie es nicht. Und Jerusalem wollte dafür sorgen, dass sie möglichst lange nichts davon erfuhr. Er würde ihre schriftstellerische Laufbahn, an die er fest glaubte, gestalten. Er wollte ihre Notizen aufbauen als einfachen Lebensbericht, erzählt von einer unbekannten Frau aus dem Volke. Und zwar aus einer Schicht, die allem Literarischen fern stand. Die dafür aber noch jenen verborgenen Quellen nahe war, aus denen Mythos, Märchen, Sagen und Lieder des Volkes gespeist wurden.

In Peter Jerusalems Augen war Lena ein vollkommenes Kind. Aus dieser Einsicht heraus musste er mit Lena umgehen, denn Kinder sind weder gut noch böse, wie auch die Natur weder gut noch böse ist. Genauso wollte er sie der Öffentlichkeit vorstellen. Er würde ihr ausdrücklich klar machen, dass sie an diesem Bild mitarbeiten müsse, wenn sie mit ihren Erinnerungen Erfolg haben wollte.

Ihr äußeres Erscheinungsbild brauchte auch gewisse Korrekturen. Peter Jerusalem stellte fest, dass Lena mit jedem Tag sicherer wurde und hübscher aussah. Sie kleidete sich geschmackvoll, fand extravagante Stoffe für wenig Geld und Schneiderinnen, die ihr die Kleider grob zusammennähten, die Feinarbeit machte sie mit ihren geschickten Händen selbst. Jerusalem musste zugeben, dass er an Lenas Seite zumindest in den Straßen und Läden Ansehen gewann. Doch war er sich darüber im Klaren, dass Lena in der Öffentlichkeit in Zukunft schlichter und bäuerlicher daherkommen sollte.

Eine Menge Arbeit lag da vor ihm, doch da er keine eigenen Aufträge in Aussicht hatte, war er ohnehin an einem Scheideweg. Es gab für ihn keine Frage von Aktivität und Passivität mehr. Seine Aktivität würde Lena passiv machen, sie war es nicht gewohnt, die Verantwortung für ihre Wünsche zu übernehmen. Noch nicht. Und ehe sie so weit war, musste er handeln.

Er gab sich einen Ruck. »Was würden Sie sagen, wenn ich Sie bäte, meine Frau zu werden.«

Lena sah ihn an. Er konnte ihren Gesichtsausdruck nicht deuten. Würde sie weinen? Hatte er sie beleidigt?

Lena, die bislang in bequemer Haltung auf der Bank gesessen hatte, richtete sich auf, stellte ihre Teetasse hin, sah Jerusalem an. »Schmarrn«, sagte sie, und Jerusalem konnte nicht herausfinden, ob sie ungerührt war oder aufgewühlt. »Ich bin bereits verheiratet«, fügte Lena noch hinzu und nahm sich noch ein Stück vom Zopfkuchen.

Jerusalem spürte, wie ein leichtes Zittern seine Hände befiel. Er hatte sich so weit vorgewagt, und sie zeigte keinerlei Regung. »Aber – Sie leben seit Jahren getrennt von ihm. Er sitzt im Gefängnis. Und da sind Sie noch nicht geschieden? Darum müssen wir uns kümmern.«

»Ich war es gewohnt, dass mir Männer schöntun und dass sie mir Heiratsanträge machen. Heute weiß ich, dass Anton Leix von allen unpassenden der unpassendste war. Aber das ist lange her, und mein Leben ist seitdem in Unordnung geraten. Ich tät einen Freund brauchen, keinen Hochzeiter.«

»Aber Sie fürchten sich vor der Freiheit, Lena! Ich weiß das. Und ich glaube auch, dass Sie alleine nicht existieren können. Sonst wären Sie nicht mit mir hier herausgekommen. Lena! Ich bin Ihnen sehr ergeben! Lassen Sie mich das Sprungbrett sein für Ihre Carrière als Schriftstellerin. Ich opfere Ihnen alles – mein Wissen, meine Arbeitskraft, meine eigene Carrière. Nur ich kann Ihre Begabung fördern. Unter meiner Anleitung können Sie etwas schaffen, was Daseinsberechtigung hat. Mir ist es gleichgültig, ob es von Ihnen oder von mir kommt. Lena!«

Peter Jerusalem war von seinem Stuhl geglitten und hatte sich Lena zu Füßen geworfen. Er umklammerte Lenas Schenkel – hatte er sie schon je einmal berührt? – und sah zu ihr auf.

»Lena!«, rief er erneut, »Lena! Sie und ich, wir können gemeinsam etwas schaffen, etwas Wesentliches, ein Werk. Es wird noch Bestand haben, wenn wir beide vermodert sind!«

War das ein Spiel? Lena wollte nicht länger mitmachen. Das Verhalten Jerusalems verwirrte und beleidigte sie. Er benahm sich wie ein Liebhaber und meinte ihre Arbeit. Doch – war sie nicht genauso unehrlich? Rannte sie nicht wieder und wieder ins Schwabinger Krankenhaus, besuchte dort Patientinnen in der Hoffnung, Kerschensteiner zu sehen? Sie nährte doch auch die Illusion der Nächstenliebe, diese klebrige Süße der Falschheit ...

Lena wollte Jerusalems Arme von ihren Schenkeln lösen, aufstehen wollte sie und weiterschreiben, doch Jerusalem klammerte sich fester an sie, und sie sah sein glühendes Mönchsgesicht, das sich jetzt in ihren Schoß grub, und Jerusalem murmelte, dass er auch nur ein Mensch sei und seine Leidenschaft habe.

»Herr Jerusalem!«, wollte Lena sagen, oder etwas freundlicher, »lieber Herr Jerusalem«, damit er um des Himmels willen aufstünde. Doch Jerusalem presste sie so ungestüm an sich, riss sie von der Bank so jäh zu sich auf den Boden, dass Lena nur »Herr« und »li« stammeln konnte, und schließlich sagte sie: »Herrli, geh, jatz lass mi aus!«

15. Kapitel

An einem sternklaren Abend, der einen sonnenreichen Maitag versprach, machte Peter Jerusalem Lena den Vorschlag, einen Ausflug nach Glonn zu unternehmen. »Wollen wir morgen in aller Früh nach Grafing fahren und von dort nach Glonn wandern? Du warst schon lange nicht mehr dort und ich noch nie!«

Jetzt wollte er auch noch der Mann sein, dem sie einen Besuch in Glonn verdankte, dachte Lena, wieder eine Opfergabe, sie sollte Jerusalem alles Schöne verdanken.

Glonn. Warum war sie nicht selber auf den Gedanken gekommen. Sie hätte mit Lotte hinfahren können, mit Frau Böck, mit Kathi, mit Kerschensteiner natürlich nicht. Also Peter Jerusalem. Er war ein, wie er selber des Öfteren betonte, in der Kunst nicht übermäßig begabter Mann, daher wollte er ihr Mann werden. Ihr Herrli. Mal sehen, was Glonn dazu sagte.

Vielleicht konnte sie dort ihren Frieden machen mit ihm, auch mit ihrem Vater, wer immer es gewesen war, Christ oder Scanzoni.

Vom Bahnhof Grafing aus gingen Lena und Jerusalem zu Fuß über Moosach, Wildenholzen und Westerndorf nach Glonn. Die Sonne hatte sich über die Hügel erhoben, leuchtete warm in das liebliche, enge Tal, und Lena dachte daran, wie sie als kleines Mädchen einmal von Glonn zum Bahnhof nach Grafing gerannt war, weil sie geglaubt hatte, ihre Mutter käme von München.

Mehr als zwanzig Jahre war das jetzt her, ein Vierteljahrhundert, und Lena machte sich darauf gefasst, dass sie nichts wiederfinden würde von damals. Doch in Moosach sah sie noch das schöne Haus der Bäuerin, die ihr damals einen Weidling voll Milch und eine Schmalznudel geschenkt hatte. Und gerade hier, an dieser Wegkreuzung, hatten die Radfahrer sie nach dem Weg nach Grafing gefragt. Wie erleichtert war sie damals gewesen, auf Menschen zu treffen, denn der Wald, anfangs ganz licht, war immer dichter geworden, und sie war zu einem Feldkreuz gekommen mit einem Bild des Fegfeuers, und daneben hatte ein Marterl gestanden als Wahrzeichen, dass hier ein Bauer erschlagen aufgefunden wurde. Stocksteif vor Furcht war Lena davorgestanden, das Herz hatte ihr bis in den Hals hinein geklopft.

Feldkreuz und Marterl standen noch am selben Platz, doch der Waldsaum war von der Sonne vergoldet, Lena hatte Mitleid mit dem Kind, das sich gefürchtet hatte. Heute war der Wald zum Singen schön, was die Vögel offenbar auch so empfanden. Amseln schmetterten ihre Morgenarien, weiter entfernt hörten sie das Liebeslied einer Wachtel. Über den dunklen Tannen tanzten die Krähen, wenn sie nicht gerade die Jungen in ihren Nestern fütterten.

Lena und Jerusalem zogen Schuhe und Strümpfe aus, das betaute Gras kühlte die nackten Füße. Während Jerusalem sich im Gras ausstreckte, pflückte Lena von dem bunten Reichtum der Blumen ein paar Margeriten und langstielige Gräser für das Grab des Großvaters.

Nach der kurzen Rast gingen sie hinunter nach Wildenholzen, das am Fuß eines bewaldeten Bergabhangs in der Talsenke lag, und als sie hinuntergingen, tönte es festlich über die Hügel her.

»Woher kommt das Läuten?«, fragte Jerusalem, »ich sehe weit und breit keine Kirche!«

»Es ist jetzt Mittag«, erklärte Lena, »du hörst die Glocken der Kirchen hinter den Hügeln«, und für sich dachte sie, dass die Glocke von Glonn sie rufe, aber sie fürchtete sich ein wenig vor dem Ort, in dem sie nichts Eigenes mehr hatte, und wollte daher vorher in Wildenholzen einkehren, grad in dem Wirtshaus, in dem sie als Kind so freundlich aufgenommen worden war.

Lena zog tief die sommerlich warme Luft ein, die nach Gras und Odl und Kühen roch. Hatte sie schon als Kind gesehen, wie zauberhaft Wildenholzen sich in die Landschaft schmiegte? Wie ein nach der Natur gezeichnetes und radiertes Gemälde lag der Ort in den Hügeln. Das Gasthaus lehnte sich breit an den Berghang, und ein älterer Mann ging am Stock um das Haus herum. Lena glaubte in ihm den Bauern zu erkennen, der sie damals auf seinem Pferdewagen mit nach Glonn genommen hatte.

»D' Lenei bist, d' Lenei vom Hansschuster? Die wo amoi bei uns gschlafn hat. Ja Dirnei, du schaust ja aus wie unser liaber Herr am Kreuz!«, sagte eine ältere Frau, wahrscheinlich die Wirtin, die unter der Tür erschienen war. Ihre Rundlichkeit und ihr freundliches Lachen waren noch dasselbe wie in Lenas Kinderzeit, und Jerusalem beeilte sich zu sagen, dass Lena leider ein langes Krankenlager hinter sich habe.

»Dann sind Sie der Lena ihr Mann!«, rief die Wirtin fröhlich, und Jerusalem nickte leicht. Im ersten Moment irritiert, fand Lena seine Zustimmung jedoch recht praktisch, sie hätte sonst lange Erklärungen abgeben müssen und wäre vielleicht für längere Zeit wegen ihres gschlamperten Verhältnisses, das gar nicht bestand, ein willkommener Gesprächsstoff des Marktes Glonn gewesen. Auf dem Land blühte der Klatsch womöglich noch intensiver als in der Stadt, da jeder jeden kannte und ihm über seinen Gartenzaun in die Stube und vor allem in die Schlafkammer schauen konnte.

So aber wurde Kraut und ein Geselchtes aufgetischt, ein leichtes, wohlschmeckendes Bier dazu, und auf die Frage, ob auch Kinder da seien, berichtete Jerusalem, dass die Töchter wegen der Krankheit der Mutter derzeit noch im Internat seien, dass man sie aber in der nächsten Woche wieder nach Hause zu holen gedenke.

»Des is schee, dann seids wieder alle beinand!«, rief die Wirtin, und als der Mann an seinem Stock hereingehumpelt kam, erklärte ihm die Wirtin stolz, dass das d' Lenei vom Hansschusterhof sei, die er als Kind von Wildenholzen heimgebracht habe nach Glonn, weil sie sich verlaufen hatte. »Und der Herr is fei ihr Mann!«

Der Wirt grüßte freundlich, aber merklich reservierter als die Frau. Vielleicht erinnerte er sich nicht mehr so recht an Lena. Oder er hatte Schmerzen in seinen Beinen. Lena konnte sich gut vorstellen, was das für einen Wirt und Bauern bedeutete, schon früh so behindert und fast zu jeder Bauernarbeit untauglich zu sein.

Lena mahnte zum Aufbruch mit dem Bemerken, dass sie auch noch nach Westerndorf wollten, und die Wirtin fragte sofort, ob Lena auch die Patin besuchen werde. Lena hörte schon das Wispern des Klatsches und antwortete ausweichend.

Sie wollte allein sein mit ihren Gedanken. Auch Jerusalem sprach nicht, er wusste, dass er sich viel herausgenommen hatte. Er ging einen halben Schritt hinter Lena, ab und zu schlug er mit seinem Stock in ein Gebüsch oder gegen einen Zaunpfahl.

Sie gingen über die hügeligen Wiesen und Felder nach Westerndorf. Am liebsten hätte sich Lena auf die dunkle, in der Sonne glänzende Erde gelegt, um sich Kraft zu holen. Im Anfang war das Wort, und das Wort war bei Gott, und Gott war das Wort. So hatte die Großmutter immer ihre Gebete begonnen. Sie war fromm gewesen ohne Frömmelei, hatte lange im Kloster Kranke versorgt, bis sie der Bitte des verwitweten Schwagers nachgekommen war, ihn zu heiraten. Haus und Hof waren bei ihr in guter Obhut gewesen. Neben Lena hatte sie viele Waisen aufgezogen, von den Müttern ausgesetzte Kinder, die ihr von der Gemeinde gebracht wurden. Die armen Würmer wurden von ihr ebenso achtsam und liebevoll behandelt wie Lenei, die als das uneheliche Kind der Tochter ihr ein und alles war.

Jeweils das kleinste und schwächste Kind schlief in der bunt bemalten Wiege, die neben dem Bett der Großmutter stand. An der Wiege war ein langes Band befestigt, und wenn die Großmutter sich schlafen legte, wickelte sie sich das Band um die Hand. Wurde das Kind unruhig, zog die Großmutter leise an dem Band, und manchmal konnte man die ganze Nacht hindurch das Knarren der Dielen unter der Wiege hören.

Lieber Herrgott, warum muss ich immer alles wieder vor mir sehen! Die tägliche Mühe des Großvaters, für die Seinen das Notwendige herbeizuschaffen, sein Wunsch, allen behilflich zu sein, und trotz seiner vielen Fertigkeiten war er nur der Häusler gewesen. Der Pfarrer hatte zwar am Grab gesagt, dass der Hansschuster völlig uneigennützig jedem Nachbarn geholfen habe und dass viele seiner Kostkinder wohlhabende Leute geworden seien – doch in Wahrheit hatten sie ihn nur daran gemessen, wie wenig Land er besessen und wie klein sein Haus gewesen war.

Lena und Jerusalem waren bald in Schloss Zinneberg angekommen, dessen schöner Treppengiebel aus dem Park herausleuchtete. »Ich habe in deinen Notizen gelesen, dass deine Mutter bei den Freiherren von Scanzoni Köchin war, und Karl Christ, dein Vater, war auch bei ihnen in Stellung«, sagte Jerusalem in einer Beflissenheit, die Lena nicht an ihm kannte. Er wollte das Schweigen brechen, aber nicht mit Lena darüber reden, wie er sich in Wildenholzen aufgeführt hatte. Lena hütete sich, ihm etwas von den Vermutungen mitzuteilen, die über die mögliche Vaterschaft Christs und Scanzonis angestellt worden waren. Der war im Stande und erzählte das in Glonn beim Huberwirt.

Glonn lag jetzt vor ihnen. Da war die Kirche mit ihrem spitzen Turm. Sie sah kostbar aus im Glanz der Nachmittagssonne, doch Lenas Augen sahen nur den Friedhof. Fünfzehn Jahre war es her, dass sie den Großvater eingegraben hatten. Wie hatte sie glauben können, dass die Leichtigkeit und Freude des schönen Maimorgens in Glonn wiederzufinden sei?

Jerusalem stand mit bekümmertem Gesicht neben ihr, vielleicht hätte er gern den Arm um sie gelegt, aber er traute sich nicht, und Lena war ihm dankbar dafür.

Sie gingen die wenigen Schritte zum Hansschusterhaus,

und Lena sah im Näherkommen, dass ihr geliebtes Zuhause völlig verändert aussah. Ein roher Backsteinbau war an der Rückseite hochgezogen worden, und Lena rannte um das Haus zur Eingangstür. Wenigstens hier war noch alles wie früher, nur die Felsbrocken und Holzschindeln waren vom Dach entfernt worden.

Die Haustür ging auf, und eine Frau rief ungeduldig: »Was suchen S' hier, zu wem wollen S' denn?«

Lena erinnerte sich sofort daran, dass diese Frau schon das Haus des Großvaters bezogen hatte, als sie mit der Großmutter von der Beisetzung heimgekommen war. Damals hatte die Frau auch ziemlich unfreundlich gefragt, was sie denn wollten, das Hansschusterhaus gehöre doch jetzt ihr – da war die Großmutter eilig und erschrocken hinausgelaufen und Lena hinter ihr her.

»Dieses Haus hat einmal meinen Großeltern gehört, ich bin hier aufgewachsen«, sagte Lena zögernd. Als sie stockte, fügte Peter Jerusalem hinzu, seine Frau wolle ihm das Haus ihrer Kindheit gerne einmal zeigen.

Offenbar war die Frau von Jerusalems Sprache und Höflichkeit beeindruckt, sie sagte, es sei zwar nicht aufgeräumt, aber sie könnten schon hineinkommen. Zu Lena gewandt sagte sie: »So, Sie san d' Hansschusterleni. So, so.«

Lena und Jerusalem traten in den kleinen Hausflöz, ließen sich von der Frau die Stuben im Erdgeschoss zeigen und stiegen dann die schmale Holztreppe hinauf in das Zimmer, das der Schlafraum der Großeltern gewesen war. Wie winzig die Kammern waren, wie vergilbt und heruntergewohnt die Wände. Besonders die Künikammer, auf die Lena gehofft hatte, die die schönste Stube des Hansschusterhauses gewesen war, wie sah sie aus! Aller geheimnisvolle Schimmer und Glanz, der über den alten kostbaren Kleinodien gelegen hatte, war mit ihnen dahingegangen. Hässlich und nüchtern standen ein paar Betten an den kahlen, heruntergekommenen Wänden.

Lena wollte nur hinaus. Sie lief zum Friedhof, zum Grab des Großvaters, doch das hatten die jetzigen Eigentümer des Hansschusterhauses mitgekauft und schon ihren Anspruch durchgesetzt. Ein Kind lag in Großvaters Grab, und unter dem schlichten, eisernen Grabkreuz mit seinem Namen und Sterbedatum 5. Dezember 1895 stand ein kleines Holzkreuz des Kindes. Als Lena für die breite Vase mit dem üppigen Strauß Wiesenblumen eine Vertiefung grub, kamen Fußknochen eines Erwachsenen zum Vorschein. Lena starrte einen Moment auf den Fund, Jerusalem machte rasch eine neue Vertiefung, und sie gruben die Fußknochen am unteren Teil des Grabes wieder ein.

Wie grausam das alles war. War der Großvater jemals für seine Mühen belohnt worden? Dafür, dass er ein so vorbildlicher Mensch gewesen war? Lena konnte es heute nicht mehr begreifen, doch sie hatte dem Großvater, dem allerliebsten Menschen, als Kind einmal sehr wehgetan. Und jetzt kam die Erinnerung daran schmerzhaft und deutlich zurück.

Bald, nachdem sie aus seiner Obhut in die Stadt gekommen war, passierte es. Die Mutter hatte ihr ein Lied beigebracht, das damals überall gesungen wurde. Es war ein Spottlied, aber Lena hatte das in ihrem Eifer, der Mutter zu gefallen, nur ja rasch städtisch zu werden, nicht gespürt. Als der Großvater aus Glonn zu Besuch kam, als er sein Lenei zärtlich auf den Schoß nahm, wollte Lena ihm unbedingt zeigen, was sie gelernt hatte. »I kann was, Vata«, hatte sie stolz gerufen, und er hatte erwartungsvoll zugehört, was Lena vortrug:

»Was braucht denn a Bauer, a Bauer an Huat; für an so an gscherten Spitzbuam is a Zipflhaubn guat!«

Das Schweigen und die Tränen des Großvaters hatten ihr sofort klar gemacht, wie dumm sie gewesen war. Sie war nach der Abreise des Großvaters doppelt vereinsamt und deprimiert zurückgeblieben.

Sie dachte an seinen Tod, Lena hatte ihm nicht beistehen können, obwohl er nach ihr verlangt hatte. Die Mutter wollte nicht, dass sie heimfuhr nach Glonn, sie sollte in der Gastwirtschaft helfen, und als dann das Telegramm kam, war schon die Beisetzung angekündigt worden. Lena konnte nur noch durchsetzen, dass man ihr den Großvater im Sarg zeigte; sein Gesicht war voller Not gewesen, ein Schreckensbild. In panischer Angst war Lena fortgerannt, durch die Straßen von Glonn, die sie mit dem Großvater gegangen war, auf die Felder, wo sie mit ihm gearbeitet und gegen den Wind angeschrien hatte.

Heute ging kein Wind, aber aus den Straßen und Gassen Glonns, aus den Fenstern der Häuser schienen ihr die Menschen nachzurufen: »Da steht sie, die Lenei, jetzt, wo der Hansschuster tot ist.«

»Nur gut«, sagte Jerusalem in ihre Gedanken hinein, »nur gut, dass du die Niederschrift der Erinnerungen an deine Kinderjahre schon fertig in der Schublade hast.«

Lena erwiderte nichts, sie ging noch rasch in die Kirche, füllte das leere Kupferkesselchen am Grab wieder mit Weihwasser, und dann verließen sie den Friedhof, machten sich auf den Heimweg nach Bruck. Lena atmete tief, genoss die Wärme der Nachmittagssonne und ihren Schimmer auf dem hügeligen Land. Jetzt, im Mai, waren die Wiesen voll mit Schlüsselblumen, und im Winter, wenn Schnee lag, war Lena mit den anderen Glonner Kindern hier gerodelt und auf den Teichen Schlittschuh gelaufen.

Als sie aus dem Talkessel auf die Höhe nach Kreuz hinaufkamen, konnten sie in der Ferne den Wendelstein im magischen Sonnenlicht liegen sehen. Lena atmete tief durch. Wie schön es hier war. Die Erinnerungen, liebe und schmerzliche, vertieften die Schönheit der Landschaft bis ins Fantastische. Das Glonntal war, trotz allem, ihre Heimat.

16. Kapitel

Schon wieder war Lena dabei, sich mit einem Mann zusammenzutun, den sie nicht liebte und von dem sie nicht geliebt wurde. Niemand hatte Schuld daran, dass keine Liebe im Spiel war.
Lena war sich darüber klar, dass Peter Jerusalem sie heiraten wollte. Er wollte ihr Eheherr werden. Herrli. Er schien dafür einige Gründe zu haben, glaubte aber wohl, dass Lena sie nicht kannte; sie war halt ein unbewusster Mensch ...
Immer wieder sprach er von Lenas Vergangenheit, schilderte sie so bitter und schrecklich, dass sie den Eindruck bekam, ihre Vergangenheit bewege ihn stärker als sein eigenes Leben. Bis sie darauf kam, dass er immer wieder ihr Interesse wecken, sie aufstacheln wollte, über ihre Vergangenheit zu schreiben.
Als Lena sich allerdings mit den Vorlesungen an der Universität beschäftigen wollte, war er strikt dagegen. Wurde wütend. Dabei erinnerte sie sich oft an die Zeit, als ein Student der Germanistik zur Untermiete bei ihr wohnte. Anton hatte ihr damals kaum noch Haushaltsgeld gegeben, und sie brauchte die Miete dringend. Da dem Studenten Lenas Interesse an Literatur aufgefallen war, hatte er sie mitgenommen in seine Vorlesungen.
Eine Nachbarin hütete die Kinder, und Lena lief mit Max Wagenführ durch die Gabelsberger und Türkenstraße zur Universität, deren lebhafter Betrieb ihr gefiel. Auch das würdige Bauwerk beeindruckte sie, und sie beneidete Max und seine Kommilitonen, die selbstverständlich ihre Vorlesungen und Seminare besuchten und nach einigen Semestern Examen machen konnten.

Heute trug der Professor ein Gedicht von Friedrich Hebbel vor, das »Nachtlied« hieß.

Quellende, schwellende Nacht,
voll von Lichtern und Sternen;
in den ewigen Fernen,
Sage, was ist da erwacht?

Zwei weitere Strophen sprachen vom beengten Herzen und dem steigenden, neigenden Leben, vom Schlaf, der sich naht wie die Amme dem Kind, und der Professor wollte wissen, was dieses Lied von den Liedern der Romantiker unterscheide.
»Man kann es nicht singen, glaube ich. Jedenfalls tät ich's nicht versuchen«, rief ein Student aus den vorderen Reihen.
»Richtig. Völlig richtig«, sagte der Dozent erfreut.
»Das Gedicht ist dem Gedanken entsprungen und verleugnet das nicht, auch wenn es keine unmittelbar ausgesprochenen Gedanken enthält, sondern sie in Bilder umsetzt. Die Bildsprache, die Symbolik, ist typisch für die Lyrik der Realisten. Bei ihnen steht das Bild für den Gedanken wie in der Romantik das Bild für einen Gefühlsbereich.«
Lena fiel auf, dass ihr Begleiter ein Gesicht machte, als sei er unzufrieden. Und da fragte der Professor auch schon, ob noch weitergehende Interpretationen des Gedichtes möglich seien. Sofort meldete sich Max Wagenführ und sagte, dass ihn an diesem Gedicht vielmehr das Phänomen der Nacht interessiere.
»Die Nacht macht doch die Welt geheimnisvoll und weit bis ins Unendliche, und zugleich lässt sie diese Welt ins Riesenhafte anschwellen, so dass sich der Mensch ihr gegenüber zwergenhaft vorkommt und vor dem Ungeheuren vergeht.«
Der Professor unterbrach ihn. »Ich hab ja schon gesagt, dass es sich nicht um Naturschilderung handelt und auch nicht um die Wiedergabe eines Gefühls. Die Erscheinung

der Nacht ist Sinnbild für das Problem des Menschen in der Welt. Der Mensch ist nicht eins mit der Natur und mit Gott, sondern in seiner Existenz bedroht.«

»Jawohl«, rief Wagenführ: »Das ist die Not des Ich, dass es sich Mächten gegenüber sieht, denen es nicht gewachsen ist und denen es sich doch stellen muss, rätselhaften Mächten, die das Ich aus der Weite des unendlichen Raumes bedrängen.«

Auf dem Nachhauseweg war Lena wie im Fieber. Das Gehörte brannte in ihr und erfüllte sie. Sie hatte nicht alles verstanden, aber begriffen, dass es etwas mit ihr zu tun hatte. Lena bat Max, ihr alles zu sagen, was er über den Dichter Friedrich Hebbel wisse. Max war nur bekannt, dass Hebbel Anfang des neunzehnten Jahrhunderts im Norden Deutschlands geboren wurde, und zwar als Sohn eines armen Maurers. Als der Vater starb, war die Familie völlig mittellos. Hebbel musste sich seinen Lebensunterhalt früh beim Kirchspielvogt als Laufjunge und Schreiber verdienen. An eine gute Ausbildung war nicht zu denken.

»Aber der hatte einen brennendem Ehrgeiz, er hat immer wieder versucht, sich im Selbststudium zu bilden«, sagte Max bewundernd. »Als er zweiundzwanzig war, hat sich eine reiche Frau seiner angenommen, er konnte in Hamburg studieren. Aber er hungerte weiter, lief zerlumpt herum, weil er sich schämte, Almosen anzunehmen.«

»Der Professor hat doch gesagt, Hebbel habe berühmte Schauspiele geschrieben wie ›Judith‹ oder ›Maria Magdalena‹, dafür muss er doch Geld bekommen haben«, meinte Lena.

»Was weiß denn ich. Jedenfalls ist er erst ganz spät, kurz vor seinem Tod 1863, zur Ruhe gekommen. Aber sein ganzes Werk ist bestimmt von seiner bitteren Jugend, von den Demütigungen und Enttäuschungen, die er erlebt hat.«

In dieser Nacht konnte Lena nicht schlafen. Immer wieder hörte sie das Gedicht Hebbels, hörte sie Max, wie er das harte Leben des Dichters schilderte.

Weil Lena sich mit Hebbel verwandt fühlte, weil er ihr nahe schien wie kein anderer Dichter, wollte sie auch über diese Vorlesungen in ihren Erinnerungen schreiben, und sie wehrte sich, als Jerusalem es ihr verbot.

»Warum willst du das nicht? Diese Vorlesungen haben mir damals sehr viel bedeutet, ich habe viel über mich und mein Leben erfahren, auch wenn ich nicht alles verstanden habe. Ich möchte das in meine Erinnerungen aufnehmen. Ich sehe mich noch mit Max in den Vorlesungen sitzen, er hat mir alles erklärt, es war eine schöne Zeit für mich, als Max bei uns war. Leider konnten wir ja dann die Wohnung nicht mehr halten, und ich musste mich von Max verabschieden. Das war schmerzlich, das kann ich nicht leugnen.«

Jerusalem spürte, dass es ihr ernst war, dass sie nicht ohne weiteres nachgeben würde. Doch aus seiner Sicht wäre die Wirkung von Lenas bäuerlicher Herkunft, ihrem Unverbildetsein sofort verpufft, wenn sie von den Vorlesungen faselte, die niemanden interessierten. Wer wollte so was lesen!? Die Menschen lieben es, wenn ihnen reine, ursprüngliche Naturkinder vorgestellt werden, die, aus verborgenen Quellen gespeist, Erstaunliches vollbringen.

Als Lena sich nicht sofort überzeugen ließ, fragte er sie, ob sie vielleicht bei ihren Lesern eine akademische Bildung vortäuschen wolle. »Damit kannst du dich nur blamieren! Damit das klar ist – ich werde dich jetzt um nichts mehr bitten«, sagte Jerusalem kalt, »aber ich rate dir, tu, was ich dir sage. Du bist zwar talentiert, Erlebtes zu beschreiben, aber von allem anderen hast du keine Ahnung. Sei mir dankbar, dass ich dich vor schweren Fehlern bewahre.«

Auch gut. Lena hatte keine Lust, mit Herrli zu streiten. Aber die Zuneigung zu ihm, die sie in den Tagen um den Ausflug nach Glonn verspürt hatte, verlor sich angesichts seiner Bevormundung. Oberkontrolleur. Ach Lotte! Hoffentlich war sie wieder zurück aus Berlin. Lena sehnte sich nach Lottes frechem Mundwerk, nach ihrem Kakao und nach Frau Böcks Mittagstisch. Wie mochte es Kathi gehen? Lange konnte es nicht mehr dauern, bis das Kind da war.

Herrli musste jetzt die Brucker Sommerfrische verlassen und nach München fahren. Er sollte dort eine amerikanische Studentin in der deutschen Sprache unterrichten und sie auf die philosophische Doktorprüfung vorbereiten. Das konnte er, weil er nicht nur ein halber Mediziner war, sondern auch noch Philosophie, Psychologie, Germanistik und Kunstgeschichte studiert hatte. War also doch nicht alles für die Katz.
Als Herrli nebenbei erwähnte, dass die Unterrichtsräume in der Türkenstraße seien, war sie wie elektrisiert. Schwabing! Lotte, Kerschensteiner. Nach dem Streit mit Herrli fühlte sich Lena alt und müde, und sie wusste, dass sie nur in der Nähe ihrer Freunde wieder aufleben würde.
»Ich komme mit nach München«, sagte sie darum zu ihm, und er erschrak richtig, wollte wissen, wer denn ihre Erinnerungen schreiben solle. »Du musst schreiben, Lena, du darfst jetzt keine großen Pausen machen. Sonst fällst du aus deinen Geschichten heraus und findest den Anschluss nicht mehr.«
Lena beruhigte ihn, sagte, dass sie bei diesem herrlichen Wetter auf den Anlagebänken vor der Pinakothek sitzen und schreiben werde. Jerusalem gab zu bedenken, dass da ein Lärm wäre von Müttern, Kindern, vorüberfahrenden Automobilen und Droschken. Doch Lena blieb fest. Sie wollte mitfahren, daher erzählte sie Herrli der Einfachheit halber, dass sie ohne ihn Angst habe und unter Einsamkeit leiden werde, was er ihr gern glaubte.
In der Nacht klopfte Jerusalem an ihre Tür, und da Lena gehustet hatte und nicht schlafen konnte, hörte sie ihn sofort und bat ihn, erstaunt, hinein. Nächtliche Besuche kannte sie von ihm nicht. Er entschuldigte sich auch sofort, sagte, dass die Bemerkungen über ihre Angst und Einsamkeit ihn sehr beschäftigen würden. Er habe halt noch nie eine Frau gekannt, mit der er so gerne zusammenlebe wie mit Lena. Er könne dem aber keinen Aus-

druck geben, und nun sei er besorgt, Lena würde das als Beleidigung des Weibes in ihr empfinden, und deswegen habe er nun Hemmungen, die er aber ausräumen wolle, ehe man morgen gemeinsam nach München fahre.

Lena war erstaunt, Herrli so befangen und verlegen zu sehen. Natürlich hatte sie sich schon seit langem Gedanken darüber gemacht, was für eine Art Mann Peter Jerusalem sein könnte. Es war ja auch nicht so, dass sie die allergrößte Erfahrung gehabt hätte. Er war nicht wie Anton, für den es offenbar kein größeres Vergnügen gegeben hatte, als Lena mitten in der Nacht zu nehmen, im Halbschlaf. Diese Vorstellung war im Zusammenhang mit Herrli absurd, aber was war mit ihm los? Er war auch nicht wie Kerschensteiner oder wie Lottes Freunde, die er verachtete.

Was wollte er denn hier bei der Nacht? Für sich wusste Lena, dass sie mit der Situation, in der sie lebten, völlig einverstanden und zufrieden war. Sogar als Frau oder Weib. Herrli drückte sich manchmal so altmodisch aus.

»Ich glaube, es geht mir gut«, sagte Lena deshalb vorsichtig und sah Herrli erwartungsvoll an. Jetzt war alles geklärt, er konnte wieder in sein Zimmer gehen.

Lena wollte gern allein sein, denn sie hatte ihr nächtliches Traumspiel noch nicht gespielt, das sie immer für sich selber aufführte, wenn sie alleine war und nicht schlafen konnte. Sie träumte, Kerschensteiner sei bei ihr. Sie konnte die Konturen seines Gesichtes sehen, seine klugen, warmen Augen, die oft rot gerändert, müde waren. Sie hatte Mitleid, heftiges Mitleid mit seiner Müdigkeit, spürte den starken Wunsch, ihn bei sich zu haben, ihn zu beschützen, ihn zu lieben. Seine schmale, fast schmächtige Gestalt. In der Vereinigung lag er auf ihr wie eine Puppe so leicht, er war ein Teil von ihr, von ihrem hellen nächtlichen Körper. In der Dunkelheit mochte sie ihre Nacktheit. Das Feuchte, das ihr manchmal zum süßen Bad wurde. Das war ein Geschenk Cäcilias, die Fortsetzung ihrer Liebkosungen. Cäcilias Fantasien waren noch immer auf Lenas Haut, in ihrem Schoß.

Herrli machte keine Anstalten zu gehen. Lena spürte, dass sie unbequem lag, setzte sich entschlossen im Bett auf, um ihn zu verabschieden. »Ich bin sehr müde – du musst schlafen gehen, Herrli – morgen musst du früh in München sein.«

Er ging, ohne zu widersprechen. Und Lena wunderte sich, dass er nichts dagegen zu haben schien, wenn sie ihn Herrli nannte.

17. Kapitel

Lena saß in den Parkanlagen der Pinakothek und dachte an ihren geliebten Professor. Gestern, in Bruck, hatte sie das Verlangen gehabt, Kerschensteiner zu sehen, wenigstens in seiner Nähe zu sein. Jedes Mal wenn Lena sich an seine Nähe erinnerte, an den Duft des weißen Kittels, an seine Stimme, an sein fürsorgliches Lächeln, wurde ihr ein bisschen schwindlig.

Heute, in der warmen Sonne, in den leuchtenden Farben des Juli, war München die herrlichste Stadt, und der Geliebte gehörte hierher. Ob Kerschensteiner im Krankenhaus Dienst tat oder auf einer Vortragsreise war? Lena schloss die Augen, um seine Stimme zu hören, kam sich verworfen vor, weil sie an einen Mann dachte, der ihr niemals gehören würde. Der nicht einmal eine Ahnung hatte von dem, was Lena fantasierte.

Sie war nicht nur verworfen, sie war auch faul. Anstatt zu arbeiten wie Kerschensteiner, wie Herrli, sah sie einigen Buben zu, die auf dem Sandboden schusserten. Einer von ihnen erinnerte sie an Toni, ihren Ältesten. Sie liebte ihn sehr, und er – was dachte er von seiner Mutter? Was erzählten die alten Leix ihm über sie? Immer, wenn sie an Toni dachte, fühlte sie sich von vornherein besiegt.

Aber die Mädchen, das hatte Herrli versprochen, ihre Mädchen würden sie holen, sobald in München eine Wohnung gefunden war, groß genug, um für alle je ein Schlafzimmer einzurichten. Dazu brauchte man mindestens noch eine geräumige Küche, ein gemeinsamer Wohnraum wäre schön, aber eine Wohnküche täte es auch. »Je stärker du dich auf deine Arbeit konzentrierst, desto eher wird ein Buch daraus, und wir werden dafür Geld bekommen, ziemlich viel Geld. Dann kannst du dir einige Träume erfüllen«, so oder so ähnlich sprach Herrli jedes Mal, wenn er spürte, dass Lena Sehnsucht nach den Kindern hatte.

Lena suchte in ihrer großen Stofftasche das Schreibmaterial heraus, ihr Blick löste sich von den Kindern, die mit Stöcken Kästchen in den Sand gemalt hatten und jetzt darin herumhüpften. Sie sah nicht länger der jungen Mutter zu, die ihr kleines Kind zwischen ihren geöffneten Armen die ersten Schritte tun ließ. Das Hupen eines Automobils erreichte ihr Bewusstsein nicht mehr, das Trappeln der Pferdehufe, die Rufe der Obsttandler bildeten einen Vorhang an Geräuschen, hinter dem Lena schreibend verschwand.

Sie hatte inzwischen mit dem Teil ihrer Erinnerungen begonnen, in denen sie die Zeit in der Gastwirtschaft ihrer Eltern beschrieb, wo sie, aus dem Kloster zurück, sehr bald wieder die Wut und Grausamkeit ihrer Mutter zu spüren bekam.

Lena dachte daran, dass hier ganz in der Nähe, in der Sandstraße, das große Eckhaus mit der Gaststätte Deutsche Eiche war, wo sie so viele Jahre trotz harter Arbeit und aller Mühe von der Mutter unerbittlich beschimpft, getreten, geschlagen oder sonstwie misshandelt worden war. Der Stiefvater hatte sie gern gehabt, die Brüder waren auch freundlich zu ihr, ebenso wie die Gäste, doch die Mutter verfolgte sie mit ihrem Hass, beschimpfte sie sogar wüst im Beisein der Gäste. »Du Hackstock, du damischer!«, oder »du G'stell, du saudumm's«. Einmal warf ihr die Mutter im vollbesetzten Gastraum Leberknödel, die ihr zu weich erschienen, an den Kopf, so dass Lena der Teig im Gesicht und an den Haaren klebte. Die Mutter schrie sie an: »Hintreschlagn kannst es, dös himmellange Frauenzimmer! Zu nix kannst es brauchn wie zum Fressn!«

Wie hatte sie damals aufgeatmet, als die Mutter für einige Tage nach Altötting fuhr zu einer Wallfahrt. Für Lena gab es in diesen Tagen viel Arbeit, aber sie machte ihr Freude, nichts war ihr zu viel, im besten Einvernehmen mit dem Stiefvater und der Babett war es richtig gemütlich im Gasthaus zur Eiche.

Diese tröstliche, wohltuende Erinnerung schrieb Lena gleich auf:

Am nächsten Tag schickte die Mutter aus Altötting eine Karte mit dem Bild der Mutter Gottes und schrieb: »Liebster Josef! Ich bin ganz weck vor lauter schön. Viele liebe Grüße sendet euch eure treue Mutter Magdalena Zirngibl«.

Lena wollte in ihren Erinnerungen die Familie der Mutter nicht Isaak nennen, sondern Zirngibl. Ihren Brüdern gab sie die Namen Hansl, Maxl und Ludwigl. So hießen die Buben vom Neuwirt in Glonn, dessen Anwesen dem Hansschusterhaus gegenüber lag. Hans und Maxl waren ungefähr gleichaltrig mit Lena gewesen, Ludwigl war erst geboren worden, als Lena schon in der Münchner Stadt war.

Es war ihre Anhänglichkeit und die Sehnsucht nach Glonn, die Lena bewog, ihren Stiefbrüdern in den Erinnerungen die Namen der Glonner Nachbarskinder zu geben. Lena tat es aber auch, damit niemand mit dem Finger auf sie zeigen konnte. Sie hatte den Stiefvater und die Stiefbrüder immer sehr gern gehabt, und als die Mutter in Altötting war, hoffte sie wieder einmal, dass doch noch alles gut werden könne in der Sandstraße.

Sie schrieb über ihre Hoffnungen: *Ich freute mich sehr, dass es der Mutter so wohl gefiel; hoffte ich doch, es möchte diese Wallfahrt günstig auf ihr Gemüt wirken.*

Aber dann kam der Namenstag der Mutter. Lena sah heute noch vor sich, wie die Babett an einer feinen Spitze häkelte, und sie hatte das Mädchen gebeten, ihr die Handarbeit als Geschenk für die Mutter zu verkaufen. Das war Lena übel bekommen, weil die Babett der Mutter prompt davon erzählt hatte. Lena hatte diese Demütigung nie vergessen, und sie beschloss, aufzuschreiben, wie sie der

Mutter eine Freude machen wollte und dafür wieder die üblichen Schläge und Beschimpfungen erntete:

»*So, hab i di jatz g'fangt, du Luder, du verlogns!*«, triumphierte jetzt die Mutter mit bösem Lachen. *Dabei nahm sie die Handarbeit und warf sie ins Herdfeuer.* »*Heut konnst di aber g'freun! Heut treib i dir's Lügn aus für allweil!*«

Lena blickte von ihrer Schreibkladde auf. Es war, als erwachte sie aus einem Albtraum, aber nach einer Weile, als sie sich die Augen gerieben hatte, war die beruhigende Realität wieder stärker. Sie sah die hohen Häuser, auf die die Bäume Schatten warfen, sie hörte wieder das Juchzen des kleinen Kindes, das sich mit der Mutter über seinen ersten Schritt freute, und Lena dachte, dass ihre Mutter, die nur eine Wegstrecke von hier in der Gaststätte das Essen ausgab, sie als kleines Kind niemals auch nur angesehen oder berührt hatte, sie erst zu sich holte, als sie eine Arbeitskraft brauchte. Lena sah in die Richtung der Sandstraße und konnte sich genau vorstellen, wie ihre Mutter der Kellnerin zurief, so wie sie früher ihr selber zugerufen hatte: »An Nierenbra'n is firti, Brustbra'n, Schlegl in da Rahmsoß, an Schweinsbra'n und a unterwachsens Ochsenfleisch mit Koirabi, an Kartoffisalat, und a Bifflamott mit Knödl ham mar aa!«

Lena setzte sich auf der Bank etwas bequemer zurecht, sie legte den Kopf in den Nacken und ließ sich die Sonne aufs Gesicht scheinen. Sie stellte sich vor, dass die Mutter jetzt hier vorbeikäme, aufgeputzt, über dem langen Seidenrock die enge Jacke, deren Knöpfe kaum über den großen Busen zu schließen waren, auf dem Kopf steil der grüne Hut mit Blumen und Federn. Aus lauter Verblüffung würde die Mutter vielleicht »Schlampn, nixige« rufen. Doch dann würde ihr klar werden, dass Lena und sie geschiedene Leute waren, ein für allemal.

Lena spürte, wie sie vor Enttäuschung über die Mutter zitterte. Immer noch. Sie sah wieder die Blicke Babetts, die zwischen Mitleid und Schadenfreude wechselten. Immer wieder hatte die Mutter sie vor den Dienstboten erniedrigt. Aber dabei war es damals nicht geblieben. Die Mutter hatte sich offenbar derart in ihre Wut auf Lena hineingesteigert, dass sie zur Furie wurde, jedenfalls benahm sie sich wie eine Besessene. Lena musste es aufschreiben:

Mir war ganz dumm im Kopf, und wie im Traum ging ich in die Gaststube und wollte die Spardose mit meinem geheimen Geld zu mir nehmen; da fand ich sie leer. Sprachlos starrte ich in die Schublade, bis die Mutter in das Zimmer trat. Da schob ich die Lade zu und ging wieder in die Küche. Doch konnte ich nichts tun und hatte nur den einen Gedanken im Kopf: heut bringt's di um; denn sie war so seltsam still, trank rasch fünf oder sechs halbe Bier und warf mir grausige, entsetzliche Blicke zu. Aber sie sprach kein Wort in der Sache, bis nach dem Mittagessen. Da rief sie dem Vater in die Schenke: Josef, heut bleibst du in der Schenk, die is heut net da!, wobei sie mir wieder einen solch bösen Blick zuwarf, daß mir fast das Blut in den Adern gefror. Dann sagte sie, indem sie den großen, eisernen Schürhaken vom Herd nahm und sich zum Gehen schickte: Richts's Hundsfressen no her, du Schinderviech; nachher gehst nauf!

Als sie fort war, rief ich die Babett zu mir in die Küche und machte ihr Vorhalt wegen der Spitze und auch wegen des Geldes. Da sagte sie: I hab koa Wort verraten und vom Geld woaß i nix. Überhaupt derfan Sie koa Wort sagn; denn wenn ich mei Maul aufmach, na ist g'fehlt um Eahna!

Damit ging sie aus der Küche. Ich hatte kaum die letzten Worte gehört, da wurde mir heiß und kalt, und plötzlich ergriff ich das große Tranchiermesser, legte erst die eine und dann die andere Hand auf den Hackstock und schnitt mir an beiden Armen die Pulsadern durch. Dann lief ich zum Schlüsselbrett, nahm die Kellerschlüssel, rannte die Stiege hinab, schloss mich in den Weinkeller ein und kauerte mich in einen Winkel und hoffte stumpfsinnig auf den Tod.«

Als Lena für einen Moment durchschnaufen wollte, saß Herrli neben ihr auf der Bank, sie hatte ihn gar nicht bemerkt. Er nahm die Blätter, die neben Lena auf der Bank lagen, und las, während Lena erschöpft und aufgewühlt die Augen schloss. »Lena – du hast unglaublich viel geschafft! Aber sag – deine Mutter – war sie wirklich so furchtbar? Ich kann mir das gar nicht vorstellen!«

»Ich habe es so erlebt«, sagte Lena knapp.

Ihr war es nicht recht, dass Herrli gerade jetzt auftauchte. Sie wollte schreiben, musste beschreiben, wie wohlig nahe sie dem Tod gewesen war. Sie hatte lieber tot sein wollen, ehe die Mutter sie vielleicht zum lebenslangen Krüppel schlug, der sich nicht mehr selber helfen konnte.

Doch Herrli fragte, wer sie denn im Weinkeller gefunden habe. »Auf die Idee, dort zu suchen, musste doch erst jemand kommen.«

»Von der Gassenschenke aus hat halt eine Frau in die Küche geschaut und gesehen, wie ich mir in die Arme geschnitten hab. Die Frau hat den Vater gerufen, aber niemand wusste, wo ich mich versteckt hatte. Dann hat der Vater endlich die fehlenden Kellerschlüssel bemerkt und meinen Hund, den Schleicher, im Keller suchen lassen. Der hat dann wie verrückt an der Türe zum Weinkeller herumgekratzt und gebellt.«

»Mein Gott – du hättest verbluten können!« Herrli schauderte es, und Lena sagte, dass es auch hart am Tod vorbeigegangen sei mit ihr.

»Bis erst der Schlosser kam und ich herausgeholt werden konnte aus dem Keller, lag ich schon in tiefer Ohnmacht in einer Lache von Blut. Sie trugen mich zum nächsten Bader, der mir Bandagen anlegte und mich zu einem Arzt brachte, damit die Wunden richtig vernäht werden konnten.«

Lena erinnerte sich, dass ihr schon vom Bader und auch von dem Wundarzt Vorwürfe gemacht wurden. Sie hatten von leichtsinnigen jungen Madeln geredet und dass sie immer das Gschiss damit hätten.

»Aber am grausigsten war der Empfang daheim. Die Mutter stand mit hochrotem Kopf in der Tür, füllte sie ganz aus und schrie: ›Hat di jatz der Teifi no net gholt! Bist no net hin?‹«

Herrli schüttelte immer wieder den Kopf, er sagte, er selber habe auch eine sehr bestimmende Mutter gehabt, die ihn zwar umhegt und umsorgt, aber auch über jeden Schritt des Sohnes Rechenschaft gefordert hatte. »Das hat mich manchmal empfindlich gestört, aber sie war die Einzige, die mir von der Familie geblieben war, und sie war ja auch einsam, und darum habe ich sie meistens gewähren lassen. Und wenn sie mir die Nerven geraubt hat, dann doch wenigstens auf hohem Niveau. Deine Mutter hingegen – sie verdient den Namen gar nicht. Sie war wie ein blindwütiger Scherge.«

»Auf jeden Fall haben wir beide eine Belohnung für unseren Fleiß verdient«, meinte Herrli. »Wir sollten in die Amalienstraße zum Café Stephanie spazieren, und du bekommst Kakao oder Kaffee und Kuchen, was du willst.«

Sie machten sich auf den Weg, Lena brachte unterm Gehen verstohlen ihren verkrampften Körper wieder in die richtige Lage und freute sich auf das Café, in dem sie bisher nur einmal mit Lotte und ihren Freunden gewesen war. Sie erwähnte das aber nicht, denn sie wollte Herrli nicht die Freude nehmen, ihr das Café zu zeigen, dessen Besuch er sich eigentlich nicht leisten konnte. Anders als an dem Abend mit Lotte, wo es hoch hergegangen war in dem verrauchten Gastraum, saßen heute nur einige Schachspieler in den Fensternischen des Nebenraums, denen manchmal Passanten von der Straße her zuschauten. Im Hauptraum roch es nach kaltem Rauch und nach Kaffee, und die Stammgäste waren da. Einer schrieb still in ein Buch, kaute auf seinem Bleistift herum und sah in die Luft, um dann wieder ein paar Worte zu schreiben.

»Ein Möchtegernkünstler!«, sagte Herrli verächtlich, »deren gibt es hier viele, deshalb wird das Café auch Café

Größenwahn genannt«, doch Lena dachte, dass sie gerne täglich herkommen und hier schreiben würde. Doch sie sagte es nicht.

Am Abend, wieder in Bruck, fühlte sie sich wie zerschlagen, fiebrig, erschöpft. Es fror sie, obwohl draußen ein lauer Sommerabend war. Sie schürte den Badeofen an, den der Vermieter inzwischen repariert hatte. Lena legte einige große Scheite hinein, bald war genügend Wasser warm, und sie stieg in die Wanne, in die sie einen Kamillensud geschüttet hatte. Sie wusch auch ihr Haar darin und legte sich dann, den Körper und die Haare in Frottiertücher gewickelt, erfrischt und erwärmt ins Bett, wo sie diese Freuden noch so lange zu erhalten hoffte, bis das Kapitel fertig geschrieben war, das ihren Erholungsaufenthalt bei einer Base, die in der Au lebte, zum Inhalt hatte.

Diese Wochen waren für Lena sehr glücklich gewesen, und sie hatte keine Mühe, sich die Bilder aus den Herbergen in der Birkenau zurückzurufen. Die Häuser waren hier meist klein und so aneinandergeschachtelt, wie es dem Erbauer gerade gepasst hatte. Da war ein Geißenstall angebaut worden, da ein Holzschuppen oder eine hölzerne Altane. Ein alter Röhrlbrunnen stand in dem Gewürzgarten mit dem buschigen Holunderstrauch. Lena wusste, dass viele Münchner, die heute vornehme Herrschaften waren und vierspännig fuhren, aus der Au herausstammten.

Das alte Haus der Verwandten duckte sich mit vielen anderen an den Berg, auf dem die Kirche prangte. Der Spätsommer war gerade in den Herbst übergegangen, es hatte noch viel Sonne gegeben, viel wärmender jedoch war die Zuneigung und das Mitleid der Base, die sich nur auf Kopfschütteln beschränkte, wenn die Rede auf ihre Schwägerin kam. Sie fragte nichts, erneuerte nach den Anweisungen des Arztes sorgfältig Lenas Verbände und kochte ihr jeden Tag kräftigenden Tee. Beim Essen fehlte selten Blutwurst, von der die Base gehört hatte, dass sie blutbildend sei.

Lena bekam einen großen alten Stuhl, den der Onkel

mit Decken ordentlich ausgepolstert hatte, vor das Haus in den Schatten des heruntergezogenen Daches gestellt, und die Tante ging in die Pfarrbibliothek der Hl. Kreuzkirche und holte für Lena zwei Bücher von Wilhelm Raabe, zu denen man ihr geraten hatte. Lena hielt die beiden Bücher in der Hand wie schöne Ziegel, das eine hatte den Titel »Holunderblüte«, das andere hieß »Die schwarze Galeere«. Sie freute sich wie ein Kind auf die Lektüre, und ihr wurde bewusst, dass sie seit ihrer Rückkehr aus dem Kloster in die Sandstraße nicht mehr zum Lesen gekommen war. Nicht eine Stunde am Tag hatte ihr alleine gehört. Und auch die Nächte waren durch die harte und immer gegenwärtige Wirtshausarbeit nur kurz gewesen.

18. Kapitel

Es war ein langer, schöner Sommer in Bruck. Die täglichen Fahrten nach München und das Schreiben auf den Parkbänken bei der Pinakothek waren für Lena schon Alltag geworden. Wie im Theater schlossen sich zuverlässig die hohen Flügeltüren, und die lebhafte Maxvorstadt blieb dahinter zurück, während sich Lena im leeren Zuschauerraum zurechtrückte. Sie war der Regisseur, sie bestimmte die Kulisse, sie holte die Akteure auf die Bühne, sie war allein mit den vielen Gesichtern, mit den vielen Rollen, mit ihrer Suche nach der Wahrheit, die sie Kerschensteiner versprochen hatte.

Lena fühlte sich lebendig, ihr Körper war leicht – wenn sie nicht alles täuschte, konnte sie die Schleier, die sich schon über manches Gift, manchen Groll gelegt hatten, wieder heben. Ihr fast dreißigjähriges Leben war über sie dahingerauscht, aber es hatte sie nicht verschlingen können. Redlich fragte sie alle Personen auf ihrer Bühne: »Wer bist du?« Und sie klagte an und sie verteidigte sich – ja, das Verlangen nach Verteidigung war sehr stark in ihr, musste beherrscht werden. Das erlösende Gefühl, die Mutter anzugreifen, sie zu beschuldigen, machte ihr am meisten zu schaffen.

Lautlos, wie von selbst, öffneten sich die Flügeltüren, die Anlage erschien wieder vor der Pinakothek, Lena spürte einen zärtlichen Sommerwind, schaute in den Himmel, spürte Augen und Ohren und sah die Menschen um sich herum. Manchmal hatten Kinder sich vor sie gehockt, fragten sie, was sie schreibe, dann waren sie es gewesen, die die Flügeltüren öffneten, und Lena hatte ihnen erzählt, dass sie aufschreibe, was in ihrem Kopf herumspaziere. Das gefiel den Kindern, oder es langweilte und enttäuschte sie, und Lena nahm sich vor, Toni und Leni und Alixl nicht auf die Bühne zu rufen, ihre Namen vielleicht, aber nicht ihre Personen.

Lena wartete dann auf ihrer Bank auf Herrli. Sie wartete gerne auf ihn, ließ sich von ihm hochziehen von der Bank, folgte ihm, aber in ihrem Kopf schrieb es weiter. Sie formulierte, sie hielt bebend jeden Gedanken fest. Sie war besessen vom Schreiben.

Im Zug nach Bruck saß Herrli ihr gegenüber. Das Schreiben in Lenas Kopf setzte sich trotzdem fort. Sie nahm Jerusalem wahr, aber sie dachte nicht daran, mit ihm zu reden. Er lächelte sein seltenes, seltsam strenges Lächeln und sagte zur ihr, dass sie bei ihm doch ein gutes Leben habe. »Mag sein, dass andere dich auch angeregt haben, dein Leben aufzuschreiben. Aber nur ich lasse dich eine Schriftstellerin sein. Das hättest du doch nie zu träumen gewagt.«

Lena wusste, dass Herrli Dankbarkeit von ihr erwartete, Lob. Sie war erschöpft, sah ihn nur verschwommen. Das Rattern des Zuges gab ihr das Gefühl, auf einem Gaul zu sitzen, sie schaukelte, die Welt schaukelte, und Lena war klar, sie würde wieder den Moment verpassen, Herrlis Erwartungen zu erfüllen. Sie war seiner nicht würdig.

Als sie ausstiegen, war der Himmel über ihnen noch so kräftig blau, die Luft so warm, würzig und belebend, dass sie vom Bahnhof aus zur Amper spazierten, um sich im Gemeindebad kurz zu erfrischen. Auf dem Weg kam ihnen ein Bauernfuhrwerk entgegen, dessen Lenker eingenickt war und die Zügel hängen ließ. Seine beiden Kühe schienen auch zu schlafen, sie trotteten gemächlich vor sich hin, nur von Zeit zu Zeit den Kopf schüttelnd, um die Fliegen abzuwehren.

»Dieser Mann verschläft auch das Beste, was der Herrgott gemacht hat«, sagte Jerusalem. Er deutete mit einer herrschaftlichen Geste auf die Landschaft um sich herum, die jenseits der Bahnlinie durch die sanften Hügel einen natürlichen Rahmen erhielt, in den sich das herrliche

Kloster vollendet einfügte. Das Kloster Fürstenfeld wurde im Jahre 1263 auf »des Fürsten Feld«, nämlich auf den Ländereien Herzog Ludwigs II. von Bayern gegründet, der es dem Kloster geschenkt hatte. Es gab wahrlich Veranlassung zu Großzügigkeit gegenüber der Kirche, denn er hatte, rasend vor Eifersucht, seine junge Frau Maria von Brabant hinrichten lassen.

Jerusalem erzählte es Lena, und sie schauderte. »Warum war der Herzog so grausam?«

Jerusalem antwortete, dass der Mord an der jungen Herzogin in vielen Chroniken belegt sei. »Der Herzog war verreist und hatte wegen eines fehlgeleiteten Briefes den Verdacht, dass seine Frau ihn betrog. Er ist sofort zurückgekehrt und hat sie und ihre Zofen umgebracht.«

»Ja – hat er denn nicht zuerst einmal mit ihr geredet?«, fragte Lena entsetzt.

»Von wegen – der hat ohne ein Wort ein furchtbares Blutbad angerichtet.«

»Himmisakra!«, entfuhr es Lena, »so a eiskoita Trohpf, so a elendiga!«

»Ja, der hat aufgeräumt«, meinte Jerusalem, und Lena glaubte, ein gewisses Einverstandensein herauszuhören.

»Hat sich denn wenigstens die Unschuld der jungen Herzogin herausgestellt?«, fragte sie Jerusalem, der es offensichtlich genoss, sein Wissen vor Lena ausbreiten zu können.

»Ja, sehr rasch. Aber zu spät, um etwas wieder gutzumachen. Der Fürst war siebenundzwanzig Jahre alt damals, und er soll über Nacht ergraut sein.«

»Nun – das ist ja wohl das Mindeste!«, sagte Lena ehrlich empört.

Jerusalem beschwichtigte sie: »Der Herzog soll von der heftigsten Reue befallen worden sei. Er suchte Vergebung beim Papst in Rom, musste dann dieses Kloster für zwölf Kartäusermönche gründen, die für ihn Bußwerke verrichten sollten.«

»Da musste er ja noch nicht einmal selber beten!«, rief Lena. Sie war fast wütend, obwohl die Geschichte schon viele hundert Jahre zurücklag. Es kränkte sie, dass den Beteuerungen der jungen Herzogin nicht geglaubt worden war, dass ihr Wort so wenig galt. Dass der Herzog seine Frau als seinen Besitz angesehen hatte, erinnerte Lena wieder an die Mutter und an Anton, die sie auch misshandelt hatten wie ein störrisches Vieh.

Über diesem Gespräch gingen sie neben dem Fuhrwerk her, dessen Lenker immer noch schlafend durch den herrlichen Sommertag fuhr, und Jerusalem meinte wieder, dass die Bauern wohl keinen Blick hätten für die Schönheiten der Natur.

»Meinst?«, fragte Lena, und dann, etwas spitz, »ich glaub, a frische Maß is ihm lieber!«

Was wusste Herrli schon von der harten Bauernarbeit, die dieser Mann Tag um Tag vom Morgengrauen an tun musste. Das Vieh versorgen, die Felder bestellen, im Wald das Holz schlagen – Bauernarbeit ist nie beendet. Der Wunsch nach Schlaf war für einen Bauern immer gegenwärtig, er bekam zu wenig davon, und es war Lena klar, wie dieser Bauer unter der Sonne, dem Trott seiner beiden Kühe selig eingeduselt und dann in tiefen Schlaf gefallen war. Ein fast liebevolles, verwandtschaftliches Gefühl überkam sie, und sie griff den Ochsen ins Geschirr, brachte sie zum Stehen, wodurch der Bauer augenblicklich erwachte. Keineswegs verlegen, bedankte er sich bei Lena und zog seiner Wege.

Lena und Herrli waren jetzt in dem malerischen Städtchen angekommen, das sich zu Teilen in den vorüberfließenden Strömen der Amper spiegelte. Nicht zuletzt die Bahnlinie München–Buchloe, die glücklicherweise über den Markt Fürstenfeldbruck führte, brachte dem Städtchen eine Malerkolonie ein, und Lena hatte schon oft mit leiser Wehmut die Malweiber bestaunt, die, unter großen Hüten und mit weiten Malerkitteln aus ungebleichtem Leinen bekleidet, an der Amper vergnügt nach einem günstigen Standort für ihre Staffelei suchten.

Die Frauen strahlten Selbstbewusstsein aus, Freude und Mut. Sie waren es gewöhnt, belächelt oder sogar verachtet zu werden, vor allem von den Direktoren der Akademien, die vor ihnen die Türen verschlossen. Die Frauen besuchten dann halt Privatakademien oder Malschulen wie die Münchner Debschitzschule. Lotte hatte Lena erzählt, dass der berühmte russische Maler Wassily Kandinsky auch Frauen Malunterricht erteilte.

Lena sah den Malweibern interessiert nach, die immer in Gruppen ausschwärmten. Sie kümmerten sich nicht um die Gaffer, sie lachten und schwatzten und nahmen auch oftmals ein Bad in der Amper. Meist gingen Bauernmädchen mit und halfen den Frauen, Palette, Staffelei, Farben und Pinsel zu tragen. Schien die Sonne gar zu kräftig, konnte man sehen, dass Dienstmädchen den Malenden einen Schirm zum Schutz hielten. Oftmals war auch ein Professor dabei, der den Malweibern Unterricht erteilte.

Lena hatte von Lotte erfahren, dass es in München, in der Barerstraße, einen Künstlerinnen-Verein gab, eine Damen-Akademie, wo Frauen in Zeichen- und Malklassen nach lebenden Modellen studieren konnten. Hätte sie Geld gehabt, müsste sie nicht Tag um Tag schreiben, wie gerne hätte Lena zeichnen gelernt. Schon als Kind hatte sie gerne gezeichnet, war manchmal von den Lehrern dafür gelobt worden. Sie hatte auch immer wieder versucht, ihre Kinder zu zeichnen, dann aber aufgegeben, weil sie nur Puppengesichter zu Stande brachte.

Lena seufzte unwillkürlich tief auf. Jerusalem fragte amüsiert, was sie denn bedrücke. »Mei – ich will manchmal so viel, und dann muss ich erkennen, dass ich so wenig kann!« Doch Herrli sagte lächelnd: »Das werden wir erst noch sehen, wie viel oder wie wenig du kannst, und jetzt wollen wir endlich in die Amper steigen!«

In Bruck gab es jetzt Heerscharen von Luft- und Wasserhungrigen, die im moorreichen Wasser der Amper baden und sich an den Ufern sonnen wollten. Sie hatten gehört, dass am Pfingstsonntag an die fünfzehntausend Menschen auf dem Brucker Bahnhof gezählt worden seien. Gottlob war der Tag schon so weit fortgeschritten, dass die meisten Sonnenhungrigen wieder daheim waren.

Sie waren an einem Arm der Amper angekommen, wo der Fluss, umstanden von Bäumen, tief genug zum Schwimmen war, und sie sahen wieder die lustigen Wasserschuh-Fahrer, die Lena sehr bestaunte, wenn sie, an jedem Fuß einen bootähnlichen Schuh, mit einem Paddel recht flott auf der Amper daherkamen. »Wie unser Lieber Herr auf dem See Genezareth«, dachte Lena, verwies sich aber sofort den respektlosen Vergleich, und als sie langsam, aber tief untertauchte in das moorige, weiche Wasser, dachte sie, dass sie auch so mutig und originell sein wollte wie die Schuhbootfahrer, sie wusste nur nicht, wie sie das anfangen könnte.

19. Kapitel

Es war Herrli, dem Bruck bald nicht mehr bekam. Seine Bronchien vertrugen offenbar die Luft nicht, und Lena war es recht, dass sie die Rückkehr nach München planten. Sie hatte den Markt Bruck als einen Ort kennen gelernt, der sie belebte, sie an Glonn erinnerte, ihr ein Heimatgefühl gab. Vor allem der Marktplatz mit seinen gepflegten Bürgerhäusern und den Markttagen, an denen, wenn Krautmarkt war, Berge von Krautköpfen verkauft wurden. Auch die Bezirkstierschau mit Volksfest erinnerten Lena an die Heimat, wo die geschmückten und gut genährten Tiere auf dem Markt zum Verkauf angeboten wurden und wo der Großvater ihr oft eine Wundertüte spendiert hatte. Lena wurde heute noch sehnsüchtig, wenn sie daran dachte, wie der Großvater immer versucht hatte, ihr eine Freude zu machen.

Herrli war zwar kein Kind, aber er brauchte Aufheiterung, denn seine Bronchien quälten ihn, und er schlich durchs Haus mit vor die Brust gepressten Händen. Lena bereitete ihm einen Absud von Kräutern für ein Dampfbad, doch er wollte nicht unter dem Handtuch bleiben, der Dampf war ihm zu heiß und überhaupt – Herrli war kein anständiger Patient, den man bemuttern konnte. Lena beschloss, ihn anders aufzuheitern.

Sie komplimentierte ihn in den Garten, wo eine Spätsommersonne noch für leidliche Wärme sorgte, stellte ihm eine Limonade und die letzten Salzstangerl hin und bat ihn, auf ihre Vorstellung zu warten. Ergeben, wenn auch verständnislos, legte sich Herrli in den bereit gestellten Liegestuhl, und Lena lief ins Haus, schlüpfte rasch in eine Hose von Herrli und in seine Jacke, band ihr

Haar unter seinen Filzhut, nahm seinen Stock und ging hinaus.

Sie machte eine Verbeugung vor Herrli, ohne allerdings den Hut zu ziehen. Dann begann Lenas Vorstellung, wobei sie mit dem Stock fuchtelte oder ihn wie einen Säbel auf den verdutzten Herrli richtete. Sie ging dozierend vor ihm auf und ab: »Lieber Freind, indem ich glaube, dass du es nötig hast, will ich dir mal die Bolidik beschreiben. Sie geht immer sehr spät an, weil mir erst um zehn Uhr anfangen, aber ich steh schon um sibben Uhr auf, dass ich gar nicht weiß, was ich anfangen sol und ich geh in der Schtadt herum und schau die Leute zum arbeiten zu, aber um acht Uhr geh ich zum Donisl, wo es am fidöllsten ist und es gibt gute Weiswürschte.

Dan fergeht die Zeit, bis ich langsam ins Barlamend gehe und die Auslagen anschaue mit ihre Bildeln. Da tätst schaugn alter Schpezi, was man da alles siecht, das einem gleich das Wasser im Maul zsammlauft, so fiele nackerte Weibsbilder. D' Hauptsach sieht man nicht, lieber Freind und Schpezi, aber das Milchzeug sieht man schon ganz frei oder ein Hinderkwartier, das nicht schlecht ist ...«

Lena steigerte sich mit Gesten und Verkünstelungen der Sprache immer mehr in ihren Vortrag hinein, so dass Jerusalem aus dem Lachen nicht mehr herauskam und schließlich, als er sich mehrfach in seinem Stuhl aufwarf, mit dem altersschwachen Gestell zusammenkrachte und wie ein Maikäfer am Boden lag.

Lena half ihm auf, und er fragte, mühsam Luft holend: »Woher hast du das, das ist ja wirklich gut!«

»Es ist von Ludwig Thoma«, sagte Lena vergnügt, »Briefwechsel des bayerischen Landtagsabgeordneten Jozef Filser, Lotte hat es mir geschenkt. Sie besitzt sogar ein Exemplar mit Widmung von Thoma.«

Herrlis gute Laune war verschwunden. Mühsam beherrscht sagte er: »Ich hatte dich doch gebeten, keine bayerische Literatur zu lesen, solange du schreibst. Warum hörst du nicht auf mich?«

Lena riss den Hut vom Kopf, warf ihn vor Herrli auf den

Boden, seine Jacke warf sie gleich hinterher. Wütend sagte sie, dass sie nicht seine Sklavin sei. »Außerdem lese ich die Filserbriefe, so oft ich das will. Schließlich will ich ja auch ab und zu mal lachen!«

20. Kapitel

Herrli bezog seine alte Wohnung in der Hohenzollernstraße. Da Frau Böck Lenas Zimmer bereits an einen Studenten abgegeben hatte, fand Lena auf Frau Böcks Vermittlung ein Zimmer bei deren Base in der Kunigundenstraße. Die Base vermietete Frau Böck zuliebe an Lena, und so konnte sie in das schöne Bürgerhaus einziehen, das von einem großen Garten umgeben war und ihr gut gefiel. Auch das Zimmer war schön, nicht sehr groß, dafür aber hoch und mit einer herrschaftlichen Stuckrosette geschmückt. Das Zimmer war frisch geweißelt, und die Vermieterin verbat sich als Erstes Herrenbesuche.

Lena hustete, obwohl ihr schönes Zimmer gut beheizt war, und feine Blutfäden zeigten, dass die Lunge wieder Probleme machte.

Die Einweisung ins Schwabinger Krankenhaus verlief glatt, da der Professor Kerschensteiner ihr sofort ein Bett verschafft hatte, obwohl, wie es allenthalben hieß, das Schwabinger Krankenhaus, so neu es auch war, schon wieder viel zu wenig Betten besaß.

Bei der ersten Visite sagte der Professor, dass Lena gut aussähe, sogar leicht gebräunt, sie wäre hoffentlich nicht in der prallen Sonne gewesen. Das konnte Lena verneinen, guten Gewissens, denn sie hatte sich, wenn sie auf der Anlagenbank von der Sonne beschienen wurde, nach wenigen Minuten einen schattigen Platz gesucht.

»Die Frau Leix will gerne ein wenig krank sein, damit sie zu uns kommen darf«, sagte eine Schwester, die schon bei Lenas erstem Aufenthalt den Professor immer bei den Visiten begleitet hatte.

Obwohl sie ruhig dalag und sich um ein überraschtes Lächeln bemühte, raste in Lena ein Sturm von Gedanken. Wie kam die Schwester dazu? Hatten auch hier die Wände Ohren und Augen? In diesem Augenblick gab es zwei Lenas – die eine jubelte vor Heiterkeit und dem Glück, Kerschensteiner wiederzusehen, die andere fühlte sich wie in eine finstere Kammer eingesperrt, beäugt von Wärterinnen, die ständig vor dem Guckloch hockten.

Sie beschloss, die misstrauische und bange Lena nicht weiter zu beachten und sich dem Gefühl der Lebensfreude zu überlassen, der Geborgenheit, die sie in der Obhut des Professors empfand. Sie war krank – na und? Er würde sie wieder gesund machen, so einfach war das. Beim letzten Mal, als sie gerade noch einmal davongekommen war, hatte er es auch geschafft, sie wieder herzustellen. Und heute fühlte sie sich gar nicht mehr krank. Läge sie nicht unter diesen meterdicken Plumeaus, würde sie tanzen und singen. Warum hatte sie in Kerschensteiners Nähe solche schönen Wünsche und Träume? Wie viel davon hatte sie ihm zu verdanken? War sie nicht durch ihn der Düsternis ihres früheren Lebens entkommen?

Lotte, die Kerschensteiner einmal auf einem Wohltätigkeitsbazar gesehen hatte und ihm vorgestellt worden war, hielt ihn für etwas nüchtern. Das störte Lena nicht, schließlich kannte Lotte ihn nicht so gut wie sie. Natürlich war seine Haltung freundlich-distanziert. Wo wäre er sonst auch hingekommen. Was Lena so stark an ihn fesselte, war die Überlegenheit, die er ausstrahlte, die alle Menschen in seiner Umgebung zu seinen Bewunderern zu machen schien. Am meisten natürlich Lena.

Sie richtete sich auf in ihrem Bett, denn Kerschensteiner gab ihr die Hand. Seine Augen sahen in die ihren. Lena fühlte sich hochgehoben, weit über den Krankensaal hinaus. Ihre Einsamkeit, die Hoffnungslosigkeit ihrer Liebe, denn Lena wusste schon lange, dass es sich bei ihren Gefühlen um Liebe handeln musste, zitterten in ihrem Körper. Sie lächelte den Professor an, fühlte sich wie ein Kind, das etwas Verbotenes tut. Lena sah plötzlich, dass draußen vor dem Fenster ein runder Mond glühte, und sie kehrte mit ihren Gedanken wieder zurück in den Krankensaal und hörte, wie der Professor sagte, dass sie in einer leidlich guten Verfassung sei und die angegriffene Lunge bald wieder heilen werde. Man wolle die üblichen Untersuchungen morgen alle vornehmen.

Lena überlegte, ob sie dem Professor die fertigen Seiten ihrer Erinnerungen zum Lesen geben sollte. Sie zögerte, war unsicher, doch dann überwog ihr glühender Wunsch, ihn zu beeindrucken, ihm zu zeigen, dass auch sie ein Talent hatte. Mit klopfendem Herzen langte Lena in ihre Tasche, holte das Manuskript heraus, das sie in Papier eingeschlagen und mit einem Band umwickelt hatte.

»Das ist es«, sagte sie schlicht, und sie spürte, wie sie rot wurde bis hinter die Ohren.

»Ich danke Ihnen für Ihr Vertrauen«, sagte Kerschensteiner warm, und er fragte Lena, ob er seiner Frau von Lenas Arbeit erzählen, ihr vielleicht sogar daraus vorlesen dürfe.

Lena tat es gut, dass ihr Text, der ja ein Stück von ihr war, den Professor nach Hause begleiten würde. Dass auf diese Weise heute Abend von ihr die Rede sein würde, wenn Kerschensteiner bei seiner Familie war.

Kerschensteiner brauchte seiner Frau gar nicht lange zu erklären, dass die ungewöhnliche Patientin wieder aufgenommen werden musste, von der er ihr schon letztes Jahr immer wieder berichtet hatte – seine Frau erinnerte sich sofort an Lena. Sie freute sich zu hören, dass sich inzwischen deren soziale Lage auf das Erfreulichste entwickelt habe. »Stell dir nur vor, meine Liebste, sie ist nun wahrhaftig dabei, ihr Leben aufzuschreiben. Ich hatte ihr das auch empfohlen, aber ich muss gestehen, ich habe ihr nicht zugetraut, dass sie es schafft.«

Seine Frau sagte, dass es sie für diese Patientin umso mehr freue, als sie bisher wohl niemals Gelegenheit hatte, ihre Gaben zu entwickeln. »Offensichtlich ist in ihrem Leben soviel mehr passiert ist als in einem gewöhnlichen. Vielleicht schreibt sie tatsächlich ihren Lebensroman.«

Kerschensteiner wickelte das Manuskript aus und gab es seiner Frau. »Sieh dir die Schrift an. Ich bin kein Graphologe, aber so schreibt doch kein Bauernkind.«

Er setzte sich zu seiner Frau ans Bett, legte sanft seinen Kopf an ihr Gesicht und drückte sie fest an sich. »Wenn du es möchtest, werde ich dir aus diesem Manuskript vorlesen. Mich interessiert es, sogar sehr, und so könnten wir es gemeinsam goutieren.«

Sie sah ihn liebevoll an, und aus ihren Augen strahlte eine Kraft, die ihn immer wieder überraschte und mit Hoffnung erfüllte. »Mein Liebster«, sagte sie bewegt, »immer, wenn ich müde bin, wenn die Todesangst kommt, mich mit Schrecken erfüllt, dann denke ich an dich, dann brauche ich deine Stärke. Du beschützt mich, ich bin von dir abhängig, und du gibst mir alles. Und ich bin unnütz, kann dir gar nichts geben ...«

Kerschensteiner unterbrach sie sofort, nicht nur weil er wusste, dass sie das erwartete, sondern weil es die reine Wahrheit war. Er hatte von seiner Frau immer nur Liebe bekommen, Liebe, Liebe, Liebe. Und er bestand sein hektisches Leben nur aus dieser Kraft heraus, lebte von diesem warmen Strom, konnte davon anderen abgeben, vor allem seinen Patienten, aber auch den Kollegen, den jungen vor allem, denen viel abverlangt wurde an Arbeit und Hingabe an den Beruf.

Unter diesen Überlegungen hatte sich Kerschensteiner entkleidet, er spürte plötzlich seine Müdigkeit in allen Knochen, und es tat ihm unendlich wohl, sich neben seiner Frau auszustrecken, den sanften Duft ihres englischen Rosenparfüms zu spüren, ihre Wärme, ihre Nähe. Herrgott, betete Kerschensteiner lautlos, wenn du sie mir noch lässt, wenigstens noch eine kleine Weile, du kannst doch Wunder tun, auch wenn ich nicht daran glaube.

Er begann, Rücken an Rücken mit seiner Frau, Lenas Lebensroman vorzulesen:

Oft habe ich versucht, mir meine früheste Kindheit ins Gedächtnis zurückzurufen, doch reicht meine Erinne-

rung nur bis zu meinem fünften Lebensjahr und ist auch da schon teilweise ausgelöscht. Mit voller Klarheit aber steht noch ein Sonntagvormittag im Winter desselben Jahres vor mir, als ich, an Scharlach erkrankt, auf dem Kanapee in der Wohnstube lag; es war dies der einzige Raum, der geheizt wurde ...

21. Kapitel

Nach wenigen Tagen, die angefüllt waren mit Untersuchungen der Lunge, des Herzens und der Nieren, begann Lena wieder zu schreiben. Sie saß, aufgestützt von zwei dicken Kissen, in ihrem Krankenhausbett. Als Unterlage diente ihr eine ausgediente Tafel, die eine Schwester ihr beflissen brachte, weil der Professor einen dicken Packen beschriebener Seiten von dieser merkwürdigen Patientin mitgenommen hatte, um sie zu lesen, und weil er es begrüßte, dass sie im Bett schreiben wollte. »Geistige Arbeit kann eine gute Medizin sein«, hatte er gesagt, und das akzeptierten die Barmherzigen Schwestern, aber Lena zeigten sie deutlich, dass sie von solchem Gebaren im Krankenbett nichts hielten.

In den ersten Tagen fragten die Zimmernachbarinnen, was denn Lena da schreibe. Frau Bauriedl, deren Bett am nächsten bei Lenas stand, beugte sich so weit zu ihr heraus, um auf ihre Blätter zu schauen, dass sie fast aus dem Bett fiel:

»Sie, was werd des nachher, was Sie da schreibn?«

»Ich schreib halt, was ich erlebt hab.«

»Aha.«

Franzi Schierl, Schreibkraft im Rathaus, eine Münchnerin mit sehr schwarzem Haar, brauner Haut und blauen Augen, die wahrscheinlich pfeilgrad von einem italienischen Baumeister abstammte, beteiligte sich selten am Ratschn der anderen, aber hier tat sie kurz und bündig Bescheid:

»Dö schreibt an Roman, wähn i.«

»Und wos machen S' dann damit?«, wollte weinerlich die zwergenhafte Frau Irscherl wissen, deren Mann ihr zur Besuchszeit immer einen Krug Bier mitgebracht hatte, bis die Barmherzigen Schwestern es strikt verboten. Lena war klar, dass es Frau Irscherl gar nicht interessierte, was aus ihrem Geschriebenen wurde, sie wollte nur etwas zur Unterhaltung beitragen, und deshalb fiel Lenas Antwort karg aus:

»Das weiß ich noch nicht. Darum kümmert sich mein Verlobter!«

»Ah, des is gwies der Herr mit dera kloanen Brilln, der wo immer kimmt«, sagte die Kobelbauer Theres, ein auf den ersten Blick grobes Mörtelweib, das sich die Sucht auf dem Bau geholt hatte und um die es am schlechtesten stand. Die Theres würde bald sterben, hatte Lena von den anderen Frauen gehört, doch sie selber wusste es nicht oder wollte es nicht wissen, jedenfalls gab sie sich alle Mühe, nicht grob, sondern liebenswürdig zu sein. So wollte sie auch Lena ein Kompliment machen:

»Sie – der schaut gescheit aus, Eahna Verlobter, da ko ma nix sagn!«

»Wissen S', i wenn mi hisetzen tat, i dat auch so ein Packn Papier zammbringa, mei Leben is aa an Roman – des können S' mir fei glauben«, sagte die Sali, eine junge Kellnerin, doch sie war noch nicht siebzehn, und man gab so recht nichts auf ihre Meinung.

Dafür konnte Sali stricken, dass einem beim Hinschaun schwindlig wurde. Sali selbst schaute überallhin, nur nicht auf ihre Nadeln und die Wolle – sie konnte die kompliziertesten Muster stricken, ohne lange herumzuzählen oder gar eine Strickvorlage zu beachten. Und wunderbare Wolle hatte sie. In schönen, warmen Farben. Mal strickte sie mit dickem Faden, mal mit ganz feinem. Manchmal, wenn Lena müde war, schaute sie Salis strickenden Händen zu, und plötzlich dachte sie an Lotte, die auch Fäden gesammelt hatte, am liebsten silbrige oder goldene, die sie für ihre Puppen gebraucht hatte, die Märchengeschöpfe waren mit liebenswürdig unnahbaren Gesichtern, mit üppigem, meist sehr hellem Haar, in den reichsten, elegantesten Feenkleidern, von denen eine Frau nur träumen konnte.

Lena bat Sali um die Fäden, die sie von ihrem Gestrickten abschnitt oder die sonstwie übrig blieben, und dann begann sie, aus diesen Wollresten Puppen zu fabrizieren, indem sie Wollfäden über Draht wickelte, den sie zu Armen, Beinen und einem Kopf gebogen hatte. In Salis riesigem Handarbeitsbeutel fand sich neben dem Draht eine Häkelnadel, und so begann Lena Wollpüppchen zu machen, und sie entwickelte rasch eine erstaunliche Fähigkeit darin, aus Stofffetzen Köpfe mit Gesichtern herzustellen, ihnen mit Schminkutensilien der anderen Patientinnen Augen, Wangen und Mund anzumalen und sie dann noch durch geeignete Fäden mit einem Haarschopf zu versehen.

Bald hatte jede Bettinsassin eine Puppe von Lena bekommen. Sali, an die eine der letzten, schon perfekteren Ausfertigungen gegangen war, hatte ein Exemplar mit dicken blonden Zöpfen ähnlich den ihren, und alle behaupteten, die Puppe sähe Sali gleich.

Doch sobald Lena ausgeschlafen war, womöglich nach einem warmen Bad, das sie zweimal in der Woche nehmen durfte, trieb es sie zum Schreiben. Es gelang ihr sehr schnell, trotz der meist lebhaften Unterhaltung der anderen, sich ganz in ihr vergangenes Leben zu versenken, aus den Menschen, mit denen sie so lange ihr Leben geteilt hatte, handelnde Personen zu machen.

Am meisten Mühe hatte Lena mit Lena. Die war eigensinnig und widersprach oft. Zum Beispiel bei den Szenen, wo die Mutter so hart geschildert wurde, wie sie war. Da sagte dann die andere Lena, dass die Mutter nicht so schlimm dargestellt werden dürfe.

»Geh zu. Es ist doch die Mutter. Die darfst du doch nicht so schlecht hinstellen.«

»Aber wenn es doch wahr ist. Sie hat mich fast täglich geschlagen! Über Jahre! Als ich schon neunzehn war, hat sie mich an der Haaren herumgezogen und mir Ohrfeigen gegeben vor allen Leuten. Verflucht hat sie mich! An meinem Hochzeitstag! Und das soll ich verschweigen?«

»Aber denk an die Leute in Glonn. Wie werden die über das Hansschusterhaus herziehen! Ob das der Großvater oder die Leneimutter gutheißen? Ob sie sich nicht im Grab herumdrehen?«

»Die beiden waren ehrlich. Der Großvater hat mir schon früh gesagt, dass ich ein lediges Kind bin. Dass ich mich deshalb nicht zu schämen brauche. Was geschehn ist, ist geschehn, hat er immer gesagt. Darüber dürfe man auch reden. Wir hätten nichts zu verbergen.«

»Aber bedenke, die Mutter lebt noch. Und die Brüder, der Stiefvater. Die ganze Familie Isaak bringst du ins Gerede, wenn du alles aufschreibst, was passiert ist. Es ist doch schon so lange her. Denkst du nicht manchmal milder darüber?«

»Milde? Ich? Mit der Mutter, die mich am liebsten umgebracht hätte? Mit dem Stiefvater, der sich meistens nicht getraut hat, mich in Schutz zu nehmen? Der einmal auf ihren Wunsch hin auch noch auf mich eingeschlagen hat. Und die Brüder, die feinen Lateinschüler? Ich hab sie immer gern gehabt, wie den Stiefvater auch. Sie haben mir nichts Böses getan, aber sie haben ihrer Mutter nicht ein einziges Mal gesagt, dass es Unrecht ist, was sie tut. Ich war ihr Kindermädchen, ihr Dienstbote. Ein Hennadreck.«

Lena wollte sich mit diesem Hin und Her nicht mehr aufhalten. Es galt jetzt, den Konflikt zu beschreiben, warum sie von der Floriansmühle, wo sie wie eine eigene Tochter behandelt und von allen geliebt wurde, doch wieder zurückgegangen war zur Mutter und zum Stiefvater in die Deutsche Eiche.

Die Base aus der Au, die Lena nach ihrem Selbstmordversuch aufgenommen hatte, hatte ihr geraten, zu einer Verdingerin zu gehen, die sofort einen Platz als zweite Köchin in der Floriansmühle für sie fand. Sie forderte Lena auf, einen Brief zu schreiben an ihren Vormund, dass er ihr seine Erlaubnis zum Dienen gebe, denn sie war noch nicht mündig. Ihr Vormund, der Ehemann einer Tante, schrieb ihr zurück:

Mir ist's ganz recht, wenn sie dint und ligt nichts dran, wenn sie heirat. Josef Eder.

Mit diesem Brief ging Lena zur Polizei und holte sich ein Dienstbuch. Von ihrer Base lieh sie sich fünf Mark für die Verdingerin. Dann verließ Lena die Herbergen in der Au und begann als Köchin in der Floriansmühle. Nie würde sie den weiten Weg von der Au zur Floriansmühle vergessen. Obwohl sie von der Endstation der Trambahn aus noch eine Stunde zu gehen hatte, sang sie laut, und der Weg konnte für Lena nicht lang genug werden, denn sie brauchte viel Zeit, sich ihr neues Leben vorzustellen. Wie würde die Familie sie empfangen? Was erwartete man von ihr, außer dass sie hart arbeitete? Doch mit jedem Schritt festigte sich in Lena das Gefühl, dass nach dem Frondienst bei der Mutter ihr neues Leben sie nicht einschüchtern könne. Sie wollte lernen, wollte begreifen, alle Aufgaben erfüllen.

Langsam fiel die Spannung ab von Lena, sie konnte das Heimelige der Landschaft sehen, die Wege zwischen alten weit verzweigten Bäumen, hier und da ein Haus hinter Zäunen aus Schmiedeeisen oder Holz, Leute kamen auf dem Fahrrad daher, umbellt von ihren Hunden. Sie schrieb:

Ich ging die Isar entlang durch den Englischen Garten, am Aumeister vorbei und stand mit einem Male vor einem kleinen Dörflein. Zu meiner Rechten floß ein von alten Bäumen und schon herbstlich buntem Strauchwerk eingefaßter Kanal, der das ausgedehnte, rings von saftigen Wiesen und schattigen Baumgärten umgebene Besitztum, auf dem ich meinen Dienst antreten sollte, von dem eigentlichen Ort trennte. Ich schritt den Bach aufwärts und stand bald vor dem großen Hoftor des Gutes, das drei Brüdern zu eigen gehörte und dessen Gastwirtschaft von jeher als eine beliebte Einkehr der Münchner galt.

Die Floriansmühle hatte mit der Deutschen Eiche wenig Ähnlichkeit. Sie war eine stattliche Einkehr mit einem behäbigen Haus, einem hübschen Tanzsaal und Stallungen. Es war mehr ein Gutshof als eine Restauration. Und die Gäste waren von denen im elterlichen Gasthaus ebenso verschieden. Sie fuhren in eleganten Equipagen vor, sie aßen Brathähndl, Eierspeisen und appetitlich angerichteten Aufschnitt. Wegen der Herbstmanöver war Einquartierung. Sechs Offiziere der Schweren Reiter aus Landshut waren da, zwanzig Gemeine, vier Feldwebel und Wachtmeister. Lena war bald der Liebling aller. Sogar zum Abschiedsball war sie von den Offizieren eingeladen, die gnädige Frau erlaubte ihr, sich ein hübsches Kleid anzuziehen und mitzufeiern.

Noch nie seit ihrer Kindheit in Glonn war es Lena so gut gegangen. Sie wurde anerkannt, man war mit ihrer Arbeit zufrieden, sie bekam Lob, Trinkgeld und wurde von vielen jungen Männern umworben. Doch als eines Tages die Mutter kam, sie daran erinnerte, dass sie eine Familie habe, erlag sie ihrer Sehnsucht, die geliebte Tochter einer guten Familie zu sein.

Sie hatte von Kind auf gelernt, dass nur der Bauer eine Heimat hat, ein Dienstbote ist heimatlos. In der Floriansmühle war Lena trotz aller Zuneigung der Herrschaft und der Gäste ein Dienstbote, eine Heimatlose. Das Gasthaus der Eltern war für Lena so etwas wie ein Bauernhof, Josef Isaak war der Bauer, der Hofname war Deutsche Eiche, und Lena war die Bauerntochter. Darauf war sie in einem gewissen Sinn doch stolz. Weil sie glaubte, für »das eigene Sach« zu arbeiten, war ihr keine Mühe zu groß gewesen.

Sie kehrte zurück in die Sandstraße.

Eines Tages, als Lena gerade wieder schreibend im Bett saß, kam Professor Kerschensteiner allein in den Krankensaal. Er hatte das Manuskript wieder sorgfältig verpackt, legte eine Schachtel feine Pralinen dazu und sagte, dies sei das erste Honorar mit den herzlichsten Grüßen von seiner Frau. Sie sei ganz ergriffen von Lenas Erinnerungen und freue sich schon auf den zweiten Teil des Buches.

Mit diesen Worten setzte sich Kerschensteiner an Lenas Bett. Er nahm ihre Hand, streichelte einmal sanft darüberhin und sagte, dass nicht nur seine Frau beeindruckt sei. »Ich bin völlig überrascht und reich beschenkt von Ihrer Geschichte. Allein die Sprache! Wie Sie im Hochdeutschen den Rhythmus, den Klang, den Satzbau des Bayerischen durchscheinen lassen, das kann sich mit der Sprache des ›Grünen Heinrich‹ von Gottfried Keller durchaus messen. Ich bewundere Ihren Realismus; Ihnen geht völlig die Sentimentalität Ludwig Ganghofers ab. Sie sind auch nicht so routiniert wie Ludwig Thoma. Bei Ihnen ist das Landleben nicht ideal, sondern die Frömmigkeit mischt sich mit Heuchelei, Großzügigkeit mit Habgier. Mein Gott, es ist einfach hervorragend!«

Kerschensteiner holte tief Luft, sah Lena an und sagte, dass er Ludwig Thoma persönlich kenne. Er sei ihm schon des Öfteren bei Soireen begegnet. »Ich werde ihn auf Ihre Geschichte aufmerksam machen, wenn Sie mit dem Schreiben fertig sind. Das verspreche ich Ihnen. Ich bin sicher, dass Thoma Sie an seinen Verlag Albert Langen empfehlen wird.«

Lena wurde schwindlig. Oder geblendet. Sie hatte doch nur Notizen gemacht über ihr Leben. Und wenn sie einmal kurze Passagen las, schien ihr alles fremd und belanglos. Was hatte Kerschensteiner gesagt? Seine Worte drehten sich in ihrem Kopf, sie wollte so gerne verstehen, behalten, begreifen, was der Professor über ihre Sprache gesagt hatte. Das war alles zu groß und zu hoch für sie. Was passierte denn beim Schreiben? Nur ganz einfache Dinge. Da kamen Wörter von der Zimmerdecke heruntergefallen, Ereignisse tauchten auf, Gedanken und Überlegungen dazu – Lena fragte sich, ob jemals Menschen stark genug sein würden, geduldig und gründlich, um sich mit ihren Notizen zu beschäftigen, wie es Kerschensteiner und seine Frau getan hatten.

Oder der berühmte Ludwig Thoma – das konnte Lena sich nicht vorstellen. Und sie würde auch Herrli nichts von Kerschensteiners Versprechen sagen. Herrli wurde immer fast hysterisch, wenn er den Eindruck bekam, jemand anderer als er könne sich ihrer annehmen.

Es war ausgemacht zwischen ihm und Lena, dass er von

dem Honorar, das Lena für ihre Erinnerungen bekam, die Hälfte erhalten würde. Manchmal fand Lena es belustigend, manchmal ärgerte es sie, wenn Herrli die Anzahl der Seiten zählte, die Lena von Besuch zu Besuch angesammelt hatte.

Seit sie an ihren Erinnerungen schrieb, hatte sie das Gefühl, sie habe sich selber kennen gelernt. Sie war in ihren Gedanken ständig mit Kerschensteiner beschäftigt, und seine Güte, seine Anteilnahme hatten ein neues Licht auf Lena und ihr Leben geworfen. Der ganze Tag schien Lena wie geschaffen für wunderbare Gedanken. Kerschensteiner war dagewesen und hatte Dinge über Lenas Aufzeichnungen gesagt – Dinge!

Es hatte Lena nach Kerschensteiners Lob nicht mehr im Bett gehalten. Sie ging zum Fenster und schaute in den Hof, in dem sich seit dem letzten Jahr Farnkraut in üppigen Büscheln angesiedelt hatte. Junge Baumstämme standen in regelmäßigen Abständen voneinander, zwischen ihnen schimmerte ein zartfedriger Teppich aus Bodengewächsen. Heute war ein vollkommener Tag. Im Zimmer waren alle Betten belegt, zwölf Frauen brachten sich mit mehr oder weniger Lärm durch den Tag, doch draußen schien die Luft still zu stehen, der Garten lag unter einem Dunstschleier, der ihn zauberhaft und geheimnisvoll erscheinen ließ. Wie er sich in dem einen Jahr verändert hatte. Alles veränderte sich, und die geheimnisvolle Landschaft des Gartens war der passende Hintergrund für Lenas Gefühle, denn für sie hatte sich auch so viel verändert. Lena gedachte für den Rest des heutigen Tages glücklich zu sein.

22. Kapitel

Im Januar, an einem regenreichen Nachmittag, beendete Lena, in ihrem Krankenbett liegend, ihre Aufzeichnungen.

Oft war die Versuchung in mir aufgestiegen, meinem Leben ein Ende zu machen; oft hatte ich am Abend den Hahn der Gasleitung zwischen den Fingern; doch die Hoffnung auf eine bessere Zukunft ließ mich das nicht vollbringen, was die Verzweiflung mir eingab.

Mitleidige Menschen machten endlich den Armenrat des Bezirks auf mein Elend aufmerksam, worauf die Gemeinde für uns sorgte, indem sie die Kinder einer Anstalt übergab, während ich im Krankenhaus Erlösung aus aller Trübsal erhoffte.

Doch das Leben hielt mich fest und suchte mir zu zeigen, daß ich nicht das sei, wofür ich mich so oft gehalten, eine Überflüssige.

Lena legte still das Manuskript auf ihren Nachtschrank, den Bleistift dazu, an dem sie so oft herumgekaut hatte, dass er kurz und unansehnlich war. Lena streckte sich aus im Bett, fühlte jeden Muskel ihres Körpers und hatte das Gefühl, am Ende einer langen Reise angekommen zu sein.

23. Kapitel

Lena hüpfte in ihrem Zimmer herum, schwenkte Kerschensteiners Brief wie eine Fahne. Sie fühlte ein Glühen in sich wie noch nie zuvor, sie spürte die Wärme des schönen Märztages durch das Fenster hindurch. So wie draußen die Sonne alles erleuchtete, die Bäume zum Blühen und die Vögel schier zum Überschnappen brachte, fühlte Lena ein Feuer in sich, hellstes Licht, Mut, Leidenschaft. Zwei Namen gingen ihr immerfort durch den Kopf. Kerschensteiner! Thoma! Kerschensteiner! Thoma! Der berühmte Ludwig Thoma hatte Kerschensteiner versprochen, Lenas Roman – alle redeten tatsächlich von einem Roman – dem Verlag Albert Langen zu empfehlen! Die Begeisterung des Professors sei ihm Beweis genug, hatte Thoma gesagt!

Lenas Wangen schienen zu brennen, von den Ohren gar nicht zu reden. Sie stimmte jubelnd eines ihrer Lieblingslieder an: »Tochter Zion, freue dich, jauchze laut, Jerusalem ...«

Auweh zwick! Der Jerusalem, ihr Herrli, himmisakra, der wusste von alledem nichts! Er war tagelang erbittert darüber gewesen, dass Lena dem Professor ihr Manuskript gegeben hatte. Stritt grimmig mit Lena: »Was hat Kerschensteiner mit den Erinnerungen zu tun! Ich bin der Lektor! Ich allein habe die Arbeit damit, ich werde dir einen Verlag suchen und die Verhandlungen führen. Außerdem suche ich noch den Titel und einen Künstlernamen für dich. Magdalena Leix solltest du vielleicht nicht heißen. Und Magdalena Pichler auch nicht. Solange das nicht komplett ist, kommt das Manuskript nicht aus dem Haus und schon gar nicht in fremde Hände!«

Ich. Ich. Ich. Herrli redete, als habe er und nicht Lena die Erinnerungen geschrieben. Doch Lena hörte ihm nicht wirklich zu. Sie dachte nur an Kerschensteiner. Ihm hatte sie im Krankensaal die erste Hälfte ihres Manuskripts gegeben, das war, als hätte sie sich selber hingegeben. Alles hatte sie riskiert, in der Zeit, während er las, Qualen gelitten. Es hatte sich ausgezahlt, juhu, Kerschensteiner hatte ihr so schöne Dinge geschrieben wie »gedankliche oder künstlerische Distanz und Reflexion des Erlebten,« sie habe »dem Volk aufs Maul geschaut«, ein »glänzendes Gedächtnis und ein einzigartiges Ohr für mundartliche Tonfälle«.

Das war mehr Glück, als Lena fassen konnte, sie musste raus aus ihren vier Wänden, musste zu Lotte, ihr den Brief zeigen. Und vor allem musste sie der Freundin erzählen, dass Kerschensteiner sich mit Lena zu einem Essen in den Torggelstuben treffen wolle. »Meine Frau ist ebenfalls der Ansicht«, hatte der Professor geschrieben, »dass Sie es verdient haben, für diese schwere Erinnerungsarbeit, die so glänzend gelungen ist, eine kleine Belohnung in Form eines Festessens zu bekommen.«

Eine kleine Belohnung! O Herz Marias!

Wie gut, dass Lotte aus Berlin zurück war. Sogar im Krankenhaus war sie noch gewesen, hatte Lena besucht, ehe sie entlassen wurde. Ihre Ausstellungen waren erfolgreich verlaufen, Lotte hatte viel Geld für ihre Puppen bekommen und viel Lob. »Und du wirst det auch erleben, Leneken, Jeld wirste kriegen und in der Zeitung stehen, jenau wie icke!«

Man hörte Lotte an, dass sie lange Wochen in Berlin verbracht hatte, »ick hab mir sogar verliebt«, hatte sie Lena strahlend berichtet. In einen Arzt. Aber da sei ja immer noch Walter. Lotte hatte mit glänzenden Augen von einem luxuriösen Problem gesprochen, und Lena war froh, dass sie offenbar wegen Walter Strich keine verweinten Augen mehr haben musste.

Auf dem Weg zu Lotte hüpfte Lena wie ein kleines Kind auf dem Trottoir. Ihr war, als hüpfe sie in ein neues Leben. Leni, Alixl! Sobald ich das Honorar vom Verlag bekomme, sobald ich eine richtige Wohnung habe, sobald ich weiß, dass ich für euch immer genug zu essen kaufen kann und die Wohnung heizen – dann hole ich euch. Noch heute Abend wird sie den Mädchen alles schreiben, was ihr Leben verändert hatte!

Von der Kunigunden- war es nicht weit bis zu Lotte in die Clemensstraße. Gemessen an dem sonst nicht sehr geschäftigen Charakter Schwabings, das ohne viel Lärm und Gedränge auskam, war heute der Verkehr recht lebhaft. Trambahnwagen fuhren vorbei, Pferdefuhrwerke, auf den Bürgersteigen spielten Kinder, waren die Einwohner unterwegs. Passanten, Leute, deren Gesichter man sah und wieder vergaß, da Lena außerhalb ihrer Kunigundenstraße niemanden kannte. Heute machte es ihr Spaß, zu Fuß zu gehen, obwohl sie sonst im Überschwang der Freude am liebsten eine Droschke nahm. Herrli warf ihr das gelegentlich vor. »Du möchtest am liebsten jeden Tag sechsspännig fahren!«, meinte er, wenn Lena bei miesem Wetter vorschlug, einen Wagen zu nehmen.

Herrli war es immer gewohnt gewesen, von der Hand in den Mund zu leben. Er brauchte nicht viel. Mittags Brühe von einem Suppenwürfel, abends ein Stück Brot und Wurst. In Bruck hatte Lena gekocht, wenn sie die Würfelbrühe nicht mehr riechen konnte. Dann war sie zum Markt gegangen, hatte für Pfennige gelbe Rüben, Spinat, Blumenkohl, Bohnen, Erbsen oder Salat gekauft und beim Metzger für ein Zehnerl Herz bekommen, Hirn, Leber oder Lunge, die sie dann briet oder sauer dünstete.

Lena bog in die Dietlindenstraße ein, ging dann die Ungererstraße entlang bis zur Schwabinger Landstraße und war auch schon bald auf dem Weg zu Frau Böcks Haus, in dem sie so gerne gewohnt hatte und in dem Lotte immer noch lebte.

»Lotte«, sagte Lena strahlend, nachdem sie zuerst noch Frau Böck nach dem Enkelkind gefragt hatte und nun bei Lotte ihren holländischen Kakao genoss, »Lotte, ich treffe morgen Kerschensteiner. In den Torggelstuben. Kennst du die? Ist es da nicht zu vornehm für mich?«

Lotte lachte. »Du kannst dich getrost überall sehen lassen!« Doch dann kam ihr eine Idee: »Komm – lass dich ruhig ein bisschen ausstaffieren. Dein Professor kennt dich ja nur im Nachthemd. Er soll richtig überrascht sein.«

Sie brachte aus ihrem Schlafzimmer einen Fuchskragen und einen Muff aus demselben Fell, an dem drei Fuchsschwänze herunterhingen. Außerdem hatte sie noch eine elegante Kappe passend dazu, und als sie Lena alles umhängte, wirkte ihr einfaches Kostüm sofort elegant. Doch Lotte holte auch noch ein neues Kostüm heraus, sagte, sie habe das alles mit ihren Puppen verdient und Lena müsse das unbedingt anziehen. »Du bist ja immer noch so dürre. Gibt der Jerusalem dir nicht ausreichend zu essen? Du musst öfter herkommen, dann päppel ich dich auf.« Als Lena ratlos schwieg, sagte Lotte sofort tröstend, dass Wintersachen eleganter wirkten, wenn man dünn sei. »Du siehst nie so plump und kompakt aus wie die Kleinen und Rundlichen. Von denen sieht man im Pelz nicht mal die Schuhe, und du denkst, sie kämen herangerollt. Meine Puppen sind auch nur deshalb so elegant, weil unter ihren üppigen Kleidern nur ein Gerüst statt eines Körpers ist.«

Lena war es peinlich, in geliehenen Sachen zum Treffen mit Kerschensteiner zu gehen, doch sie erstickte ihre Skrupel rasch unter dem unbedingten Wunsch, ihm zu gefallen, ihm zu genügen, wenigstens in der Kleidung ihm ebenbürtig zu sein. Wie gut, dass sie mit Lotte offen reden konnte. Wenn sie der Freundin auch nicht gesagt hatte, dass Kerschensteiner in ihren Träumen lebte, dass sie am liebsten mit ihm alleine auf dem Grund des Meeres leben wollte, so war Lotte doch der einzige Mensch, der ohne Worte verstand – fantastisch. Lena fühlte in diesem Moment, wo Lotte sie wieder so selbstverständlich unterstützte, wie sehr sie die Freundin vermisst hatte.

Zurück in der Kunigundenstraße hängte Lena die Kleider Lottes sorgfältig auf den Garderobenständer, damit sie nur ja nicht verdrückt würden. Ihre Zimmerwirtin, die ihr gerade Leinenbeutel mit Lavendel für den Wäscheschrank brachte, bewunderte Kostüm und Pelz. »Mei – das stammt aber bestimmt aus einem vornehmen Atelier! Da werden S' fürstlich ausschauen, Frau Leix!«

Lenas neue Wirtin war ähnlich fürsorglich wie Kathis Mutter. Sie hieß Ludmilla Schad, war trotz ihrer zweiundvierzig Jahre noch ledig und führte ihrem Vater, einem ehemaligen Fahrradhändler, den Haushalt. Er hatte in der Maffeistraße ein Geschäft gehabt, es inzwischen gut verkauft, war aber herzleidend. Er fuhr öfters zur Kur nach Bad Nauheim, und seine Tochter ängstigte sich allein in dem großen Haus. Sie hatte die Erlaubnis vom Vater bekommen, ein Zimmer an eine solide Dame zu vermieten, damit sie Gesellschaft habe, und das war momentan Lena. Peter Jerusalem hatte das Zimmer für sie gemietet und davon gesprochen, dass Frau Leix Künstlerin sei, Schriftstellerin. Ludmillas anfängliches, hochachtungsvolles Misstrauen, das viele Schwabinger Vermieter Künstlern entgegenbringen, wich bald einer Anhänglichkeit, die Lena verwirrte, aber auch erwärmte, zumal Ludmilla gerne kochte und mit Lena stundenlang über gutbürgerliche Küche ratschn konnte.

Ein Klavier hatten die Schads auch. Es stand sehr allein im Salon, und als Ludmilla erfuhr, dass Lena Klavier spielen konnte, nötigte sie sie täglich zum Üben.

»Des is amal a Freid!«, sagte Tiburtius Schad, als er aus der Kur zurückkam und Lena und Ludmilla einträchtig am Klavier vorfand, denn Ludmilla hatte eine recht schöne Singstimme, und da man im Hause Schad gut katholisch war, erklangen öfter Marienlieder, die von Lena und Ludmilla gleichermaßen bevorzugt wurden.

Doch – Lena hatte es gut getroffen bei den Schads. Nachdem Tiburtius Schad eine Woche daheim war, nachdem man abends des Öfteren erbaulich bei Sekt und Klavierspiel zusammengesessen hatte, bot er Lena an, ihn »Tiburtl« zu nennen, wie das alle seine Freunde taten. Und sie könne sich jederzeit aus dem Keller ein Fahrrad ausleihen. Es standen dort deren einige von den verschiedensten Herstellern, alle neu, doch Lena konnte nicht

Fahrrad fahren, sie traute sich nicht, und Tiburtl bot sich an, es ihr beizubringen. »Aber erst, wenn's richtig Frühjahr wird!«

An Lenas großem Tag, auf den sie hinlebte wie früher auf Weihnachten, war das Wetter verändert. Nichts mehr von der leuchtenden Frühlingsstimmung, die sie so gut hätte gebrauchen können. Wenigstens regnete es nicht, aber der Himmel war von einem grämlichen Weißgrau, langweilig, kein bisschen festlich. Über den Straßen lag ein gleichgültiges, fast unfrohes Licht, das Beschwingtheit oder Freude erst gar nicht aufkommen ließ. Auch die Menschen in den Straßen schienen ohne Farbe, mit gleichgültigen Gesichtern liefen sie vorbei, und Lena sah zum ersten Mal, seit sie in der Kunigundenstraße lebte, dass viele Häuser an ihrem Weg grau und schlecht gepflegt waren.

Natürlich stieg Lena schon nach wenigen Schritten in eine Droschke, setzte sich in den Polstern zurecht und war sofort in erwartungsvoller Stimmung. Die Droschke passte zu ihren Pelzen, und der Kutscher hatte ihr respektvoll den Wagenschlag aufgehalten. Ewig schade, dass man nicht offen fahren konnte, aber es lag eine kühle Feuchtigkeit in der Luft, und Lena mochte nicht mit rotem verfrorenem Gesicht ankommen.

Kerschensteiner lief rasch auf die Torggelstuben zu. Im Laufen sah er Lena und hielt überrascht inne. War das Magdalena Leix? Sie stand abseits von der Menge vor dem Restaurant und ließ die Passanten an sich vorüberziehen. Man sah ihr an, dass sie auf jemanden wartete. Wie elegant sie war! Das warme Braun des Kostüms mit dem harmonisch darauf abgestimmten Pelz hob sich fast leuchtend von dem Alltagsgrau der anderen Leute ab. Kerschensteiner hatte Lena noch nie außerhalb des Krankenzimmers gesehen. Machte es die schmeichelnde Pelzkappe, dass Lenas früher bleiches Gesicht heute so mädchenhaft und lebhaft wirkte, dass man ihr die einunddreißig Jahre, die sie zählte, niemals zugetraut hätte?

Lena hatte ihn gesehen und kam nun mit zögernden

Schritten, als traue sie ihren Augen nicht so ganz, auf ihn zu. Kerschensteiner erwiderte ihr schüchternes Lächeln und nahm sie beim Arm.

»Schön, dass Sie da sind. Ich hoffe, Sie warten noch nicht zu lange! Ich hatte beim Magistrat der Stadt zu tun, hab mich mit denen rumgestritten!«

»Ging es wieder um Anschaffungen fürs Krankenhaus?«, fragte Lena, die davon schon Schwester Theresia reden gehört hatte.

»Sie haben den berühmten Nagel auf den Kopf getroffen«, sagte Kerschensteiner fröhlich. »Ich bin trotzdem guter Dinge. So wie die Herren qualmen, landen die früher oder später bei mir in der Klinik, und das wissen sie auch! Die geben mir schon, was ich brauche!«

Kerschensteiner lachte Lena an. »Kommen Sie, wir wollen schauen, ob wir ein ungestörtes Eckchen im Restaurant finden.«

Lena ging mit ihm die wenigen Schritte zum Eingang. Sie spürte die Blicke der anderen Besucher, die ihr und dem Professor galten. Er wurde gegrüßt, ein Ober eilte auf sie zu und führte sie zu einem Ecktisch, worum Kerschensteiner ihn gebeten hatte.

Noch nie hatte Lena den Professor so gemocht wie in diesem Augenblick. Sie wusste, dass er ohne irgendwelche Hintergedanken hier mit ihr zum Essen ging, sie würde nie eine wichtige Rolle in seinem Leben spielen. Umso überraschender war es für sie, hier mit ihm im Restaurant zu sitzen.

Seufzend ließ sie sich auf dem bequemen Stuhl nieder, zog Lottes feine Lederhandschuhe von den Fingern, legte den Fuchskragen und den Muff ab, und neben ihr stand ein Ober, der alles würdevoll entgegennahm, und Lena pries wieder Lotte, die ihr für dieses Unternehmen das nötige vornehme Fell verschafft hatte.

Während sich beide mit der Speisekarte beschäftigten, schlug Lenas Herz ihr bis zum Hals. Was sollte sie sagen? Hoffentlich begann er das Gespräch! Wenn doch Lena irgendeinen Fehler an ihm finden könnte, aber sie war sicher, dass er keine hatte und dass sie ihn immer anbeten würde.

Plötzlich sah Kerschensteiner von der Speisenkarte hoch, gerade in Lenas Augen. Er lächelte sie an, sein Gesicht war gespielt verzweifelt. »Was haben Sie gewählt? Sie kennen sich in der Gastronomie besser aus als ich. Vielleicht erlösen Sie mich von der Qual der Wahl.«

»Das Beste auf der Karte ist der Kalbsnierenbraten, bei uns daheim jedenfalls!«, sagte Lena eifrig. Dann hätte sie sich auf die Zunge beißen mögen, denn die Gaststätte in der Sandstraße war das letzte, woran sie jetzt denken mochte. Kerschensteiner sagte völlig unbefangen: »Dann will ich auch einen! Und einen Frankenwein, darüber muss ich nicht nachdenken.«

Für eine Sekunde drückte Kerschensteiner Lenas Hand, die auf dem Tisch lag. »Mein Gott, Frau Leix, ich freue mich, dass Sie so gut aussehen! Offenbar beginnt doch jetzt ein neues Leben für Sie – oder?«

»Ich weiß nicht recht – glauben Sie wirklich?«, stammelte Lena. Sie war selig und verlegen zugleich, so dass Kerschensteiner noch einmal seine Ansicht bekräftigte.

»Wenn dieses Buch erscheint, wird man auf Sie aufmerksam werden. Sie müssen weiterschreiben, Sie können das, davon bin ich überzeugt. Dann werden auch Ihre Verhältnisse sich stabilisieren, denn für Bücher bekommt man Honorare. Herr Jerusalem wird Sie da sicherlich gut beraten.«

Lena spürte bei Kerschensteiners Worten, dass ihre neue Situation, dieses Buch, das offensichtlich Beachtung verdiente, dass das wahrscheinlich zu viel für sie war. Ihr drehte sich alles im Kopf. Plötzlich, nach Zeiten voller Not und Kummer, nach ihrer jahrelangen Einsamkeit solch eine Freude, solch ein Triumph. Wie sollte sie das begreifen. Am undurchsichtigsten war Jerusalem, und ausgerechnet ihn sah Kerschensteiner als ihren Berater an.

»Er möchte, dass wir heiraten«, entfuhr es Lena, und der Professor sah sie erstaunt und arglos an. Er schien von dem Gedanken erwärmt. »Aber das ist ja – dann wüsste ich Sie ja in guter Obhut. Darauf wollen wir trinken.«

Sollte sie ihm in sein teilnehmendes Gesicht sagen, dass sie in Wahrheit Angst hatte vor Jerusalem, vor ihrem Herrli? Dass ihr dies gerade in diesem Moment, wo sie in seine aufrichtigen, intelligenten Augen sah, klar geworden war? Würde er begreifen, dass Jerusalem ihr am liebsten alles verbot, was sie nicht mit ihm gemeinsam tat? Er wollte Lena vom Leben fern halten, von Lotte, sogar von Frau Böck und von Kathi, die einen kleinen Kaschbar bekommen hatte und sich wünschte, dass Lena sie in Passau besuchte und einige Tage bei ihr blieb.

»Du fährst nicht nach Passau!«, hatte Herrli gesagt, »erstens musst du dich noch schonen und zweitens müssen wir uns jetzt mit dem Buch beschäftigen. Und außerdem will die Kathi doch nur eine Kindsmagd.«

Sollte sie ihm sagen, dass sie sich noch keine Sekunde ihres Lebens nach Jerusalem gesehnt hatte? Dass sie von ihm weiter entfernt war als vom Mond? Dass alle Sehnsucht, deren sie fähig war, alleine ihm selber galt? Seit der Zeit mit Cäcilia hatte Lena angefangen, ihren Körper zu mögen. Je länger sie Kerschensteiner liebte, desto mehr gehörte ihr Körper ihr. Sie fand ihre helle schimmernde Haut schön. Ihren Bauch, ihre Schenkel. Oftmals lag sie im Bett und wünschte sich, sie könnte ihm sagen, sieh, dies ist mein Körper, aber er gehört dir!

Nichts, gar nichts von alledem konnte sie jemals zu Kerschensteiner sagen. Sie würde in seiner Nähe immer eine Maske tragen müssen. So wie jetzt.

Sie aßen, wurden aufmerksam bedient, und Lena sah die schönen Hände des Professors, der das Fleisch auf seinem Teller zerteilte, und schon wieder bekam Lena unstatthafte Gedanken und Wünsche. Kerschensteiner war ihr verboten, aber er existierte, und Lena sah durch seinen Anzug hindurch den schmalen Körper, glaubte, seine kühle Haut an ihren Lippen zu spüren. Das war das Allerverbotenste, aber sie dachte ständig daran. Wenn sie ehrlich war, konnte sie überhaupt nichts anderes mehr denken.

Nicht einmal, als ein Kollege des Professors an den Tisch kam. Er küsste Lena respektvoll die Hand, und sie dachte für einen verwegenen Moment, dass sie zumindest ein Recht auf dieses zauberhafte Mittagessen mit Kerschensteiner und auf diesen Handkuss habe, und sie fühlte, wie eine Spannung von ihr abfiel, die wohl über Stunden ihren Körper beherrscht hatte.

Lena setzte sich in ihrem gepolsterten Stuhl aufrecht hin, gesammelt, obwohl sie sich wohlig weich und knochenlos fühlte. Kerschensteiner war aufgestanden, wechselte einige Worte mit dem Kollegen, und Lena sah die beiden Herren an ihrem Tisch und dachte: Wenn ihr wüsstet!

Sie mutmaßte mit einer gewissen Zufriedenheit, dass Kerschensteiner in Wahrheit niemandem wirklich gehörte, weder seiner Frau noch dem Sohn. Dass er sein Leben ganz und gar anderen Menschen widmete, am meisten seinen Patienten. Auch ihr hatte Kerschensteiner so viel gegeben; Gesundheit, Selbstvertrauen, Freude und Zuversicht. Sie hatte zum ersten Mal von einem Menschen mehr bekommen, als sie gegeben hatte.

Lena musste ihn seiner Welt überlassen. Ganz und gar. Das hatte sie immer gewusst. Es gab nur Dinge, Realität – keine Wunder.

Kerschensteiner wurde im Krankenhaus erwartet, sie mussten aufbrechen. Das Wetter hatte sich aufgehellt, Lena wollte noch ein wenig durch die Straßen bummeln. Kerschensteiner stieg in eine Droschke. Er sprach mit dem Kutscher, dann wandte er sich zu Lena, winkte ihr zu, und sie winkte zurück und sah der Droschke hinterher.

Ihr fiel ein, was sie kürzlich in einem Gedicht gelesen hatte: »Einmal lebt ich wie Götter und mehr bedarfs nicht.« Oder so ähnlich. Irgendetwas in ihr sagte, dass sie noch niemals so tief empfunden hatte wie bei diesem Zusammensein mit Kerschensteiner. Sie spürte, dass sie Lena war, dass sie lebte, auch wenn es wehtat.

Mit dem Handrücken wischte sie eine Träne weg, die über ihre Wange lief.

In der Neuhauser Straße sah Lena einige Damen der Münchner Gesellschaft. Sie trugen große Hüte mit Blumen und Bändern, hatten winterlich warme Samtkostüme oder welche aus Wollstoff an und verkauften kleine Blumensträuße. Lena hatte in der Zeitung gelesen, dass sie für den Margeritentag sammelten, eine Wohltätigkeitsveranstaltung, die bedürftigen Kindern half. Viele Passanten blieben bei den Frauen stehen, kauften die Sträuße, gaben Geld.

Lena kramte in ihrer Geldbörse. Viel war es nicht mehr, was sie von ihren Ersparnissen noch hatte. Aber bald würde sie Geld bekommen für ihr Buch, deshalb wollte sie wenigstens eine Mark hergeben für die Kinder.

Sie ging auf eine der Frauen zu und sah plötzlich, wie ihre Mutter aus einem Konfektionsgeschäft herauskam und sich vor einer der Damen aufbaute. Sie trug ein ziemlich grünes Kostüm und einen Beutel aus demselben Stoff, dazu einen grünen Schirm. Der Hut, schräg auf dem hochgesteckten Haar sitzend, wies einige beträchtliche Federn auf, und das Gesicht der Mutter zeigte Stolz, als sie in ihre Börse griff und der vornehmen Dame mit großer Geste Geld in den Korb legte, von Dame zu Dame sozusagen. Dann stolzierte die Mutter weiter, sie ging noch gerader als sonst, und auch die Federn auf ihrem Hut schienen sich steil aufzurichten.

Als die Mutter sich verstohlen umschaute, ob es auch Publikum für ihre Mildtätigkeit gebe, sah sie geradenwegs auf Lena. Sie kniff ihre Augen zusammen, tat einen kleinen Schritt auf ihre Tochter zu, blieb dann aber wie angepfählt stehen. Ihr rotwangiges Gesicht wurde womöglich noch roter, und Lena wartete auf die Angst, die sich immer beim Anblick ihrer Mutter eingestellt hatte. Doch sie fühlte nichts. Und wenn doch, dann war es Kälte, Gleichgültigkeit. Was es zu sagen gegeben hätte, war nun von Lena aufgeschrieben. Es würde gedruckt werden, so viel war klar. Vielleicht würde ihre Mutter es sogar lesen. Oder man würde ihr von dem Buch berichten.

Im Weitergehen wunderte sich Lena, dass ihr Herz

nicht wenigstens jetzt losraste, dass sie nicht zu zittern begann, aber es passierte nichts. Der Tag war noch hell und schön geworden, wie gebadet in Licht lag die Neuhauser Straße vor ihr, und sie ging weiter, die mit offenem Mund dastehende Mutter nicht mehr beachtend.

Die großen Häuser zu beiden Seiten der Straße hatten prächtig verzierte Erker und Fenster, Kuppeln und Türmchen. Fast ein jedes Haus sah aus wie ein Schloss. Lena sah wartende Hofequipagen, auf den Kutschböcken saßen livrierte Kutscher, Lakaien standen hochaufgerichtet und warteten auf die Herrschaften. Sicher waren Prinzessinnen des Hofes beim Einkauf, denn Militär zu Pferde begleitete die Equipagen, und Wachtmeister in langen Mänteln und Pickelhauben sorgten dafür, dass den Hoheiten niemand zu nahe käme.

Lena fühlte sich seltsam frei von ihrer Vergangenheit. Sie hatte die Mutter getroffen – na und? Sie hatte in Lena zeitlebens nur eine billige Arbeitskraft gesehen. Ihr hatte Lena mehr gegeben, als sie bekommen hatte, sehr viel mehr. Sie hatte ihre Schuldigkeit als Tochter getan. Hatte keine Verpflichtung ihr gegenüber. Nie mehr.

Lena atmete tief durch, ging fröhlich die Straße entlang und fühlte sich wohl in der eleganten Umgebung. Viele gut gekleidete Passanten, auch Kinder in vornehmer Kleidung, begegneten Lena, und sie empfand sich durchaus gleichberechtigt neben ihnen. Gerade noch war sie mit einem der berühmtesten Professoren Münchens, wenn nicht Bayerns, in den Torggelstuben gesessen. Sie solle, sie müsse weiterschreiben, hatte Kerschensteiner gesagt. Er war ihr guter Geist, schon bei ihren Erinnerungen hatte er sie beflügelt, zur Wahrhaftigkeit ermutigt. Und Lena war sich jetzt sicher: Sie würde weiterschreiben. Sie war überhaupt nicht erschöpft vom Schreiben ihrer Erinnerungen. Im Gegenteil, sie fühlte immer neue Geschichten in sich lebendig werden, immer neue Ideen wurden wach. Im Gehen durch die übersonnten Straßen schrieb sie die ersten Seiten eines neuen Romans.

24. Kapitel

»Morgen sollen wir beim Albert Langen Verlag vorsprechen«, sagte Peter Jerusalem ziemlich aufgeregt, als Lena am frühen Abend bei ihm ankam. »Wieso kommst du erst jetzt – ich habe immer noch nicht den endgültigen Titel, und ich brauche noch einen Künstlernamen für dich. Und überhaupt – wo ist das Manuskript?«

»Bei mir im Zimmer natürlich – wo sonst!« Sie dachte an Kerschensteiner, an seine Augen, die mit liebevollem Respekt auf sie geschaut hatten. Heute endlich wollte sie Herrli berichten, dass Kerschensteiner ihre Erinnerungen Ludwig Thoma empfohlen hatte. Doch sie konnte nur ansetzen, »Professor Kerschensteiner –«

Jerusalem unterbrach sie sofort. »Kerschensteiner – ich hab dir schon zigmal gesagt, dass er für uns nicht maßgeblich ist, was das Buch angeht. Durch meine Verbindungen hat übrigens Ludwig Thoma das Buch dem Verlag Albert Langen empfohlen! Du siehst also, wem du alles verdankst!«

Im ersten Moment wollte Lena das richtig stellen, wollte Herrli nachweisen, dass er sie pfeilgrad anlog – doch dann hätte sie ihren ganzen wunderschönen Tag preisgeben müssen. Herrli zählte nicht. Sie fühlte Kerschensteiner immer noch um sich herum. Und so fragte sie Herrli kühl, woher er denn wisse, dass sie morgen beim Verlag vorsprechen sollten.

Erstaunt sah Jerusalem sie an. Seit wann hinterfragte sie seine Anordnungen? Er griff auf den mit Papieren und Hausrat überfüllten Tisch und gab Lena einen Brief.

Sehr geehrte Frau Leix,

der erste Teil des Romans Ihrer Erinnerungen liegt uns vor, uns ist durch unseren Redakteur und Autor Dr. Ludwig Thoma bekannt, dass es sich um ein beachtenswertes Werk handelt, dessen zweiter Teil auch schon handschriftlich vorliege. Nach unserer Lektüre des ersten Teils stimmen wir mit dem Urteil von Herrn Dr. Thoma in jeder Weise überein.
Wir sind deshalb an einem Gespräch mit Ihnen sehr interessiert und möchten Sie bitten, wenn Sie es ermöglichen können, uns morgen gegen 15.00 Uhr in unseren Räumen in der Kaulbachstraße 91 aufzusuchen.
Wir sehen Ihrem Besuch mit Interesse entgegen.

Hochachtungsvoll
Verlag Albert Langen
Korfiz Holm
Verleger

Sauber – der Brief ist an mich gerichtet, und der macht ihn auf, dachte Lena, und sie überlegte, ob sie Herrli wenigstens darauf aufmerksam machen solle. Doch sie ließ es auch diesmal wieder, ärgerte sich aber, dass sie sich von ihm derart entmündigen ließ. Ihr Oberkontrolleur konnte mit seinem Unmut die Luft derart bedrückend machen, dass Lena lieber schwieg. Es war ihr schon klar, dass Jerusalem sich aufführte wie ein allmächtiger Gott, da sie aber ihren eigenen Gott und die Madonna fest und unverrückbar in ihrem Herzen hatte, erreichten Herrlis Tiraden sie nicht. Während er ihr Vorhaltungen machte, dachte sie, dass er nur ein verunglückter Kreuzritter sei, unfähig zum Frohsein, zum Lachen und Lieben, zum Glühen und Verschmelzen. Er tat ihr Leid.

Am liebsten wäre es Lena gewesen, wenn Lotte sie in den Verlag Albert Langen begleitet hätte, aber das würde Herrli nie zulassen. Er holte sie schon kurz nach zwei Uhr in der Kunigundenstraße ab. Der Himmel war zwar grau, aber die Luft frühlingshaft warm, und Lena wollte ihr lilafarbenes Spitzenkleid anziehen.

»Sei nicht leichtsinnig, es geht ein arger Wind. Zieh deinen Mantel an und den Hut!«

»Gut schaun S' aus, Lena, ich drück' Ihnen die Daumen!«, rief Ludmilla Schad, die ihnen auf der Treppe begegnete.

Sie war eingeweiht, hatte zum Nachtisch für Lena einen Kaiserschmarrn gebacken. Lena hatte den ganzen Morgen das Bad für sich alleine, hatte in Ruhe baden und ihre langen Haare waschen können. Tiburtl hatte wieder seinen Fahrradunterricht in Aussicht gestellt. »Wann S' radln kannten, täten S' nur wenige Minuten brauchen bis zur Kaulbachstraß'!«

So aber gingen sie zu Fuß, und Lena war es recht, dass sie nicht noch ein Stahlross im Zaume halten musste, denn mit ihr gingen schon die Gäule der Nervosität durch. Dieser Herr Korfiz Holm wartete auf eine Schriftstellerin, und dann kam sie daher! Wie sollte sie ihm entgegentreten? Was sollte sie mit dem reden? Der würde doch sofort sehen, dass sie eine Dotschn war!

Mit Herrli konnte sie nicht über ihre Hemmungen reden.

Er war wieder bei seiner Lieblingsbeschäftigung, vor Lena sein Wissen auszubreiten. Er redete von Albert Langen, dem verstorbenen Gründer des Verlags. »Der hat es leicht gehabt! Er war noch sehr jung, ein Industriellensohn aus Köln, da hat ihm der Vater ein reiches Erbe hinterlassen. Er ist nach Paris gegangen, um Maler zu werden. Dort hat er durch Vermittlung von Freunden den berühmten norwegischen Dichter Knut Hamsun kennen gelernt. Der hatte gerade beim S. Fischer Verlag seinen ersten Roman ›Hunger‹ herausgebracht, der viel beachtet, aber wenig verkauft wurde. Nun wollte S. Fischer seinen Roman ›Mysterien‹ nicht mehr haben. Albert Langen, der beide Romane kannte, fasste damals spontan den Entschluss, ›Mysterien‹ selber herauszubringen.

»Mei – war der mutig. Der verstand sicher noch gar nichts vom Bücherverlegen«, sagte Lena bewundernd.

Leicht unwillig über die Unterbrechung fuhr Herrli fort. »Dafür hatte er viel Geld! Er gründete in Paris den Buch- und Kunstverlag Albert Langen. Schon nach kurzer Zeit waren viele Skandinavier und Franzosen bei ihm unter Vertrag. Auch der berühmte Dichter Björnstjerne Björnson. Als er wieder in München war, hat Albert Langen dann den *Simplicissimus* gegründet, eine politische Zeitung, für die er und auch sein Autor Ludwig Thoma später ins Gefängnis kamen.«

»Die Zeitung kenne ich!«, sagte Lena lebhaft. Das Gespräch interessierte sie mit einem Mal sehr. Bei Lotte hatte sie Ausgaben des *Simplicissimus* gesehen und bei Tiburtius Schad auch. Sie durfte sich die Hefte ausleihen und las Erzählungen von Thomas Mann darin und von Hermann Hesse, las Gedichte von Ludwig Thoma und Peter Schlemihl, von dem Lotte sagte, dass der auch Ludwig Thoma sei, ein sogenanntes Pseudonym.

Es tat Lena aufrichtig Leid, dass der Verleger Albert Langen nicht mehr lebte. Vor drei Jahren war er, erst Ende vierzig, an einem Ohrenleiden verstorben, das er sich bei gewagten Fahrten in seinem offenen Automobil zugezogen hatte. »Warum musste Langen ins Gefängnis? Was hatte er denn verbrochen?«, fragte Lena.

»Nun – die Bäume wachsen nicht in dem Himmel.«

Schien es Lena nur so, oder fand Herrli es in Ordnung, dass Albert Langen vor dem Gefängnis in die Schweiz und später nach Paris flüchten musste? Jedenfalls erzählte er fast fröhlich, dass Langen ein Unrecht geschehen war. »Er wurde dafür verantwortlich gemacht, dass sein Zeichner Th. Th. Heine und der Dichter Hieronymus, hinter dem sich Frank Wedekind verbarg, eine Majestätsbeleidigung begingen, indem sie sich über die Palästinareise Kaiser Wilhelms lustig machten.«

Langen hatte Wedekinds Namen nie preisgegeben, was Lena heroisch fand.

Doch sie war von den vielen berühmten Namen schon jetzt eingeschüchtert. Und als sie Korfiz Holm in seinem elegant möblierten Büro gegenübersaßen, als er ihnen

Kaffee, Cognac und Zigaretten anbot, entschloss sie sich zu einem herzhaften Schluck Cognac als Medizin gegen ihre Ängstlichkeit. Als sie Herrlis tadelnden Blick auf sich gerichtet sah, trank sie das Glas mit einem weiteren Schluck leer. »Heiliges Herz Mariens«, betete Lena inständig, »du Heilige Mutter, jetzt regle du das Weitere. Amen.«

Es half. Lena fand Herrn Korfiz Holm von Grund auf sympathisch. Er mochte um die vierzig sein, hatte einen kahlen Kopf mit hellen, intelligenten Augen. Die Nase war ziemlich lang und spitz, über dem Zwicker zogen sich manchmal die Augenbrauen nervös zusammen. Holm trug einen Siegelring an der linken und einen Ehering am Ringfinger der rechten Hand. Das war gewiss kein unrechter Mann. Er fragte genau das, worüber sich Lena gestern schon mit Herrli gestritten hatte.

»Wie soll denn Ihr Autorenname lauten? Schreiben Sie unter Magdalena Leix?«

Korfiz Holm sah von Lena zu Peter Jerusalem, der sofort erwiderte, dass er an Lena Leix denke, das klinge modern und sei gut zu merken.

»Also gut, warum nicht!« Korfiz Holm schrieb es auf, doch Lena hörte sich sagen, wobei sie ihren Zeigefinger nachdrücklich hochhob:

»Ich mag aber nicht Lena Leix heißen, ich nenne mich als Schriftstellerin Lena Christ, nach meinem Vater.«

»Das ist auch gut, warum nicht!« Korfiz Holm sah sekundenlang von Herrli zu Lena, dann strich er durch, schrieb neu und fragte dann, wie eigentlich der Roman heißen solle.

»Darüber habe ich mir viele Gedanken gemacht, vieles erwogen und wieder fallen lassen, antwortete Jerusalem beflissen, »der Titel ›Erinnerungen einer Frau aus dem Volke‹ scheint mir am treffendsten.«

»Erinnerungen einer Frau aus dem Volke«, sprach Korfiz Holm sich langsam vor. Es war ihm nicht anzumerken, ob ihm der Titel gefiel.

Lena hob wieder ihren Finger und sagte, dass ihr Buch

schon »Erinnerungen« heißen könne, »aber ›Erinnerungen einer Überflüssigen‹, und da brauchn wir gar nicht mehr redn und nicht mehr drüber nachdenken!«

»Wissen S'«, sagte sie dann noch sachlich erläuternd zu Korfiz Holm, »wissen S', das ist nämlich mein Buch.«

25. Kapitel

Ludmilla hatte beim Frühstück in den *Münchner Neuesten Nachrichten* gelesen, dass der Schriftsteller Ludwig Thoma in der Schwabinger Brauerei aus seinen berühmten »Lausbubengeschichten« lesen werde. Lena hörte, wie Ludmilla ihren Vater rief: »Vatta, der Doktor Thoma liest heut Abend!«
Es war ausgemacht, dass die Schads hingingen, denn Tiburtl Schad war ein großer Verehrer Ludwig Thomas und Peter Schlemihls. Er las Lena aus der Zeitung vor, was auch seine Überzeugung war: »Ludwig Thoma ist der bedeutendste bayerische Dichter der neueren Zeit, der Einzige, der im deutschen Schrifttum ernsthaft etwas zu suchen hat.«
Eingeladen von Tiburtl und Ludmilla Schad, saß Lena am Abend in einem Saal, in dem Stühle und Tische einer Bühne zugewandt waren. Der Saal war schon gut besetzt gewesen, als sie angekommen waren, doch immer noch kamen Interessierte, und Ludmilla sagte zu Lena: »Da oben sitzt du auch eines Tages. Ganz bestimmt!«
Tiburtl tätschelte Lenas Arm: »Dann kemman mir aa, des kannst fei glaubn. Und i bring meine Spezl vom Radlclub aa no mit!«
Lena wusste nicht, ob sie sich das wünschen sollte. Dort oben sitzen, vor den Augen so vieler Leut – doch da sprach der Geschäftsmann aus Tiburtius Schad, der sagte: »Lena – des muaßt nacha scho lerna. So a Lesung is fei Werbung für dei Buch, und ohne Werbung geht heitzutag nix.«
In diesem Moment, Lena erkannte ihn sofort, kam Korfiz Holm auf die Bühne und mit ihm ein Mann, von dem

Tiburtl sofort eifrig flüsterte, dass das der Thoma sei: »Des is er fei, insa Thoma« – und Lena sah einen kräftigen Mann in einem dunkelbraunen Trachtenjanker, dessen dunkle Augen hinter dem Zwicker ihr gleichzeitig klug und hilflos schienen. Nobel sah er aus mit seiner Uhrkette über der Weste, er saß an dem Tisch, inmitten seiner Bücher, die man um ihn herum aufgestapelt hatte, und schien ganz eins mit dieser Umgebung. Lena konnte nicht fassen, dass dieser bedeutende Mann sich für ihr Buch eingesetzt hatte. Er schien ihr fern und unerreichbar.

Tiburtl hatte Lena berichtet, dass Thoma wegen seiner Beiträge für den *Simplicissimus*, in denen er die Sittlichkeitsvereine angegriffen hatte, für sechs Wochen in Stadelheim einsitzen musste. Das war schon sechs Jahre her, aber es ängstigte Lena, die nicht gewusst hatte, dass man für Geschriebenes auch bestraft werden konnte. Da klärte Tiburtl sie aber auf! Er war glücklich, endlich einmal für seine Kenntnisse und für seine Begeisterung, den *Simplicissimus* betreffend, ein Echo zu finden. Ludmilla interessierte sich nicht sonderlich dafür, und bei seinen wohlhabenden Spezln musste er sogar vorsichtig sein. Sie ärgerten sich über den zähnefletschenden Mops, das Symbol des Blattes, das zeigte, wie bissig hier die Regierung und die reichen Besitzbürger angegangen wurden.

Tiburtl sagte, das seien alles gestandene Mannsbilder, die Zeichner und auch die Schreiber. Die trauten sich, das Maul aufzumachen. Sie wagten es, dem Kaiser Wilhelm II. Paroli zu bieten, dem Sprücheklopfer, dem damischen. Sie stellten den Dünkel der Adeligen an den Pranger, den Größenwahnsinn des Militärs. »Sogar die politisierenden Pfarrer greifens an!«, freute sich Tiburtl. »Und der Thoma is der schärfste Hund.«

Tiburtl hatte Lena einen Ausriss aus der Zeitung gegeben, in dem Thoma als der »wirkungsvollste Polemiker« bezeichnet wurde, »von dramatischer Begabung und schonungsloser Aggressivität«. Tiburtl berichtete ihr auch, dass Thoma früher von argen Geldproblemen geplagt worden war. Er hatte das nie verborgen, sondern ungeniert in seinen Schlemihl-Gedichten darüber geschrieben:

»Was bin ich für ein großer Lump!
Ich leb das ganze Jahr auf Pump,
ich stecke tief in Schulden.

O Himmel, Herrschaft, Sapperlott!
Ich treibe mit dem Höchsten Spott!
Wie lange wird man's dulden?«

Könnte doch Lena alles so leicht nehmen! War es wirklich keine Schande, sich von Lotte Kleider zu leihen und auch ab und zu mal Geld? Wenn der berühmte Ludwig Thoma, von dem es hieß, dass er in der Tuften zu Rottach am Tegernsee einen großen Besitz habe, wenn der auch die Armut kennen gelernt hatte und sich dessen nicht schämte, musste Lena das auch nicht.

Sie schaute wieder in Richtung Bühne, auf der sich Ludwig Thoma gerade sorgfältig eine dicke Zigarre anzündete, sich von der Bedienung einen Maßkrug hinstellen ließ, denn immer noch drängten sich Zuhörer in den Saal.

»A Hund is er scho!«, sagte Tiburtl verträumt. Es überraschte Lena, wie Tiburtl, der doch zu den wohlhabenden Münchner Bürgern gehörte, Journalisten und Künstlern zustimmte, wenn sie die Obrigkeit kritisierten. So einen Schneid hatte Lena noch nie erlebt. In der elterlichen Gaststätte debattierte höchstens mal der Revolutionsschuster, der ein ausgesprungener Pfarrer war, über Anarchismus und Sozialdemokratie. Manchmal stritt er dabei so heftig mit dem Bäckerhias, dass der Schuster schrie: »Nieder mit dem schwarzen Bäckerhund! Hauts ihn nieder, den Zentrumshund! D' Sozialdemokratie soll leben!«

Lena überlegte, ob es ihr selbst nicht entschieden an Mut fehle, und sie kam zu keinem günstigen Ergebnis, doch da trat Korfiz Holm vorn an die Bühne, bat, den Saal zu schließen.

»Meine Damen und Herren«, sagte er aufgeräumt, ich muss Ihnen den Dichter Ludwig Thoma nicht vorstellen. Ich möchte aber betonen, dass ich stolz bin, den größten Bayerndichter unserer Tage zum Freund und Kollegen zu haben, der auch als Privatperson so echt und treu ist wie in seinen Werken.«

Das Publikum applaudierte, und Korfiz Holm wartete einen Moment, dann nahm er wieder das Wort.

»Ich könnte jetzt sehr viel über seine sprachliche Begabung sagen, über seine Wurzeln in der Mundart, über seinen Sinn für die Heftigkeit und Nichtigkeit des Wortes. Doch ich lasse den Dichter selber zu Wort kommen, der heute aus seinen ›Lausbubengeschichten‹ vorlesen wird, in denen er eine neue, ins Hochdeutsche übersetzte Art des bayerischen Sprechens erfunden hat. Ich darf jetzt Ludwig Thoma bitten.«

Der Dichter nahm noch einen Schluck aus seinem Maßkrug, dann deutete er mit einer Bewegung des Kinns auf Korfiz Holm, der sich neben ihm an den Tisch gesetzt hatte: »Meine Damen und Herren, ich freu mich sakrisch, dass Sie so zahlreich gekommen sind. Aber glauben S' bloß nicht den Lobreden, die mein Freund Korfiz Holm Ihnen aufgetischt hat. Der ist nämlich ein Russ', ein baltischer, der hat's faustdick hinter den Ohren.«

Lena hatte von Herrli gehört, dass Korfiz Holm aus dem Baltikum stammte, doch ihr blieb keine Zeit, über den Begriff »baltischer Russ« nachzudenken, denn Thoma schlug sein Buch auf und las mit so kräftiger, eindringlicher Stimme, dass sie völlig gefangen war.

Er las einige Lausbubengeschichten aus seiner Jugendzeit und begann mit Gretchen Vollbeck: »Von meinem Zimmer aus konnte ich in den Vollbeckschen Garten sehen, weil die Rückseite des Hauses gegen die Korngasse hinausging ...«

Die Geschichte von Gretchen Vollbeck, das zur Freude seiner Eltern Tag und Nacht Scheologie studiert – womit Geologie gemeint war – und dem Ludwig zu seiner endlosen Verbitterung als Vorbild hingestellt wird, fand Lena ebenso herzerwärmend wie die darauf folgenden. Immer hatte der Lausbub Ärger mit den Lehrern, mit den Verwandten, die ihn erziehen wollten, und immer musste er gegen die ungerechte Welt kämpfen. Die Zuhörer lachten und applaudierten, sie fühlten, dass von ihnen die Rede war, und Lena tat mit und war gleichermaßen daheim in den Szenarien, die Thoma entwarf. Sie bewunderte ihn für die Zuneigung zu seinen Figuren, für die Kritik an der selbstgerechten Bürgerschaft. Und sie beneidete ihn, vor allem deshalb, weil er so liebevoll seine Mutter zeichnete, die so gar nichts von ihm hielt und doch nur Gutes für ihn wollte.

Als die Lesung zu Ende war, wollten die Schads Lena dazu bringen, sich Ludwig Thoma vorzustellen. Doch sie traute sich nicht, hätte sich aufdringlich gefunden, und das verstanden Ludmilla und Tiburtl dann auch wieder. Vergnügt gingen sie gemeinsam ins Leopold und erzählten sich ihre eigenen Jugendsünden und Untaten. »Mir san halt Bayern«, meinte Tiburtl erklärend und erteilte damit die Absolution.

Lena berichtete am nächsten Tag Peter Jerusalem begeistert von der Thoma-Lesung. »Mei – schreibt der ein schönes Bayerisch! Und wenn er Hochdeutsch schreibt, ist es so meisterhaft bayerisch gefärbt, dass macht ihm niemand nach. Doch was das Beste ist – einen Humor hat der, einen echten, hintersinnigen, bayerischen Humor! Da kannst dauernd lachen!«

Jerusalem ging eine Weile im Zimmer auf und ab, eine Angewohnheit, die ein wenig grotesk wirkte, weil das Zimmer eng und mit nur zwei bis drei Schritten zu durchmessen war. »Ich habe eine Idee«, sagte Jerusalem schließlich: »Die ›Lausbubengeschichten‹ sind der größte Erfolg Thomas. Die Leute sind vernarrt in das Buch. Du hast es ja gestern erlebt. Und ich denke, du könntest auch solch einen Erfolg haben. Du hast mir so viel von deiner Glonner Kindheit erzählt. Wenn der Thoma ein Lausbub war, warst du ganz bestimmt ein Lausdirndl.«

Ein Strahlen ging über Herrlis Gesicht, was selten passierte. Er rief Lena zu, dass sie auch könne, was Thoma gemacht habe. »Du schreibst deine Lausdirndlgeschichten! Damit wirst du ebenso viel Erfolg haben wie er, und wir verdienen viel Geld!«

Lena wusste sofort, dass das für sie nicht in Frage kam. »Das tu ich nicht. Ich kann nicht so schreiben wie der Thoma. Und ich will es auch nicht. Ich hab außerdem eine ganz andere Geschicht im Kopf!«

»Aha! Eine ganz andere Geschicht! Da werd ich wohl nicht gefragt? Bilde dir nur nicht ein, du könntest jetzt machen, was du willst, nur weil dein Roman herauskommt. Erstens verdankst du das einzig und allein mir, und zweitens weißt du überhaupt nicht, ob deine ›Erinnerungen‹ ein Erfolg werden.«

Wütend setzte er hinzu, dass Lena ihn bei Korfiz Holm blamiert habe. »Erinnerungen einer Überflüssigen! Was für ein negativer Titel! Du wirst schon sehen, dass die Leute das nicht kaufen werden. Dann war all meine Mühe umsonst! Aber ich werde dafür sorgen, dass du nicht noch mal deinen Bauerndickschädel durchsetzt. Du fängst jetzt mit den Lausdirndlgeschichten an!«

Lena war verblüfft. Herrli war zwar des Öfteren ein Tyrann, aber er blieb immer höflich, gab seine Befehle mit leiser Stimme, wenn die auch merkwürdig hart und schneidend sein konnte. Aber so herrisch wie heute war er ihr noch nie vorgekommen. Sie sagte ihm, dass sie schon einige Seiten ihres neuen Romans geschrieben habe. »Ich hab dich damit überraschen wollen!«

»Danke!«, sagte Herrli, »danke bestens! Du sollst mich nicht überraschen, du sollst mit mir über neue Projekte reden. Ich wollte dir nur Zeit zum Ausruhen geben, aber du handelst gleich eigenmächtig. Dabei verstehst du doch überhaupt nichts von verlegerischen Dingen.«

Herrli blieb stehen, sah Lena missmutig an. »Worüber schreibst du denn, wenn ich mal fragen darf?«

»Über meinen Großvater«, sagte Lena, »ich möcht über meinen Leneivatta schreiben.«

»Aber das kannst du doch gar nicht ohne mich! Dein Großvater ist 1827 geboren. Du brauchst Material aus dem letzten Jahrhundert. Woher willst du das ohne meine Hilfe bekommen?«

Lena schwieg, aber in ihrem Kopf ging sie alle Leute durch, die ihr sagen könnten, wo die Quellen waren. Da war immerhin Kerschensteiner, der schlichtweg alles wusste. Dann kannte sie jetzt Korfiz Holm, der sich bestimmt auch auskannte, und wer es ihr auch sagen konnte, war Ludwig Thoma. Ihm könnte sie einen Brief schreiben, und er würde ihr gewiss mitteilen, wo sie Material über die früheren Zeiten in Bayern finden konnte.

Peter Jerusalem spürte, dass Lena aufsässig wurde, dass sie nicht mehr die fügsame Lena war, die er kennen gelernt hatte. Einen Krieg mit ihr konnte er nicht gebrauchen. Und die Idee, über ihren fabelhaften Großvater zu schreiben, war nicht schlecht. Aber erst einmal mussten die Lausdirndlgeschichten her. Das war ihm bei Lenas Bericht spontan klar geworden, und das musste ihr auch einleuchten, denn schreiben konnte es ja nur sie.

»Lena«, sagte er daher friedlich, »Lena, du bist doch mit mir gut gefahren. Ich habe für dich gesorgt, habe dich angeleitet. Die Papiere für unser Aufgebot habe ich auch beisammen. Eine Wohnung in der Wilhelm-Düll-Straße in Gern ist mir zugesagt. Lena, die ist groß genug, dass wir die Kinder holen können. Die brauchen ein Zuhause, und du schaffst es nicht alleine, das weißt du auch!«

Die Kinder würden kommen! Bisher hieß es immer, dass kein Geld da sei für eine große Wohnung. Jetzt war auf einmal alles anders. Sicher hing das mit dem Brief zusammen, in dem Korfiz Holm ihr mitgeteilt hatte, dass ihr Roman auch das lebhafte Interesse von Dr. Reinhold Geheeb gefunden habe, dem zweiten Verlagsleiter. Lena wäre für den Verlag die Entdeckung des Jahres, und man freue sich auf die weitere Zusammenarbeit.

Nur deshalb, da war sich Lena sicher, wollte Herrli sie heiraten. Das macht nichts, dachte sie, wie immer, wenn ihr etwas zustieß, das sie nicht ändern konnte. In ihrer

Heimat heirateten die Bauern auch nur, wenn ein Mädchen das nötige Diridari mitbrachte. Bei Anton war das genauso gewesen. Die Ehe ist ein Vertrag wie jeder andere auch. Soll er richtig werden, muss man wissen, wo man dran ist. Und Lena wusste, dass sie dem Peter Jerusalem als Hochzeitsgut ihren Roman einbrachte und die weiteren, die sie schreiben würde. In Glonn hätte man sich über dieses Diridari gewundert, aber in der Münchner Stadt war eben alles anders.

Und jetzt würde sie halt die Lausdirndlgeschichten schreiben. Material hatte Lena übergenug aus der Spinnstubn, vom Viehmarkt oder aus Schule und Kirche.

26. Kapitel

Bisher war Lena immer mit Lotte auf der Auer Dult gewesen, wo sie für die Puppen nach kostbaren alten Stoffen und Posamenten gesucht hatten. Für Lena war die Dult immer ein Stück Glonn. Dicht vor der Mariahilfkirche waren die Tandelbuden aufgebaut. Interessierte mit großen Taschen und Rucksäcken liefen durch die Budenstraßen, wo es alle die Schätze gab, die Lena aus der Künikammer der Großeltern kannte. Aber auch Regenschirme, Taschen, Kerzenleuchter, Kleider, Röcke, wunderschöne alte Lampen, Schränkchen, geschnitzt oder mit Intarsien, altes Geschirr, Bestecke aus schwerem Silber oder einfache. Es gab Uhren und bemalte Blumentöpfe, Glasschränkchen, in denen alter Schmuck lag, oder Fatschenkindl, die berühmten Wickelkinder aus Wachs. Wandteller waren da aus bemaltem Porzellan oder aus Zinn, Wäsche und Tischtücher mit reicher Stickerei.

Auf der Dult war Lena eins mit Glonn. Sie lief nicht mehr durch die Budenstraßen, war nicht mehr auf dem Tandelmarkt, sondern sie war in ihrem Heimatort. Wie gerne hätte sie die Künikammer wieder gefüllt, zurückgekauft. Doch es war nie Geld dafür da gewesen.

Heute dagegen konnte sie einkaufen. Für die neue Wohnung in der Düllstraße brauchten sie Möbel, und Lena besaß neuerdings Geld. Eigenes Geld. Der Verlag Albert Langen hatte ihr einen Vorschuss auf ihre »Erinnerungen« gezahlt. Für Lena war klar, dass sie nur Möbel von der Dult wollte. Sie fand bei einem Möbeltandler einen alten Bauernschrank, Betten und eine Kommode. Auch für die Mädchen sah sie zwei Bauernbetten in Blau mit gemalten Rosen, die aber völlig verblasst waren. Die Sachen waren billig, und besonders der Bauernschrank, der noch aus der Mitte des achtzehnten Jahrhunderts stammte, sah runtergekommen aus. Doch er war schlicht in der Form, fast streng, hatte nur wenig Schnitzerei und dicke Kugeln als Füße. Er gefiel Lena sofort. Sie kannte einen Schwabinger Schreiner, der bei Frau Böck die ererbten Möbel gerichtet hatte, und er würde sicher auch Lenas Möbel wieder in Stand setzen.

Sie schenkte sich eine reich bestickte Riegelhaube, echte Münchner Tracht, und ein Glasschränkchen, in dem die Riegelhaube auf dem Ständer ausgestellt werden sollte. Und bald, so hoffte sie, würden noch andere Schätze hinzukommen. Denn die Dult gehörte zu München, und so würde es immer wieder verzauberte Stunden für Lena geben.

Im Hof der Schreinerei konnten Lena und Peter Jerusalem die restaurierten Möbel anstreichen. Jerusalem strich auf Wunsch Lenas alle Teile in einem matten Blau, Lena bemalte sie mit Rosensträußen. Als Vorlage dienten ihr die blassen Rosen auf den Betten der Mädchen, und so bemalte sie den Schrank und die Kommode mit Rosensträußen, und das Bett wurde mit dem Antlitz der heiligen Agnes geziert.

Am meisten Freude an den Möbeln hatten Leni und Alixl. Sie waren aus dem Internat zurückgekommen, und Ludmilla hatte darauf bestanden, dass Lena sie bis zum Einzug in die Düllstraße zu den Schads mitbrachte. Darüber war Lena sehr erleichtert, denn als sie ihre Töchter in Moosburg abholte, als sie die beiden im Internat wiedersah, fühlte sie sich schuldig, und vor diesem Gefühl war ihr sehr bange gewesen. Wie einen Blumenstrauß hielt sie für jedes Mädchen eine Puppe im Arm, die sie auch auf der Dult gekauft und mit selbst genähten Kleidern und Mützen liebevoll ausstaffiert hatte.

Leni und Alixl standen reisefertig im Dämmer des langen Flurs, Leni hielt die kleinere Alix fest an sich gedrückt, und Alix hatte ihre Ärmchen eng um Lenis Taille gelegt. So standen sie und schauten auf Lena und Jerusalem, und ihre Blicke schienen zu sagen: Wir wissen nicht, was kommt, wie viel Schmerz wir aushalten müssen, aber wir geben einander nicht her. Als Lena auf sie zulief, als sie ihre Tränen nicht mehr zurückhalten konnte, schauten beide Mädchen sie mit traurig prüfenden Blicken an, aber sie weinten nicht.

Wie tapfer sie sind, dachte Jerusalem, sie haben ihre Lektion schon gelernt. Die Große sieht aus wie Lena, die Kleine könnte ihre dunklen Augen vom Vater haben. Hoffentlich machen sie nicht zu viel Schererein, doch in diesem Internat sind sie sicher nicht verwöhnt worden. Jerusalem gedachte sich herauszuhalten, was die Kinder anging. Aber er war trotzdem froh, dass er sie liebenswert fand, besonders die Große, Leni. Sie schien fügsam, lenkbar, die kleinere hatte so etwas Eigenes in den Augen. Nun ja, er würde sehen.

Lena wollte jedes Kind an eine Hand nehmen, als sie zum Bahnhof gingen, doch Alexandra hielt heftig und entschieden die Hand der Schwester fest, und so nahm Lena Alixls Hand, und Jerusalem ergriff die von Leni, die sie ihm gutmütig reichte. Lena ging wie betäubt. Immer wieder sagte sie sich, dass sie wahrhaftig ihre Kinder bei sich habe, sie spürte die kleine Hand Alixls, eine trockene, schöne Wärme, und sie schwor sich, dass sie alles tun werde, alles für Leni und Alixl. Heiliges Herz Maria, hilf mir, dass ich meine Kinder behüten kann, sie nie mehr in fremde Hände geben muss.

»Wunderschön prächtige«, betete Lena lautlos, »hohe und mächtige, liebreich holdselige himmlische Frau, der ich mich ewiglich weihe herzinniglich, Leib dir und Seele zu eigen vertrau, Gut, Blut und Leben will ich dir geben, alles was immer ich hab, was ich bin, geb ich mit Freude Maria dir hin.«

»Der 28. August, Goethes Geburtstag, wie sich das für zwei Schreibersleute geziemt«, sagte Peter Jerusalem, als er das Datum der Heirat festlegte. Ein strahlend blauer Himmel lag über der Stadt, und es würde sehr heiß werden. Lena und Jerusalem wollten beide in schlichter Kleidung zum Standesamt, doch fragte Lena ihre Mädchen, ob sie ein Kränzchen tragen wollten zu den einfachen weißen Leinenkleidern. Nach kurzem Zögern willigten sie ein, und Lena holte aus Ludmillas Garten ein paar kleine späte Rosen, die sorgfältig entdornt und mit Gräsern zusammen zu schönen, schmalen Kränzen geflochten wurden. Die Mädchen sahen wie richtige Kranzljungfern aus, und Ludmilla wischte sich ein paar Tränen aus den Augen. Sie wäre gern mitgekommen zur Hochzeit, aber Herrli hatte entschieden, er könne über den kleinsten Familienkreis nicht hinausgehen, sonst müsse er eine richtig große Hochzeit ausrichten, was er aber nicht wolle. Das war schlichtweg Angabe, denn weder er noch Lena hatten viele Freunde und schon gar keine Familie, doch Lena wollte Herrli nicht bloßstellen und tröstete Ludmilla damit, dass sie bald nach dem Umzug in die Düllstraße Ludmilla, Kathi, Frau Böck und Lotte zu einem Kaffeekränzchen einladen werde. Lotte war ohnehin bei ihrer Mutter in Berlin, die eine schwere Sommergrippe hatte und Lotte um sich haben wollte.

Obwohl Lena sich heimlich eine Kutsche gewünscht hatte, bestellte Jerusalem ein Automobil. War auch nicht schlecht. Sie fuhren zum Standesamt am Petersbergl, Trauzeugen waren zwei Maler aus München, Richard Voltz und Emil Rau, die Lena und Herrli aus Fürstenfeldbruck kannten, wo die Künstler die Sommer verbrachten, an der Sommerakademie unterrichteten oder malten.

Am Petersbergl stand eine Reihe von Schaulustigen in der prallen Sonne, die Pferde vor den wartenden Kutschen ließen müde und durstig die Köpfe hängen. Dienstmädchen mit großen Kinderwagen oder Kindern auf dem Arm, viele Schulkinder, die darauf warteten, dass die Paare ihnen Geldstücke hinwarfen. Frauen mit Marktkörben und großen Hüten, die die Hochzeitspaare genau musterten und dann untereinander begutachteten. Das erinnerte

Lena an ihre erste Heirat, wo eine Zuschauerin gerufen hatte, dass der Bräutigam aber sauber sei. Und dann hatte sie hinzugesetzt: »Wia nur der dö Molln mag, dö aschblonde!«, und eine andere hatte geantwortet: »Dö wird scho a Geld g'habt haben!«

Lena fiel ein, wie viel Streit und Tränen es bei ihrer ersten Hochzeit gegeben hatte. Um den Polterabend, den die Schwiegereltern ausrichteten, um das Hochzeitsgewand und die Schleppe, um den Brautschmuck, die Frisur und die Unterwäsche, die vom Bräutigam ausgesucht wurde. Alles beargwöhnte die Mutter, nichts war ihr recht, und sie blieb dann ja auch der Trauungszeremonie in der Kirche fern. Wenn Lena an den Fluch dachte, den die Mutter ihr an ihrem Hochzeitstag mit auf den Weg gegeben hatte, wurde ihr heute noch übel.

Herrschaftseitn! Daran wollte Lena an ihrem zweiten Hochzeitstag nicht denken. Und womöglich nie mehr! Dagegen tat der Gedanke an Anton nicht mehr weh. Im März war Lena von ihm geschieden worden. Als sie ihre Scheidungsurkunde in Händen hielt, hatte Lena nichts gefühlt. Gar nichts.

In den Torggelstubn am Platzl war Lenas erster Gedanke natürlich Kerschensteiner, mit dem sie hier vollkommen glücklich gewesen war. Und plötzlich sah sie ihre Situation völlig ungeschminkt. Sie hatte Herrli geheiratet, um sich vor der Sehnsucht zu schützen, die Kerschensteiner in ihr weckte. Vor der Leidenschaft und vor der schmerzlichen Einsamkeit. So gesehen war Lenas heutige Heirat ziemlich verlogen, und Lena war bewusst, dass auch sie für Herrli bestenfalls ein Schutz war gegen völlige Verarmung und Isolation.

Sie suchte ihre Mädchen. Wenigstens sie waren heute unbefangen fröhlich. Leni und Alixl standen vor einem der Tische im Lokal. Sie sahen erfreut, aber auch ziemlich verlegen auf die vielen Bestecke und Gläser, die für jeden Gast aufgedeckt waren. Die kleine Hochzeitsgesellschaft saß an einem schönen Tisch direkt am Fenster, und die Vorübergehenden schauten herein, sahen Leni und Alixl und nickten freundlich. Richard Voltz erklärte den Mädchen, dass sie keine Angst vor dem komplizierten Drumherum haben müssten. Er nahm ein Bein vom Hühnchen in die Hand und biss kräftig hinein. »Jesus sprach zu seinen Jüngern, wer zu viel Gabeln hat, isst mit den Fingern!«

Da verloren die Mädchen ihre Scheu, und da auch Emil Rau von ihnen entzückt war und ihnen vormachte, wie schwer er sich mit all den Fleisch- und Fischbestecken tat, wurden sie zutraulich, aßen, lachten und schmiegten sich an die Mutter.

»Mei – ist das ein schönes Bild. Das tät ich gern malen!«, sagte Emil Rau und wies auf Lena und die Töchter, von denen eine schöner als die andere war. »Jerusalem«, sagte er und hob sein Glas gegen Lena und die Mädchen, »Jerusalem, du hast mehr Glück als Verstand! Gleich drei so schöne Frauen bei nur einer Hochzeit!«

»Von wegen«, konterte Herrli, »Glück hat auf die Dauer nur der Tüchtige.«

Lena fand es gut, dass Voltz und Rau nicht wissen konnten, wie Recht Herrli hatte. Herrli war tüchtig, aber sie bezweifelte, dass er glücklich war. Schließlich war sie es ebenso wenig.

Jerusalem hatte ein viergängiges Menü bestellt, und er sonnte sich in der Bewunderung seiner Malerfreunde, die außer Lena und den Mädchen das nicht alltägliche vorzügliche Essen und den Pfälzer Wein priesen.

Als der Wein getrunken und die Zigarren geraucht waren, fuhren Lena, Jerusalem und die Kinder in die Kaulbachstraße, wo ihr Korfiz Holm zusammen mit einem Glas Champagner die erste Ausgabe ihres Romans »Erinnerungen einer Überflüssigen« überreichte. In Holms Büro saßen einige Herren, die Lena beglückwünschten und ihr versicherten, dass sie das Buch sofort lesen würden, wenn Korfiz Holm eines für sie herausrückte.

Lena kannte nur Erich Mühsam, den Freund Lottes, der sie mit einem spontanen Kuss auf den Mund begrüßte, was Lena verlegen machte, aber nur ein bisschen. Mühsam fragte mit komischer Erbitterung: »Warum hat Lotte mir nicht gesagt, dass du noch zu haben bist? Ich komme immer zu kurz!«

Alles lachte, nur Herrli schaute tadelnd. Doch diesmal war es Lena gleichgültig – Mühsam gefiel ihr. Er schien ihr ungeheuer gescheit und eindrucksvoll mit seinen leuchtenden Augen, der tiefen Stimme und seinen nach außen gekehrten Gefühlen. Er musste ständig jemanden küssen oder sonstwie provozieren und war dabei herzlich und gutmütig.

Außer Mühsam war Ludwig Thoma da, Lena hatte ihn sofort beim Hereinkommen gesehen, war aber dann von Mühsam abgelenkt worden. Jetzt erhob er sich, wartete, bis Korfiz Holm ihm Lena vorstellte, und sagte dann, dass er sich freue, Lena kennen zu lernen. »Ich habe schon so viel von Ihnen gehört. Sogar Kerschensteiner war voll des Lobes für Ihren Roman, und der hat strenge Maßstäbe!« Er werde ihre Erinnerungen lesen, versprach er. »Und vor allem gratulier ich zur Hochzeit! Und zu den herzigen Töchtern! Da könnt ich grad neidig werden!« Er lud Leni und Alixl, die einander fest an der Hand hielten, in sein Haus nach Tegernsee ein, und die beiden konnten es gar nicht fassen, dass an einem Tag so viel Schönes passierte.

Auch Reinhold Geheeb gratulierte Lena, sagte, er habe so viel Freude beim Lesen ihres Manuskriptes gehabt, dass er Lust auf mehr habe. Fast wäre es Lena herausgerutscht, dass sie an den Lausdirndlgeschichten arbeite, aber die Anwesenheit Ludwig Thomas hielt sie davon ab, und auch Jerusalem sprach nicht davon.

Die Männer redeten dann über Mühsams Gedicht »Ein kleines Abenteuer«, das er dem *Simplicissimus* verkauft hatte, und Mühsam sagte ungeniert, dass er sich über sein Honorar von zwanzig Mark unglaublich freue. »Ich hab nur noch vierzig Pfennige, und der Luise in der Torggelstuben bin ich von gestern abend noch sechs Mark schuldig.«

Ausführlich sprachen sie von dem Dramatiker Frank Wedekind, der ja auch im *Simplicissimus* schrieb und dessen Stücke vor allem Erich Mühsam kannte. Er erzählte, dass er im letzten Sommer einen ganzen Wedekind-Zyklus, der im Schauspielhaus gegeben wurde, angeschaut habe. »Aber das beste Stück von Wedekind ist und bleibt für mich ›Der Marquis von Keith‹. Schon fünf Mal habe ich ihn jetzt in dem Stück gesehen, und jedes Mal gefällt er mir besser darin.«

Ludwig Thoma unterhielt sich mit Leni und Alixl und malte ihnen aus, was sie erwarte, wenn sie mit den Eltern zu ihm an den Tegernsee kommen würden. »Ich hab da oben auch allerhand Tierzeug, ihr werdet euch nicht langweilen!« Leni machte einen Knicks, Alixl tat es ihr nach, und beide kamen verlegen zur Mutter gelaufen.

»Freust dich heut, Mama?«, fragte Leni, und Alixl wiederholte die Frage.

Lena nickte lächelnd und gab beiden Mädchen einen Kuss. Sie saß in einem eleganten Sessel, hielt ihr Buch in der Hand, und sie sagte den beiden Lenas in sich, dass sie sich wirklich freuen müssten:

Du bist jetzt eine Schriftstellerin, verheiratet mit einem Schriftsteller, sitzt mit berühmten Leuten beisammen und hältst dein Buch in der Hand. Jetzt freu dich halt amal, Lena, warum freust dich jetzt nicht?

Ich freu mich schon.

Aber nicht richtig. Du verspürst ja gar nichts innen.

Vielleicht hab ich es nicht gelernt, das Freuen.

Dann lernst es halt jetzt. Sag dir, dass du dich freust, dann wirst es schon verspüren.

Ich freu mich, freu mich, freu mich!

Neben Lena auf dem runden Tisch mit dem Peddigrohr unter der Glasplatte lag ein Buch. Es sah ähnlich aus wie der Roman Lenas, es hatte den Titel: »Herrn Dames Aufzeichnungen«, und die Verfasserin war F. Gräfin zu Reventlow. Lena hatte schon oft von ihr gehört. Alle sprachen eigentlich über sie, Lotte, aber auch Ludmilla, Tiburtius und Kathi, alle kannten die Gräfin mit ihrem Sohn, die in Schwabing in mehreren Wohnungen gelebt hatte, auch in der Kaulbachstraße, wo Lotte ihr mehrfach begegnet war. Beim letzten Treffen hatte die Gräfin sich von Lotte verabschiedet, weil sie München verlassen wollte, um nach Ascona überzusiedeln, denn ihre Gläubiger ließen ihr keine Ruhe mehr. Die Gräfin hatte Lotte die Hand gegeben, sie lächelnd angeschaut und gesagt, sie solle sich von Schwabing nicht verderben lassen. »Aber ich glaube, bei Ihnen hat's keine Gefahr.«

Lotte hatte Lena erzählt, dass die Gräfin sehr mutig und lässig gewesen sei. »Dass sie eine Gräfin war, darauf wärst du nie gekommen. Die hat keinen großen Wert auf Toilette gelegt, war völlig uneitel. Und es hieß, dass sie nie Geld hatte, obwohl sie viel arbeitete, Übersetzungen machte, selber eine Zeitung herausbrachte. Ich hab sie sehr bewundert.«

Korfiz Holm sah, wie Lena das Buch der Reventlow nachdenklich ansah. »Schade, dass unsere Gräfin nicht mehr in München ist! Sie hätten sich bestimmt gut mit ihr verstanden! So tapfer und mutig wie sie war. Sie hat einen Milchladen aufgemacht, ist aber in der Milch schier ertrunken, obwohl wir alle bei ihr mehr Milch gekauft haben, als wir brauchen konnten! Erbarmung! Sie ist mit Schulden sitzen geblieben.«

»Ach Gott, ja«, fügte Geheeb hinzu. »Weißt du noch, wie sie versucht hat, in Oberammergau bei den Festspielen Hinterglasmalerei zu verkaufen! Sie hat jede Menge Glas mit christlichen Motiven bemalt, in Oberammergau eine Holzbude gemietet und da die Bilder angeboten. Niemand mochte sie kaufen. Da wollte sie sämtliche Bilder im Starnberger See versenken.«

»Konnte sie denn trotzdem ihren Sohn versorgen?«, fragte Lena teilnahmsvoll.

»Ihren Bubi? In der Tat. Er kam immer an erster Stelle. Ihn hat sie ersehnt, um ihn hat sie sich rührend gekümmert. Er ist überall dabei, auf allen Reisen, er ist ihr ein und alles.«

Lena blätterte in dem Buch, las den Anfang, der ihr bedeutend vorkam und gewählt. Gemessen an diesen philosophischen Überlegungen erschien Lena der Anfang ihres eigenen Buches viel zu schlicht und uninteressant. Außerdem war die Gräfin zu Reventlow bekannt, während Lenas Name – wie schlicht klang er gegen Franziska Gräfin zu Reventlow.

»Jetzt müssen wir aber endlich auf den Erfolg Ihres Buches trinken«, sagte Ludwig Thoma, und alle hoben ihr Sektglas in Richtung Lena, die aus ihren Gedanken auffuhr und verlegen ihr Glas hob. Als Häuslerkind fühlte sie sich fehl am Platz neben den Sprossen gutbürgerlicher Familien, Absolventen von Gymnasien und Universitäten. Durch merkwürdige Umstände hatte Lena mit ihnen zu tun, aber sie waren ihr fremd, sie würde nie zu ihnen gehören.

War es der Sekt, oder war es das Leben? Lena fühlte sich benebelt. Das war ein Tag heut! Herrschaftseitn!

27. Kapitel

Sie zogen in die Wilhelm-Düll-Straße, und Lena war von dem Haus, dessen Mansarde sie gemietet hatten, vom ersten Moment angezogen. Die Vorderfront mit dem schmiedeeisernen Balkon war von unten nach oben mit wildem Wein bewachsen, der im Herbst in den feurigsten Farben leuchtete. Die Düllstraße war sehr ruhig, einige hübsche Bürgerhäuser gaben ihr einen fast ländlichen Anstrich, und Lena fühlte sich in der ersten Zeit jedes Mal an ein Schlösschen erinnert, wenn sie durch den steinernen, efeubewachsenen Torbogen ging, die steinernen Treppen hinauf zur Tür, die sich in ein ruhiges, gepflegtes Treppenhaus öffnete.

Die Mädchen hatten ein hübsches Zimmer, unter der Schräge standen die bunt bemalten Betten, jedes Kind bekam ein Tischchen zum Schreiben und Malen. Das bäuerliche Wohnzimmer war behaglich, sogar eine geräumige Küche gab es, und im Schlafraum wurde Lenas Bett so ans Fenster gerückt, dass sie Licht zum Schreiben bekam und trotzdem keinen Luftzug.

Der Umzugstag war heiß und wolkenlos gewesen, die Möbelpacker schwitzten, Lena und die Mädchen holten immer wieder Apfelschorle aus dem nahen Wirtshaus, und am Abend waren sämtliche Möbel an ihrem Platz. Kleider, Wäsche und Geschirr waren rasch verteilt, sie besaßen nur wenig, doch Lena arrangierte die wenigen Teile so geschickt, dass die Wohnung gemütlich aussah.

Jetzt stand sie in ihrem Morgenmantel unschlüssig im Bad. Die Kinder waren im Bett, nachdem sie mit ihnen zur Nacht gebetet hatte.

Einige Tage zuvor hatte Lena sich überlegt, ob Leni und

Alixl nicht die Schule von Julie Kerschensteiner besuchen könnten, der Schwester von Professor Kerschensteiner. Sie wusste nicht, welches Alter Voraussetzung für die Aufnahme war, und hatte den Professor gefragt, den sie wegen eines Schwächeanfalls ohnehin aufsuchen musste. Kerschensteiner hatte ihr erzählt, dass seine Schwester die Leitung der Schule schon im letzten Jahr anderen Lehrkräften übertragen habe. Dass sie dabei wäre, eine Familie zu gründen. Anfang August werde sie heiraten.

Zu Lenas eigener Hochzeit hatte er ihr, mit den herzlichsten Grüßen von seiner Frau, ein paar schöne, filigrane Ohrringe geschickt.

Herrli hatte das unpassend gefunden. Diese Abwehr beleidigte Lena, sie wandte sich ab von Herrli, fand ihn tyrannisch, pedantisch, trocken. Ähnlich hatte sie auch am Vorabend der Hochzeit empfunden, als er Lena fragte, ob sie sich Hoffnungen auf ehelichen Verkehr mache.

»Nicht dass ich wüsste«, sagte Lena.

»Ich weiß – du hast schlechte Erfahrungen gemacht.«

»Schon.«

Lena hatte gerade Wäsche zusammengelegt, um sie in ihren Koffer zu packen. Eine erdrückende, fast erstickende Stimmung war plötzlich im Raum. Lena lebte in dem Gefühl, dass sie sich um ein gutes Verhältnis zu Peter Jerusalem bemühte – und nun das. Was wollte er? Oder vielmehr – was wollte er nicht? Sie hatte keine Lust mehr, darüber nachzudenken. Sie ging zu Bett. Jerusalem folgte ihr, setzte sich auf ihr Bett und fragte sie, ob er sie schlagen dürfe.

»Mit dem Ochsenfiesel wie die Mutter? Oder mit der Peitsche wie im Kloster?«, fragte Lena kühl zurück. Ihr fiel die junge Schwester ein, die im Nachthemd in die Kapelle gerannt war, sich vor dem Altar auf die Knie geworfen hatte und sich unter dem Ruf »Jesus, brennende Liebe!« furchtbar gegeißelt hatte.

Lena war von Herrlis Wunsch nicht sonderlich überrascht. Immerhin kannte sie ihn seit mehr als einem halben Jahr, und niemals war er, von seinem Brucker Kniefall abgesehen, ihr körperlich nahe gekommen. Schon bei den ersten Begegnungen war ihr etwas Asketisch-Fanatisches an ihm aufgefallen. Ein verstohlenes Glühen, wie sie es bei einigen Schwestern im Kloster gesehen hatte. Wenn Herrli sich vom Auspeitschen Seligkeit erhoffte, musste sie ihn nicht fürchten. Dann war er ärmer als sie. Und dass er seinen Wunsch erst nach so langer Zeit ausgesprochen hatte, verriet ihr, dass er Angst hatte.

»Ach was! Doch nicht mit der Peitsche! Ich bin nicht gewalttätig. Ich würde dir nur gern auf die Hinterbacken schlagen, aber ich wusste ja, dass du keinen Sinn dafür hast. Es ist so langweilig, dass alle Menschen gleich sind, immer dasselbe Muster, nach dem alles abläuft.«

Da kenne sie sich vermutlich nicht aus, meinte Lena, aber sie wisse genau, dass sie nach zwölf Stunden Arbeit Schlaf brauche. »Geh zu, Herrli, der Tag war lang und anstrengend. Leg dich auch schlafen. Morgen reden wir weiter.«

Lena war schon im Halbschlaf, als Herrli, der sich mit Lenas Exemplar der »Erinnerungen« ins Bett gelegt hatte, plötzlich auffuhr und brüllte: »Welch ein Idiot! Der Kerl hat keine Ahnung und verbessert unseren Text! Hör doch mal!«

Herrli richtete sich hoch auf im Bett und las Lena die Stelle ihres Buches vor, wo sie über das Klosterleben schrieb und davon berichtete, dass viele junge Nonnen an galoppierender Schwindsucht starben ... »Es wurde ein eigener großer Fleck Landes von dem Superior angekauft und in einen Friedhof verwandelt, in dem die Kreuzlein bald so dicht standen wie die Nonnen sonntags in den Kirchenstühlen.«

Herrli schlug mit dem Buch auf die Bettdecke: »So lautet unser Text, und der Blödmann schreibt ›wie die Nonnen sonntags in den Kirchenstühlen *saßen*‹! Der fügt da einfach was an, ohne mich zu fragen!«

»Er weiß halt nicht, dass Nonnen entweder stehen oder knien, aber nicht sitzen«, sagte Lena friedlich, doch Herrli schien ihr gar nicht zuzuhören.

Es hielt ihn nicht mehr im Bett. Er lief vor Lena auf und ab, rief, dass er Feuer speien könne. »Ich möchte den Kerl auf der Stelle zerreißen. Der muss ein Pedant sein ohne jede Fantasie! Unsere Sprache wird nur noch zum Geschwätz missbraucht! Keiner hat noch ein richtiges Gefühl dafür! Kein Wunder, dass der Buch- und Zeitungsmarkt überschwemmt ist von billiger Ware der Scribenten beiderlei Geschlechts. Alles nur Geschäftemacherei!«

Lena war auch nicht einverstanden mit der Verfremdung ihres Stils. Aber Herrlis Ausbruch begriff sie trotzdem nicht. Es war nun mal passiert, punktum. Natürlich musste man im Verlag Bescheid geben, aber das war auch alles, was Lena sich an Reaktion vorstellen konnte. Doch Herrli verstummte noch lange nicht mit seinem Groll, und schließlich vergrub Lena sich tief in die Kissen. Sie wollte endlich schlafen.

Am nächsten Tag kam Jerusalem strahlend heim, die *Süddeutschen Monatshefte* unter dem Arm.

»Lena, wir haben eine Kritik. Eine gute, eine glänzende Kritik von Josef Hofmiller. Weißt du, dass er einer der glänzendsten Literaturkritiker und Essayisten Bayerns ist? Darüber hinaus ein großer Kenner der französischen Literatur! Und er schreibt über unser Buch! Soll ich vorlesen?«

Etwas pikiert reichte Jerusalem Lena den Artikel, da sie ihn selber lesen wollte. Sie ging ins Schlafzimmer, hockte sich bequem in ihr Bett und las:

»Es gibt Bücher, deren Wert als Beitrag zur Sittengeschichte so überragend ist, dass davor die Frage nach künstlerischen Eigenschaften zunächst ganz zurücktritt. Lena Christs ›Erinnerungen einer Überflüssigen‹ ist ein solches Buch. Es ist wahrhaftig Neuland, in das die Verfasserin führt; man lernt Lebensweisen kennen, von denen man keine Ahnung hatte [...] man schenkt der Verfasserin sofort Zutrauen, so scharf, fest, hart und stimmungslos steht alles da. Man hat das Gefühl, als seien Schichten, die bis jetzt fast nur schablonenhaft, pseudohumoristisch, verlogen gemalt wurden, hier unerbittlich geschildert.«

Jerusalem schenkte Lena und sich ein Glas Pfälzer ein. »Darauf trinken wir. Diese Kritik übertrifft alle meine Erwartungen. Sie entschädigt mich reichlich für meine Mühe!«

Es war wieder Auer Dult, und Lena, diesmal mit einer wenn nicht prallen, so doch gefüllten Geldbörse unterwegs, konnte kaum wiederstehen, sich die selige Zeit beim Vatta und der Leneimuatta zurückzukaufen. Jede verschlissene Tracht, altes Geschirr oder alter Hausrat riefen das Heimweh in Lena wach, und sie konnte sich von den Tandelbuden nicht trennen. Ein Tandler mit verschmitzten Augen im faltigen Gesicht sah respektvoll, wie Lena einen alten gläsernen Bierkrug zart aufhob. »Sie san halt no vom oidn Schlag! Sie kenna, was echt is und was a Glump! I kenn Eana scho! Sie greifen immer nach meine besten Stückln!«
Der Krug war wirklich schön. Bäuerliche Figuren und Blumen waren in ihn eingeschliffen, Lena hatte lange keinen so schönen Krug gesehen.
»Vier Markl tät er kostn – aber für Sie nur drei Markl!«, sagte der Tandler, und Lena überlegte nicht lange, ließ sich den Krug einpacken. »Da ham S' was Schöns kauft, da werd sich der Herr Gemahl freun!«
Das glaubte Lena nicht, aber der Tandler hatte so schöne Sachen, dass sie zu dem Krug noch alte Tassen und Teller und einige Wachsstöcke kaufte. Dazu noch ein Ölbild, von dem der Tandler behauptete, es sei von einem Landschaftsmaler aus dem letzten Jahrhundert.
Da auch noch einiges für den Haushalt und für die Kinder angeschafft werden musste, war bald Ebbe in der Kasse. Die Theres, eine junge Bauerntochter aus Lindach, die Lena im Haushalt half, wollte auch ihren Lohn. Und der Dackel Lumpi, den Lena und Jerusalem den Kindern geschenkt hatten, war schier unersättlich. Herrlis Honorare für seine Herausgebertätigkeit waren für eine fünfköpfige Familie mit Hund rasch ausgegeben.
Jerusalem brachte daher die »Lausdirndlgeschichten«,

die Lena inzwischen abgeschlossen hatte, zum Verlag Albert Langen. Doch schon nach ein paar Tagen kam ein Brief von Korfiz Holm, dass er die »Lausdirndlgeschichten« nicht wolle, erstens seien sie literarisch wertlos und außerdem eine plumpe Nachahmung der »Lausbubengeschichten« von Ludwig Thoma, der ebenfalls nicht gerade erfreut sei.

Also kein Geld. Und noch Ärger mit dem Verlag. Lena dachte daran, wie sie sich gegen das Ansinnen Herrlis gewehrt hatte. Sollte sie es ihm jetzt vorhalten? Doch was nützte das alles? Es war geschehen, sie hatte sich blamiert, und es tat weh. Wahrscheinlich waren die Geschichten nicht gelungen, weil Lena sie rasch und trotzig heruntergeschrieben hatte. Mutlos war sie gewesen, weil sie beim Schreiben schon spürte, dass sie die heitere Gelassenheit, den Witz und die Kraft der Geschichten Ludwig Thomas nicht erreichen würde. Vielleicht ging es auch mit dem Schreiben so schwer, weil sie den Kopf voll hatte von Gedanken an ihr Buch über den Großvater.

Herrlis Mund war fest zusammengekniffen, als er den Brief aus der Kaulbachstraße las. »Ich bin ja auch nicht ganz unschuldig an der Geschichte«, gab er schließlich zu, »aber ich bin schließlich derjenige, der bei uns ans Geldverdienen denkt. Du lebst in den Tag hinein.«

»Himmisakra!«, unterbrach ihn Lena wütend: »Die Lausdirndlgschichtn mögen nix taugen, aber auch sie haben sich nicht von allein geschrieben. Und du hast sie gewollt!«

»Gezwungen habe ich dich aber nicht. Ich bin doch kein Sklavenhalter. Außerdem verschleuderst du zu viel Geld auf der Dult. Wir leben langsam in einem Museum.«

Es war ein wunderschönes Museum. Das fand jedenfalls Lena, und den Mädchen gefiel es auch gut bei der Mutter und dem Stiefvater.

Doch Lena, die mit so viel Freude und Schwung einen Roman über ihren Großvater begonnen hatte, traute sich nichts mehr zu. Nicht nur der Fehlschlag mit den »Lausdirndlgeschichten« belastete sie, vom Verlag Albert Langen kamen schlechte Nachrichten über den Verkauf der »Erinnerungen«. Trotz vieler hervorragender Kritiken in Zeitschriften und großen Tageszeitungen südlich und nördlich des Mains, die auch die künstlerische Bedeutung des Werkes stark betonten, blieb die verkaufte Auflage gering.

Immer wieder las Lena eine Rezension, deren Verfasser prophezeite, dass ihr Roman »in der Flut der Produktion nicht untergehen, sondern sicher seinen Platz in der Weltliteratur erobern und behalten werde«.

»Heiliges Herz Mariä, hilf, dass er Recht behält!«, betete Lena. Betrübt wurde ihr klar, dass sie in der letzten Zeit immer nur dann gebetet hatte, wenn sie verzweifelt war.

Der Oktober, der Rosenkranzmonat, erinnerte Lena daran, endlich einmal wieder den Rosenkranz zu beten. Einzig und allein, um die Gottesmutter zu ehren und nicht nur zu jammern. Lena lief die Waisenhausstraße hinunter, und als sie am Kessel des Nymphenburger Kanals vorbeikam, sah sie das Münchner Waisenhaus, das erst um die Jahrhundertwende erbaut worden war und das ihr von außen groß und elegant wie ein Schloss erschien. Wie es von innen aussah, wollte Lena lieber nicht wissen. Wieder einmal schwor sie sich, dass sie alle Kraft aufbieten wollte, dass ihre Kinder nie mehr ins Waisenhaus mussten.

Lena ging in die Südliche Auffahrtsallee hinein, freute sich am Ausblick aufs Schloss, das hochherrschaftlich hinter den Brücken lag. Als sie linker Hand in die Winthirstraße abbog, umfing sie nach der Weltläufigkeit der Schlossanlagen mit einem Mal Stille. So als wäre sie nicht mehr in der großen Münchnerstadt, sondern in einem kleinen Dorf. Wie in Glonn ging Lena auf den Friedhof und von dort in die kleine Winthirkirche, in der sie sich heimisch fühlte. Wie einen Rucksack auf dem Rücken hatte sie ihren Heimatort Glonn immer dabei.

Sie kniete sich in die letzte Bank und suchte in ihrem Gebetbuch die Lauretanische Litanei. Eine Straßenlaterne warf Licht durch die Fenster, und Lena berichtete der Gottesmutter alles, alles, alles.

»Heilige Gottesgebärerin, hilf Leni und Alixl, heilige Jungfrau der Jungfrauen, lass sie einmal stärker im Leben stehen als mich. Mutter Christi, ich bitt dich für den Toni, es tut weh, du Mutter der göttlichen Gnade, dass er für mich unerreichbar ist. Verzeih mir, du reinste Mutter, dass ich den Mann liebe, den du kennst, du keuscheste Mutter, er wird niemals etwas erfahren, ich behalt diese Liebe allein bei mir, du unversehrte Mutter, nur bei mir, ich schwöre es dir, du unbefleckte Mutter. Ich will meinem zweiten Ehemann eine gute Frau sein, du liebliche Mutter, du wunderbare Mutter. Hilf mir beim Schreiben, du Mutter des guten Rates, ich will es und ich muss es, du Mutter des Schöpfers, ich hab es angefangen und nun will alles heraus. Du Mutter des Erlösers, bitt für mich.«

Lena schämte sich, dass sie wieder ihre Bitten an die Gottesmutter gerichtet hatte, wo sie sie doch lobpreisen wollte. Darum kam ihr jetzt keine Bitte mehr aus, und sie gab der Gnadenmutter alle Namen, die menschliche Verehrung für sie gefunden hatte.

28. Kapitel

Die Vorladung zum Gericht überraschte Lena zwar, ängstigte sie aber nicht. Herrli bot ihr an, sie zu begleiten, aber Lena meinte, sie müsse mit dieser Klage ihrer Mutter alleine zurechtkommen. Außerdem war Lena nicht alleine. Sofort, als die Klage sie erreichte, hatte Lena sich mit der Frau Baumeister getroffen, der Nachbarin im elterlichen Haus. Inzwischen war sie um die sechzig, doch erinnerte sie sich noch genau, wie die Mutter Lena oft zugerichtet hatte, und war sofort bereit gewesen, für Lena als Zeugin aufzutreten.

Sie trafen sich am Karlsplatz. Lena war erstaunt und erfreut, wie lebhaft und rüstig die Frau Baumeister war. »Des hätt Ihre Mutter nicht gedacht, dass Sie einmal alles aufschreiben«, sagte sie gleich zur Begrüßung und schüttelte Lena freudig die Hand.

»Ich kann es Ihnen niemals wiedergutmachen, wie liebevoll Sie mir damals beigestanden sind!«, sagte Lena dankbar.

Die Frau Baumeister erinnerte sich kopfschüttelnd: »Nichts davon hab ich vergessen! Ein Kind so zu schlagen! Blutige Striemen über die Schultern, an den Beinen, an den Armen, am Bauch – überall! Mich friert's heut noch, wenn ich dran denk! Und dann auch noch so ein blutendes Kind einschließen und alleine lassen! Das war ein Verbrechen, und das sag ich ihr gerne noch mal ins Gesicht!«

»Sie sind ja dann mit mir nach Glonn gefahren zu den Großeltern, das hat mich gerettet!«

»Mei«, sagte die Frau Baumeister wieder kopfschüttelnd: »Wenn ich denk, wie Ihr Großvater sich aufgeregt hat, als er die blutenden Striemen sah. Ich hör ihn heut noch schreien: ›Dös muaß ma büaßn, dös Weibsbild, dös verfluachte! Oonagln tua i`s! Aufhänga tua i's! Umbringa tua i's!‹«

Ebenso lebhaft und eindringlich schilderte die Frau Baumeister auch dem Hohen Gericht die Sachlage.

Lenas Mutter stand unbewegt da, starrend in Seide und blitzend im Schmuck ihrer Nadeln, Ringe und Spangen, die an Glanz wetteiferten mit den langen Perlenfransen an ihrem sommerlichen Gewand. Sie hatte keinen Blick für Lena oder die Frau Baumeister. Stur nach vorn zum Richter schauend wirkte sie wie ein Monument, unbedingt siegessicher.

Als der Richter sie fragte, ob sie sich mit ihrem Buch an der Mutter hatte rächen wollen, verneinte Lena das mit leiser Stimme, aber voller Überzeugung. »Ich wollte mir alles von der Seele schreiben, was mich beschwert hat. Schließlich habe ich doch alle Namen verändert, sowohl bei den Menschen, als auch bei den Orten. Niemand kann wissen, dass es sich bei der Familie Zirngibl um die Familie Isaak handelt.«

»Da sehn S' es, Herr Richter, wie verlogn des Luada is. Alle wissen's, gar alle! Und i muaß mi anschaun lassen! Die ghört doch gestraft!«

»Könnte es sein«, fragte der Richter Lenas Mutter ruhig, »könnte es sein, dass Sie Ihre Tochter hassen, weil Sie durch das Mädchen daran erinnert wurden, dass der Vater Sie nicht geheiratet hat? Es gibt Zeugen, dass Sie das kleine Mädchen schon grausam misshandelt haben und dass Sie auch vor der Neunzehnjährigen, die bereits verlobt war, nicht Halt machten!«

Die Frau Baumeister berichtete, wie sie als Nachbarin Lenas Leiden jahrelang miterlebt hatte. Sie redete sich wieder in ihre Empörung hinein: »Sie haben sicher Recht, Herr Richter – aber ich kann Ihnen noch andere Gründe sagen, warum sie die Lena gehasst hat. Das Mädchen wurde immer hübscher, war groß, schlank und liebenswürdig. Alle Gäste mochten die Lena. Da war die Zirngibl neidig, weil Sie selber immer hässlicher und fetter wurde. Sie hat ja nur noch herumgebrüllt. Niemand mochte sie, so ordinär wie die war!«

Lena sah, dass der Mutter die Augen fast aus dem Kopf traten, ihr Mund blieb halb offen, sie stand fassungslos vor dem Richtertisch und schwieg. Lena wurde bewusst, wie anders alles geworden war zwischen ihr und der Mutter. Sie stand da, groß und stark und böse wie immer, und Lena sah sie an wie eine Statue, die jeden Schrecken verloren hat.

Kurzerhand wurde die Klage der Mutter abgewiesen. Lena ging mit der Frau Baumeister in der Neuhauserstraße auf einen Kaffee. »Ich bin jetzt doch erleichtert«, sagte Lena aufatmend und drückte den Arm der Frau Baumeister. »Ohne Sie hätte ich der Mutter nichts beweisen können. Da hätte ich den Arzt aus dem Krankenhaus bemühen müssen oder die Polizisten, die mich damals eingeliefert haben – das wäre alles nicht so gut ausgegangen!«

»Für mich war das eine Genugtuung, da bin ich ganz ehrlich!«, sagte die Frau Baumeister resolut und ließ sich in einen der gepolsterten Sessel fallen. »Aber jetzt vergessen wir die greisliche Hyazinthen und bestellen uns lieber einen gescheiten Kaffee!«

Zum Kaffee gesellte sich Likör, und bald war Lena ebenso beschwingt wie ihre frühere Nachbarin, und sie redeten von den alten Zeiten, erinnerten sich an die eine oder andere Begebenheit, an kleine und größere Geschehnisse, und Frau Baumeister sagte zufrieden: »Lenerl, wenn ich Sie so sehe und an damals denke, ist es ein Wunder, wie schön und gebildet sie heute daherkommen – darauf bestellen wir noch einen Likör!«

Lena entgegnete fröhlich, dass ihr die Zeit bei den Eltern merkwürdig fern sei, fast schon unwirklich. »So ist es recht«, sagte die Frau Baumeister, »grad so soll es sein, Lenerl!«

Am Abend gab es ein Gewitter. Lena fragte sich, ob der Zorn der Mutter sich jetzt über ihr entlud. Blitze kündigten in kurzem Abstand krachende Donnerschläge an. Vollkommene Finsternis ließ alle an einen Weltuntergang denken. Es schien sogar, als bebte die Erde. Die Kinder schrien auf, als von ihrer bunt bemalten Kommode die Zinnleuchter und Vasen herunterrutschten. Dann klirrten sogar die Fensterscheiben, und die Mädchen kamen zitternd zu Lena ins Bett gekrochen. Auch der winzige Lumpi kroch jaulend ans Fußende.

Wie sie es gelernt hatte bei den Großeltern, stand Lena auf, die Mädchen durften samt Lumpi in ihrem Bett bleiben. Lena gab ihnen eine heiße Milch mit Honig zur Beruhigung und begann, wichtige Dokumente und das Geld in eine Tasche zu packen und sich anzukleiden. Plötzlich fing es an zu hageln, taubeneiergroße Hagelkörner flogen durch die zerbrochenen Fensterscheiben in die Wohnung, Lena, Herrli und das Mädchen Theres sausten mit Eimern und Lumpen durch die Räume, um Wasser und Hagelkörner zu beseitigen.

Erst nach einer halben Stunde beruhigte sich das Wetter, doch am nächsten Tag konnten weder die Postkutsche noch das Milchwagerl durch die Hagelkörner durchkommen, die kniehoch auf den Straßen lagen.

29. Kapitel

Der Prinzregent war tot. Am frühen Morgen des 12. Dezember 1912 tönten die dunklen Glocken der Frauentürme. Der fürstliche Greis war in seiner Residenz gestorben. Die Königsfahne stand auf Halbmast.

Tiburtius Schad, den schwarzen Zylinder in die Stirn gedrückt, Zigarre und Repetieruhr nicht vergessen, hatte die bayerische Tradition tief in seinem Herzen, auch wenn er die Aktienkurse kannte. Mit seinem neuen Benz-Motorwagen kamen er und Ludmilla mit einem Picknickkorb zu Lena in die Düllstraße, sie wollten ihre tiefe Trauer über den Tod ihres geliebten Regenten mit ihr teilen. »Denk dir, Lena, im Lehnstuhl is er eingeschlafen, in seiner grauen Lodenjoppe.«

»So an scheener oida Mo is er gwen, so bescheiden und nobel«, sagte Ludmilla betrübt, während sie geräucherten Lachs aufschnitt, und Tiburtius fügte hinzu, er könne ihn sich richtig vorstellen, wie er in spanischer Hoftracht mit ritterlichem Degen aufgebahrt liege, angetan mit dem goldenen Vlies und weiß gefalteter Halskrause. »I hab das Gefühl«, sagte Tiburtl schwermütig, »dass mir mit eam unser oides Bayern zu Grabe tragn.«

Einundneunzig Jahre ist er geworden. Aber niemals König, denn draußen im Schloss Fürstenried saß immer noch der spinnate Otto, der Bruder und Nachfolger Ludwigs des II. Weil er nicht starb, musste sein Vetter Luitpold als Prinzregent die Regierungsgeschäfte besorgen.

Lena hatte ihn ein paarmal von weitem in der Kutsche und einmal vor der Residenz gesehen, ein alter Herr, der aussah wie ein grauhaariger Jäger, der müde winkte und sehr einsam auf sie wirkte. Ludmilla sagte immer wieder,

der Prinzregent wäre der beste Herrscher, den Bayern jemals gehabt hätte: »Er schaut doch aus wie unser Herrgott, so liab!«

Tiburtius Schad erklärte Lena, warum sich mit dem Tod des Prinzregenten das bayerische Königtum dem Ende zuneige. »Mir ham allerweil noch insern Ludwig, den Sohn vom Prinzregenten, aber der hat nimmer vui zum Sagen. Des Königshaus hält si ja schon lang zruck. Wo gibt's denn no die Fest vo dene Georgi-Ritter, wie inser Kini sie gfeiert hot, oder die großn Prozessionen mit dene goldgstickten Fräcken der Kammerherrn, dene seidne Schulterbändern vo die Pagen und dene blanke Helm vo die Hartschiere mit den mächtige Stiefeln!«

»Die Prozession gibt es doch noch!«, rief Lena. »Letztes Jahr bin ich mit der Fronleichnamsprozession gegangen, da hat die Leibgarde der Hartschiere das Allerheiligste eskortiert. Und der Prinz Ludwig ist hinter dem Traghimmel gegangen. Ich hab ihn genau gesehen mit seiner Uniform und der goldenen Kette und mit seinem weißen Bart!«

»Wir warn da net dabei, Vater, weil i di in Heilbrunn besucht hab!« Ludmilla und Tiburtl schenkten Lena den Picknickkorb zum Einzug und machten sich auf den Heimweg. Für sie gab es im Moment nur ein Thema: die dunklen Wolken überm Königshaus.

Lotte, die am Nachmittag zu Besuch kam, »zur Schlossbesichtigung«, teilte die Befürchtungen Tiburtls, wenn auch weniger sentimental. Sie sagte, jetzt breche eine neue Epoche an, sicher keine bessere. Bestimmt werde zuerst einmal alles teurer. Jede Menge Streiks gebe es ja schon. Sie habe in einer Berliner Zeitung gelesen, dass die Bayern dauernd streikten und dass es so viele Arbeitslose gebe.

Lena bestätigte, dass Tiburtl Schad davon auch immer rede. Er habe erst heute morgen wieder zitiert, was man im Kreis seiner Spezln sage: »Wenns so fortgeht, kanns nimmer lang so fortgehn!«

Lotte zeigte sich davon nicht sonderlich gerührt. »Ick

bin froh, dass meine Mutter sich wieder erholt hat, jetzt kann ick wieder beruhigt in München bleiben.« Sie packte Schokolade und Sahnebonbons aus, die sie den Mädchen mitgebracht hatte, lobte Lenas Kakao und berichtete, dass Ernst Moritz Engert, »du weißt schon, der Karikaturist, er macht die wundervollen Scherenschnitte«, dass dieser Engert heute von der Polizei aufgegriffen worden sei. »Stell dir vor, der baumlange Engert ist mitten in der Landestrauer heute auf dem Marienplatz aufgegriffen worden, verkleidet als Winnetou, mit Silberbüchse und Federschmuck. Da haben die doch in der Pension Fürmann seit vier Tagen ein Karl-May-Fest gefeiert, wahrscheinlich weil Karl May im Frühjahr gestorben ist. Fürmann hat ihn nämlich sehr verehrt, er war beim Fest auch als Karl May verkleidet. Im Garten der Pension haben sie aus Decken und Fellen ein Tipi gebaut, und der lange Engert kam an den Marterpfahl.«

Lotte verschluckte sich vor Lachen fast am Kakao, Alixl und Leni hatten mit großen Ohren zugehört. »Es ist doch nicht Fasching«, sagte die Große, und Lena fragte auch, wie denn der Engert von der Pension Fürmann in der Belgradstraße ausgerechnet am frühen Morgen auf den Marienplatz gekommen sei.

»Die Polizei hat ihn det auch gefragt, und zwar hochnotpeinlich. Sie haben den vermeintlichen Staatsverbrecher sofort festgenommen. Aber Engert hat arglos gesagt, man feiere in der Pension Fürmann seit vier Tagen ununterbrochen ein Karl-May-Fest, und von der Landestrauer und dem allerhöchsten Sterbefall wisse man dort nichts.«

Lena berichtete Lotte von dem Misserfolg mit den »Lausdirndlgeschichten«. Sie spürte beim Erzählen, dass ihr diese Blamage noch wie ein Stachel im Fleisch saß, und es tat ihr gut, mit der sachlichen Lotte darüber zu reden. »Und alles nur wegen Jerusalem! Er hat mir geraten, die Geschichten zu schreiben, und als ich nicht gleich von der Idee begeistert war, ist er wütend geworden!«

»Ick hab det doch jeahnt«, entfuhr es Lotte. »Du hast

doch viel zu viel Takt, um dir det auszudenken. Ick hoffe, det is dat letzte Mal, dass du dir von deinem Herrli was einreden lässt. Du bist die Künstlerin, nicht er! Du schreibst nur noch, was du willst, versprich mir das!«

Lena versprach es und berichtete, dass sie für ihren Roman über ihren Großvater Material suche. »Weißt du, ich brauche Berichte über die Lebenssituation der Bayern im letzten Jahrhundert, vor allem über das Leben der Bauern, der Künstler, der kleinen Leute.« Lotte, wie immer Feuer und Flamme, wenn sie Lena helfen konnte, bot ihr an, mit ihr in die Staatsbibliothek zu gehen. »Dort findest du alles an Kulturgeschichtlichem über Land und Leute, Trachten und Brauchtum. Ich suche ja dort auch immer nach Vorbildern für meine Puppen.«

»Die Mama macht auch Puppen!«, rief Alixl stolz, rannte ins Kinderzimmer, brachte eine der Wollpuppen, die Lena ihren Mädchen gestrickt hatte. Lena wurde verlegen, sie gestand Lotte, dass sie im Krankenhaus viel an Lotte und ihre Puppen gedacht habe. Schließlich sei sie auf die Idee gekommen, auch welche zu machen.

Lotte schaute sich die Puppe an und sagte, dass sie lustig sei, richtig zum Liebhaben. »Meine Puppen dagegen haben Herzen aus Watte, sie sind Geisterwesen, mit denen könnte kein Kind spielen.« Lotte wandte sich an Alixl und Leni. »Aber ihr dürft trotzdem mit der Mama mal in die Kaulbachstraße kommen und meine Puppen anschauen!«

30. Kapitel

Als habe Lena es herbeigeredet, kam Martin Mörike, der in Lenas früherer Gegend, der Clemensstraße, seinen Verlag gegründet hatte, zu Lena in die Düllstraße. Er wollte die »Lausdirndlgeschichten« von Lena herausbringen. Er hatte sein Kommen mit einem Brief angekündigt, und Lena war nach längerer Diskussion mit Herrli auch dafür gewesen, ihn zu empfangen, denn Mörike hatte seinen Verlag erst vor drei Jahren gegründet und galt als sehr idealistisch.

»Der ist aber noch jung für einen Verleger«, dachte Lena, als ein blonder Jüngling unter der Haustüre stand und sich vorstellte. Er war in einen langen Mantel gehüllt und trug einen Schlapphut tief in die Stirn gedrückt, denn es war ein kalter Tag, und vereinzelte Schneeflocken stoben im Wind.

Herrli hatte einen Tee gemacht, und er fragte Mörike, was er denn so in seinem Verlagsprogramm habe. Das von der Kälte erstarrte Gesicht des jungen Mannes belebte sich. Stolz sagte er, dass er Klassikerausgaben herausgebe, »sorgfältig illustriert. Das lasse ich mir etwas kosten!«

»Was wollen Sie denn mit den ›Lausdirndlgeschichten‹, die passen doch da nicht dazu«, meinte Lena, doch der junge Mann blies über seinen Tee, wärmte sich die klammen Hände an der Tasse und erwiderte, dass er eine neue Reihe plane, die er »Erlebnis und Bekenntnis« nennen werde, »und da passen Ihre Geschichten, die ja autobiografisch sind, wie ich annehme, sehr gut hinein.«

Herrli fragte sofort nach dem Geld. »Können Sie die erste Auflage denn sofort honorieren? Wenn ja, machen wir den Vertrag mit Ihnen und sagen den anderen Interessenten ab, die schon an uns herangetreten sind.«

Daran war kein Wort wahr, aber Lena hatte auf dem Viehmarkt, wenn sie den Großvater beim Kauf einer Kuh oder einiger Ferkel begleiten durfte, erlebt, wie man das macht, das Verkaufen. Da lügt man auch, tut uninteressiert am Geschäft, sagt, dass die Kuh schon so gut wie verkauft sei und für die kleinen Ferkel hole der Riederbauer grad seinen Karren.

Mörike trank seinen Tee aus, und es schien Lena, als sei der junge Mann ein wenig rot geworden. »Ich schlage vor, dass Sie, Herr Jerusalem, oder Frau Christ mir das Manuskript in den Verlag bringen. Dort kann ich Ihnen das Honorar auszahlen. Oder ich komme morgen wieder her, und wir machen den Vertrag hier in der Düllstraße.« Mörike sah von Lena zu Herrli, und Lena sagte spontan: »Ach, kommen S' doch wieder her zu uns!«

Lena war nicht wohl bei der Verhandlung. Ihr tat der junge Verleger Leid, sie hatte das Gefühl, ihm eine Kuh zu verkaufen, die nicht genug Milch gibt. Sie teilte das Herrli mit: »Ich hab das Gefühl, als hätt ich den Mörike betrogen. Er ist noch so jung und kennt sich nicht aus!«

Herrli schalt: »Du bist sentimental! Der Mörike hat Geld, sonst könnte er nicht diese teuren Klassikerausgaben machen. Außerdem – deine Mädchen haben keine passenden Schuhe mehr, und aus den Mänteln sind sie längst rausgewachsen! So kannst du sie nicht rumlaufen lassen. Wir brauchen das Geld dringend!«

Das stimmte. Alixl und Leni waren nicht anspruchsvoll, forderten nichts für sich. Sie gingen jedoch in die Dom-Pedro-Schule, und Lena wollte, dass sie sich gegenüber den anderen Kindern nicht schämen mussten. Also würde sie den Vertrag mit Mörike doch machen. Sie nahm sich vor, einen Rosenkranz zu beten, damit der junge Mann nicht auf den »Lausdirndlgeschichten« sitzen blieb.

Im Februar erfuhr Lena, dass Anna Kerschensteiner, die Frau von Professor Hermann Kerschensteiner, gestorben war. Aus der Todesanzeige ging hervor, dass sie am 28.1. 1866 geboren, also sieben Jahre älter als ihr Mann gewesen war.

Lotte hatte eine Anzeige erhalten, denn sie war bei dem Ehepaar schon öfter eingeladen worden. Anna Kerschensteiner hatte anlässlich der ersten Ausstellung Lottes in München eine Puppe gekauft und Lotte gebeten, in der Wohnung einen passenden Platz für ihr Kunstwerk zu suchen. Daraus entwickelte sich eine lose Bekanntschaft.

»Wie sieht sie denn aus, die Frau Kerschensteiner?«, hatte Lena gefragt, und sie musste sich Mühe geben, dabei nicht zu zeigen, wie sehr ihr diese Frage auf den Nägeln brannte.

»Man sieht jedenfalls nicht, dass sie so krank ist«, sagte Lotte unbefangen. »Sie ist zwar auffallend blass, das schon, aber ihre Blässe sieht nicht krankhaft aus, eher dramatisch, denn die Haut schimmert sehr schön, so wie ich das bei meinen Puppen auch immer hinkriegen möchte. Na ja – das Schönste sind wohl die Augen, sehr dunkel, sehr warm, und ebenmäßige Zähne hat sie auch. Der Professor ist jedenfalls sehr verliebt – das kann man nicht übersehen.«

Lotte erzählte Lena noch, dass Anna Kerschensteiner in Potsdam verheiratet gewesen war und aus dieser Ehe ihren Sohn Robert hatte. Als ihr Mann tödlich verunglückte, kam sie mit dem dreijährigen Buben zurück nach München.

Lena nahm alles, was mit dem Professor zu tun hatte, sehr wichtig, sie brachte Lotte immer wieder dazu, ihr von Kerschensteiner und seiner Frau zu erzählen. Wie traurig musste ihr geliebter Professor sein.

Alles nimmt einmal ein Ende, hatte Lena neulich gelesen. Sie wusste nicht mehr, wo, und es schien ihr plötzlich grausam. Sie fühlte sich Kerschensteiner innig verbunden, und sie wusste, seine Frau war für ihn das geliebteste Wesen. Konnte er bei ihr sein, als sie starb? Oder war er auf Reisen gewesen und musste die Nachricht durch ein Telegramm erhalten?

Lena fror bei diesen Gedanken noch mehr als sonst. So sehr sie ihre Wohnung liebte, im Winter war sie kalt. Zwar standen in jedem Raum kleine eiserne Öfen, doch die Bauweise des Hauses war offenbar nicht sehr solide, denn trotz ständigen Heizens wurde es nie wirklich warm in den Räumen. Lena hatte daher ihr Bett in eine Burg von Decken und Kissen verwandelt, denn sie schrieb hier jeden Morgen an ihrem Großvaterbuch, das sie so begonnen hatte:

Meine Kostmutter hat mir gesagt, daß ich am vierten Sonntag nach der Erscheinung des Herrn, also gerade an dem Tag auf die Welt gekommen bin, da in Sonnenreuth der erste Viehmarkt im Jahr ist.
Wer meine Mutter ist, hat sie gesagt, das weiß sie nicht; und von meinem Vater hat sie bis auf den heutigen Tag nichts gesehen. Ich auch nicht; und ich glaube fast, daß es wahr ist, was die alte Irscherin, die Waldhex, gesagt hat: nämlich, daß ich ein Wechselbalg bin, bei dem die Truden und Unhold Gevatter gestanden sind.

Lena dachte noch oft an die Kostkinder, die ihre Großmutter aufgezogen hatte. Sie waren entweder von den Eltern, meist von einer ledigen Mutter gebracht worden, die für die Kinder zahlte, oder sie wurden bei Nacht vor die Tür der Kirche gelegt oder gleich vor die Tür des Hansschusterhauses. Dann bezahlte die Gemeinde für die Würmchen. Einmal übergab man der Großmutter sogar ein Zwillingspärchen, das an den Hüften zusammengewachsen war. Sie hatte die beiden Mädchen mit aller Liebe und viel Fantasie gekleidet und gepflegt, der Großvater schreinerte ihnen passende Stühlchen und Betten. Als eines Tages ein Zirkus in den Ort kam, verkaufte die Gemeinde die Sechsjährigen an einen Schausteller, mochten die Kinder noch so bitterlich weinen oder die Großmutter noch so stark protestieren.

Lena war kein Kostkind gewesen. Aber es schien ihr zwingend, dass ihr Held, obwohl er Mathias hieß, wie der Großvater, ein Kostkind sein sollte. Dann konnte sie ihren Lesern zeigen, warum manche Menschen scheitern in dieser Welt, weil sie nämlich vom ersten Tag an schon verstoßen sind. So ergeht es auch Mathias Bichler, der immer ein Ausgestoßener bleibt, der nirgends Wurzeln fassen kann. Er ist anders als seine Mitmenschen, fühlt sich nirgends zugehörig.

Lena wollte den Roman »Mathias Bichler« nennen, obwohl der Großvater und auch sie selber Pichler geheißen hatten.

Mathias soll kein Engel sein. Wenn auch das Zwielichtige seiner Herkunft ihn bedrückt, ist er doch immer auf der Suche nach dem Sinn seines Daseins. Nach wilden Abenteuern, Verwicklungen, aus denen er fast nicht herausfindet, nimmt ihn ein angesehener Bildhauer als Künstler bei sich auf und setzt ihn später sogar zu seinem Erben ein.

Herrli, der die ersten Seiten schon kannte und sie dafür gelobt hatte, brachte auch noch aus der Bibliothek Bücher über Land und Leute, Geschichte und Brauchtum in den Städten und auf dem Land, so dass Lena auf ihrem Bett zugemauert war mit Buchziegeln, die ihr Sicherheit gaben, auch wenn sie gar nicht hineinschaute, da sie sich besonders im Kirchenjahr und im Brauchtum gut auskannte und eigentlich am besten vorankam, wenn sie Ureigenes erzählte.

Den anderen Tag bekam Lena einen Brief von Kerschensteiner. Er bedankte sich dafür, dass sie zur Beerdigung seiner Frau gekommen war, noch dazu mit einem so prächtigen und ganz ungewöhnlichen Gebinde. »Es ist als einziges von allen Kränzen und Sträußen noch frisch, die Kälte hat ihm nichts anhaben können. Wenn außer meinem Sohn Robert jemand meine Trauer ermessen kann, dann sind das Sie, liebe Magdalena. Ich glaube, Sie haben verstanden, was meine Anna mir war. Doch das Leben muss weitergehen, auch wegen Robert, ihrem Vermächtnis an mich. Im übrigen habe ich Sie bei den *Süddeutschen Monatsheften*, in denen ich gelegentlich veröffentliche, empfohlen. Man sagte mir, ich solle Sie bitten, geeignete Texte einzureichen. Man wird sie prüfen und sicherlich veröffentlichen. Sie sind ein großes Talent, liebe Magdalena. Ihr Kerschensteiner.«

Lena legte sich aufs Bett. Sie hörte Musik, die Chorgesänge einer altitalienischen Messe, und weinte fast vor Dankbarkeit darüber, dass es Kerschensteiner gab, dass sie ein eigenes Bett hatte, die Kinder und Herrli.

31. Kapitel

Es war Mai, ein leuchtender warmer Sonntag, und Lena bekam große Lust, mit den Kindern, Herrli und Lumpi nach Birkenstein zu fahren, zu der Wallfahrtskirche, die Lena aus ihrer Kindheit sehr gut kannte, weil sie die Mutter beim Wallfahren oft hatte begleiten müssen. Als Theres hörte, dass es auf Birkenstein gehe, wollte sie unbedingt auch mitkommen, worüber sich vor allem die Mädchen freuten.

Auch Lena hatte die gutmütige Theres lieb gewonnen, die nicht murrte, wenn es im Hause Jerusalem mal wieder am Geld fehlte. Sie wusste, Lena würde als Erstes ihren Lohn auszahlen, sobald sie Geld in die Hände bekam. Das war bei anderen Herrschaften nicht unbedingt der Fall, und außerdem waren der Herr Jerusalem und seine Frau immer freundlich, tadelten Theres nicht, wenn sie sich mit einer Arbeit nicht auskannte, und vor allem war die Leni lieb und die Alixl auch.

Nach einem kleinen Frühstück fuhren sie mit der Bahn nach Schliersee, die Sonne stand am wolkenlosen Himmel, und sie rannten mit den Kindern um die Wette zum See, in dem sich die Berge spiegelten und die Bäume und Sträucher im frischesten Grün. Gleich hinter Neuhaus öffnete sich das Tal, und sie sahen den Wendelstein, der hoch über den Wäldern und Wiesen stand, silbergrau und weiß im letzten Schnee.

Sie wanderten auf der Landstraße nach Bayrischzell, und kurz vor Aurach kamen die Mädchen und Theres, die immer ein Stück Weg voranliefen, zurückgerannt. »Da is a Hüttn«, riefen sie, »sowos habt's ihr no nia gsehn!«

Sie hatten nicht übertrieben. Rechter Hand lag auf einer

Art rechteckigem Stall ein Dach, das aus langen Brettern roh zusammengefügt war. Darüber lag eine dicke Schicht Heu und Stroh und darauf wiederum war wohl alles versammelt, was der Hausherr an Gewändern und Haderlumpen, an dicken Steinen und hölzernen Wagenrädern hatte auftreiben können. Sogar Teile eines schmiedeeisernen Gartengitters, löchrige Emailtöpfe und zwei verrostete Firmenschilder sammelten sich um ein Blechrohr, das als Kamin aus dem Stillleben herausragte.

Neben dem Haus stand mit Palette, Farben und Pinseln der Hausherr vor einer Staffelei, auf der mit Nägeln ein großes Stück Pappe festgehalten war, auf dem man das Tal und den Wendelstein erkennen konnte, alles eingehüllt von Regenwolken. Daran malte der Mann, obwohl er im grellsten Sonnenlicht stand. Die Kinder sagten höflich Grüß Gott und fragten: »Warum malen Sie Regen, die Sonne scheint doch!« Da antwortete der Maler freundlich, er habe gestern Morgen begonnen, und da habe es eben geregnet. »Wisst ihr, Kinder, ich kann mich nicht nach dem Wetter richten! Bis zum Sommer, wenn die Fremden kommen, muss ich einen Vorrat an Bildern fertig haben!«

Die Kinder betrachteten entzückt die Bilder, die zum Trocknen an der Hauswand standen oder in dem winzigen, einzigen Raum des Hauses, wo sie auf dem Tisch lagen, auf dem eisernen Ofen und auf der niederen Bettstatt. Ein Bild, sagte der Maler, koste fünfzig Pfennig, die größeren bis zu zwei Mark, je nachdem.

Für Lena war sofort klar, dass dieser Mann eine Figur in ihrem Buch werden musste. Sie machte aus ihm den Bildlmacher Thomas Beham, der ein Weggefährte Mathias Bichlers wurde.

Sie wanderten weiter auf einem schattigen Pfad am Fuß des Rhönberges nach Fischbachau und dann hinauf nach Birkenstein, wo das Wallfahrtskirchlein lag, eines der schönsten Bayerns.

Wir stiegen die schmale Holztreppe hinauf, die zu einem Wandelgang führte; der zog sich rings um das Kirchlein und war an Decke und Wänden mit Votivtafeln und Gemälden dicht behangen.

Auch das Innere der Kapelle wollte Lena beschreiben. Die reich geschmückte Muttergottesstatue mit dem Kind, die in dem magisch roten Licht über dem Altar zu schweben schien.

»Is des schee!«, sagten die Kinder und Theres eins ums andere Mal, und Jerusalem sagte zu Lena, dass er es verstehe, wenn einfache Gemüter von solchem Lichtzauber ergriffen und im Innersten bewegt werden könnten.

Lena antwortete nicht. Sie spürte, dass Herrli sie, die Kinder und Theres als geistig weit unter ihm stehend ansah. Es tat ihr nicht mehr weh, seit sie begriffen hatte, dass er, was seine schriftstellerische Arbeit anging, völlig resigniert, völlig aufgegeben hatte. Dabei nannte er sich Schriftsteller, er hatte sich diesen Beruf nach seinen Studien gewählt. Lena verzieh ihm seinen Hochmut, weil er an sie glaubte, weil sein Glaube ihr Kraft gab, durchzuhalten, denn obwohl sie Geld verdient hatte mit ihren Büchern, fanden sich trotz des Lobes der Kritiker nach wie vor nur wenige Käufer. Lena fühlte sich Korfiz Holz gegenüber verantwortlich, der ihr so viel Geld für die »Erinnerungen« gegeben hatte und nun auf den Büchern sitzen blieb.

Manchmal schnürte sich ihr der Hals zusammen, weil sie Angst hatte, dass auch dieses neue Buch niemand lesen wollte. Vielleicht hatten sich die Kritiker abgewandt, würden keine Rezensionen mehr schreiben über eine Arbeit von ihr. Wie Hofmiller, den sie bei einer Lesung des Dichters Hugo von Hofmannsthal trafen, wo er mit einem kurzen Kopfnicken an ihnen vorbeigegangen war.

Das alles ging Lena durch den Kopf, als sie sich in eine Bank kniete und zur Muttergottes von Birkenstein betete. »Heilige Mutter, verlass mich nicht! Gib, dass ich mit meinem neuen Buch niemanden enttäusche! Verlass auch meine Kinder nicht, auch nicht den Toni! Heilige Mutter, gib ihn mir doch zurück. Er kennt mich ja gar nicht mehr!«

In der nächsten Woche kaufte Lena bei der Gemüsefrau in der Waisenhausstraße ein. »Der Spinat macht fünfazwanzig, der Salat zwanzg und der Karfiol dreißg, gnä Frau, und na steht da no a Mark für Obst, wo Eahna Töchterl geholt hat.«

Das war Alixl, sie schenkte so gern und nahm es nicht genau mit der Wahrheit, was Lena nicht so schlimm fand, doch Herrli sagte beim Mittagessen zu Alixl, dass sie unbedingt lernen müsse, ihre Triebe zu beherrschen. »Wenn wir jetzt nach Tisch Obst essen, bekommst du so lange nichts, bis die Mark, die du ohne Erlaubnis ausgegeben hast, abbezahlt ist.«

Beim Abendessen wollte Lumpi, der ewige Bettler und Dieb, sich eine Wurst vom Tisch angeln. Alixl hinderte ihn daran: »Lumpi, weißt, man muss immer die Triebe, die wo man hat, beherrschen. Die Wurscht ghört für uns.«

Lena sah ihre Mädchen, wie sie versuchten, es ihr und Herrli recht zu machen, wie sie sich bei jeder kleinen Kritik instinktiv duckten, wie Leni sofort Alixl verteidigte, wenn man ihr, der unbändigeren, nicht so fügsamen, ein strenges Wort geben musste. Was hatten sie erlebt? Manchmal versuchte Lena vorsichtig, nach der Zeit im Moosburger Internat zu fragen. Die Mädchen antworteten ausweichend, sahen einander hilflos an, und Alixl sagte rasch: »Aber bei dir is schee!« und schmiegte sich eng an Lena. Auch Leni drückte sich an die Mutter, und Lena streichelte beide. Sie wusste, die Zeit der Trennung war unwiederbringlich verloren. Was war den Mädchen alles entgangen an Fürsorge, Verständnis und Liebe. Was war ihr selber unersetzbar verloren gegangen, wie viele kleine Geschehnisse, Lachen, Freuden, wie viele kindliche, süße Aussprüche. Wie lange hatte sie ihre Mädchen nicht trösten können, wenn sie Schmerzen oder Kummer hatten. »Alles für Leni und Alixl«, dachte Lena wieder einmal, »ich mache es wieder gut!«

Sie ging mit Leni und Alixl in die Sandstraße, weil die Mädchen sich gewünscht, hatten, ihren Bruder Toni wiederzusehen, und Lena wünschte es sich auch leidenschaftlich. Sie fuhren mit der Tram bis zur Dachauer Straße, und Lena wurden die wenigen Meter bis zur Sandstraße schwer, wo Toni gegenüber der Deutschen Eiche bei den Großeltern Leix wohnte. Alles war so, wie sie es zurückgelassen hatte, und doch war es ihr samt und sonders fremd. Von dem hohen, stattlichen Haus der Eltern mit dem Gasthaus darinnen schien ihr eine eisige Kälte auszugehen. War sie immer noch gefesselt an die schwer erträglichen Zeiten? Wünschte sie sich in Wahrheit, dass die Mutter, die Brüder oder der Stiefvater sie begrüßen kämen?

Aus diesen Gedanken wurde Lena von einigen Buben gerissen, die unter Juchzen und Johlen an ihr und den Mädchen vorbeisausten. Sie hockten auf abenteuerlichen Vehikeln, die aus Kisten, alten Rädern und Lenkstangen zusammengeschustert waren.

»Uiii, ein Wagenrennats!«, rief Leni, und sie zeigte auf einen Buben, der eine dunkelblaue Ballonkappe schief auf dem Ohr trug. »Toni, Toni!«, rief sie, und Alixl tat es ihr nach, und Lena sah, wie Toni auf seine Schwestern schaute wie auf unwillkommene Fremde. Offenbar genierte er sich auch vor seinen Freunden. Lenas Herz klopfte, sie wusste für den Moment nicht, was sie tun sollte, doch da ging in der Wohnung der Schwiegereltern mit hartem Laut ein Fenster auf, die Schwiegermutter rief herunter, dass Toni zu ihr hinaufkommen solle, sofort, und die Madln solle er mitbringen.

Lena schien für sie nicht vorhanden zu sein, und als die Mädchen zögerten, sagte sie: »Geht ruhig hinauf mit dem Toni, ich wart so lang hier unten auf euch.«

Sie machte einen Schritt auf Toni zu. »Toni – Bub« – doch Toni war schon auf Abstand, schrie, dass Lena sich schleichen solle. »Du bist net mei Muatta, dass d's woaßt!«

Er ist noch ein Kind, sagte sich Lena, er ist noch ein kleiner Bub mit seinen elf Jahren. Die alten Leix und Anton werden ihn aufgehetzt haben.

Lena wollte sich nicht mehr grämen, nicht mehr weinen. All die Verluste.

Die »Lausdirndlgeschichten« erschienen beim Mörike Verlag, aber das Echo war gering und nicht freundlich. Und wenige Wochen später ging der Verlag in Konkurs. Lena hatte großes Mitleid mit dem jungen Verleger, der ihr so idealistisch erschienen war, doch Herrli zeigte ihr einen Artikel im *Zwiebelfisch*, dessen Autor Hans von Weber sich mit dem Konkurs auseinandersetzte.

»Wir erwähnen diesen traurigen Fall deswegen, weil es uns an der Zeit scheint, eine dringende Mahnung an all die vielen jungen Leute zu richten, die ebenso wie Mörike glauben, dass ein fester Wille, Gutes zu leisten, gepaart mit Kenntnissen, Arbeitslust und Beziehungen, genügen, um mit einem kleinen Kapitale bald eine Riesenfirma gründen zu können. Ein jeder wähnt, dass gerade nach den Büchern, die er plant, ein starker Bedarf herrsche und dass die Auflagen nur so ins Publikum sickern werden.«

Wie gern hätte Lena dem jungen Martin Mörike, der jetzt sicher recht verzweifelt und um seine Träume gebracht war, ihr Honorar zurückgegeben, aber das Geld war längst verbraucht.

Lotte tröstete Lena, wollte sie ablenken, lud sie zu ihrer Ausstellung im Glaspalast ein. Die Zeitungen schrieben darüber. Lottes Puppen, so hieß es, seien kein Spielzeug für Kinder. Sie verzauberten vielmehr die Erwachsenen, spiegelten den Ausdruck einer Epoche wider, die sich auf Grund eines Misstrauens gegen das Leben dem Puppenhaften zuwende.

Lena spürte Lotte gegenüber eine seltsame Schüchternheit, ein Nichtgenügen. Lotte lebte in der großen bunten Welt der Künstler, Lena durfte manchmal hineinschauen, an Lottes Hand, aber dann war die Freundin wieder verschwunden, aufgesogen von ihrer Clique, die Lena ebenso sehr anzog wie abstieß.

Lotte und ihre Freundin Uli Seewald holten Lena mit einer Autodroschke ab zur Ausstellungseröffnung im Glaspalast, der im Areal des Alten Botanischen Gartens lag. Lena staunte immer wieder, wenn sie vorbeikam. Von innen hatte sie das Gebäude noch nie gesehen. Das war allerdings ein Palast! Und wirklich alles aus Glas! Jetzt, in der untergehenden Sonne, schimmerten die Wände wie Edelsteine, geheimnisvoll, kostbar. Hunderte, Tausende, Zigtausende von kleinen Glasscheiben, je zu zwölft fein eingefasst in schmalen Fensterrahmen, von denen es auch wieder Hunderte, wenn nicht Tausende zu geben schien. Lena wäre am liebsten einmal um das Wunderding herumgerannt, aber die anderen drängten hinein. Mei – wenn da mal der Blitz einschlug oder ein Sturm aufkam, das musste scheppern!

Lotte war nervös, las ihnen die Rede vor, die sie vorbereitet hatte. Uli sagte, dass Lotte mit den Gästen nicht liebenswürdig genug umgehe. »Du musst sie auf jeden Fall herzlicher begrüßen. Immerhin kommen die Fotografin Stephanie Held und ihr neuer Mann Hans Ludwig Held, du weißt schon, der Stadtbibliotheksdirektor. Von Stephanies Scheidung hat ganz München gesprochen. Sie wird dich sicher fotografieren wollen.«

»Weißt du, dass Rilke da sein wird? Falkenberg bringt Feuchtwanger mit und Klabund, der kleine Hoerschelmann kommt sowieso, aber auch Ringelnatz und Max Oppenheimer, du kannst also deine Begrüßung ruhig persönlich halten, wir sind schließlich die Hauptsache.«

Mit einem kleinen Seitenblick auf Lena sagte Uli, dass Richard leider nicht kommen könne, er schreibe an einem Artikel, den er morgen abliefern müsse, aber er lasse das Puma und vor allem Lena grüßen. »Du hast ihm gefallen, meinem Gemahl, du sollst dich öfter sehen lassen, hat er gesagt. Bring deinen Bethlehem halt mit! Den knöpf ich mir dann mal vor!«

Lena lachte und sagte, dass ihr Mann Jerusalem heiße, und Uli entschuldigte sich ziemlich halbherzig, mahnte Lena aber, sich nicht in der Düllstraße zu verkriechen. »Lotte sagte, dass dein Mann ein Despot ist und dich immer zur Arbeit anhält. Lass dich von dem bloß nicht runterziehen, in dir steckt alles, Schwermut und Leidenschaft, das habe ich bei deinem Tango mit Richard gesehen, obwohl ich ziemlich betrunken war! Glaub mir, die Leidenschaft bringt dir mehr als die Schwermut, dazu hast du im Grab noch Zeit genug.«

Der Glaspalast in seiner glänzenden Größe beeindruckte Lena, aber sie hatte nicht viel Zeit, sich umzusehen. Lotte wurde schon am Wagenschlag von Fotografen empfangen, sie war bald aus Lenas Blickfeld verschwunden. Doch Uli hakte sie unter, Rolf von Hoerschelmann stürzte auf sie zu, und Lena freute sich über seine liebevolle Begrüßung. Sie hatte ihn gemeinsam mit Lotte schon einige Male getroffen und war immer fasziniert von seiner Kindergröße, dem Kindergesicht und seinem Wissen, seiner Bildung, seinem Humor.

»Ich habe gute Rezensionen Ihres Buches gelesen«, sagte er und neigte sich über Lenas Hand. »Sie können sicher sein, dass ich demnächst bei Lehmkuhl bin und mir Ihre ›Erinnerungen einer Überflüssigen‹ kaufen werde.«

Das war nicht das erste Mal, dass Lena von Lottes Freunden auf ihren Roman angesprochen wurde. Auch Lotte und ihre Freundinnen, einschließlich Uli, hatten das Buch gelesen. Lotte war erschüttert.

»Du hast eine Autobiografie geschrieben von einer Ungeschminktheit, wie ich noch keine gelesen habe. Ich konnte gar nicht mehr aufhören. Wie stark du sein musst. Hätte ich eine Mutter wie du, ich wäre sicher zerbrochen!«

Als Lotte auf die Bühne kam, saß Lena zwischen Hoerschelmann und Uli Seewald. »Ich bin dabei«, dachte Lena, »aber ich habe heute keine Lust, daran zu denken, dass ich nicht dazugehöre.« Sie sah Lotte, die nun vortrat und ihren Zettel zwar in der Hand hielt, aber frei sprach und mit jedem Wort sicherer wurde:

»Meine Damen und Herren, liebe Freunde, da ich ständig gefragt werde, wie meine Puppen entstehen, da bereits einige Damen sich bemühen, ebenfalls Puppen herzustellen, die wie meine Schöpfungen aussehen, will ich es Ihnen heute, wo ein großer Teil meiner Puppen hier zu sehen ist, endlich einmal erklären: Sie sehen Damen und

Herren einer Hofgesellschaft, Musiker, Tänzer und Tänzerinnen, exotische und androgyne Gestalten. Ihre Entwürfe beginnen faktisch meist mit dem Aufbau des Drahtgerippes auf dem Postament; manchmal auch mit einem Gesicht, das, was weiß ich woher, in einem blassen Wachsklumpen auftaucht und herauswill. Oder, da ist am Anfang ein Stück besonderer Goldgaze, die auf einem liliputanischen Körperchen Brokat bedeuten könnte. Kopf und Hals, Arme, Hände, Beine und Füße werden aus Wachs geformt. Der wattierte Stoffleib wird durch üppige Kleidung verhüllt ...«

Lenas unbedingte Lieblingspuppe war eine Tänzerin auf Spinnenbeinen, in Schuhen aus Schmetterlingsflügeln. Unter dem reichen Kleid aus Seide und Tüll floss feinste Spitze an den Beinen hinab. Am beindruckendsten war jedoch das Gesicht, schön und einsam zugleich, aber die Einsamkeit war nicht sentimental, sondern selbstbewusst, ja, in selbstbewusster Einsamkeit tanzte die Schöne, für sich alleine. Lena wusste, dass Uli Seewald das Vorbild für diese Tänzerin war, so viel verstand Lena von dieser ungewöhnlichen, auch ungewöhnlich schönen Frau, auch wenn sie Uli nur selten gesehen hatte.

Lena überwand ihre Scheu. Sie sagte »Uli – ich bin sicher, dass Lotte diese Puppe nach dir gemacht hat.«

»Das kann schon sein«, sagte Uli mit ihrem Lächeln, das Lena nie deuten konnte.

»Es ist eine – eine Huldigung – nicht wahr?«, setzte Lena hinzu, und Uli lächelte. »Schön gesagt, Frau Dichterin! Du solltest uns nicht scheuen wie der Teufel das Weihwasser. Dann könntest du sehr gut zu uns gehören.« Uli legte den Arm um Lena. »Komm, wir wollen sehen, ob wir noch andere Freunde unter Lottes Puppen entdecken.«

Alle Puppen Lottes waren geisterbleich und unirdisch schön, Zauberfeen in üppigen Prachtgewändern, Prinzessinnen, Operndiven, von denen man meinte, dass sie sogleich ihre betörende Stimme hören lassen würden.

»Jetzt kuck mal«, hatte Lotte zu Lena gesagt und ihr einen Briefbogen gegeben, »jetzt kuck mal, wie Jakob von Hoddis meine Puppen sieht.«

»Indianisch Lied
O Nacht zärtlicher Sterne Gefunkel
In liebesklarer Luft
Lebendigen Traumes Flammendunkel.
Über schmalen Wegen der Bergeskluft,
Hoch im Gebirg' in den eisigen Gipfeln ein Raunen.
Musik der Seele. Tanz und Märchen erstaunen.«

»Nur schade, dass der Jakob so krank ist«, hatte Lotte gesagt, und Lena las wieder und wieder die schönen Zeilen, die sie nicht verstand und dann wieder doch.

Ihre Lieblingslektüre, die sie ganz und gar verstand und von der sie gar nicht genug bekommen konnte, war neben Gottfried Keller und Jeremias Gotthelf inzwischen Ludwig Thoma geworden, dessen Bücher sie gekauft hatte und in jeder freien Stunde las. Bei seinen Filserbriefen lachte sie manchmal Tränen; sie saß da und lachte und lachte, genoss die originelle, vorher noch nie gelesene Sprache und beneidete Thoma um seine Fantasie und um seinen Humor. In seiner Erzählung »Die Wallfahrt« lässt Ludwig Thoma den Hofbauern nach Andechs zum heiligen Rasso pilgern. Der heilige Rasso? In Andechs? Lena wusste genau, dass in Andechs zwar die Wallfahrtskapelle den Namen des heiligen Rasso trug, aber die Reliquien, die in der Kapelle lagen, hatte der heilige Rasso bereits im 10. Jahrhundert aus dem Heiligen Land mitgebracht.

Lena wollte dies dem Ludwig Thoma mitteilen. Sofort, ehe sie der Mut dazu verließ. Da sie kein Briefpapier fand, schrieb sie ihren Brief auf die Rückseite des Werbezettels ihres Kaufmanns, auf dem stand, dass ein 9-Pfund-Paket Zucker 1,20 Mark kostete, Gries 23 Pfennig das Pfund, Fadennudeln 60 Pfennig das Pfund, englische Jams 1 Mark das Ein-Pfund-Glas.

Lena hoffte, dass Ludwig Thoma sich daran nicht stören würde, und schrieb gleich zu Beginn in der Manier der

Filserbriefe: »Geschrieben in Eile bei Nächtlicher Weille, beim Scheine des Lichts«. Lena erklärte ihm, dass alle Wallfahrer, die auf den heiligen Berg Andechs und zum heiligen Rasso und zur Gnadenmutter nach Altötting pilgerten, ihn, Thoma, als Lügenschippel bezeichnen würden, deshalb solle er das mit den Reliquien des heiligen Rasso lieber streichen. Sie schloss ihren Brief mit dem Gruß: Ihre teiere Landsmennin Leni Christ.

32. Kapitel

Lena bekam beim Schreiben des »Mathias Bichler« so starkes Heimweh nach Glonn, dass sie beschloss, in den Sommerferien mit Leni und Alixl in ihren Heimatort zu fahren und beim Huberwirt zwei Zimmer zu mieten. Herrli war ohnehin vier Tage in der Woche in Zell bei Ebenhausen, wo er die Tochter des Verlegers Wilhelm Langewiesche unterrichtete. Lena dachte oft, was aus der Familie Jerusalem werden sollte, wenn Wilhelm Langewiesche dem Herrli nicht immer wieder Aufträge zukommen ließe. Genauso großzügig war der Verlag Albert Langen. Korfiz Holm hatte die ersten dreißig Seiten von Lenas neuem Roman gelesen, drängte Lena zum Weiterschreiben und stellte ihr einen Vorschuss in Aussicht, wenn sie die Hälfte des Romans abliefern werde.

Alixl und Lena fanden in Glonn sofort Spielkameraden, Lena sah sie manchmal während des ganzen Tages nicht. Am ersten Abend war sie mit den Mädchen schon in die Kirche gegangen, hatte auf dem Kirchhof das Grab des Großvaters mit Blumen geschmückt. Die Kinder und einige Frauen aus dem Ort hatten sich nach ihr erkundigt, immerhin war es fünfundzwanzig Jahre her, dass Lena selber ein Kind im Ort gewesen war.

Am Wochenende kam Herrli zu Besuch. Lena und die Kinder holten ihn in Grafing am Bahnhof ab. Als Herrli Lena sah, die einen großen, blumengeschmückten Sonnenhut trug, fand er sie so wunderhübsch und gesund aussehend, dass er ihr das auch sagte und sie an sich drückte.

Seltsam, wie gespalten Herrli Lena gegenüber war. Der Mann, der sie schlagen wollte, beunruhigte sie, stieß sie ab. Sie sah seinen bleichen mageren Körper, der offenbar ohne Begehren war. Dann wieder spürte sie ein ungeheures Nachgeben, eine Dankbarkeit, weil er so viel tat für sie und die Kinder. Lena wusste nicht, wo die Grenze dessen war, was sie sein oder tun könnte. Ihre Wünsche galten Kerschensteiner.

»Ich glaube, du liebst ihn«, hatte Lotte leise und ruhig gesagt, als sie nach der Beerdigung seiner Frau zwischen den Gräberreihen hindurchgingen, dem Ausgang zu. Lotte konnte man nichts vormachen, sie war das Puma, wurde geküsst und umarmt von vielen Männern, von Dichtern wie Hoddis, Rilke und Becher, Lena kannte die Namen nur vom Hörensagen, aber Lotte schien uneinnehmbar zu sein, auch wenn sie bei jeder Gelegenheit feierte, tanzte, trank und küsste. Lieben tat sie vielleicht Walter Strich – früher –, aber jetzt nur noch den Berliner Arzt Dr. Pagel, der blendend sein musste, innen und außen.

Das konnte Lena über Herrli nicht sagen.

33. Kapitel

Es war viel zu kalt in der Düllstraße. Oder war der Winter 1914 kälter als der vorige? Lena und die Mädchen husteten jedenfalls wie die Schafe, selbst die robuste Theres lief nur noch mit rot entzündeter Nase herum. Sogar Lumpi zitterte. Allein Herrli schien die Kälte nichts auszumachen. Er trug zwei Joppen übereinander und einen Schal. Von Strickhandschuhen schnitt er sich die Spitzen ab, damit er schreiben konnte. Außerdem war er immer noch viel bei den Langewiesches, in dem großzügigen, komfortablen Haus, wo er behandelt wurde wie ein Verwandter.

Ludmilla Schad, die des Öfteren zu Besuch kam, entschied resolut, dass sie eine andere, heizbare Wohnung suchen werde. Und sie fand eine in der Pilarstraße 2, in einem Haus, das Verwandten von den Schads gehörte. Lena konnte es nicht fassen. In diesem wunderschönen Haus sollte sie wohnen, direkt am Kanal, unweit vom Schloss? War die Wilhelm-Düll-Straße ihr, abgesehen von der Kälte, schon sehr vornehm erschienen, so kam ihr die Pilarstraße fürstlich vor. Die Mädchen freuten sich auch, denn nun hatten sie den schönsten Weg zur Dom-Pedro-Schule. Sie konnten jeden Tag den Kanal entlanglaufen, den Enten und Schwänen zusehen.

Die hundertjährigen Linden am Kanal blühten, immer mehr Spaziergänger, Kindermädchen, Liebespaare und Militärs aus den Kasernen kamen von der Waisenhausstraße oder über die Gerner Brücke und gingen den Kanal entlang. Hunde bellten die Enten und Schwäne an und nahmen reißaus, wenn die Schwäne zischend und fauchend auf sie losgingen. Kleine Kinder strebten emsig und eigensinnig dem Wasser zu, von den Kindermädchen nur mühsam zurückgehalten. Einmal sah Lena, wie eine Kinderfrau ihren Schützling sehr roh behandelte, einen kleinen Jungen im seidenen Anzug mit reicher Spitze, dem es die Enten angetan hatten.

Lena schoss das Blut in den Kopf, sie schrie die Frau an, dass sie sofort aufhören solle, den Buben derart zu traktieren: »Sofort lassen Sie den Buben aus! Das ist ein kleines Kind, das kann sich nicht wehren gegen so eine alte Trummel wie Sie!« Die Frau wollte auch grob werden, da drohte Lena ihr, dass sie die Frau und den Kleinen im Auge behalten werde, bis sie heimgingen. »Und dann sag ich Ihren Herrschaften, wie schlecht Sie den Buben behandeln!«

Dieser schöne Maientag war Lena verdustert, doch als sie heimging, traf sie noch einen Boten an vom Verlag Albert Langen, der ihr ein Päckchen in den Briefkasten gesteckt hatte. Es war ein Buch, ein Exemplar des »Mathias Bichler«! Lena löste das braune Packpapier, dann das dünne weiße Seidenpapier, und der wunderbare Buchziegel lag in ihrer Hand. Lena bestaunte das Titelblatt: Den oberen Rand schmückte eine Blumengirlande, dann erschien in kleiner vornehmer Schrift der Name Lena Christ, darunter, größer und stärker, Mathias Bichler, und darunter, wieder in kleiner Schrift, Roman. In der unteren Buchmitte war ein Blumenkranz aufgemalt, der mit der Girlande vom oberen Rand übereinstimmte.

Bei den »Erinnerungen« hatte Lena für den Buchumschlag Rosenranken gemalt, was sehr dekorativ aussah, und für die »Lausdirndlgeschichten« des Martin Mörike Verlags hatte sie ein Lausdirndl gezeichnet mit einem frech abstehenden Zopf, und Mörike hatte die Zeichnung für den Umschlag verwendet. Das war trotz Lenas Bedrückung über die ungeliebten Geschichten ein Lichtblick gewesen.

In die Freude über den »Mathias Bichler« mischte sich sofort das tiefe, geheime Schuldgefühl, das Lena immer wieder durchdrang, weil sie bereits großzügig für dieses

Buch honoriert worden war wie bei den »Erinnerungen«. Ihre Befürchtung war, dass auch dieser Roman keinen großen Käuferkreis finden würde.

Bald erschienen die Rezensionen. Sie waren alle lobend, was Lena nicht verstand, was sie aber rührte und ihr gut tat. Am meisten freute sie sich über das Urteil eines Schriftstellers aus dem Elsass, der hieß Arthur Babilotte und schrieb im *Literarischen Echo:* »Im Mathias Bichler haben wir endlich wieder einmal einen wundervoll lebensechten Abenteuerroman im besten Sinne. Da ist alles echte Natur, eine bayerische Vollsaftigkeit, die Ludwig Thomas Bücher weit hinter sich läßt. Vor allem, weil hier nicht die Absicht vorschaut, die bayerische Eigenart aufdringlich herauszuheben, sondern alles natürlich und selbstverständlich geschieht und ausgefochten wird. [...] Kühn in ihrem Aufbau, kühner noch in ihren Details, verrät diese Episode ein durch und durch geläutertes Kunstempfinden und eine hohe Lebensauffassung. Und dann diese prächtigen Bilder aus dem bayerischen Dörflerleben.«

Das, so fand Lena, war ein Grund zum Feiern. Und jetzt, wo sie die schöne Wohnung in der Pilarstraße hatten, plante Lena eine Einladung. Es gab auch viel mehr Raum als in der Düllstraße, denn die Wände waren hoch und ohne Schrägen, sämtliche Möbel fanden Platz, und Lena wollte endlich einmal Korfiz Holm und seine Familie einladen! Doch da kam schon das Billett mit der Einladung von Korfiz und Annie Holm zu einer Gartenparty.

Er wohnte mit seiner Familie in Pasing, in der Rembrandtstraße, und Lena fuhr mit Herrli und den Kindern an einem sommerlichen Sonntagnachmittag hinaus. Schon die Villa mit dem geräumigen Wintergarten, der grünweißen Markise über dem Balkon schüchterte Lena ein, sie getraute sich kaum auf die Klingel zu drücken, neben der ein schlichtes weißes Porzellanschild mit Goldrand den Namen anzeigte.

Lena und Alixl, die ums Haus gelaufen waren, riefen: »Die sind alle im Garten!«, und im Näherkommen hörte

Lena fröhliches Lachen, Plaudern und Musik. Sofort wurde Lena innerlich stocksteif; wer würden all die Leute sein – sie kannte nur Korfiz Holm und seine Frau, und selbst ihnen gegenüber hatte Lena Gefühle des Geringerwertigen, des Nichtgenügens, die sie immer wieder neu bedrückten.

Und dann tat sich vor ihr das heitere Bild eines großen sommerlichen Gartens auf, in dem weiß und bunt gekleidete Frauen mit großen Blumenhüten zu sehen waren, die miteinander plauderten oder sich mit den Kindern beschäftigten. Die Herren, meist in hellen, eleganten Sommeranzügen, standen plaudernd beieinander, einige rauchten Zigarren. Ein langer Tisch war weiß gedeckt. Lena sah Torten, Kuchen und Früchte auf weißem Porzellan und reichem Silber. An Stangen hingen Girlanden und bunte Lampions, was dem Ganzen ein noch festlicheres Gepränge gab.

Herrli raunte Lena zu, dass er es dem Holm nicht zugetraut hätte, diesen Aufwand für einen Sonntagnachmittag. Doch auch er hatte sich von dem Honorar für den »Mathias Bichler« einen weißen Seidenanzug gekauft, den ersten seines Lebens, und Lena fand, dass er zumindest vornehm darin aussah, wenn auch nicht wohlhabend, denn sein kurzer Anfall von Verschwendungssucht hatte schon bei den Schuhen Halt gemacht. Sie waren alt und abgeschabt und standen in merkwürdigem Kontrast zu dem edlen Anzug. Lena trug ein lilafarbenes Kleid mit schwarzen Spitzen, das ihr Frau Böcks Schneiderin angefertigt hatte, denn Lena besaß immer noch den teuren lila Hut von ihrer Schwiegermutter, und passend dazu hatte Lena sich den Stoff für das Kleid gekauft.

Außer Edith, Gretel und Thea, den drei hübschen Töchtern der Holms, die sofort auf Leni und Alixl zuliefen, kamen noch zwei Mädchen. Edith stellte sie als Billy Blei und Lotte Röseler vor. Lena war froh, dass sie ihren Töchtern Kränzchen aus bunten Wollblumen gehäkelt hatte, die zu den einfachen Leinenkleidern hübsch aussahen und sofort allseits gelobt wurden. Sonst wären Leni und

Alixl gegen die anderen, reich gekleideten Kinder ärmlich dahergekommen. Lotte Röseler war besonders herausgeputzt in ihrem weißen Spitzenkleid mit passendem Hut, das Lena immer wieder heimlich bewunderte, vor allem, weil das Mädchen zart, schön und liebenswürdig war und das Kleid ihr Wesen unterstrich.

Korfiz Holm und seine Frau Annie hatten jetzt Lena und Herrli bemerkt und kamen, sie freundlich zu begrüßen und den anderen Gästen vorzustellen. »Herr Professor Held, darf ich Ihnen unsere neue literarische Hoffnung Lena Christ vorstellen? Frau Christ – das ist Bibliotheksdirektor Held mit seiner Frau Stephanie, eine wunderbare Fotografin!«

Lena fand Stephanie Held mit ihren dunklen Locken über dem weichen Gesicht und der üppigen Figur sofort sympathisch. Lotte war schon häufig für Fotoaufnahmen in ihrem Atelier Veritas in der Franz-Josef-Straße gewesen.

Lena sah sie im lebhaften Gespräch mit Ludwig Thoma, der auch von ihr fotografiert worden war. Die beiden lachten über eine Bemerkung Thomas, Hans Ludwig Held legte den Arm um seine üppige Frau, und Lena glaubte zu sehen, dass er sehr stolz auf sie war.

Herrli und Hans Ludwig Held kannten sich und begannen gleich ein Gespräch, Ludwig Thoma wandte sich an Lena und dankte ihr für den Brief über den heiligen Rasso. »Der hat mir viel Freud gemacht, ich wollt Ihnen auch noch sagen, dass ich eine Anthologie plane mit meinem Freund Georg Queri zusammen. Da möchten wir gern Ihre Klostergeschichte aufnehmen. Korfiz Holm hat schon seine Einwilligung gegeben.«

»Mei, bin i da froh!«, sagte Lena spontan. »Und Sie san mir nimmer bös wegen dene Lausdirndlgschichten?«

Thoma versicherte ihr, dass er niemals ernsthaft verärgert gewesen sei, nur irritiert. »Nachher war es mir eine Ehre, dass mich eine so gute Kollegin kopiert! Wann kommen Sie denn endlich in die Tuften!«

Ludwig Thoma war entschieden der Mittelpunkt der

Gesellschaft. Man fragte ihn nach seinem Haus, und er gab bereitwillig Auskunft. Lena spürte, wie verliebt er in sein Zuhause war. Trotzdem erschien ihr der Dichter traurig und einsam. Sie hatte gehört, dass Thoma sich von seiner Ehefrau, der fremdländisch schönen spanischen Tänzerin Marietta de Rignardo, vor ungefähr drei Jahren getrennt hatte, da sie es in der Einsamkeit der Tuften nicht aushielt. Dabei hatte Thoma um sie kämpfen müssen, bis sie sich von ihrem Mann, dem Berliner Kabarettisten Georg David Schulz, scheiden ließ.

Lena musste Ludwig Thoma immer wieder verstohlen ansehen. »Was muss er durchgemacht haben«, sagte sie zu Herrli, »wie lange hat er wohl gebraucht, bis er wieder Freude und Lebendigkeit in sich fühlte?«

»Wer einem anderen Mann die Frau stiehlt, hat keine Nachsicht zu erwarten!«, sagte Herrli scharf. Doch Lena fühlte mit dem Paar.

»Vielleicht ist seine Frau auch traurig? Sie muss ihn ja geliebt haben, sonst hätte sie zweifellos nicht ihren Mann für ihn aufgegeben!«

»Die haben einander verdient«, meinte Herrli wegwerfend.

Lena versuchte sich vorzustellen, wie der Frau zu Mute war, die zwei Männer aufgegeben hatte.

Dann bat Annie Holm zu Tisch. Lena saß neben Max Dauthendey, Herrli neben seiner Frau, die ebenfalls Annie hieß, wie Frau Holm. Lena wusste lediglich, dass Max Dauthendey Schriftsteller und Maler war, dass er schon in den Jahren 1905 bis 1906 eine Weltreise gemacht hatte, die ihn bis Amerika, Indien, Indonesien, China und Japan führte. Herrli hatte gesagt: »Der Dauthendey hat ein Glück, seine reiche schwedische Frau hat ihm aus ihrem Erbteil die ganze Reise bezahlt.« Der Dichter, ein dunkelhaariger Mann mit weichem Gesicht und sehr dunklen Augen, sah Lena aufmerksam an, als sie ihn interessiert fragte, ob er die Eindrücke von seiner Weltreise aufgeschrieben habe.

»So fragt auch nur eine Schriftstellerin«, sagte er

freundlich. »Ich habe tatsächlich in dieser Zeit meine fruchtbarste Schaffenszeit erlebt und drei Werke geschrieben – eine Novellensammlung und zwei Romane.«

Unvermittelt fragte er Lena, ob sie gerne in München lebe. Als sie das spontan bejahte, sagte Dauthendey, dass er München so satt habe. »Ich finde hier zu wenig Gleichgesinnte, im Grund verachten hier alle die Lyrik. Außerdem sagt mir die Münchner Landschaft nichts, sie hat keinen Frühling und keinen Geruch.«

Lena war verblüfft und sagte ohne nachzudenken, dass er dann aber noch nicht am Nymphenburger Kanal gewesen sei. »Gerade der Frühling ist da unvergleichlich schön! Sie müssten mal den intensiven Geruch der Lindenblüten am Kanal erleben, den grünen Geruch des Wassers, dann würden Sie anderen Sinnes!«

Der Dichter lachte und sagte, er werde sie besuchen. »Und dann werden wir gemeinsam den grünen Geruch des Wassers einatmen, Frau Kollegin!«

Sie nahm sich vor, unbedingt bei Korfiz Holm nach einem Buch des Dichters zu fragen, und dann widmete sie sich ihrem köstlichen Apfelstrudel mit Schlagrahm, den sie wegen ihres Gesprächs mit Dauthendey noch nicht angerührt hatte. Mit einem Ohr hörte sie, dass Herrli und Frau Dauthendey sich lebhaft über sparsame Haushaltsführung unterhielten und sich darin überboten, wer die geringsten Geldmittel zur Verfügung habe.

Später machte Stephanie Held von Annie Dauthenday, Annie Holm und einer ebenfalls gut aussehenden Dame, die Blei oder ähnlich hieß, eine Aufnahme. Die drei Damen mussten sich auf der Wiese zu einer Gruppe zusammenstellen und lächeln. Stephanie Held sagte, sie wolle das Bild »Die drei Münchner Grazien« nennen. Lena wurde nicht zum Foto dazugebeten, aber das machte nichts. Sie hätte sich ohnehin nur geniert.

»Möchten Sie nicht auch aufs Bild?«, fragte in dem Moment eine Männerstimme. Hans Ludwig Held beugte sich zu Lena, nahm aus der Sahneschüssel einen Löffel voll und sah Lena aus klugen, warmen Augen an. »Meine

Frau macht sehr gute Fotos«, sagte er, doch Lena hatte das Gefühl, dass er verlegen war, weil die Damen sie nicht hinzugebeten hatten. Als einziger der Herren, die alle helle Anzüge anhatten, trug Held einen dunkelbraunen Anzug mit feinen weißen Streifen, sein krauses Haar war hoch aus der Stirn gekämmt, er hatte einen weichen, empfindlichen Mund. Von allen Gästen schien er der Zufriedenste zu sein, heiter gratulierte er Lena zum Erscheinen ihrer Romane. »Ich habe beide gelesen, schließlich bin ich Bibliothekar. Ihre Bücher sind so rein und unverfälscht bayerisch, wie ich lange keines gelesen habe. Machen Sie nur weiter! Und wenn Sie Material brauchen, wenden Sie sich immer an mich!«

34. Kapitel

Mit dem Beginn der Sommerferien fuhr Lena mit Herrli und den Kindern nach Lindach, einem kleinen Weiler bei Glonn, den Lena sehr liebte, weil ihr Großvater dort seine Äcker gehabt hatte und einen Freund, den Wimmerbauern, dessen Enkel inzwischen das Anwesen führte. Lena hatte ihn schon als kleinen Buben gekannt, und sie mochten einander. Er vermietete den Jerusalems für die Ferien zwei Zimmer im ersten Stock seines Hauses.

Die Kinder freuten sich, aufs Land zu kommen, doch schon während der Zugfahrt begann es zu regnen, und als sie in Glonn ankamen, goss es in Strömen. Doch der treue Wimmer stand am Bahnhof, er hatte zwei Rösser vor einen Leiterwagen gespannt, auf den er das Gepäck schichtete. Die Kinder wurden in Decken eingewickelt und zum Gepäck auf den Wagen gesetzt, sie hockten oben wie frisch gebadet, aber sie lachten und waren stolz, dort sitzen zu dürfen, während die Mama und der Stiefvater zu Fuß hinterdrein gingen.

Der Sommerregen war warm, es gefiel Lena, hinter dem Fuhrwerk her den Berg hinaufzugehen nach Kreuz, wo sie als Kind so oft mit dem Großvater auf dem Feld gewesen war. Die Kirche war noch da, auch der Baum, unter dem sie einmal vor einem schweren Sommergewitter Schutz gesucht hatten. Damals war sie noch klein. Der Großvater hatte die Sense an den Baum gelehnt und Lena auf den Arm genommen, da sie sich fürchtete. Lena glaubte noch zu wissen, wie der Großvater plötzlich fortrannte, weg von dem schützenden Blätterdach und dem Dorf entgegen. Kurz darauf schlug der Blitz in den Baum ein, wahrscheinlich von der Sense angezogen.

Heute stand der Baum da ohne jedes Blatt, wahrscheinlich war er abgestorben, er reckte seine dürren Äste störrisch in den Wind.

Sie bogen von der Landstraße ab und gelangten über einen kleinen Feldweg nach Lindach, zum stattlichen Anwesen des Wimmerbauern. Es war ein großer Hof mit einem Wohnhaus, dessen Steine roh verputzt waren, was dem Anwesen ein trutziges Aussehen gab. Vor dem Haus stand wie früher auch der Brunnen, und daneben war der Gewürzgarten, der von bunten Blumen und Sträuchern eingefasst war. Lena kannte noch die Windpappeln und den Rittersporn, den Phlox und die Dahlien, aber die Nelken und die roten Rosen waren dazugekommen.

Lena und die ihren wurden von der Wimmerbäuerin, einer kräftigen, resoluten Frau mit dicken, aufgesteckten Zöpfen, empfangen. Ihre drei Kinder halfen Leni und Alixl, vom Wagen herunterzuklettern, und zeigten ihnen gleich im Stall das neue Stierkalb, und die Mädchen begrüßten die Kühe, die zu ihnen hinglotzten. Dann liefen alle in die Stube, wo gemeinsam zu Mittag gegessen wurde. Auf dem großen gedeckten Tisch stand der Dreifuß mit der dampfenden Schüssel. Die Wimmerbäuerin schnitt das Brot hinein, Scheibe um Scheibe, ganz dünn und gleichmäßig. Sie streute Salz und Pfeffer darüber und klein gehackten Schnittlauch. Die Großmutter kam mit einem kleinen Topf voll gerösteten Zwiebeln und Schmalz aus der Küche, das rührte sie rasch und geschickt in die Suppe und sagte dann zum Bauern: »So, Wimmer, jatz ko'st betn!«

Lena fiel auf, dass die Vroni, die Stalldirn, ein junges Mädchen mit feuerroten Haaren und festen Armen, von der Bäuerin und von der Großmutter barsch angeredet wurde und auch immer als Letzte zu essen bekam. Vor dem Milchkaffee und den Schmalznudeln, die es nach dem Essen gab, wurde sie von der Großmutter barsch an die Arbeit geschickt. »Vroni – worauf wartest noch –, marsch an die Arbeit!« Doch die Vroni nahm sich, ohne zu fragen, einige Nudeln und verschwand pfeifend. Die

Großmutter sagte laut zu ihrer Tochter, »die Vroni wird immer ausgschamter! Die tut grad, was sie mag!« Der Wimmerbauer dagegen verwies den Frauen ihren scharfen Ton.

»Hör auf, die Vroni schlecht zu machen! Sie ist die beste Stalldirn, die ich bislang gehabt hab. Sie macht ihre Arbeit, und ihr lasst sie in Ruh!«

Das war den beiden Frauen sehr zuwider, Lena sah es an den Blicken, die sie sich zuwarfen, aber sie hielten den Mund.

Es war die Zeit der Ernte, und Lena half dem Bauern beim Schneiden von Korn und Grummet. Sie genoss die Bauernarbeit, sie fühlte sich kräftig, packte überall mit an. Und sie half auch beim Ableeren des Weizens. Während der Wimmer drüben im Stall die Ochsen tränkte und fütterte, kletterte Lena mit Herrli über die Stiegen hinauf zum Söller, öffnete die niedere Tür zum Boden, während Herrli zum Oberen hinaufstieg. Lena nahm vom Ältesten des Wimmer Garbe um Garbe an und gab sie an Herrli weiter, der sie vorsichtig von der Gabel streifte, damit auch kein Körnchen Weizen verloren ging.

»Mama, du schaust rot aus wie eine Tomatn!«, rief Alixl, als Lena tief atmend von der Anstrengung aus der Scheune kam. Schon jetzt tat ihr das Kreuz weh, sie würde einen gescheiten Muskelkater kriegen. Trotzdem, schön war's! Lena tauchte ihr heißes Gesicht und die Arme in das kühle Brunnenwasser und fühlte sich sehr lebendig. Gleichzeitig auch müde, sehr müde. Doch die Sonne, die Wärme taten ihr gut. Lena freute sich auf einen ruhigen Sommer, sie hatte schon viele Gedanken im Kopf für ihren nächsten Roman. Von der Mutter wollte sie erzählen, aber diesmal völlig anders. Sie wollte eine Geschichte schreiben über eine Stalldirn, Tochter eines Pfannenflickers, die ehrgeizig ist und eine reiche Bäuerin werden will. Schlitzohrig sollte sie sein, unerschrocken, kämpferisch. Auf dem Land scheitert sie an ihren eigenen Intrigen. Wie die Mutter sollte sie schließlich in der großen Münchnerstadt in ein Wirtshaus einheiraten. Als Lena die Vroni beim Essen gesehen hatte, wusste sie, wie ihre Pfannenflickerstochter aussehen sollte. Nur nicht rothaarig sollte sie sein, eher pechschwarze Haare haben. Aber das Wichtigste war die gschnappige Stimme, die Frechheit des Mädchens ...

Am ersten Augusttag kamen Tiburtl und Ludmilla mit ihrem Benz hinaus nach Lindach. Die Kinder rannten herbei, Leni und Alixl begrüßten die Schads, die Wimmerbuben begutachteten den Benz. Alle kriegten Schokolade und Bonbons, die Ludmilla aus der großen Tüte verteilte, während Tiburtl nach Lena und Herrli Ausschau hielt.

»Lena, Peter, Mobilmachung is! Ihr glaubts net, was in München los is!«, rief Tiburtl ihnen entgegen und berichtete, dass am vorherigen Abend gegen sechs Uhr an die dreißig Tamboure durch die Straßen Münchens gezogen waren und den Generalmarsch geschlagen hatten. »Überall verkünden's nach dem Trommelwirbel durch den Bezirkskommissar den Kriegszustand! Stellt's euch das einmal vor: Auf dem Marienplatz rennt der Spielmann trommelnd um die Mariensäule umeinand, erst dann lesen's die Verordnung. Und d' Leut schreien bloß noch Hoch, Hoch, Hoch! Und mit dem Hochrufen moana's net insern Kini, sondern sich selbst moana's, sie selbst wolln hochlebn – des is ois!«

Ludmilla kam dazu, umarmte Lena und berichtete erschüttert, dass sie gestern nach langer Zeit einmal wieder im Prinzregententheater gewesen sei. »Parsifal« unter Bruno Walter. »Denk dir, Paul Benders als Gurnemanz, Feinhals als Amfortas und Knote als Parsifal. Und dann erfährst in der zweiten Pause von den Logenschließern, dass die Kriegsbereitschaft erklärt worden sei. Mei – des hat uns grad noch gefehlt. Wo der Papa wieder so mit dem Herzen zu tun hat ...«

»Lena!, du muaßt nach München zurück! Du muaßt das sehen! Diese Begeisterung! D' Leut stehn an der Sendlinger Straß' vor die *Münchner Neuesten Nachrichten*. Da warten's auf die letzten Telegramme, die dort in Lichtschrift erscheinen. Du hörst, wie vom Balkon die Rede des Kaisers verlesen wird, und dann singen's ›Die Wacht am

Rhein‹ und ›Deutschland, Deutschland über alles!‹. Dann kannst Bilder vom Kaiser sehn, vom König, vom Kronprinzen Rupprecht und vom österreichischen Kaiser Franz Josef auch noch! Sakra – des werd a Gaudi!«

Mittlerweile waren auch der Wimmer und seine Bäuerin dazugekommen und hörten gespannt zu, wie jetzt Ludmilla fortfuhr mit dem Bericht: »Und in der Nacht san's zum Wittelsbacher Palais in der Brienner Straß' gezogen, und unser König, mit seinem Silberbart und der goldenen Brilln, ist einfach dagestanden und hat gesagt, dass wir alle unsere Pflicht tun müassen, wie d' Soldaten auch, und dass die bald vor dem Feinde stehen werden! Du Heilige Mutter Gottes! Glaubst es, Lena!«

Ludmilla wischte sich den Schweiß von der Stirn und trank auf einen Zug das Glas mit Brunnenwasser aus, das die Bäuerin ihr reichte.

Tiburtl hatte sich frische Buttermilch gewünscht, und jetzt wischte er sich mit einem tiefen Seufzer den Mund mit dem Handrücken ab, worauf ihm Ludmilla sofort ein großes, blütenweißes Sacktuch reichte, das er abwesend in seine Hosentasche steckte. »Du muaßt auf München, Lena«, sagte Tiburtl jetzt fast beschwörend zu Lena. »Du muaßt mitfahrn mit uns und dir das Spektakel anschaun. Drum san mir nausgekommen. Du bist Schriftstellerin, du muaßt des ois aufschreibn, damit die Leut es erfahrn und net vergessn!«

Die Wimmerbäuerin bot an, dass Alixl und Leni auf dem Hof bleiben könnten, so lange die Ferien dauerten. Sie war tief erschrocken, da auch um Glonn in allen Dörfern, Weilern und selbst in den entlegensten Einöden die Söhne zum Militär einberufen würden. Ihr Franzel war zwar erst neunzehn, aber der Krieg, wenn er erst einmal wütete, fragte nicht danach.

Lena sah die Angst der Wimmerbäuerin und die der Großmutter vom Franzl, und sie dachte an Toni, der erst elf war. Wenn er auch sein Herz gegen sie verhärtet hatte, er war doch ihr Bub, und sie war froh, dass er unberührt bleiben würde vom Krieg.

Dagegen Kerschensteiners Sohn! Er musste Anfang zwanzig sein und wurde mit Sicherheit eingezogen. Wenigstens dieser Schmerz war seiner Mutter erspart geblieben. Aber der Professor – er würde um Robert bangen. Lena hatte im Frühjahr eine Vermählungsanzeige bekommen. Professor Kerschensteiner heiratete eine junge Ärztin, Franziska Albrecht, die bei ihm als Assistentin am Schwabinger Krankenhaus arbeitete. Lena hatte einige Wochen nach der Hochzeit einen großen Blumenstrauß ins Krankenhaus gebracht und ihn dort mit einer selbst gezeichneten Glückwunschkarte für das Ehepaar abgegeben. Dabei traf sie Schwester Theresia, die ihr Näheres berichtete.

Lena war sich darüber im Klaren, dass sie in allen Menschen, die ihr begegneten, immer Kerschensteiner gesucht hatte, nur er füllte die Leere, er hinderte sie daran, vor sich selber wegzulaufen, gab ihrer Welt Leben und Wärme. Daran würde auch seine Heirat nichts ändern, gar nichts, denn sie träumte ja nur davon, mit ihm zu leben, sich selbst zu vergessen. Aber manchmal machte das Träumen sie müde.

35. Kapitel

Sie zeigte Ludmilla und Tiburtl ihre Heimat. Mit dem Benz fuhren sie nach Kreuz, Reinsdorf, Schlacht, Oberseeon, Münster, Reisenthal, Spielberg, Loibersdorf und Kastenseeon. Überall sahen sie Häuser und Höfe, aus denen Reservisten mit blumengeschmückten Hüten, Koffern oder Rucksäcken sich aufmachten zum nächsten Bahnhof, zur nächsten Sammelstelle. Sie sahen die überfüllten Züge, reich geschmückt mit Büschen und Blumen, als ginge es zu einem großen, überregionalen Fest, und das ganze Land schien von einem Festtaumel ergriffen. Wie würde es in München sein?

Lena und Herrli fuhren mit zurück. Auch hier sahen sie die mit Tannen- und Birkenreisern geschmückten Züge, die Blumen auf den Hüten der Reservisten. Die Truppen der Regimenter wurden verabschiedet. In endlosen Reihen standen sie in Feldgrau mit ebenfalls feldgrau überzogener Pickelhaube und Tornister in den Straßen und auf den Plätzen. Die Bevölkerung lief zusammen, die Männer zogen ihre Hüte an die Brust, wenn die Botschaft des deutschen Kaisers zu hören war oder die Ansprache des Bürgermeisters.

Zehntausende, die sich freiwillig zum Waffendienst meldeten, zogen zuversichtlich hinaus, Nelken im Gewehrlauf, Rosen im Knopfloch und Geranien am Helm. Sie sangen von drei Lilien, drei Lalien und davon, dass es in der Heimat ein Wiedersehen gibt. Das waren die jungen, die redlichen Leute, die es eilig hatten, das Vaterland zu verteidigen. Andere, schlaue Geschäftsleute, wollten nur verdienen. Sie verlangten schon am 1. August für einen Zentner Kartoffeln sieben anstatt drei Mark, und am dritten August wollten sie schon neun Mark dafür haben. Auf den Märkten kam es zu Schlägereien. Die Behörden erwischten einen, der im Schlachthof um 360 Mark eine Kuh kaufte und sie auf dem Markt für 450 Mark weiterveräußerte.

Lena, die zwischen der Pilarstraße und dem Wimmerhof hin und her pendelte, erlebte das alles wie eine große Szene, in der sie mitspielte, die sie aber auch beschreiben wollte. Musste! Sie sah das Sonnenlicht die Bäume des Nymphenburger Kanals oder die Wälder des Glonntales erleuchten, und ihr wurde warm und hell ums Herz. Sie war in einem Atem mit dem Land, gehörte zu einem Ganzen. Sie schrieb, was sie hörte und sah:

Krieg! Ein Weltkrieg! Wer hatte dies Wort geprägt? Dies Wort, das so ungeheuerlich, so furchtbar ist, daß es vordem fast nur von alten Kaffeebasen und von Wahrsagerinnen in den Mund genommen wurde.

Sie hatten ja schon immer gesagt: So und so – und wer das Jahr 1920 erleben will, der muß einen eisernen Kopf haben – denn da kommt der Weltkrieg.

Aber das glaubten nur die wenigsten im Volk; – ja – es gab so manchen, der trotz dieser seit Jahren wirklich drohenden Gefahr über solchen vermeintlichen Unsinn lachte.

Zwar hatte heuer im Juni da drunten in Sarajewo ein Serbe sich am Leben des österreichischen Thronfolgerpaares vergriffen. Doch das war in Bosnien geschehen, und in Bayern regte man sich nicht lange darüber auf. Man verdammte den elenden Mordbuben, bedauerte aufrichtig die Unglücklichen, die seinem Anschlag zum Opfer gefallen waren, und hatte ein herzliches Mitleid mit den verwaisten Kindern und dem hartgeprüften alten Kaiser Franz Josef.

Man erwartete Sühne, aber nur einzelne dachten an die möglichen Folgen und schüttelten bedenklich den Kopf. Und dann kam es.

Mitten in den großen Fremdentrubel – mitten in das

wohlig-gemütliche Ausruhen und sommerliche Rasten vieler Tausender schlug die Botschaft wie eine Bombe ein:
   Österreich fordert Sühne!
   Österreich hat an Serbien ein Ultimatum gestellt!
   Stunden beklemmender Spannung folgten.
   Was wird Serbien tun?

Lena schrieb weiter, dass Serbien das Ultimatum nicht angenommen habe. Es würde Krieg geben, und in München und überall wirkte das Wort wie eine Erlösung. »Hoch Österreich! Hurra, Kaiser Franz! Es lebe der Kaiser! Der König hoch! Nieder mit Serbien!«
Vor der österreichisch-ungarischen Gesandtschaft standen sie und schrien »Hoch«! Der Gesandte erschien und sprach die Hoffnung aus, dass Österreich und Deutschland durch ewige Freundschaft und Waffenbrüderschaft verbunden blieben.
Sie zogen weiter zum Wittelsbacher Schloss, aber der König war auf seinem Gut in Leutstetten, also ging es dorthin. In den Bierhallen, in den Kaffeehäusern – überall sammelten sich Hunderte, Tausende. Eines der Kaffeehäuser, das Café Fahrig, wurde zu Bruch geschlagen, weil die Kapelle keine patriotische Musik spielen wollte.
   Eine Woche drückender Ungewissheit folgte. Was würde Russland tun, was Frankreich und England?
   Mittlerweile kehrten die Fürsten in ihre Residenzen zurück, die Sommerfrischler kehrten heim, und die alten Weiber liefen zur Sparkasse, ihre paar Groschen heimzuholen und im Strumpf zu verwahren.
   Neue Botschaften. Russland mobilisiert. Kriegszustand. Eine allgemeine Flucht der Fremden begann. Ein Sturm auf alle nach Norden gehenden Züge setzte ein – und dann, am 1. August, nach vielen Vermittlungsversuchen, ordnete der Kaiser die Mobilmachung des deutschen Heeres und der Flotte an.
   So war's in Bayerns Hauptstadt.
   Draußen aber, in den Märkten und Dörfern, brachten

die Bauern die Ernte ein, die Söhne und Knechte arbeiteten wie immer. Manche der Söhne trugen den Rock des Königs, hatten Ernteurlaub. Man sah kaum in die Zeitung, die jetzt voll war von Kriegsgerede und Alarmnachrichten. Deshalb waren die Burschen ungeduldig, fragten sich, wann es denn endlich losgehe mit dem Krieg. Und dann kam plötzlich der Postbote, hatte für jeden der Söhne ein Telegramm. Sie mussten fort. Auf der Stelle, nicht einmal mehr die Ernte einbringen durften sie.

Auf dem Marktplatz des Kirchdorfs unterhielten sie sich, der Stegrainer von Berganger und der Nickl von Reuth. Der Stegrainer sagte, dass er zwei Rösser hat hergeben müssen und zwei Wagen. Der Nickl schneuzte sich und meinte, bei ihm seien es zwei Buben gewesen und der Knecht, drei Rosse und ein Wagen. Und beim Posthalter seien es vier Rösser und vier Buben. »Da kannst halt nix macha.«

»Naa«, bestätigte der Stegrainer und berichtete, dass beim Marottn vor acht Tagen die Frau gestorben war, aus dem Kindbett heraus, das Kleine war gesund, sieben Kinder hatte er schon, der Marottn, und jetzt musste er fort, zwei Knechte auch und die Rösser. »Ach was«, sagte der Nickl. »Ach was, ich halt's Maul.«

Im Laufe der Wochen und Monate sammelte Lena immer mehr solcher Geschichten. Sie besuchte Kasernen und Bahnhöfe, lief mit den Regimentern durch die Straßen, und häufig war sie auf dem Oberwiesenfeld, wo die Regimenter geschliffen wurden. Man kannte sie dort schon, und niemand schien etwas dagegen zu haben, wenn Lena in ihr Notizbuch hineinschrieb, was sie hörte: »Stillgestanden! Zsammfahrn! Zsammfahrn da! Kein Aug im Kopf rührt sich! Keine Laus in der Hosn! Jeder muaß um zehn Santimeter größer wern! Knie beu-eu-gt! Nur nunter! Das muaß gehn wie ein Serpentintanz! Hupfen muaß jeder wie ein Ziehhanswurschtl! Herstellt euch! Normal! Hüften fest! Ja Sauter! Mensch! Wo ham denn Sie Eahnane Hüften! Sie san do net die Dame ohne Unterleib! Wer lacht da? Solcherne Eigenmächtigkeiten bitt i mir fei aus, gel? Mir san jetz net beim Schichtl!«

Lena traute sich nicht, doch Herrli fragte beim Verlag Albert Langen vorsichtig an, ob man Kriegsgeschichten, wie Lena sie gerade schreibe, vielleicht brauchen könne. Korfiz Holm wurde ganz lebhaft, sagte, dass er just eine Buchreihe dieser Art plane. Lena war sogar Ludwig Thoma voraus, der ebenfalls an einem Büchlein mit dem Titel »Der 1. August 1914« schrieb.

Lena war zuerst fertig, und sie freute sich ganz besonders, weil die Einbandzeichnung von dem berühmten *Simplicissimus*-Zeichner Eduard Thöny stammte. Und so erschien Lenas Band kurz vor Weihnachten als erstes in der Reihe »Langens Kriegsbücher. Unsere Bayern anno 14«.

Dieser kleine Band hatte nicht nur bei den Kritikern Erfolg, sondern auch bei den Lesern. Tausende kauften das Büchlein, auf dem schon angekündigt war, dass weitere Teile folgen würden. Lena bekam von Korfiz Holm den Auftrag, noch zwei Folgebände zu schreiben.

Als er ihr das erste Exemplar in die Hand drückte und sagte, dass schon unglaublich viele Bestellungen eingegangen seien, atmete Lena tief durch. Sie sah Thönys Zeichnung auf dem Einband: Ein galoppierendes Pferd trug einen Bayerischen Schweren Reiter mit Pickelhaube und Lanze. Ihr war klar, dass auch Thönys Zeichnung dem Bändchen zum Erfolg verhalf. Das freute sie, es ehrte sie, wenn sie es sich getraut hätte, wäre sie Thöny um den Hals gefallen.

Besonders wichtig war Lena der Aufruf, der den ersten Band abschloss und im zweiten Band wiederholt werden würde: »An unsere bayerischen Soldaten! Verlag und Verfasserin haben gemeinsam hundert Exemplare dieses Büchleins der Verwundeten-Bücherei zu München überwiesen.

Wer nun für den zweiten Band, beginnend mit den Kämpfen um Saarburg, die Verfasserin durch mündliche oder schriftliche Mitteilung von Tatsachen unterstützen möchte, dem wäre sie zu herzlichem Dank verpflichtet. Adresse: Frau Lena Christ, Verlag Albert Langen, München, Hubertusstraße 27.«

Lena hatte das Gefühl, sich innerlich zu recken und zu strecken, sie würde nicht länger Almosen empfangen. Ihre Hand lag in der warmen, trockenen Hand Holms, und Lena dachte, dass noch niemals ihr ein Händedruck so gut getan hatte. Wenn sie einmal von den Händen Kerschensteiners absah, die für eine Sekunde die ihren umschlossen hatten.

Korfiz Holm und Kerschensteiner, in ihrer Gesellschaft war sie ganz. Einmal nicht abgetrennt wie jemand, den man aus einem Bild herausschneidet. Einmal keine dunklen Räume um sie herum, keine Schatten. Lena sagte fröhlich zu Korfiz Holm, dass in ihrem Eiskasten eine Gans auf ihn und seine Familie warte.

Herrli kam heim und hatte im Briefkasten ein Exemplar der *Hamburger Nachrichten* gefunden, die über Lenas erstes Kriegsbüchlein unter anderem schrieben, dass die Gefechtsbilder eine für den weiblichen Autor zwiefach erstaunliche Begabung der Einfühlung offenbarten.

Noch bildhafter schrieb der *Berliner Börsencurier:* »Lena Christ hat fürwahr männliche Fäuste. Ihre Bayernskizzen verblüffen durch straffe Disziplin. Sie schreibt in kurzen, lebhaften Sätzen. Am unmittelbarsten wirken jene Bilder, die sie selber sah. In Stadt und Land. Auf Straßen, Märkten und in Lazaretten. Man sieht den Krieg als Reflex in Spießerköpfen, Bauerngehirnen. Drei Sätze – und ein Mensch steht da. Zwanzig Zeilen, und ein Schicksal ist vollendet. Das ist ganz unübertrefflich.«

Für Lena war dieser Tag vergoldet, sie spürte ein seltenes Glücksgefühl. Konnte sie es festhalten? Die goldenen Stimmungen hielten sich immer nur kurz bei ihr auf.

Sie hatte den Gansbraten mit Rotkraut und Knödeln als Hauptgericht geplant, zum Nachtisch wollte Lotte eine Torte von Frau Böck mitbringen, die aber am gleichen Tag zu Kathi und dem Enkelkind abreiste. Ludmilla konnte auch nicht kommen, weil Tiburtl wieder Herzbeschwerden hatte und im Rotkreuzkrankenhaus lag. Lena würde gleich morgen nach ihm schauen.

Jetzt aber wollte sie die Bowle ansetzen. Erdbeeren waren geputzt und mussten vor den Mädchen gehütet werden, aber das Schwierigste war, dass die Familie Jerusalem kein Bowlengefäß besaß. Und auch kein Geld dafür, denn das Honorar für die Kriegsgeschichten wurde erst in den nächsten Tagen erwartet, und die große Gans hatte das restliche Haushaltsgeld stark reduziert. Lena fuhr mit der Tram zum Hafner und besorgte für zwei Mark einen großen irdenen Topf. Sie bemalte ihn mit Szenen einer Fronleichnamsprozession, mit dem Pfarrer, den Ministranten, der Dorfgemeinschaft und zum Schluss mit einer Sau, die hinterdrein lief. Die Ölfarbe besaß sie noch vom Bemalen der Möbel, besonders sehr viel Blau.

Es war Lena schon ein wenig bange vor dem Abend, denn sie hatte die Nachmittagsgesellschaft bei Holms noch in Erinnerung, das elegante Haus, den großen Garten, Dienstboten, den prächtig ausgestatteten Kaffeetisch. Lena scheuchte die Mädchen ins Badezimmer, sie mussten sich sogar die Haare waschen. Sie lief hinunter zum Kanal und brachte Blumen und Gräser mit, die sie auf dem Tisch dekorierte. Herrli musste seinen weißen Anzug anziehen, und Lena holte ihr Lilafarbenes aus dem Schrank, wenn auch ohne Hut.

»Man meint ja, euer König Ludwig käme persönlich!«, lachte Lotte. »Und wie zauberhaft du den Tisch gedeckt hast, Lena! So hab ich das noch nirgends gesehen! Davor muss jeder Tisch mit schwerem Silber und Damast erbleichen!«

Lena wusste, dass Lotte wirklich meinte, was sie sagte, und ihre Bangigkeit vor den Gästen verschwand. Lotte lobte auch den Duft der Gans, und sie kämmte mit Hingabe beiden Mädchen die Haare, flocht sie zu Zöpfen und sagte: »Wenn ich mal Mutter werde, will ich ein Mädchen haben! Unbedingt! Hoffentlich ziehe ich das arme Kind nicht an wie meine Puppen!«

»I tät des schön findn!«, sagte Alixl schwärmerisch.

»Naa, so möcht i net rumlaufn«, meinte Leni.

Es wurde dann ein sehr gemütlicher Abend, und Lenas Befangenheit legte sich völlig. Holms hatten ihre drei Töchter dabei, sie spielten nach dem Essen mit Leni und

Alixl, und die Erwachsenen konnten miteinander reden. Am meisten wurde Lenas Bowlengefäß gerühmt. Lotte sagte, Lena solle unbedingt Zeichenunterricht nehmen, vielleicht im Künstlerinnenverein. »Ich habe schon an deinen Möbeln gesehen, dass du begabt sein musst«, bekräftigte sie.

»Erbarmung, machen Sie nur kein Malweib aus ihr, sie ist eine Schriftstellerin! Ich will mit ihr noch viele gute Bücher machen!«, rief Korfiz Holm. Er verstand sich prächtig mit Lotte. Sie hatten in Berlin einen gemeinsamen Freund, den Verleger Herwarth Walden, und waren bald in ein angeregtes Gespräch vertieft.

Annie Holm lobte Lenas Bücher. »Ich habe inzwischen alles gelesen, auch das neue, die Kriegsgeschichten – ich bin beeindruckt. Vielleicht hat mein Mann Recht, Sie sollten Ihre Kraft aufs Schreiben konzentrieren, denn Sie haben ja auch noch Ihren Mann und die Kinder. Ich weiß ohnehin nicht, wie Sie das fertig bringen. Wenn ich an mich denke – ich habe Personal, und trotzdem komm ich nicht zu Rande mit Haushalt und Kindern und den Gesellschaften.«

»Und dann musst du ja auch ständig Lovis Corinth Modell sitzen!«, rief Korfiz Holm, und Lena wusste nicht recht, ob er darauf stolz war oder ob es ihm auf die Nerven ging. Er wandte sich ihr zu. »Lena – was werden Sie denn in die beiden nächsten Bayernbücher hineinschreiben – haben Sie schon Ideen?« »Mehr als genug«, seufzte Lena. »Ich erfahre jeden Tag neue Geschichten. Es ist mein Problem, die wichtigsten Begebenheiten herauszuarbeiten.« Lena kam ins Erzählen von der Totenpackerlies, die eine selbst genähte Siegesfahne für ihren einzigen Sohn hisst, von den Frauen, die sich dagegen wehren, dass ihre Männer zum Landsturm geholt werden, vom Exerzieren auf dem Oberwiesenfeld mit den Ungedienten, vom heulenden Derwisch, dem indischen Kriegsgefangenen. Alle hörten zu, sogar die Mädchen, und irgendwann stellte Annie Holm mit einem Blick auf ihre Uhr fest, dass jetzt der Zug nach Pasing weg sei.

Korfiz Holm hatte für Lena eines seiner eigenen Bücher gebracht, worüber sie sich herzlich freute. Er schrieb ihr eine Widmung hinein: »Wann Lenis Mund vom Boarisch schäumt, o je, schon ist der Zug versäumt!«
Lotte, die ein wenig länger blieb als die Holms, zeigte Lena ein Gedicht, das Rainer Maria Rilke, der Dichter, der sich mit dem Motiv der Puppe als Spielzeug und als Marionette immer wieder beschäftigte, ihr gewidmet hatte:

»Hinschwinde ganz leicht, eh sie vergehen,
zurückzuhalten mit ein wenig Wink,
aus Abschiednehmen und Nicht-wiedersehen
ein Ding zu machen, so, dass dieses Ding
verschwendend lächelt und sich auf den Zehen
hinüberhebt um dem, was schon verging,
leis beizuwohnen.«

»Er ist ein so Feiner, Zarter«, sagte Lotte. »Er hat einen Aufsatz über meine Puppen geschrieben im Märzheft der *Weissen Blätter*. Er schreibt da von einer Puppenseele, die Gott nicht gemacht hat, von einer unbesonnenen Fee launisch erbetene, von einem Götzen mit Überanstrengung ausgeatmete Dingseele. Ich verstehe das nicht so ganz, aber schön ist es, oder, Frau Dichterin?«
Lena sah Lotte an, suchte nach Spott in ihren dunklen Augen, doch sie boten ihr ein vollkommenes Bild der Freundschaft, und Lena war stolz und glücklich, Lotte zur Freundin zu haben.

36. Kapitel

Überrascht und geschmeichelt war Lena Christ, als der Bibliotheksdirektor Hans Ludwig Held sie fragte, ob sie für ein Kriegsheft der *Kritischen Rundschau* einen »Aufruf zur Würde« unterschreiben wolle, den Michael Georg Conrad verfasst habe. Conrad verwahrte sich darin gegen die fremdländischen Denker und Dichter, die sich nicht entblödeten, in der feindlichen Presse den heiligen Kampf der deutschen Waffen gegen den Überfall der verbündeten Russen, Engländer, Franzosen und Japanesen um Recht und Würde zu bringen.

Held zählte auf, wer alles schon unterschrieben habe: Peter Altenberg, Waldemar Bonsels, Max Brod, Ricarda Huch, Eduard Graf Keyserling, Korfiz Holm, Gustav Meyrink, Carl Muth, Peter Rosegger, Jakob Wassermann, Franz Werfel und viele andere. Held betonte, dass Thomas Mann in einem offenen Brief die Tendenz des Aufrufs begrüße, aber an der Wirkung zweifle.

Und wie gern Lena unterschrieb! Hieß das nicht, dass man auf sie zählte, dass sie etwas galt? Dass sie dazugehörte?

Und dann kam Anfang des neuen Jahres ein Schreiben aus der Hofkanzlei an den Verlag Albert Langen, die Schriftstellerin Lena Christ, Verfasserin der Kriegsbücher, solle sich im Palais Wittelsbach einfinden, da seine Majestät sie kennen zu lernen wünsche.

Lena glaubte es nicht. Sie sollte – es war ein Moment absoluter Freude, der sie im Zimmer umhertrieb.

Der König hatte sich kaum ein Jahr nach dem Tode seines Vaters selber als Ludwig III. die Krone aufgesetzt, die

Prinzregentenzeit war ihm offenbar zu lange gewesen. Lena erinnerte sich noch, wie Kathi geschimpft hatte, die um diese Zeit mit ihrem Söhnchen Kaspar bei ihr zu Besuch gewesen war. »Des hätts aa net braucht«, hatte sie heftig gesagt, »der hätts do derwartn kenna, bis der spinnate König Otto in Fürstenried drauß nimmer is. Hat der alte Luitpold so lang gwart!«

Zu den Krönungsfeierlichkeiten war Kathi dann aber doch erschienen. Gemeinsam waren sie zur eigens errichteten Ehrenpforte an der Einmündung der Schützenstraße in den Bahnhofsplatz gepilgert. Ein Riesentrumm von Torbogen, girlandenbekränzt und mit dem majestätischen Adler geschmückt. Hoch oben auf einem treppenartigen Aufbau prangte die Königskrone.

»Schee is anders!«, sagte Kathi naserümpfend. Kaiser Wilhelm II. war zur Thronbesteigung nach München gereist, und die halbe Stadt schien auf den Beinen und drängte sich um die blitzenden Karossen. Lena und Kathi konnten kaum einen Blick auf die kaiserlichen und königlichen Hoheiten werfen, da alles um sie herum wurlte und brodelte. Da war Kathi auch wieder enttäuscht, sie wollte ihrem goldlockigen Kaspar, der sich bald auf Kathis, bald auf Lenas Arm langweilte, unbedingt den König und den Kaiser zeigen.

Als sie in der Nähe des Hauptbahnhofes in ein Café gingen, kam es heraus, warum Kathi mit der Obrigkeit so streng umging. Sie war wieder einmal unglücklich. Ihr großer Kaspar und das neue Dienstmädchen: »Zuerscht war's brav, aber inzwischen benimmt's sich wie a Flihtscherl – und schuld is der Kaschbar. Der macht ihr allerweil scheene Augn! Daran hat auch der Kloa nixen geändert.«

Kathi putzte sich geräuschvoll die Nase, die Schniefnase vom kleinen Kaschbar wurde gleich mitbehandelt, und dann sah Kathi Lena erwartungsvoll an. »Was sagst denn du – du schreibst doch allerweil Bücher, du verstehst doch was von die Menschen!«

Lena dachte, dass der Kaspar wahrscheinlich ein windiger Striezi war, der jeder Schürze nachlief und seiner gutmütigen Kathi immer Reisen nach München anschaffte, damit er freie Bahn hatte. So einen Hallodri hatte die Kathi nicht verdient. Sie war auch nach der Geburt des Buben wieder so anziehend wie vorher, wenn nicht noch reizvoller, denn sie strahlte im Mutterglück. Lena hatte die wohlgefälligen Blicke schon gesehen, die Kathi galten. Doch vielleicht hatte der Kaspar keinen Blick mehr dafür. Herrli war an Lena, was ihr Schlafzimmer anging, ebenfalls nicht interessiert. Aber er schaute auch nicht nach der Theres, und die war ein saubers Dirnei mit ihren braunen Zöpfen und dem süßen Gesichterl.

Nein, untreu war Herrli gewiss nicht, zumindest nicht im Geschlechtlichen. Und Lena hatte bei ihren Großeltern schon früh gelernt, was eine Josephsehe ist. Die Leneimuatta war Nonne gewesen, und der Papst hatte nur die Erlaubnis zur Ehe gegeben, wenn sie und der Großvater keusch miteinander lebten. Darüber war in der Familie offen geredet worden, und Lena, die wegen der vielen Kostkinder im Zimmer der Großeltern schlafen musste, hatte von ihnen nie solche bedenklichen Geräusche gehört wie von den Eltern in München.

Lena fragte Kathi, ob sie den Kaspar denn noch in ihrem Bett haben möge, und Kathi war über die Frage erstaunt. Kopfschüttelnd antwortete sie: »Naaa. Im Moment möcht ich ihn derschießn!«

Es saß doch tiefer, als Lena gedacht hatte. Sie wusste auch so recht keinen Rat. Anton war zu Frauen gegangen, die sich verkauften, aber darüber war Lena nicht gekränkt gewesen, eher erleichtert.

»Wie wärs, wenn du für eine Weile nach München kommst, zu deiner Mutter. Die freut sich über dich und deinen Kaschbar, und du kannst dir überlegen, was du tun willst«, schlug sie Kathi vor, doch dann fand sie diese Idee selber nicht besonders klug.

Kathi sprach es aus: »Und das Sach? Mein Erbteil steckt im Geschäft, soll ich das alles dem Flihtscherl überlassen? Vielleicht kriegt die dann auch a Kind, und mein kleiner Kaschbar hat das Nachsehen! Naaa, da muss uns was anderes einfalln! Am besten wärs, du kämst mit mir nach Passau und tatst dem miserabligen Schlahwina mal den Kopf zurechtsetzen. Du kannst das! Du bist berühmt bis Passau, der Kaschbar hat von deine Kriegsbücher gehört! Von dir lasst er sich vielleicht was sagn!«

Lena schüttelte den Kopf. »Dein Kaspar wär der erste Ehemann, der auf die Freundin seiner Frau hört – naa, du musst ihm selber den Kopf waschen. Aber gscheit! Dürfen auch ruhig mal ein paar Tellern zu Bruch gehen. Zeig ihm, dass er mit dir rechnen muss, dass du keine fade Wachtl bist, die er hinters Licht führen kann! Mach ihm einen Aufstand, den er so leicht nicht vergisst – und das Mensch wirfst halt wieder naus!«

Lena vergaß über ihrem Wunsch, Kathi beizustehen, was sie alles von Anton hingenommen hatte. Doch sie war damals zwanzig – nie in ihrem Leben war die Rede davon gewesen, dass ein junger Mann ein brutaler Wahnsinniger sein konnte, der alles verspielte und vertrank. Sie war seiner Sucht hilflos ausgeliefert gewesen. Kathi dagegen war vierunddreißig, wie Lena heute, sie war gesund und energisch, hatte keine Geldsorgen, dafür eine wohlhabende, liebende Mutter, zu der sie jederzeit kommen konnte. Kathi besaß alle Möglichkeiten, sich zu wehren.

Der Tag der Einladung ins Wittelsbacher Palais war herangekommen. Lena zog ihr lilafarbenes Gewand aus dem Schrank, besah es kritisch und schüttelte auch noch einmal die Federn und Blumen auf dem lila Hut. Das war nun mal ihr Festgewand, sie besaß kein anderes, aber sie tröstete sich damit, dass sie gehört hatte, der König Ludwig sei äußerst leger, er hasse Aufwand. Davon war bei den Krönungsfeierlichkeiten wenig zu spüren gewesen, doch eine Krönung war auch keine Audienz, wie der König sie alle Tage am Vormittag abhielt.

Jedenfalls nahm Lena sich eine Droschke in die Brienner Straße, selbst Herrli hatte nichts dagegen, da vom Honorar der Kriegsbücher noch etwas vorhanden war. Sie rückte sich zufrieden in den Polstern zurecht, sagte sich immer wieder vor, dass sie zum König fahre, wahr und wahrhaftig zum König – sonst hätte sie es nicht geglaubt. Lena spürte das Leben in sich, aber es war wie in einem Traum. Sie wollte jeden Meter, den die Kutsche dem Palais näher rollte, erleben, auskosten, aber es war schwer, nicht in den Traum zu versinken, sondern fröhlich oben zu bleiben.

Der Kutscher, dem sie die Adresse genannt hatte, war sehr respektvoll, er schien langsamer zu fahren als sonst, und als er vor dem Palais hielt, blieben Passanten stehen und musterten neugierig Lena, die dem Kutscher ein Trinkgeld gab, das Herrli wieder zu langen Betrachtungen über Lenas mangelnde Sparsamkeit hingerissen hätte. Flüchtig dachte Lena, warum denn der König in einem derart kahlen Palast wohnte, wo doch die prachtvolle Residenz ihm gehörte und das märchenhafte Sommerschloss Nymphenburg.

Aber sie war darauf vorbereitet, dass König Ludwig III. anders war als andere Könige. Der Zeichner Eduard Thöny hatte ihr erzählt, dass der König immer faltenreiche Hosen trage, und er habe ihn daher »Ludwig den Vielfältigen« getauft. Das habe sofort die Runde gemacht und sei auch dem König zu Ohren gekommen. Doch der hatte kühl geantwortet, das sei doch immerhin besser als »Ludwig der Einfältige«, und seitdem liebe er den Monarchen.

Tiburtius Schad, der wegen seines Herzleidens immer häufiger ins Krankenhaus musste, beneidete und bewunderte Lena, als sie ihn im Rotkreuzkrankenhaus besucht und ihm von der Einladung zum König erzählt hatte. Er sei ein kluger Mann, einer, der von wirtschaftlichen Notwendigkeiten eine Ahnung habe, auch von den technischen Bedürfnissen eines Landes, hatte Tiburtl gewusst. Er kenne sich bei den Wasserstraßen aus, und vor allem interessiere er sich für die Landwirtschaft. »Der hockt allerweil drauß in Leutstetten, da hat der ein Hofgut, sie sagn, der könnt sogar melken, und drum heißen sie ihn den Millibauern.«

Für diese Auskunft war Lena dem Tiburtl dankbar, denn melken konnte sie auch, und wenn das Gespräch gar nicht mehr weiterginge, wenn sie in allergrößter Verlegenheit war, konnte sie ja von der Milli erzählen, die in der Stadt so blau sei und auf dem Land so süß und fett.

Zwei Lakaien nahmen Lena in Empfang, sie trugen weiße Perücken, eine Livree und Schnallen auf den Schuhen. Ein wenig wie im Fasching, dachte Lena, und sie folgte den Kostümierten eine Treppe hinauf. Dann hielten sie ihr die Türen auf zu einem kleinen Vorzimmer, wo man sie bat zu warten. Lena dachte an Lotte, die natürlich auch von der Einladung wusste und Lena beneidete. Aber nur, weil sie glaubte, sie bekäme beim König Anregungen für ihre Puppen! Sie hatte Lena geraten, sich vorzustellen, sie säße mit Lotte und Uli beim Tee. »Denk nicht daran, dass du die Königin anredest. Denk einfach, du sprächest mit mir!«

Als Lena dann dem König und der Königin in Gesellschaft einer Hofdame gegenübersaß, vergaß sie alles, was sie gehört und sich überlegt hatte. Die Königin Marie Therese, Erzherzogin von Österreich-Este, Prinzessin von Modena, saß ganz einfach da im reichen grauen Haar ihrer sechsundsechzig Jahre, trug eine hübsche Spitzenhaube und sagte, dass Lena so aussähe, wie sie sich immer eine Bayerin vorgestellt habe. Sie habe auch die breiten Wangenknochen, die den Bayern nachgesagt würden, die man aber selten sehe. Und nun sei sie froh, dass endlich einmal eine Bayerin ihrer Vorstellung entspräche, und dann sei es auch noch eine Dichterin.

Lena schaute etwas hilflos den König an, der genauso zerzaust weißbärtig und goldbebrillt aussah, wie man ihn beschrieb, der wirklich ein nur mittelgroßer Mann war mit einer seltsam eingeknickten Haltung. Daran unterschied man ihn sofort von den anderen Uniformierten. Der König stand auf und gab Lena die Hand. Lena sagte sich, dass hier der mächtigste Mann des Landes vor ihr stehe, er schaute sie intensiv an, ehrlich, wie ihr schien, und er brachte sie zum Reden. »Haben Sie gehört, dass man mich den Millibauern nennt?«

»Schon, Königliche Hoheit ...«

»Sie kommen ja von den Bauern, Frau Christ. Haben Sie noch Verbindung zum Land?«

Lena berichtete, dass sie immer wieder nach Glonn fuhr und die Familien besuchte, die ihre Söhne im Feld hatten, und dass die jungen Bauern es genauso eilig haben, das Vaterland zu verteidigen, wie die Burschen in der Stadt auch. Neulich sei sie bei der alten Sonnleithnerin in der Au gewesen, um sie zu trösten, denn ihr Sohn, der Anderl, sei als vermisst gemeldet. Da seien die drei Töchter mit ihren Eheherren gekommen und hätten sich gewaltsam genommen, was dem Anderl gehörte, und da wäre sie, die Sonnleithnerin, auf den Friedhof gegangen, um sich bei ihrem Alten über die Töchter zu beklagen. Da sei plötzlich der Anderl gekommen, verwundet zwar, aber auf dem Weg der Besserung, und jetzt sei der Hoferbe wieder da, und die Töchter müssten alles zurückgeben.

Die Königin hörte interessiert zu, manchmal schüttelte sie sanft den Kopf. Der König nickte lächelnd, nur die Hofdame schaute entrüstet, angewidert, würdigte Lena keines Blickes und sah stattdessen aus dem Fenster, wo sie aber nichts sah außer den dichten weißen Vorhängen.

»Jaja, so sind sie, meine Bayern«, sagte Seine Majestät liebevoll und fragte Lena, ob sie Witze möge. »Einen guten schon«, hätte Lena beinahe gesagt, aber sie hielt sich zurück und sagte, dass sie Witze vor allem aus dem Wirtshaus ihres Stiefvaters kenne. Die seien aber nicht immer stubenrein gewesen.

»Also versuche ich es mal mit meinem«, sagte der König und erzählte von der Schlierseer Bäuerin, die ihren Nachbarn, den Blasi, fragt, ob er das Wildern aufgegeben habe und ob es ihm nicht recht abgehe. »Naaa«, sagt der Blasi, »i fisch jetzt im See. Woaßt, dös is aa verbot'n.«

Lena lachte hellauf, sie prustete richtig heraus, und Ihre Majestät lachte auch und rieb sich mit dem Spitzentuch eine Lachträne aus dem Augenwinkel. Nur die Hofdame richtete sich protestierend auf und fiel dann wieder in ihren Sessel. Sie sah verdutzt auf die Königin, die Lena heiter fragte, ob sie bitte noch eine Geschichte vom Land erzählen könne.

»Diese Geschichten gehen mir nie aus«, sagte Lena fröhlich. »Ich höre gern zu, red' mit den Leuten, und oft hab ich das Gefühl, dass sie froh sind, wenn sie zu Wort kommen. Letztens hat mir die alte Kramerschusterin erzählt, dass sie mit ihrem Sohn in die Stadt will, um sich ihren Austrag notarisch machen zu lassen.«

»Was ist das«, fragte Ihre Majestät, »den Austrag notarisch machen?«

Der König belehrte seine österreichische Frau, dass man zum Notar gehe und dokumentiere, was der Bäuerin zustehe, wenn sie dem Sohn den Hof überschreibe. Und der Austrag sei meist ein kleines Haus, das den Altbauern für ihren Lebensabend als Domizil gewährt werde.

»Ich hab zur Kramerschusterin gemeint, dein Sohn ist doch so rechtschaffen und die Schwiegertochter auch, doch die Kramerschusterin hat listig gelacht und gesagt, sie wolle nicht, dass es ihr gehe wie ihrem Vetter, dem Schimmelkaschbar. Dem habe sein einziger Sohn eine Hochzeiterin heimgebracht, die dem Kaschbar anfangs arg geschmeichelt habe. Er ließ sich nichts verbriefen und vertraute seinen Kindern. Dann wurde er Großvater, zuletzt sechsfacher, und sie brauchten sein gemütliches Zimmer und hatten für den Kaschbar nur noch eine kleine alte Magdkammer, die nicht heizbar war. Seine Leute jammerten nur noch über die notigen Zeiten, und für den Alten gab es kein Ei mehr und keine Milch und kein Fleisch und kein Bier, und am Familientisch gab es auch keinen Platz mehr für ihn.

Da besann er sich darauf, dass sein Vetter in der Stadt ein kluger, geistlicher Herr geworden war, und mit dem nächsten Fuhrwerk ließ sich der Kaschbar mitnehmen, und in der Stadt klagte er seinem Vetter sein Los. Noch am selben Abend kehrte er vergnügt pfeifend heim und schloss sich in seiner kalten kargen Stube ein. Die neugierigen Kinder und Kindeskinder lurten bei ihm durchs Fenster und sahen, dass er einen Haufen Silbergulden auf seinem Tisch zählte und dass er so viele davon hatte, dass sie ihm vom Tisch auf den Boden sprangen.

Sie schickten den kleinen Kaschbar, seinen Enkel, der sollte dem Alten beim Aufklauben helfen und schaun, ob es echte Münzen waren, die er haufenweis hatte. Der Kleine kam, der Alte schloss ihm auf, und er durfte dem Ahnl beim Zählen helfen. Er berichtete den Eltern, dass der Ahnl schier achtzehntausend Silbergulden habe.

Wo er denn das Geld her habe, fragte der Sohn den Alten, und der sagte, sein Vetter, der geistliche Herr, habe es für ihn aufgehoben all die Jahre, und jetzt, wo man auf dem Hof für ihn nichts mehr zum Heizen und zum Essen habe, wolle er sich einkaufen in ein Spital oder in eine Pfründe. Da machten der Sohn und die Schwiegertochter ein Geschrei. Der Vater dürfe ihnen das nicht antun, sie wollten ihn gut und schön halten, und der Ahnl kam wieder in sein großes Zimmer, er aß bei Tisch, was ihm schmeckte und lebte geruhsam bis zu seinem End.

Aber dann suchten sie nach dem Guldensack, sie räumten seine Kammer aus, seine Schränke, sein Bett, sogar den Strohsack schlitzten sie auf – sie fanden nichts. Nur einen Brief vom Kaschbar: ›An meine Kinder. Dieweilen ihr Gulden sucht, werdet ihr Kreuzer finden. Denn die Gulden waren meines geistlichen Vetters Eigentum. Gut, dass er nicht nur Hirte ist, sondern auch ein Schelm. Und dass er aus mir auch einen gemacht hat. Amen.‹«

Die Königlichen Hoheiten sahen einander amüsiert an und lachten. Die Königin wischte sich erneut mit ihrem Spitzentuch die Augen. »Sie müssen uns besuchen!«, rief sie lachend Lena zu, »wir werden Sie zum Essen einladen. Dann haben wir mehr Zeit, und Sie können uns noch mehr von unseren Bayern erzählen!«

»Vielleicht haben Sie ja Lust, uns aus den Kriegsbüchern vorzulesen. Den ersten Band kennen wir, meine Frau und ich, aber ich habe gehört, dass Sie weitere vorbereiten. So hätten wir dann unsere eigene Buchpremiere!«

Lena versprach es, sie hätte dem königlichen Paar alles versprochen. Ihr Interesse für Lena und für ihre Arbeit schien groß, und sie war gerührt. Sie fühlte sich stolz – wie vor einem endsgroßen Publikum. Es war ihr, als habe sie ganz Bayern ihre Geschichten erzählt. Irgendwann würde sie diese Begebenheiten sicher aufschreiben.

37. Kapitel

Es war kein Geld mehr in der Kasse. Herrli machte Lena Vorwürfe, weil sie beim Kramer schräg gegenüber für vorbeiziehende Soldaten sechs Kistchen Zigarren gekauft hatte.

Doch Lena hoffte jeden Tag auf Unterstützung. Sie hatte, weil Herrli das für richtig hielt, an das Generalsekretariat der Deutschen Schillerstiftung in Weimar geschrieben, die sich die Unterstützung bedürftiger Schriftsteller zur Aufgabe machte. Lena erklärte in ihrem Schreiben, dass sie sich in einer Notlage befinde, da sie lungen- und herzleidend sei, zwei kleine Töchter habe und von den Erträgen ihrer literarischen Arbeit nicht leben könne, da die Verkaufserfolge gering seien. Dafür seien die Rezensionen der Kritiker umso besser. Sie hatte ihre beiden Bücher zur Begutachtung beigelegt.

Und siehe da, die Stiftung bewilligte ihr dreihundert Mark! Lena wusste, das hatte sie dem Staatsbibliothekar Dr. Petzet zu verdanken, der die Münchner Zweigstelle der Schillerstiftung leitete und ihr schon einige kleinere Geldsummen hatte zukommen lassen. Lena schrieb umgehend einen Dankesbrief nach Weimar und an Dr. Petzet.

Sie musste wieder lernen, mit Pfennigen zu rechnen. Sie hatte mit Herrli niemals rosige Zeiten gehabt, aber sie waren so einigermaßen zurechtgekommen, mal besser, mal schlechter. Doch mit dem Kriegsbeginn wurde das Geld wieder bedrohlich knapp. Der Verlag war auf unbestimmte Zeit geschlossen, einige der Herren mussten in den Krieg. Lena hatte noch hundert Mark bekommen, aber das war auch schon wieder ein paar Wochen her.

Herrli war vollkommen brotlos. Wilhelm Langewiesche konnte ihn auch nicht länger stützen.

Lena schrieb an den berühmten Verleger der Zeitschrift *Jugend*, Georg Hirth, und fragte an, ob er ihr oder ihrem Manne Peter Jerusalem eine Stellung bei den *Münchner Neuesten Nachrichten* anbieten könne, deren Verleger er auch war. Sie wies darauf hin, dass Herrli der Sohn des ehemaligen Redakteurs und Generalsekretärs der nationalliberalen Partei, Dr. Ernst Jerusalem, sei. Er habe Geschichte, Kultur- und Kunstgeschichte studiert und spreche Englisch, Französisch und Italienisch. Er sei im Korrekturlesen bewandert.

Es kam eine abschlägige Antwort. Lena fragte sich, wie es weitergehen sollte. Herrli war ebenfalls mutlos, doch er schickte sich leichter in seine alten Junggesellengewohnheiten, wo ihm ein Stück Brot am Tag und ein Brühwürfel für die Abendsuppe gereicht hatten. Lena fürchtete sich auch nicht vor Armut – aber es ging um ihre Kinder. Ludmilla und Lotte brachten immer wieder Brot, Zucker und auch mal Eier. Frau Böck kam auch nie mit leeren Händen. Ihr Kuchen war nicht mehr gelb von Eiern, aber er schmeckte den Kindern großartig, und Lena war ihren Freundinnen sehr dankbar. Ihr Stolz verbot es jedoch, die Zustände einfach laufen zu lassen. Sie wollte auch schenken. Und wenn einer Rat wusste, dann er.

Sie ging, ihrem Instinkt folgend, ins Schwabinger Krankenhaus, ungefähr zur Zeit der Visite, nahm für den Professor ein Kriegsbüchlein mit, hübsch in weißes und blaues Papier eingebunden. Man erlaubte ihr, auf den Professor zu warten.

Als er kam, sah er Lena ruhig und tief in die Augen. »Ich bin so froh, dass Sie nicht als Patientin kommen!«, sagte er und gab ihr die Hand. Lena erwiderte selig seinen Blick, und er schien für einen Moment irritiert, worauf Lena sofort auf die Revers seines Kittels schaute. »Wir können derzeit selbst die Schwerstkranken nicht richtig ernähren«, erklärte er ihr, während sie hinausgingen in den

Garten der Klinik. Kerschensteiner hatte sich für eine Viertelstunde entschuldigt.

Sie saßen in der Sonne, Lena hörte ihm zu, und ihre eigenen Kümmernisse schienen ihr bald klein.

»Ich kann vor Sorge um meine Lungenkranken kaum noch schlafen«, sagte er. »Weißbrot ist an der Klinik schon durch Schwarzbrot ersetzt, was den Kranken nicht gut tut. Das so wichtige Kalbfleisch ist aufs Äußerste eingeschränkt. Sie wissen ja, wie nötig Lungenkranke hochwertige Kost brauchen. Zwei Tage in der Woche gibt es kein Fleisch bei uns, Wurst schon lange nicht mehr. Fett ist knapp, sogar die Milch. Marmelade und Kunsthonig ist meistens alles, was man den Patienten aufs Schwarzbrot streichen kann!«

»Und all die Verwundeten?«, fragte Lena beklommen.

»Die sprengen schier unser Krankenhaus!«, sagte Kerschensteiner bedrückt. »Sämtliche Säle sind überbelegt mit verwundeten Soldaten. Für sie bekommen wir glücklicherweise Fleisch von der militärischen Standortschlächterei. Die Militärbäckerei versorgt sie bislang auch mit Brot, das ist aber nur für die Verwundeten bestimmt, die übrigen Kranken haben davon nichts!«

Unterm Reden waren sie im Garten angekommen. Kerschensteiner zeigte Lena die ehemaligen Blumenbeete, die Treibhäuser. Alles war mit Gemüse bepflanzt. Zwischen und vor den Baracken zog man Kartoffeln.

»Eine neue, ganz schlimme Drangsal für uns ist, dass alle Nickel- und Kupferfabrikate beschlagnahmt wurden. Die Kochkessel aus Nickel mussten abgeliefert werden. Von den Dächern und Fenstern der Anstalt wurden die Kupferbleche entfernt und durch verzinktes Eisenblech ersetzt. Sämtliches Geschirr aus Kupfer, Aluminium und Messing musste für die Front geopfert werden.«

Kerschensteiner deutete kopfschüttelnd auf die Anstaltskirchen. »Denken Sie, Lena, selbst die Zinnorgelpfeifen aus unseren beiden Kirchen und die Glocken der Türme verschlingt dieser bestialische Krieg. Und dazu die dauernden Gassperren! Die Schwestern in der Küche sind schier am Verzweifeln! Wir fragen uns, wie das Krankenhaus diesen Krieg überstehen soll.«

Kerschensteiner rieb sich die schmerzenden Augen. »Sie schreiben doch Kriegsbücher, ich habe darüber gelesen, wie sehen Sie denn die Situation? Bereitet sich nicht allmählich die Niederlage Deutschlands vor?«

Völlig überarbeitet, die Augen vor Ermüdung und von dem starken Reiben gerötet, schaute Kerschensteiner Lena an. Er, der immer ihre Fragen beantwortet hatte, fragte nunmehr sie, und das mit einer Schüchternheit, die sie rührte.

So wie Kerschensteiner die Notlage in seinem Krankenhaus schilderte, genauso sah es in den privaten Haushalten, im ganzen Land aus. Der Professor, unendlich viel klüger und informierter als sie, sprach von einem bestialischen Krieg. Er würde das mit Sicherheit niemals öffentlich sagen, aber er vertraute es Lena an, und es traf sie wie ein Schlag! Sie hatte den Aufruf zur Würde unterzeichnet, in dem vom heiligen Krieg der deutschen Waffen die Rede war! Vom erhabenen Ernst des Weltkriegs! Und wie hatte sie Ludwig Thomas Gedicht »Am ersten August« bewundert, das zum 3. August in den *Münchner Neuesten Nachrichten* erschienen war:

> Es wurde still,/ ein ganzes Volk,/ es hielt mit einem den Atem an/ Doch stockte keinem/ darum des Herzens Schlag/
> so ging der Tag./ Dann senkt sich feierlich und milde/ der Abend über die Gefilde/ Und heiter blinkt und fern/ ein heller Stern./ Als wenn er's heut' wie immer fände:/
> In allen Hütten müde Hände,/ Und gute Rast/ nach heißer Arbeit Last./
> Horcht!/

Thoma sprach davon, dass alle das Vaterland schützen müssten, Hand in Hand als Brüder, dass alle dem Kaiser danken sollten und Hurra rufen der Mutter Germania.

Lena, die sich immer abgesondert gefühlt hatte, ausgeschlossen, als reine Zuschauerin, hatte geglaubt, sie gehöre dazu, als Hans Ludwig Held sie um ihre Unterschrift unter den Aufruf gebeten hatte. Mussten nicht alle zusammenstehen, zusammen helfen, das Vaterland zu verteidigen? Doch war ihr nicht schon bei ihren ersten Besuchen in den Bauernfamilien und genauso bei den Städtern Angst geworden? Zwar schmetterten die mit Blumen geschmückten Soldaten ihre Lieder, aber sangen sie nicht die Angst hinweg, die sie im Innersten bedrückte? Die sie in den Augen ihrer Mütter, Väter und Bräute gesehen hatten? Die endlosen Züge, deren Lokomotiven geschmückt waren wie Hochzeiter, die Regimenter, die der Pfarrer unter dem goldenen Baldachin segnete – sie standen für den Sieg.

Doch die Gefallenen, die Verwundeten – wofür standen sie? Wie lange sollten die Schlachten noch dauern? Und ihre Geschichte über den Sieg des Infanterie-Leibregiments bei Badonvillier, die ihr der Vordermeierjackl aus Sendling berichtet hatte, würde sie heute, nach dem Gespräch mit Kerschensteiner, schon anders schreiben. Ganz anders. Sie schämte sich schon jetzt, wenn er den Schluss lesen würde:

Ja – Hurra unsern Leibern! Ihre hundert Toten und dreihundert Verwundeten waren ein großes Opfer; – aber nicht zu groß für den errungenen Sieg! Und wenn manch einer aus der Runde der Bierbankpolitiker oder Kaffeehauskrieger davon spricht, unser Leibregiment sei vollständig aufgerieben, – die Erfolge stünden in keinem Verhältnis zu den Verlusten, – so mag man ihm erwidern: »Bleib daheim bei deiner Weisheit, guter Freund! – Wenn unsere Kämpfer draußen im Felde gleich dir ihr Werk nur mit dem Maul vollbringen wollten – dann wär es wohl schon lang ums Vaterland geschehen!«

Jetzt erst wurde es Lena klar, warum König Ludwig III. sie eingeladen hatte! Dass sie dem jovial sich gebenden königlichen Ehepaar auf den Leim gegangen war. Die einzig Ehrliche war die Hofdame gewesen.

Lena schwieg und überlegte, ob sie dem Professor ihre Ängste eingestehen sollte, doch Kerschensteiner stand gerade auf von der Gartenbank und sagte, es sei das Beste, nicht zu spekulieren. »Doch manchmal möchte ich in die Briennerstraße gehen, zum König, ihm sagen, dass er nicht auf der Annexion von Elsaß-Lothringen für Bayern beharren solle. Wie ich hörte, hat Kronprinz Rupprecht sich zum strikten Verfechter eines Verständigungsfriedens sowohl nach Osten wie nach Westen gewandelt. Wenn der König doch nur auf seinen Sohn hören wollte!«

Wie gut, dass Lena ihm nichts davon gesagt hatte, dass sie beim König war. Er hatte Sorgen, von denen nur wenige Menschen eine Ahnung hatten. Er suchte nach immer neuen Wegen, das riesige Schiff des Schwabinger Krankenhauses durch den Sturm des Krieges zu steuern. Sollte Lena wirklich nochmals zum Hof gebeten werden, würde sie Geschichten von Kerschensteiners Station erzählen und für das Schwabinger Krankenhaus um Unterstützung bitten.

»Sie nehmen so lebhaft Anteil an meiner Familie«, hörte sie Kerschensteiner gerade sagen, »dafür möchte ich Ihnen nochmals persönlich danken. Mein Sohn Robert ist an der Westfront. Ich bete, dass er mir bleibt, Anna hat ihn mir hinterlassen, Sie wissen das ja.«

Kerschensteiner nahm für einen kurzen Moment Lenas Hand in seine. Er sagt leise und eindringlich, dass er bereits bei Lenas Einlieferung ins Krankenhaus gewusst habe, dass sie anders sei als die meisten Patienten. Aus feinerem Stoff. Und nun habe Lena sich als Schriftstellerin durchgesetzt. Mann und Kinder habe sie auch. »Sie sind in Sicherheit. Das ist eine große Freude und Beruhigung für mich!«

Lena fühlte seine warme, kräftige Hand. Sie hörte kaum seine Worte, sie fragte sich, warum er nicht von seiner jungen Frau sprach, doch was maßte sie sich an, schließlich war sie nicht seine Vertraute, doch sie hätte alles dafür gegeben, ihm anvertrauen zu dürfen, dass sie in Wahrheit wahnsinnig sei, dass sie von der ersten Sekunde an nichts anderes gewollt habe, als für ihn zu leben, seine Frau zu sein, seine Geliebte – aber dann würde er sie lästig finden, sich abwenden. Warum konnte sie sich nicht begnügen, sich nicht abfinden mit ihrem Leben, so wie es war?

Einige Tage des Sommers verbrachten Herrli, die Kinder und sie wieder in Lindach, denn der Wimmerbauer verkaufte ihnen zu einem anständigen Preis immer noch ein paar Eier, Speck und Kartoffeln. Die Kinder hatten bald wieder rundliche Bäuchlein und eine gute Farbe. Sie gingen fast täglich mit ihnen zu einem kleinen See, unweit von Lindach, wo es sogar eine Bretterhütte gab zum Auskleiden und einen Steg für den Kopfsprung ins Wasser. Herrli übte mit Leni und Alixl, die sich sehr gelehrig zeigten, und Lena musste immer wieder Bewunderungsschreie loslassen.

Die anderen riefen sie ins Wasser, doch Lena tauchte nur kurz unter zur Erfrischung und trocknete sich sofort gut ab, denn Kerschensteiner hatte sie vor dem Schwimmen und vor allem vor dem Sonnenbaden gewarnt. So saß sie an die sonnenwarmen Bretter der Hütte gelehnt im Halbschatten, hörte die Vögel und die Protestschreie der Enten, die sich durch vier Menschen verdrängt fühlten. Der Ruf der Holztaube und das Zirpen der Grillen machten sie angenehm schläfrig. Sie sah Herrli mit den Mädchen um die Wette schwimmen, sah, wie er ihnen geduldig immer wieder den Kopfsprung zeigte, ihre Haltung korrigierte – und sie fand, dass sie ein zwiespältiges Wesen sei. Warum konnte sie Herrli nicht nehmen, wie er war? Warum wurde sie steif wie ein Stock, wenn er sie an sich drücken wollte? Warum war ihre Angst vor ihm stärker als die manchmal aufsteigende Sympathie? Warum zweifelte sie immer am Leben und fürchtete sich davor?

Lena sah über sich die Blätter der Bäume im leichten Sommerwind beben – so war auch sie, bewegt wie ein Blatt im Wind.

In der Nacht wurden sie von einem unheilvollen Lärm geweckt. Lena war sofort hellwach. »Herrli! Aufstehn! Die Feuerglocke!« Gemeinsam mit dem Wimmerbauern und der Bäuerin liefen sie durch den Wald nach Kastenseeon, zum Anwesen des Franzenbauern, das in Flammen stand. Der Blitz hatte eingeschlagen, der Stadel brannte hellauf und griff gerade auf das Wohnhaus über. Das Vieh hatten sie schon herausgelassen und auf einer Wiese zusammengetrieben. Zwei Männer trugen gerade einen Kleiderschrank ins Freie, Frauen und Kinder schleppten Tische und Stühle, Nachbarn halfen, andere standen rum und gafften.

Lena rannte ins Haus, raffte in der Küche Lebensmittel zusammen und rettete sie ins Freie. Sie bekam mit, dass in der Verwirrung rasch alle möglichen Dinge, auch Kleinodien, aus dem Haus gebracht und irgendwo ins Gras geworfen wurden. Einen sah Lena aus der gaffenden Menge, der trug schönes Silber und schaffte es beiseite in einen Rucksack. Sie nahm ihn am Rockärmel, fragte energisch, wohin er damit wolle, und er murmelte etwas von »Sach derrettn!«.

»Gel, für di!«, rief Lena, »du waarst mir so a Retter! – Herrli – sag ihm, er soll alles auf den Tisch dort legen und dann verschwindn!«

Lena sah, dass hier jemand eingreifen musste, sonst ging alles drunter und drüber. Sie rief mit ihrer lautesten Stimme, dass der Kasten da weg müsse und die Kommode auch. »Der Weg muss frei sein für die Feuerwehr. Tragt alles da nüber. Und du, Xaverl, bleibst stehn da und passt auf, dass nix gstohln wird!«

Sie gab Anweisungen, laut, knapp und klar, und bald hatte sie aus den ziellos Herumrennenden eine Gemeinschaft beieinander, die rettete, was noch ging. Inzwischen war die Feuerwehr gekommen, sie legten die Schläuche zum See hinunter, die Männer pumpten das Wasser hinauf, und bald zischten die starken Wasserstrahlen in die Flammen.

»Du solltest General werden«, sagte Herrli, »und für Deutschland die Schlachtpläne entwerfen!«

In den nächsten Tagen zeigte sich, dass die Glonner genau über Lenas Heldentat informiert waren. Sie kamen zum Wimmerhof, brachten Kartoffeln, Mehl, Speck und sogar ein fettes Suppenhuhn und drückten Lena auf diese Weise ihren Respekt aus.

In den letzten Tagen des August erhielt Herrli das berühmte rosafarbene Papier – seinen Gestellungsbefehl. Sie fuhren zurück nach München, und am 2. September musste Herrli in der höheren Töchterschule an der Luisenstraße antreten, die als Rekrutendepot eingerichtet war. Nun wurde auch für ihn am Oberwiesenfeld Realität, was Lena als Reporterin notiert hatte: »Halbrechts ein kleines Gehölz, vom Feinde besetzt. – Rechte Rotte Anschluss! – Schwärmen! – Stellung – Visier 400! Schützenfeuer – Stopfen! Durchladen! – Feuerpause – Sprung! Auf – marsch, marrsch!«

Wie Herrli waren die Kameraden alle sieben- oder achtunddreißig Jahre alt, hatten nie gedient, waren ohne Rhythmus und Gymnastik und zogen sich nach den Übungen am Stiegengeländer hoch in den dritten Stock, wo anstelle der tintenbespritzten Schulbänke ihre Strohsäcke lagen.

Lena fuhr mit einem alten Fahrrad, das keine Ballonreifen mehr hatte, sondern Stahlfedern, die einen wüsten Lärm machten, ungerührt zum Oberwiesenfeld und machte ihre Notizen. Einmal begleitete sie Herrlis Kompanie trotz strömenden Regens zu einer Felddienstübung in den Perlacher Forst. Wenn es um ihre Aufzeichnungen ging, kannte Lena kein Pardon.

Die Theres, die Lena einige Monate wegen Geldmangels nicht bezahlen konnte, zog freudestrahlend wieder ein. Im Verlag verkaufte man Lenas Kriegsbücher hervorragend, und sie hatte wieder Geld. Als Herrli im Februar 1916 nach Landshut zum Ersatzbataillon des zweiten bayerischen Landwehrregiments abkommandiert wurde, begann für sie, die Kinder und Theres ein Pendeln zwischen der Pilarstraße, Lindach und Landshut. Die Wimmerbäuerin, deren Ältester auch eingerückt war, nahm die Mädchen und Theres gern bei sich auf. Leni und Alixl gingen zeitweise sogar nach Egmating in die Schule. Sie waren alle drei glücklich auf dem Land, und Lena konnte guten Gewissens und in Ruhe an ihrem neuen Roman schreiben. Entweder in München oder bei Herrli in Landshut.

»Die Rumplhanni« hieß der neue Text. Eigentlich sollte ein Theaterstück daraus werden. Lotte hatte es Lena geraten. »Von jedem Dichter erwartet man heutzutage auch Theaterstücke«, sagte sie und gab Lena Frank Wedekinds Stück »Frühlingserwachen« zu lesen, damit sie die äußere Form eines Stückes studieren könne. »Außerdem ist es eine ergreifende Geschichte, in der habe ich viel von meiner Schulzeit wiedergefunden«, hatte Lotte gesagt.

Lena erging es beim Lesen des Stückes wie ihrer Freundin – sie war auch als Heranwachsende von den Lehrern, von den Priestern im Dunkeln gelassen worden über alles, was mit geschlechtlichen Dingen zu tun hatte. Von der Mutter sowieso.

Mit Frank Wedekinds Hilfe brachte Lena ihr Stück »Die Rumplhanni« in wenigen Wochen fertig. Sie gab es Herrli, als er von Landshut auf Urlaub kam, doch der sagte nur »Mist!«, und Lena, wie betäubt, warf das Manuskript in eine Schublade.

Doch sie liebte die Rumplhanni längst so sehr, dass sie nicht mehr von ihr abließ. Teils war die Magd eine Mischung aus der Mutter, so wie Lena sie gern gehabt hätte, und aus der Stalldirn in Lindach, die grob, resolut und lebensgierig war und die Arbeit so fest im Griff hatte wie die Männer. Darum gefällt sie dem Bauern, und der Bäuerin ist sie ein Dorn im Auge.

Besonderen Spaß machte es Lena, wenn sie beschrieb, wie die Hanni in der Küche und im Gastzimmer werkelte, wie sie kochte und scheuerte, beim Servieren half, beim Fleischzerteilen und beim Wurstmachen. Da kamen arbeitsreiche, aber harmonische Zeiten mit dem Stiefvater zurück, wenn die Mutter auf Altötting zum Pilgern gefahren war und Lena für zwei arbeiten musste, aber stolz und selig hörte, wie der Stiefvater und die Gäste sie lobten.

Die ersten Kapitel der »Rumplhanni« schrieb Lena in Lindach, einige davon in Landshut, im Gasthof Goldener Löwe, wo Herrli und seine Kameraden im Tanzsaal ihr Strohsacklager bezogen hatten. Für Lena wurde im zweiten Stock ein Zimmer gemietet, und sie schrieb in dem gemütlichen breiten Bauernbett bis weit in den Mittag hinein.

In Gedanken an ihr letztes Gespräch mit Kerschensteiner schrieb sie die ersten Kapitel, die ihr heute wie eine Kriegsverherrlichung erschienen, noch einmal neu.

Diesmal wollte sie kritischer und strenger sein und mehr von den Schmerzen der Mütter, Väter und Söhne herausarbeiten, damit die dunkle, trostlose, tödliche Seite des Krieges nicht verborgen blieb hinter dem Übermut der Jungen, die es nicht erwarten konnten, bis sie herauskamen aus dem Elternhaus oder weg von der Frau an die Front. Der ganze Roman sollte, wenn auch unaufdringlich, den »Aufruf zur Würde« widerrufen.

Herrli las nach einigen Wochen die fertigen Kapitel der »Rumplhanni«. Diesmal sparte er nicht mit Lob, und Lena war froh darüber. Dennoch wusste sie, dass sie den Roman keinesfalls, wie das Theaterstück, resigniert in die Schublade geworfen hätte. Sie hätte ihn gegen Herrli verteidigt.

In Landshut hatte Lena vom ersten Tag an Heimatgefühle, denn es war städtisch und ländlich zugleich. Da es noch früh im Jahr war, gab sich das Wetter, was die Schönheit anging, äußerst sparsam. Es war kalt, trocken, aber der Himmel blieb grau wie bei Regen, und man musste Blühendes, Schönes, Festliches schon in sich selber suchen.

Das war das Beste am Schreiben, fand Lena, dass man trotz äußerer Langeweile und Stumpfheit die erregendsten und buntesten Abenteuer erleben konnte.

Anfang März jedoch kam die Sonne heraus, verwandelte den Himmel in ein unendliches Gemälde aus sattem Blau und weißgrau geränderten Wolken, und sofort strahlte Landshut festlich! Die breiten Straßen mit dem Katzenkopfpflaster lagen in strahlendem Licht. Lena fühlte eine geheimnisvolle, glückhafte Stimmung in sich aufkommen, die sie oftmals beim Betrachten von Städten, Dörfern oder weiten Landschaften überkam.

Sie hatte noch nie so schöne Giebelhäuser wie in der unteren Altstadt von Landshut gesehen! Da gab es die gedrungenen, geschweiften Giebel, oder daneben die durchbrochenen Treppengiebel, Giebel mit Zinnen, abgestufte Zinnengiebel. Besonders prächtig war das gotische Rathaus mit dem großen Turm in der Mitte. Je ein kleiner Turm schien das Rathaus von seinen Nachbarhäusern abzugrenzen, und davor stand ein Denkmal des Königs Max II.

An der Ostseite der Altstadt, nördlich und südlich der Martinskirche, konnte man sogar durch Lauben spazieren gehen, die Lena wunderschön fand. Man sagte ihr, dass die Lauben »Unter den Bögen« genannt wurden, und sie erfuhr, dass man dort billig Zimmer mieten konnte. Wer weiß, wenn Herrli noch lange in Landshut bleiben musste, konnte Lena sich hier einmieten und die Kinder und Theres nachholen, denn sie fehlten ihr sehr.

Herrli litt darunter, dass es im Hof des Gasthofs zum Löwen nur einen Brunnen gab, wo sich die ganze kriegsstarke Truppe morgens waschen musste. Lena sah Herrli manchmal, wie er missmutig in der Reihe seiner Kameraden wartete. Er schaute dann zum Fenster, hinter dem er Lena wusste, doch sie ließ sich nicht sehen, kroch wieder in ihr Bett und schrieb. Dieser Herrli in seiner Männerwelt ging sie nichts an, er war ihr noch fremder als sonst.

Aber auf der Klötzlmüllerwiese, die vor der Stadt lag, lernte Jerusalem, dass Landshut auch ihm milde gesonnen war. Die Unteroffiziere in München hatten sie drangsaliert und mit den gröbsten Schimpfworten belegt, hier in Landshut waren sie gemütlich und sehr zufrieden mit dem, was die Münchner den Landsturmleuten, diesen älteren Semestern, noch angedrillt hatten.

Die Wirtin des Goldenen Löwen, die sehr stolz war, eine Dichterin zu beherbergen, denn Lenas Kriegsbücher waren auch in Landshut bekannt, zeigte ihr eines Abends ein Foto, auf dem ebenfalls ein Dichter zu sehen sei, wie sie sagte. »Schauen Sie doch mal, ob Sie jemanden kennen auf dem Bild.«

Lena sah sich das Bild der Absolvia des humanistischen Gymnasiums Landshut an. Es zeigte neun Abiturienten mit den typischen Mützen – fremde Jünglingsgesichter, denen Bedeutung und Ernst der Stunde aufgepappt war wie ein falsches Preisschild. Und dann sah Lena ihn doch: In der ersten Reihe, der zweite von links, offenbar der Jüngste mit dem kindlichsten und hübschesten Gesicht war Ludwig Thoma, unverkennbar. Für den streitbaren Schüler, der er gewesen sein musste, wirkte er weich und sanft, Lena hätte ihn abbusseln mögen.

In Landshut, genau wie in München, beherrschten die Uniformen das Straßenbild. Viele der Wirte lebten nicht zuletzt von den Soldaten. Mit Herrli wanderte Lena zur Burg Trausnitz. Sie bewunderte die schweren Holzbalken des Wehrgangs und den Hungerturm und ließ sich von Herrli erklären, dass König Ludwig I. die Burg im letzten Jahrhundert renovieren lassen wollte, dass aber die Kostenvoranschläge so hoch gewesen seien, dass er es gelassen habe. Doch später habe der König Ludwig II. mit seinem Schönheitssinn erkannt, was für ein Juwel in Landshut ungenutzt herumstand, zumal es sich ja um das Stammschloss der Wittelsbacher handelte. Er ließ sich ein fürstliches Absteigequartier errichten, damit die lang vergessene Trausnitz wieder zu Ehren gelange. Die Burg konnte jedoch ihren königlichen Restaurateur nicht mehr aufnehmen, da er vorher verschied.

Lena fand das traurig. Die Burg Trausnitz schien ihr geheimnisvoll und fremdländisch mit ihren zweigeschossigen Laubengängen, von denen man in den Burghof hintersah. Wie gerne hätte sie das Arbeitszimmer des Königs gesehen, doch der Kastellan zeigte ihnen nur ein Foto, auf dem sie einen etwas düster scheinenden Prachtraum sahen mit reichen Schnitzereien, Lüstern, Vorhängen und kostbaren Möbeln.

Lena war insgeheim eine Verehrerin des schönen Königs; sie gehörte zu den Bayern, die davon überzeugt waren, dass seine Minister und Hofschranzen den jungen Ludwig nur deshalb in den Wahnsinn treiben konnten, weil sie seinen Idealismus gebrochen und ihn überall eingeengt hatten. Das Leben dieses schönen, musischen Königs war eine Tragödie geworden, weil er wohl nicht mehr den Bruch zwischen seiner Fantasie und dem menschlichen Leben ausgehalten hatte.

38. Kapitel

Nach dem Sommer in Lindach und Landshut war Lena mit den Mädchen und Theres wieder in München. Da sie wusste, wie knapp das Fleisch dort war, nahm sie vom Wimmerbauern ein Ferkel mit, das Herrli in einem großen Karton mit der Schubkarre zum Bahnhof fahren musste, und von da reiste das »Wuzifaki«, wie die Kinder es nannten, im Zug mit nach München.

Leider fanden die anderen Mieter in der Pilarstraße Lenas Idee mit dem Schwein so unmöglich, dass sie lautstark gegen die »Sauerei mit der Sau« protestierten. Lena suchte mit Hilfe aller Mieter nach einer geeigneten Bleibe, aber zunächst fanden sie nur einen kleinen Stall beim Nymphenburger Turnverein, in dem das Ferkel einsam seine Tage verbrachte, nur von der Theres und den Kindern zum Füttern besucht.

Lena war vom Modell des Schwabinger Krankenhauses durchdrungen. Auch sie brauchte ein Haus mit Stall und Garten, sie brauchte Tiere und Gemüse, wollte ankämpfen gegen das riesige Maul des Krieges, das alles verschlang, was die Zivilisten dringend benötigten, vor allem die Kinder.

Und so hielt auch in ihrem Roman »Die Rumplhanni« der Kriegstod bittere Ernte. Er zerstörte die Hoffnung der Väter auf den einzigen Sohn als Nachfolger. Wie hatten sie beim Martlbräu den Ferdl empfangen, als er aus dem Feld auf Urlaub kam: Blumen und Girlanden über und über, Willkommensgrüße auf Transparenten und Jubelhymnen der Schwester auf dem Klavier. Die Eltern priesen ihr Glück über das stattliche Mannsbild mit den goldenen Knöpfen und Borten an der Uniform. Vizewachtmeister der Feldartillerie war ihr Ferdinand, und die Hanni war von seinem Anblick schier geblendet und sah sich schon als künftige Martlbräuin, doch der Ferdl lässt sich von ihr verwöhnen und bedienen, sagt »liebs Hannerl« und »liebs Kind«, doch als er ausgeht und Hanni, aufgemaschelt wie noch nie im Leben, ihm heimlich folgt, sieht sie ihn, wie er verliebt mit einer eleganten, jungen Bürgerstochter davongeht.

Lena entschloss sich dann zu zeigen, dass der Krieg auch vor den stolzesten und glücklichsten Eltern nicht Halt machte, und bei der Nachricht vom Heldentod ihres Ferdl ereilt den Vater der Schlagfluss, und die Mutter versinkt in tiefe Depression.

In ihrem eigenen Alltag war es Lena geglückt, für das Schwein einen Futterbezugsschein zu erhalten, und so ermutigt, mietete sie in nächster Nähe, in der Kuglmüllerstraße hinter dem Gerner Kanal, ein freistehendes Landhaus mit verwildertem Garten. In einem Kellerraum neben der Küche gab es sogar einen Selchofen mit Rauchfang, und Lena sah schon die Schinken, Würste und Speckseiten des Ferkels darin hängen. Zumal es seine Tage beim Turnverein wohl doch nicht so einsam verbrachte, denn als Theres und die Kinder es eines Tages füttern wollten, grunzten ihnen statt einer Sau gleich fünf entgegen.

Im November, um die Zeit des Erscheinens der »Rumplhanni«, zogen sie um. Lena dachte beim Ein- und Wiederauspacken, dass sie ebenso oft umzog wie früher ihre Mutter und der Stiefvater. Doch bei ihren Umzügen ging es friedlicher und lustiger zu, dafür sorgten schon die Kinder, die sich auf das Haus und den Garten freuten und auf die Ferkel, die nun ungestört groß werden konnten.

Korfiz Holm kam mit seinem Automobil und brachte Lena »Die Rumplhanni« zwischen zwei Buchdeckeln, und auf dem Einband war ein junges Bauernmädchen mit Stecken und Krug. Und oben stand »Lena Christ« in einer geschwungenen Schreibschrift, und Lena konnte es wieder nicht so ganz fassen, dass damit sie gemeint war.

Da Korfiz Holm wusste, dass er Lena mit nichts eine so große Freude machen konnte wie mit einem Buch, brachte er ihr wieder eines seiner eigenen Werke mit, und als Lena das Buch aufschlug, las sie: »Die Freundschaft dauert ewig fort mit Leni, wo die Bücher schnorrt.«

Schon bald nach dem ersten Kennenlernen, als Lena mit Herrli bei Korfiz Holm im Verlag gewesen war, hatte sie die umfangreiche Bibliothek des Verlegers bestaunt und spontan gesagt, sie würde auch gern Tausende von Büchern haben, besäße aber nur wenige mehr als zehn. Korfiz Holm sprang sofort auf, suchte in einem Regal und schenkte Lena seinen Roman »Herz ist Trumpf«, und da hinein kritzelte er eilig: »Hoffentlich ist dies der Leni net z'weni.«

Mit Korfiz Holm konnte Lena lachen. Er hatte eine teuflische Freude an der Wahrheit, schien überhaupt nicht dem Willen anderer unterworfen – Lena bewunderte ihn und war dennoch stets wachsam in seiner Nähe, da seine manchmal hiebartigen Beobachtungen natürlich auch sie trafen.

Aber vor allem war sie ihm dankbar, weil er der Einzige war, der mit Herrli stritt. Herrlis höfliche Sanftheit, mit der er nicht nur die Frauen, sondern auch die Männer betörte, schien bei Holm nicht zu fruchten. Er unterbrach Herrli sofort, wenn er bei Gesellschaften ständig auf Lenas armselige Kindheit und die harte Jugend verweisen wollte: »Hören Sie auf mit dem Psychologisieren und Analysieren. Dafür haben wir ja unseren Doktor Sigmund Freud! Sie verstellen nur den Blick auf Lenas Kunst, wenn Sie immer ihre Vergangenheit heraufbeschwören und sie wie schwere alte Bauernkästen vor sie stellen. Lena Christ ist eine ausgezeichnete Schriftstellerin – wo sie es her hat, ist nicht wichtig!«

Holm war es auch, der Herrli scharf korrigierte, als der zu seinem Lieblingsthema kam. Da er Lena unbedingt als Kind des Volkes herausstellen wollte, erzählte er überall, wie ungebildet Lena gewesen sei, als sie zu ihm kam, aber das sei natürlich auch ein wirklicher Wert, denn damit sei sie völlig unverbildet gewesen.

»Erbarmung!«, rief Korfiz Holm scharf. »Herr Jerusalem – man könnte ja meinen, Lena Christ sei direkt aus dem Urwald zu Ihnen gekommen! Wie ich hörte, hat sie immerhin die Volksschule in München durchlaufen, wo sie Musikunterricht erhielt, was ja bekanntlich der Intelligenz sehr aufhilft. Wer so gut Klavier und Violine spielt wie die Lena, ist nicht ungebildet! Außerdem – im Kloster war sie zwei Jahre auf dem Lehrerinnen-Seminar, wo schließlich alle wesentlichen Fächer unterrichtet werden.«

Lena erinnerte sich noch gut, dass Herrli, der Ludwig Thoma nicht ausstehen konnte, weil er ihn für arrogant und ketzerisch hielt, ihm einmal plötzlich zustimmte. Wenn auch nur in einem Punkt. »Jetzt verstehe ich, dass Thoma Korfiz Holm als baltischen Russ bezeichnet hat. Der Mann ist wirklich aufbrausend, außerdem trinkt er zu viel!«

Lena hätte ihm erklären können, dass Thoma die Bezeichnung »Russ, baltischer« liebevoll meinte, ließ es jedoch bleiben, denn Herrlis Verständnis für bayerischen Humor hielt sich in Grenzen.

Sie fand es hilfreich, dass Herrli wenigstens einmal zurechtgestutzt wurde, denn er machte ihr das Leben oft sauer mit seinem Tischerücken, seinen spiritistischen Sitzungen, an denen manchmal auch Hans Ludwig Held teilnahm. Herrli berichtete dann gern von seinen medizinischen Studien, zu denen es gehört habe, in einer Klinik bei weiblichen Patienten, die bekanntlich leicht zu beeinflussen seien, bestimmte Versuche zu machen. »Wir haben einer hysterischen Patientin mittels eines Induktionsapparates das Summen einer Biene vorgetäuscht. Dann betupften wir mit einem stumpfen Instrument ihre Hand und behaupteten, eine Biene habe sie in die Hand gestochen. Die Stelle schwoll daraufhin merklich an, schmerzte die Patientin wie ein echter Stich! Ihr hättet sehen sollen, wie sie gejammert hat, nach essigsaurer Tonerde velangte!«

Da er offensichtlich auch Lena für hysterisch und leicht suggerierbar hielt, wollte er sie häufig hypnotisieren, und wenn Lena guter Laune war, tat sie ihm den Gefallen. Wie anfangs in Fürstenfeldbruck, starrte sie geduldig auf einen Punkt an der Wand und ließ Herrli zählen, bis sie so tat, als ob sie tief schliefe. Dann hörte sie sich an, was er wollte. Es war einfach. Sie sollte am Samstag gegen sechs Uhr alle Kissen aus dem Wohnzimmer in sein Arbeitszimmer tragen und unter seinen Schreibtisch legen.

Heute war Donnerstag, hoffentlich schaffte sie es, daran zu denken. Als es dann so weit war, gab Lena sich alle Mühe, Herrli nicht zu enttäuschen: Er saß im Arbeitszimmer an seinem Schreibtisch, Lena nahm alle Kissen, schloss die Augen so weit, dass sie grade noch durchblinzeln konnte, dann ging sie starr und steif ins Arbeitszimmer, bemühte sich um einen entrückten Ausdruck und legte die Kissen unter Herrlis Schreibtisch.

Hochzufrieden fragte Herrli, warum sie denn die Kissen unter seinen Schreibtisch lege. Doch Lena wandelte stumm wieder hinaus, ging in die Küche und schnitt den Rettich fürs Vesper. Herrli kam aufgeregt herein und zitierte sie zu seinem Schreibtisch.

Lena tat erstaunt: »Warum hast du denn die Kissen untern Schreibtisch gelegt?«

Herrli, liebevoll lächelnd: »Ich?«

Lena, eifrig: »Ja freilich, wer denn sonst?«

»Ich hab's nicht hingelegt«, behauptete Herrli stolz, »das warst du selber!«

»Geh, du spinnst ja!«, sagte Lena barsch.

Da klärte Herrli sie gütig auf, dass er sie hypnotisiert habe, und er sehe darin den Schlüssel zu vielem, was Lenas Wesen ausmache. Und bei der nächsten Sitzung berichtete er Hans Ludwig Held und den anderen Gästen von dem gelungenen Versuch, und alle bewunderten Herrli. Und Lena dachte zufrieden, wie leicht sie Großkopferte wie Herrli und Professor Held hinters Licht führen konnte. Sie freute sich schon auf die nächste Sitzung. Da würde sie zur Abwechslung mal wieder Blumen regnen lassen.

Auch im Haus in der Kuglmüllerstraße hörte Herrli

Klopfgeister und erzählte Lena etwas von einem Dichter, der Sir Arthur Conan Doyle heiße und der geistige Vater von Sherlock Holmes sei. Nachsichtig klärte er Lena über diese Detektivfigur auf und bat sie, auf nächtliche Klopfzeichen zu achten und sie ihm sofort zu melden, damit man mit etwaigen Toten, die auf dem Grundstück begraben lägen, in Verbindung treten könne. Er sei ganz sicher, dass es Verbindungen zum Jenseits gebe, dass Lena ein ausgezeichnetes Medium sei, dass die Toten ihr zeigen könnten, wie es sich dort lebe, und vor allem: »Sie können dir sagen, wie wir hier, im Diesseits, leben sollen. Das wäre für dich wichtig, Lena!«

Es überraschte Lena, dass Herrli, der stolz darauf war, nicht an Gott zu glauben, trotzdem so scharf auf das Jenseits war. Doch das Diesseits beschäftigte Lena so intensiv, dass sie vergaß, auf die Klopfzeichen zu hören, denn sie musste mit Theres gemeinsam den städtischen Bauernhof bewirtschaften.

Noch nie waren die Kinder glücklicher gewesen. Sie jubelten, weil Lena in der Folgezeit Hühner, Enten, zwei Geißen, einen Boxerhund und eine Gans anschaffte. Sie halfen Lena, einen Gemüsegarten anzulegen, gerieten in erbitterten Streit mit den Hühnern, die das verhindern wollten. Die Enten legten Eier, brüteten, und es gab junge Enten, für die Herrli im Garten ein großes Loch ausheben musste, in das eine alte Badewanne gesetzt wurde. Man füllte sie mit Wasser aus dem Kanal, und die jungen Enten schwammen darin herum. Bald stolperte man im Garten über die Karnickel, von denen Lena zwei gekauft hatte, die bald mit ihren zahlreichen Nachkommen ohne Scheu herumhoppelten. Nicht einmal der Boxerhund störte sie.

Die Idylle war teuer, denn es wuchs nicht alles vor der Haustüre, was die Tiere brauchten, so wie Lena das vom Land kannte. Die Geißen fraßen Heu in Massen oder traten es unter sich, die Eier der Hühner kosteten mindestens 20 Pfennig, da das Körnerfutter auch gekauft werden musste. Von der Beschaffung des Schweinefutters gar nicht zu reden. Das Sägemehl für den Stall bekamen sie beim Sägewerk in Laim, aber der Transport war mühselig. Doch das Schwierigste war der Sautrank, den mussten sie aus einer Gaststätte auf der Schwanthalerhöhe herbeischaffen. Da hieß es, ein schweres Fass auf einer Karre zu ziehen beziehungsweise zu schieben. Herrli zog, Therese und Lena schoben, unterstützt von den Mädchen.

Glücklicherweise war »Die Rumplhanni« auch ein Verkaufserfolg. Die erste Auflage war rasch verkauft, weitere Auflagen gingen ebenso rasch weg, so dass Lena das Geld nicht knapp wurde. Vielleicht hätte sie sparen sollen, doch sie liebte das Haus und die Tiere. Sie dachte oft an die dicke Hauskatze bei den Eltern in der Sandstraße, der sie ihr Unglück ins Fell geweint hatte. Und an Schleicher, den großen gestromten Boxerhund, der ihr aufs Wort gefolgt und sie überallhin begleitet hatte.

In der Stube mit dem Balkon hatte sie sich ein Zimmer eingerichtet, in der Schlafstube daneben schrieb sie in ihrem Bett, und die Gans kam eines Morgens zu Lena ins Zimmer gewatschelt, flog aufs Bett, und zur Freude ihrer Kinder legte Lena der Gans, einem großen Exemplar mit schneeweißen Federn, ihren Ludwigsorden um den Hals, und sie tauften sie »Hilekilegans«, wofür sie sich mit großem Geschnatter bedankte.

In dem großen Wohn- und Esszimmer konnten sie Gäste empfangen. Wenn auch die Freunde, allen voran Korfiz Holm, über den »Bauernhof der Dichterin« ihre Witze machten, kamen sie doch oft zum Essen, zum Kaffee oder auch nur zum Hamstern, und Lena war selig, dass sie schenken konnte. Vor allem Lotte, Ludmilla und Frau Böck konnten jederzeit teilhaben an der Ernte in der Kuglmüllerstraße.

Ihre Freude wurde allerdings getrübt durch ein Verfahren, das ihr schon seit mehr als einem Jahr ständig Ärger und Schreibarbeit machte. »O ich Rindviech«, sagte sie sich immer öfter, weil die Rumplhanni auch oft zu dieser Selbsterkenntnis gekommen war, aber es nützte nichts, sie musste sich eingestehen, dass im Überschwang ihres Gerechtigkeitssinns die Gäule mit ihr durchgegangen waren. Vielleicht war sie auch in ihrer Hochstimmung über die Einladung bei Hofe allzu mutig geworden. Nun war das Kraut ausgeschüttet:

Herrli hatte sich immer wieder beschwert, dass sie in der Elisabethenschule über die Maßen schikaniert würden. »Du glaubst nicht, was für ein unmenschlicher Ton dort herrscht!«, jammerte er. »Die Kameraden in den anderen Kasernen haben viel mehr Freiheiten und viel mehr Freizeit! Ich halte die Schikanen von dem Trombetta nicht mehr aus!«

Das deckte sich mit Beobachtungen, die auch Lena in den Kasernen gemacht oder von anderen Soldaten gehört hatte. Also versuchte sie, Herrlis Verlegung von der IV. in die III. Kompanie durchzusetzen. Dazu schrieb sie an den sozialdemokratischen Landtagsabgeordneten Adolf Müller, Redakteur der *Münchner Post*, was Herrli ihr im Einzelnen geschildert hatte. Sie beschrieb, dass die Mannschaften der III. Kompanie unter Hauptmann Wegert, soweit sie Familienväter wären, daheim schlafen könnten, und wies nach, um wie viel Stunden weniger sie Dienst machen müssten als die Mannschaften der IV. Kompanie unter Rittmeister Trombetta. Sie schliefen in der Kaserne, täten weit mehr Dienst, und die Familien sähen die Väter so gut wie gar nicht. Zum Schluss hatte Lena gebeten, ihren Mann zu Hauptmann Wegert zu versetzen, »denn mein Mann muss mir bei wichtigen schriftstellerischen Arbeiten helfen«.

Müller leitete Lenas Schreiben ohne Rücksprache mit ihr ans Kriegsministerium, und von dort aus wurde es an Rittmeister Trombetta weitergeleitet, wovon man Lena in Kenntnis setzte.

»Schau, Herrli, der Rittmeister Trombetta wehrt sich gegen die Vorwürfe, jetzt schreib du, dass du es selber erlebt hast!«

Doch Herrli distanzierte sich sofort und fast hysterisch davon. »Wieso hast du auch so scharf geschrieben! Der Trombetta lässt sich das nicht gefallen! Und ich muss das jetzt büßen!«

»Ja mei!«, rief Lena perplex, »erst hast du mich gedrängt und gedrängt, hast mir praktisch diktiert, was ich schreiben soll, und jetzt machst du dir in die Hosen!«

»Das war dann ein Missverständnis«, behauptete Herrli, »du bist immer so temperamentvoll und übertreibst alles! Du musst sofort an Trombetta schreiben, ihn beruhigen! Sonst hab ich beim Regiment keine gute Stunde mehr!«

Lena sagte, das sei aber das letzte Mal gewesen, dass sie für ihn einen Brief schreibe. Doch sie willigte ein, schrieb, was Herrli ihr anriet.

Trombetta erhob trotzdem Klage gegen Lena wegen Verleumdung und Beleidigung. Und der Bataillonskommandeur beantragte die strafgerichtliche Verfolgung, für die ein öffentliches Interesse bestehe, »nachdem es endlich gelungen sei, unter einer Flut von anonymen Beschuldigungen und unberechtigten Anklagen endlich einmal eine Namensfeststellung zu ermöglichen«.

Das war es, sie hatten in Lena einen willkommenen Sündenbock gefunden.

Lena verteidigte sich. Schrieb an die Königliche Staatsanwaltschaft, dass sie in ihren Kriegsbüchern versucht habe, »getreu die Größen und Schwächen unserer Bayern aufzuzeichnen«. Dazu habe sie alles studieren und beobachten müssen, auch die Quartiere, die Bahnhöfe, die Übungsplätze. Sie habe Felddienst- und Nachtübungen mitgemacht – kurz, sie habe mit den Soldaten gelebt und ihnen zugehört. Auch ihren Klagen.

»Ihre Majestäten, König und Königin, sowie seine Königliche Hoheit, Kronprinz Rupprecht, gaben wiederholt ihrer Freude darüber Ausdruck«, schrieb Lena, »auch der deutsche Kaiser schloss sich an. Kronprinz Ludwig hat mir mehrfach eine Einladung zu einer Reise in die Etappen und an die II. Front ausgesprochen, der ich leider wegen meines schweren Herz- und Nervenleidens bisher nicht nachkommen konnte ...«

So ging das hin und her, und was Lenas Nerven anging, so litten die wirklich unter dieser Korrespondenz, zumal

Herrli sich überhaupt nicht betroffen fühlte und von ihr einen Rechtfertigungsbrief nach dem anderen verlangte. Lena hatte beim Schreiben Wut auf Herrli und diesen Trombetta, der ein Schinder war und vom Ministerium gedeckt wurde. Sie würde alles tun, ihn loszuwerden, und gab sogar an, ihre drei Brüder seien innerhalb von zehn Tagen fürs Vaterland gefallen. Es war nur ein Bruder, Wilhelm, der sein Leben lassen musste, aber Lena dachte, es mache dem Trombetta vielleicht Eindruck, wenn es gleich drei wären. Das würde hoffentlich seinen eitlen Zorn besänftigen. Denn sie hatte nicht die geringste Lust, Herrlis und dieses Leuteschinders wegen vor Gericht erscheinen zu müssen. Herrli war es schließlich gewesen, der ihr erzählt hatte, dass sein Unteroffizier sein Pferd dazu gebracht habe, auf den Kopf eines Reservisten zu treten, der sich nicht kommandogemäß platt auf den Boden geworfen hatte, sondern sein Gewehr hervorziehen wollte, auf das er gefallen war. Der Mann, Apotheker, Vater von fünf Kindern, war gestorben. Viele solcher Geschichten waren ihr von Soldaten erzählt worden. Sie bemühte auch Zeugen, doch die waren alle an der Front. Deshalb unterließ sie es nicht, wenigstens auf ihre Auszeichnungen vom König hinzuweisen. Immerhin hatte sie das Eiserne Kreuz bekommen und den Ludwigsorden.

Als auch das nichts half, bat sie Kerschensteiner um Hilfe. Sie erzählte ihm alles, und er schüttelte den Kopf: »Dieser Trombetta scheint es aber nötig zu haben!« Dann lachte er Lena an: »Wo der Ehemann versagt, muss halt der Arzt helfen!«

Lena bekam weiche Knie vor Glück, und sie hörte nur durch Nebel, wie er versprach, noch am selben Tag ans Kriegsministerium zu schreiben. Und tatsächlich bewahrte sein Wort Lena vor weiteren Drohbriefen Trombettas.

Sie bekam auch wunderschöne Briefe. So schrieb ihr Annette Thoma aus Riedering am Simssee, dass ihr der Roman »Die Rumplhanni« so gut gefallen habe, dass sie sich einfach bei Lena melden müsse. Sie habe sich beim

Lesen wie in einer guten Stube gefühlt und sei jedes Mal ungehalten gewesen, wenn sie habe aufhören müssen mit der Lektüre.

Schon dieser Brief tat Lena so gut, dass sie den Streit mit dem Rittmeister Trombetta vergaß und sich sofort daran machte, Annette Thoma zu antworten.

Wenige Tage später kam ein zweiter Brief Annette Thomas, in dem sie Lena in ihr Haus einlud, und da diese Einladung wieder so herzlich und spontan war, wollte Lena sie auch annehmen, und so fuhr sie an einem herrlichen Sommertag Mitte August mit Herrli nach Riedering am Simssee, wo die Familie Thoma sie am Stephanskirchener Bahnhof erwarten wollte. Emil Thoma, der Mann Annettes, war ein bekannter Maler, entfernt mit Ludwig Thoma verwandt, so dass Lena schon aus diesem Grund neugierig auf ihn und seine Bilder war.

Als sie ausstiegen, stand eine hübsche junge Frau am Bahnsteig, ein etwa sechsjähriges Kind an der Hand, und Herrli war unschlüssig, ob man sie ansprechen solle. Es war nichts ausgemacht, kein Erkennungszeichen, und Lena sagte unbekümmert: »Des wern ma schon rauskriegen, Herrli, wo's da zu der Frau Thoma nach Riedering geht!«

In dem Moment fragte das kleine Mädchen an der Hand der jungen Frau, ob nun wirklich das Christkindl käme? Da wusste man, dass man beieinander war, und alle lachten herzlich und begrüßten sich. Dann wanderten sie gemeinsam auf der sonnigen Landstraße hinüber nach Riedering in ein Landhaus, wo der Kaffeetisch festlich gedeckt war und wo die Hausfrau alles auftrug, was die Notzeit hergab.

Lena hatte einen Korb mit Eßbarem gepackt, den Herrli schleppte, und die Thomas freuten sich über ein frisch geschlachtetes Karnickel, das in ein essiggetränktes Tuch eingewickelt war, aber auch Eier, Schinken und Obst waren willkommene Leckereien für die Kleine, die bald ihre Enttäuschung über das fehlende Christkindl vergessen hatte.

Annette Thoma war noch nicht dreißig, ihr schmales

Gesicht unter den schlicht aufgesteckten, lockigen Haaren sah fast kindlich aus, doch die Augen blitzten smaragdgrün und wach, was ihr zusammen mit ihrer jungen, kräftigen Stimme etwas Gestandenes gab, das über ihr Alter hinausging. Sie trug ein schlichtes ärmelloses Kleid mit einem kleinen weißen Kragen, das ihre gebräunte Haut sehen ließ. Bestimmt wusste Annette Thoma, dass sie jung und hübsch aussah.

Sie setzte sich am Kaffeetisch neben Lena, sagte, dass sie es ihr unbedingt noch persönlich ausdrücken müsse, was sie ja schon geschrieben habe: »Ihre Bücher verzaubern, denn sie vermischen Wahrheit und Dichtung durch angeborenes Können zu einer leuchtenden Einheit. Besonders die ›Rumplhanni‹ ist einfach herrlich – ich werde das Buch sicher ein zweites Mal lesen.«

Lena bedankte sich und sagte, dass sie wegen ihres Nymphenburger Bauernhofes derzeit gar nicht zum Schreiben komme. »Aber Sie haben doch gewiss schon Pläne!«, rief Annette Thoma impulsiv, und Lena bestätigte das, erklärte, dass sie sich mit einem Altmünchner Stoff beschäftige, von dem sie bisher nur wisse, dass es um einen Münchner Wundarzt gehen solle, der sich nicht zwischen zwei Frauen entscheiden könne. Einen Titel habe sie schon: »Kaspar Glück« solle der Roman heißen.

»Wäre es da nicht besser, wenn Sie Ihr Buch ›Kaspar Unglück‹ nennen würden?«, fragte Emil Thoma und fügte hinzu, dass er sich an ein so heikles Thema nicht herantrauen würde. »Bist ja auch kein Dichter, sondern ein Maler!«, rief seine Frau stolz und zeigte Lena die Bilder ihres Mannes, meist Zeichnungen, die überall in der Stube und im Flur aufgehängt waren.

Lena sah Flußlandschaften, die ihr karg und schwermütig schienen, reizvoller war das große Bild von Riederau mit dem Simssee und den dahinter aufragenden Bergen. Am besten gefiel ihr ein Porträt von seiner Frau, lesend in einem Buch. Das Bild drückte entschiedene Sammlung aus und wohl auch die Liebe des Malers zu seiner Frau.

»Was sagen Sie denn zu den Bildern von Emil?«, fragte

Annette erwartungsvoll, während Emil Thoma brummte, dass Annette doch nicht immer die Leut in Verlegenheit bringen solle.

Lena erklärte wahrheitsgemäß, dass sie von Malerei nicht viel verstehe. Aber in ihren Augen sei Emil Thoma kein moderner Maler in dem Sinne, dem man heute dem Begriff modern gebe, doch sie halte ihn für modern im Sinne des gewissenhaften Malers, der das Erbe an Kunst und Denken aus allen Jahrhunderten studiere und achte. Der mit wachen Augen in die Vergangenheit, in die Gegenwart und in sich selbst hineinschaue.

Emil Thoma sah Lena interessiert an, und Herrli, der für einen Moment verdutzt geschaut hatte, erklärte eilig, dass er mit Lena, so oft es die Zeit erlaube, in die Pinakothek gehe und dass er sie dabei natürlich auch in der Malerei unterweise.

Auf der Heimreise fragte er sie aber doch, woher sie denn ihre Sicht auf die Malerei von Emil Thoma habe. »Aus den *Münchner Neuesten Nachrichten*«, sagte Lena, »ich habe mir die Besprechung gemerkt, sie passt so ziemlich auf jeden Maler.«

39. Kapitel

Die Hausvermieterin, eine bisher immer humorvoll wirkende Kölnerin, kam zu Lena, jammerte, dass sie die vielen Lasten, die das Haus ihr auferlege, nicht mehr tragen könne. Oder sie müsse mehr Miete verlangen. »Viel mehr, Frau Jerusalem! So viel können Sie gar nicht zahlen! Außerdem beklagen sich alle Leute in der Nachbarschaft über Ihre Tiere, besonders über die Kaninchen. Die scheinen sich ja explosiv zu vermehren! Seien Sie mir nicht böse, aber ich muss das Haus verkaufen, so Leid es mir für Sie tut.«

Da Herrli in Landshut war, traf Lena allein alle Vorkehrungen, um den Bauernhof aufzulösen. Die Kinder zeigten sich überraschend verständig, denn sie hatten die Nase voll davon, an Sägemehl, Heu und Sautrank denken zu müssen, und von dem Dreck, den die Tiere machten, hatten sie auch übergenug.

Lena schrieb an den Wimmerbauern um Hilfe, und der kam mit einem großen Rucksack voller Messer und verwandelte die Waschküche in ein Schlachthaus.

Herrli, der sich vom Garnisonsdienst beurlauben ließ, zerlegte mit dem Wimmer das Fleisch, Theres und die Töchter putzten die Därme, Lena rührte das Blut und bereitete das Wurstbrät. Es gab Leber- und Blutwürste in Mengen, und Lena hatte schon Tage vorher alle erreichbaren Freunde eingeladen zum Schlacht- und zugleich Abschiedsfest von der Kuglmüllerstraße.

Außer Lotte, die in Berlin war, kamen so ziemlich alle, denn sie hatten das verwunschene Haus mit dem einmaligen Tierpark lieb gewonnen. Sogar Kathi reiste aus Passau an und kam mit ihrer Mutter und dem kleinen Kaschbar. Ludmilla und der wieder genesene Tiburtl steuerten eine Flasche französischen Cognacs bei. Hans Ludwig Held und seine Frau Stephanie erschienen, Herrlis Malerfreunde aus Fürstenfeldbruck, Korfiz und Annie Holm. Selbst Ludwig Thoma, den Lena im Verlag getroffen und gleich mit eingeladen hatte, kam gemeinsam mit den Holms und überbrachte Lena und Herrli seine Einladung zum Namenstag in die Tuften.

Am Tisch überlegte Lena laut, wie sie am besten die anderen Tiere verkaufen könne. »Ich kann ja die Geißen und die Zicklein nicht mitnehmen nach Landshut, die Hühner und die Enten auch nicht!«

Korfiz Holm fragte Ludwig Thoma scheinheilig, ob er nicht die beiden Geißen mitnehmen wolle nach Tegernsee.

»Ich habe gehört, dass man so ein Viech sogar mit hineinnehmen darf in den Zug!«, sagte Hans Ludwig Held aufmunternd zu Thoma, der aber abwehrte: »Bin i vielleicht der Goaßnpeter?«

Am Ludwigstag fuhr Lena nach Tegernsee und ging zu Fuß hinauf auf die Tuften. Sie wusste, dass auch Georg Queri eingeladen war, der mit Ludwig Thoma das »Bayernbuch« herausgegeben hatte, in das auch eine ihrer Geschichten aufgenommen worden war. Sie las seitdem alles, was Queri, der Journalist war, in den Zeitschriften *Jugend* und *Simplicissimus* schrieb. Queri kümmerte sich um Brauchtum und Volkskunde, hatte ein Lexikon herausgebracht: »Kraftbayerisch: Ein Wörterbuch der erotischen und skatalogischen Redensarten der Altbayern«, das bei seinem Erscheinen 1912 sofort von der Zensur beschlagnahmt wurde. Freund und Jurist Thoma erhob Einspruch, mit Erfolg.

Vom Weiß Ferdl hatte Lena nur erfahren, dass er Volkssänger war und auf bayerischen Bühnen auftrat. Leider war sie noch nie bei einem seiner Auftritte dabei gewesen. Ebensowenig kannte sie Kiem Pauli, obwohl sie seine Arbeit interessant und wichtig fand. Er sammelte ebenfalls mundartliche Volkslieder, dazu hatte Ludwig Thoma ihn angeregt. Die Herzöge Ludwig Wilhelm und Albrecht von Bayern unterstützten ihn darin, und Lena fragte sich, ob sie dort nicht auch einmal um finanzielle Unterstützung nachfragen solle.

»Ach, Sie sind die Heimatschriftstellerin Lena Christ!«, sagte die Haushälterin von Ludwig Thoma, als Lena, hochrot und verschwitzt von dem Weg bergauf, in den Tuften ankam. Lena dachte sich, dass sie wohl eher eine Heimatlosigkeitsschriftstellerin sei, denn sie war schon wieder dabei, einen Haushalt aufzulösen und ein neues Domizil zu beziehen. Sie konnte nicht mehr genau sagen, wie oft sie in ihrem Leben umgezogen war.

Als die Frau sie ins Vorhaus führte, fühlte sich Lena einen Moment fast wie in einem Traum, so genau entsprach dieser Raum ihren eigenen Wünschen und Vorstellungen von einem ländlichen Haus. Ein einziges Schmuckkastl! Unter einem Rundbogen stand eine alte bemalte Truhe, daneben lediglich zwei Stühle und an der Wand Bilder in exquisiten Rahmen – das war alles mit sicherem Geschmack ausgewählt. Genauso wie die Halle vor dem Treppenhaus mit der fein gearbeiteten Anrichte, der großen Glasvitrine, der Standuhr und dem alles beherrschenden, reich geschnitzten Tisch. Lena strich sanft über die matte Holzfläche, dann kam sie in die Bauernstube, wo Ludwig Thoma mit Georg Queri, Kiem Pauli und dem Weiß Ferdl saß und freudig aufsprang, als sie eintrat.

Thoma sah, dass Lena ehrlich überwältigt war von seinem schönen Haus, und er freute sich darüber: »Gel, das ist von lieber Gemütlichkeit! Die Geweihe und Kruken machen einen Spektakel in dem niedern Raum – die wirken völlig anders als in München. Und schauns, Frau Christ, wie es weiß in die Fenster hineinblitzt und wie die Decke breit und behaglich über der Stube liegt! Sie müssen dringend im Winter wiederkommen! Dann kracht es im Kaminofen, dass es eine Freud' ist.«

Lena stand vor dem hellen Bauernkanapee, es war aus

Birkenholz und wahrhaftig mit Leder gepolstert. Wie reich musste Thoma sein! Als habe er ihre Gedanken erraten, sagte Thoma, er habe das Kanapee um 60 Mark von einem Möbelschreiner gekauft und die Rindshaut für 44 Mark, dann habe der Polsterer noch etwas bekommen, und das sei alles für das Prachtstück gewesen.

Inzwischen war auch Reinhold Geheeb vom Verlag Albert Langen gekommen und mit ihm noch eine Schauspielerin und ein Dramaturg vom Theater, und Ludwig Thoma führte seine Gäste durch das Haus. Man spürte bei jedem Teil, dass er es selber ausgesucht hatte und daran hing, denn er erklärte jede Kleinigkeit mit einer Liebe, die Lena rührte. Im Flur, an einem Reck, hingen seine Jagdgewehre, und Thoma sagte, dass er in diesem Haus seine Kindertage wieder erlebe. »Das ist wie ein Märchen, mit der Büchse in den Bergen herumzusteigen: Tag für Tag Jagd und nichts wie Jagd. Anstrengung und Strapazen genug, aber alles so schön!«

»Jetzt kommt die Perle, das Erkerzimmer!«

Lena war wieder überrascht. Nach dem Bäuerlich-Behaglichen kam jetzt die Schlossbesichtigung. Ein elegantes, luftiges Biedermeierzimmer tat sich auf, und Thoma fragte stolz, ob das nicht nudelsauber sei. »Gel, wie da die alten Biedermeier drinstehen – das ist schon eine Pracht. Dazu der pompöse Lüster. Er sieht so vornehm aus, dass ich mich manchmal frage, ob es eigentlich wahr ist, dass mir das alles gehört.«

Wehmütig dachte Lena, dass sie in ihrem Leben so viel gearbeitet hatte, und was besaß sie? – nichts, außer ein paar selbst bemalten Möbeln. Aber dann tröstete sie sich damit, dass Ludwig Thoma kinderlos war, obwohl er sich immer eine Familie gewünscht hatte. Sie dagegen hatte ihre Töchter, Leni und Alixl. Wie gern würde sie ihnen ein so schönes Zuhause verschaffen, wie Ludwig Thoma es hatte.

Es ging jetzt nochmals die Treppe hinauf, und sie kamen in das Arbeitszimmer des Hausherrn, einen Raum mit einigen Dachschrägen, in die die wertvolle Bibliothek des Dichters genau hineingepasst war. Außer einem Tisch und einem behaglichen Sofa gab es den endsgroßen Arbeitstisch, auf dem allerhand Aktenordner lagen, eine große Stehlampe war da, eine Schale mit Bleistiften, Pfeifen, Tintenfässer – aber alles war leidlich aufgeräumt.

»Hier sitze ich manchmal bis nachts um zwei und schreibe!«, sagte Thoma zufrieden. »Finden Sie nicht auch, Frau Christ, dass es wirklich etwas Seltsames ist ums Schaffen? Dinge, an die man nicht dachte, Menschen, von denen man nichts wusste, tauchen vor einem auf, werden lebendig und kriegen Form und Farbe. Die Erzählung schreitet wie aus sich selber heraus fort und fort, zieht ihre Kreise weiter, und mit einem Male ist alles, was man im Voraus gedacht und geplant hat, überholt, geändert: Neues drängt sich auf, eines kommt aus dem anderen, und als kriegte man Kinder, so stehen plötzlich wirkliche Menschen auf den Beinen und sollen – kurz oder lang – Leben behalten, in die Welt gehen und andere Menschen interessieren, erfreuen.«

Lena nickte, sagte, dass sie es genauso empfinde, aber so treffend nicht beschreiben könne. Worauf Thoma lebhaft widersprach:

»Das wissen wir alle herinnen, wie gut Sie beschreiben und schreiben können; wenn ich nur an den ›Mathias Bichler‹ denke. Da ist kein verbrauchtes Wort, keine verwaschene Wendung, alles lebendig, alles gesprochene Sprache. Sie beherrschen das Bayerische, und das ist schwer!«

»Genauso ist es«, sagte der Georg Queri. »Von meinen Münchner Bekannten, die sich Gebildete nennen oder Gewappelte sind oder Großkopferte, von denen spricht höchstens ein Viertel die Sprache unserer Heimat – ich meine, so, dass man überhaupt vom Sprechen reden kann. Durchaus beherrschen tut sie höchstens ein Zehntel.«

»Sie können schon ein paar Brocken aufsagen und haben so einen gewissen, allgemeinen Tonfall, dass man nicht meint, sie sind aus Kottbus«, sinnierte der Kiem Pauli, und Ludwig Thoma lachte. Sie gingen dann hinunter in die Bauernstube, denn die Haushälterin hatte zum Essen gerufen.

Georg Queri und der Weiß Ferdl waren gerade auf Heimaturlaub, wirkten aber äußerst wortkarg, was das anging. Auch Ludwig Thoma lenkte sofort ab, wenn das Thema auf den Krieg kam. Thoma hatte sich gleich zu Beginn des Krieges freiwillig gemeldet, war als Sanitäter in Frankreich und Russland gewesen, aber nach einem Jahr, an der Ruhr erkrankt, zurückgekehrt.

Er bat Kiem Pauli, auf der Zither zu spielen, »damit ein Stück altes Bayern und altes Behagen einkehrt und wir meinen Namenstag feiern können«, meinte er, und Lena glaubte Einsamkeit und das Bedürfnis nach Wärme herauszuhören. Während Kiem Pauli wunderschön Zither spielte und Wildschützenlieder dazu sang und ein Lied von der Alm, schaute Lena verstohlen an alle Wände – nirgends sah sie ein Bild von Marietta Thoma. Lotte hatte sie einmal bei einer Schwabinger Bauernkirta gesehen und war von ihrer Schönheit ehrlich beeindruckt gewesen:

»Lena, glaub mir – sie trat aus der Dunkelheit des Flurs in das Licht des Saales, und ich sah die schönste Frau der Welt! Ein Gesicht von bräunlicher Farbe, brennende, dunkle Augen, ein Ausdruck solcher Leidenschaft, dass ich dachte, sie müsse selber daran verbrennen. Diese makellos schimmernde Haut, das Profil eines Kindes, ebenmäßige, sehr weiße Zähne. Aber ich glaube, sie ist verwöhnt, reizbar, doch ihre Schönheit überwältigt zunächst einmal jeden. Von Thoma sagen sie, er habe im ersten Moment vor ihr gestanden wie vor einem Märchen.«

Und heute, nach nur wenigen Jahren, schien sich das Märchen in ein Gespinst aufgelöst zu haben. Vielleicht war Marietta, die Thoma Marion genannt hatte, eine Zauberin gewesen, die in Thomas Leben getreten, ein Stück mitgegangen war, davon gekostet und Thoma leidenschaftlich berührt hatte. Und dann war sie weitergegangen.

Lena fragte sich, ob Thoma seine Frau vergessen wolle.

Man sagte, dass er einer neuen Liebe verfallen sei, wieder war es eine verheiratete Frau, die ihn faszinierte, Maidi Liebermann von Wahlendorf, in die er vor Jahren schon einmal verliebt gewesen war und um deren Hand er jetzt kämpfte.

40. Kapitel

Für die Möbel fand Lena ein geräumiges Atelier in der Winthirstraße, nahe am Kanal, auf den man aus dem großen Atelierfenster im vierten Stock einen Blick hatte, und auf die Gerner Brücke. Lena würde gern bleiben, aber sie wusste, dass in Landshut das alltägliche Leben viel leichter zu bewältigen war als in München. In den Geschäften dort gab es noch so ziemlich alles zu kaufen, sogar Kuchen und Torten in den Cafés, und in den Gaststätten waren die Angebote an Speisen auch reichhaltig.

Die Wohnung »Unter den Bögen« war möbliert, aber ganz behaglich, und Lena, die sich im Bett wieder fürs Arbeiten eingerichtet hatte, schrieb immer wieder einige Szenen am »Kaspar Glück«, war aber nicht recht zufrieden mit dem Text.

Am Landestheater Landshut und gleichzeitig im Deutschen Theater in München wurde ihr Einakter »Der goldene Strumpf« aufgeführt, den sie, dem Rat Lottes folgend, neben der »Rumplhanni« geschrieben hatte.

Lena wusch sich die Haare, zog ein schwarzes Seidenkleid an und legte das bestickte Schultertuch um, das Ludmilla Schad ihr geschenkt hatte, im Tausch gegen einen Korb Geselchtes. Auch die Ohrringe von Anna Kerschensteiner holte sie aus dem Schmuckkästchen, schließlich hatte man ihr gesagt, dass sie in der ersten Reihe neben dem Bürgermeister sitzen würden.

Als der Vorhang aufging, klopfte Lenas Herz heftig, denn wenn den Leuten ihr Stück nicht gefiel, saß sie da, geschmückt wie zur Kirta, und bekam sicher rote Ohren.

Auf der Bühne, die eine bäuerliche Stube zeigte, saßen sich Bauer und Bäuerin am Tisch gegenüber. Eine Laterne mit einer Kerze darinnen leuchtete ihnen. Der Bauer rechnete mit einem Stück Kreide auf dem Tisch aus, was er in den letzten Wochen und Monaten verdient hatte. Die umständlich beredete Bilanz fiel rundum erfreulich aus:

Er: Bleibn ins ja do no bei dreitausad Mark über.
Sie: Und geht ins aa sunst net schlecht.
Er: Gwiß net. San mir alleweil no gsund und lusti, ham mir gnua z'Essn und z'Trinka.
Sie: Und insan guatn Schlaf, bal mir ins niederlegn. Aber was mir jatz mit dene dreitausad Mark toa solln, des bekümmert mi schon!
Er: Des kümmert mi gar net. I lass es halt im Kastn drinn. Des liagt mir guat. Is ja a so des ganze Goldgeld aa no dabei.

Dies in einem Strumpf gehortete Geld entzieht der Bauer egoistisch seinem kämpfenden Volk. Ein brisantes Thema, das in München wahrscheinlich auf mehr Verständnis stoßen würde als hier.

Es war eine eigenartige Erfahrung, auf der Bühne die Schauspieler zu sehen, die von ihr geschriebene Dialoge sprachen. Lena wurde am Ende der Vorstellung auf die Bühne gerufen, und sie stand neben den Schauspielern und hörte den Applaus, der sich in Grenzen hielt, und sie dachte an Kerschensteiner und daran, dass sein Krankenhaus fast ausgeplündert wurde für die Front, und Lena nahm sich vor, kein Stück mehr zu schreiben, in dem sie die Bauern und Bürger aufforderte, ihr Gold für den Krieg hinzugeben, dieses unersättliche Tier.

Herrli maulte sowieso. Er sagte, dass das Stück schwach sei. Lena sei eine Erzählerin und keine Dramatikerin und dass sie nicht auf Lotte hören solle, sondern auf ihn, denn er kenne die Literaturgeschichte, und es gebe mit wenigen Ausnahmen auch keine Dramatiker, die gute Prosaisten seien.

Die *Landshuter Zeitung* schrieb denn auch, dass es sich

um ein Tendenzstück handele, das auf die Kriegsanleihen hinauslaufe »und von dem sich die hier anwesende Militärschriftstellerin Lena Christ wohl mehr versprochen hatte«.

Hier irrte der Chronist – Lena fand, dass die Leute freundlich applaudierten, mehr verdiente das Stück nicht. Da gab sie Herrli Recht, aber der konnte leicht reden.

Es hatte sich in Landshut und im Umland herumgesprochen, dass Lena Christ in Landshut Wohnung genommen hatte. Man wusste, dass sie bei Hofe empfangen worden war und Orden bekommen hatte. Darum traute man ihr Einfluss bei Hofe zu, und immer mehr Bäuerinnen wandten sich mit der Bitte an Lena, sich dafür einzusetzen, dass ihre Männer wegen der dringend anfallenden Bauernarbeit Urlaub vom Feld bekamen. Sie schrieb auch für Frauen, die damit Schwierigkeiten hatten, ausführliche Briefe an deren Männer ins Feld.

Lena und Herrli besuchten bald darauf ein Landshuter Lazarett. Hier sah Lena zum ersten Mal, was der Krieg angerichtet hatte. Junge Männer mit hoffnungslosen Augen, denen der Mund weggeschossen war oder das Kinn oder die Wange mitsamt dem Ohr. Manchmal fehlte ein Auge und ein Teil der Stirn. So viel Hoffnung war hier zerschossen, Elternliebe, Fürsorge – es zerriss Lena fast das Herz, wie die jungen Männer beieinander standen oder auf ihren Feldbetten lagen, jeder anders verwundet, aber sie bemühten sich, tapfer zu sein.

Herrli stellte Lena einen jungen Kriegsversehrten vor, der seine Hand eingebunden hatte und trotzdem für seine Leidensgenossen mit der gesunden Hand Laute spielte und dazu sang. Der junge Mann mochte Mitte zwanzig sein, war körperlich klein und eher dürftig. Sein junges Gesicht schien Lena seltsam schutzlos. Diesen Eindruck verstärkten noch die dicken, störrischen Haare, die wasserblauen hellen Augen, die Lena mit einem offenen Kinderblick anschauten. Es fiel ihr auf, dass er sie seltsam eindringlich ansah, so, als wolle er sich ihres Interesses und ihrer Ehrlichkeit versichern.

»Das ist Ludovico Fabbri, das ist Lena Christ, meine Frau«, sagte Herrli, und Fabbri entgegnete eilig, dass er Lena Christ bereits kenne.

»Ich habe Sie im Theater gesehen, als Ihr Stück aufgeführt wurde. Ich habe Sie bewundert!« Artig hob er ihre Hand zum Handkuss, es wirkte elegant und selbstverständlich, als er mit einem Blitzen in seinen Augen hinzufügte: »Sie haben mir noch besser gefallen als Ihr Stück. Und das war schon ausgezeichnet!«

Alle lachten, und Herrli, der sichtlich stolz auf seine Bekanntschaft mit Fabbri war, bat diesen, doch etwas vorzutragen. Fabbri zierte sich nicht, betonte aber, dass er diesmal nur für die Dichterin Lena Christ spiele, weil er schon im Theater daran gedacht habe, gemeinsam mit ihr aufzutreten, sie bei ihren Geschichten musikalisch zu unterstützen.

Der Sänger sah Lena dabei so ernsthaft und entschlossen an, dass sie für den Moment keine Lust zu einer Antwort hatte. Sie fand sein Vorhaben unangebracht, fast ärgerlich, schließlich existierte sie auch ohne ihre Romane und Stücke, aber ihre Abneigung verflüchtigte sich, als Fabbri zu singen begann. Mit der gesunden Hand begleitete er sich auf der Laute, sparsam, mit nur wenigen Akkorden, und dann sang er das bittersüße Liebeslied von Goethe, das Mozart komponiert hatte: »Ein Veilchen auf der Wiese stand, gebückt in sich und unbekannt; Es war ein herzigs Veilchen. Da kam ein' junge Schäferin mit leichtem Schritt und munterm Sinn daher, daher, die Wiese her und sang.«

Fabbris junge Stimme war voll und warm, während er sang, war sein Kindgesicht alterslos, konzentriert, völlig uneitel. Lena glaubte zu spüren, wie Fabbri die Sehnsucht des Veilchens in sich entstehen ließ, und das machte ihn ihr seltsam vertraut.

Als sie sich verabschiedeten, sagte Fabbri zu Lena, dass sie eine unvergleichlich tiefe, klangvolle Stimme habe, »dabei erwartet man die bei einer so schlanken, blonden Frau gar nicht. Jerusalem hat mir gesagt, dass Sie in München schon des Öfteren Lesungen bei der Künstlervereinigung Freistatt gehalten haben. Das ist ein Genuss, den man den Landshutern auch bescheren sollte!« Und er wiederhole sein Angebot, sie musikalisch zu begleiten.

Auf dem Nachhauseweg wollte Herrli wissen, wie Fabbri Lena gefalle. Er sei ihr eigentlich zu keck für einen so jungen Mann, meinte Lena, doch Herrli gab zu bedenken, dass er schließlich von der Front komme und erst wieder lernen müsse, Frauen gegenüber zurückhaltend zu sein.

Lena stutzte. Was meinte Herrli damit? War Fabbri vielleicht auch in einem dieser Feldbordelle gewesen, von denen ihr einige Soldaten erzählt hatten? Was wusste Herrli darüber? Bestimmt war ihm seine Bemerkung über Fabbri nur so herausgerutscht, denn er hatte nie mit Lena darüber geredet, dass Soldaten an der Front verrohten.

»Stimmt das eigentlich«, fragte Lena, »dass es in der Etappe Kriegsbordelle gibt?«

Herrlis Gesicht verschloss sich sofort. Er vermied es seit jener Nacht, wo er Lena seine Wünsche offenbart hatte, geradezu peinlichst, über Intimes zu reden. Wie immer, wenn er sich unangenehmen Situationen gegenübersah, wurde seine Stimme hoch, scharf und quengelig. »Wie kommst du denn auf dies üble Gerede?«, fragte er barsch.

»Ich habe das bereits von mehreren Soldaten gehört, mit denen ich in den letzten Wochen gesprochen habe«, sagte Lena ruhig. »Die haben mir gesagt, dass es bei Sedan Mannschaftsbordelle gebe und welche für Offiziere. Der Verkehr im Mannschaftsbordell koste inklusive Bordellwirtin 3 Mark oder 3,75 Francs, bei den Offizieren 6 Mark oder 7,50 Francs. Es gebe regelrechte Preislisten und Verhaltensregeln, unterschrieben vom Etappenkommandeur!«

»Das ist Unsinn, das kann ich nicht glauben«, meinte Herrli ärgerlich, doch Lena sagte, dass ein anderer Soldat, der bei Lodz gewesen sei, ihr sogar ein Preisverzeichnis ausgehändigt habe.

»Da sind die Preise für Henkell Trocken, Bordeaux, Bier oder Selters ebenso detailliert draufgestanden wie die Preise für den Beischlaf. Für die ganze Nacht 30 Mark, für zwei bis drei Stunden 20 Mark, für eine Stunde 10 Mark und so weiter, und die Preisliste ist von der Sittenpolizei unterzeichnet.«

»Ach, du musst nicht alles glauben, was du hörst«, sagte Herrli von oben herab. »Die Kerle wollten dich nur in Verlegenheit bringen.«

Das glaubte Lena ihm aber nicht. Dazu erschienen ihr die Angaben der Soldaten zu detailliert, und außerdem stimmten sie im Wesentlichen überein. Sie berichteten, dass ein Offiziersmädchen durchschnittlich sechsmal am Tag zur Verfügung stehen müsse, eine Mannschaftshure zwölfmal. Die zulässige Benutzungsdauer war auch genau festgelegt. Für Mannschaftspersonen 15 Minuten, für Ober-Offiziere 30 Minuten, für Stabsoffiziere 60 Minuten und für Generäle 120 Minuten. In jedem Fall war das hechtgraue Feldpräservativ M 14–15, Marke Neo Salversan unzerreißbar, zu benutzen.

An weiblichem Personal gebe es drei Gruppen, berichtete Lena. A) Offiziersmädchen. B) Mannschaftshuren erster Klasse. C) Mannschaftshuren zweiter Klasse. Letztere führten auch die Bezeichnung »Schützengraben-Menscher«. Das Vorrücken aus der Kategorie C oder B in die Kategorie A sei ausgeschlossen, die Kategorie C ausschließlich für Soldaten ohne Chargengrad bestimmt. Eigne sich ein Schützengraben-Mensch auch für diesen Zweck nicht mehr, so sei es auszumustern und bei nächster sich bietender Gelegenheit dem Feind zu übergeben.

Lena musste wieder an den bayerischen Spruch denken, dass Frauensterben kein Verderben ist, aber Viehverrecken ein Schrecken. Sie konnte sich nach den Erzählungen der Frontsoldaten gut vorstellen, wie die Männer in der Öde und im Dreck des Stellungskrieges verrohten, wie ihnen alle Sehnsüchte und Träume in der Herabwürdigung des Geschlechtlichen besudelt wurden.

Den Frauen ging es auch nicht viel anders. Bäuerinnen,

die mit Kriegsgefangenen auf einem Hof lebten, mit ihnen arbeiteten, weil die Männer im Krieg waren, hatten häufig ein Liebesverhältnis mit den fremdländischen Männern. Nicht selten wurden sie im Dorf wie eine Hure behandelt, ausgestoßen. Eine Bäuerin aus dem Landkreis hatte es Lena berichtet, jedoch ziemlich gelassen: »Was wollen S', es ist Krieg!«

41. Kapitel

Kerschensteiners Sohn Rudolf war gefallen. Ludmilla Schad, die Lena in Landshut besuchte, berichtete es ihr. Lena hatte für eine Weile kein Gefühl, sie dachte mechanisch daran, dass dieser Krieg nun auch das Einzige, was Anna Kerschensteiner hinterlassen, mit sich gerissen hatte. Annas schöner, liebenswürdiger Sohn, den der Professor zärtlich liebte, war an der Westfront gefallen, in der trostlosen brackigen Landschaft, vielleicht in einem der Schützengraben mit Drahtverhau, wo es außer Wasser und Ratten nur die Grausamkeit des Krieges gab. Sicher fragte sich Kerschensteiner auch, ob Rudolf einen raschen, gnädigen Tod gehabt hatte. Oder ob er leiden musste, schlecht versorgt von überlasteten Sanitätern und Ärzten, die Gliedmaßen notfalls ohne Betäubung amputierten und unempfindlich gegen die Schreie der Soldaten geworden waren.

Ludmilla klagte darüber, dass man in München schier nichts mehr bekäme. »Allerweil organisieren's Streiks, der Eisner und der Winter. Du kannst in München nicht mehr auf die Straße gehen. Im Schwabingerbräu, im Löwenbräukeller, im Mathäserbräu, überall Massenversammlungen! In der Zeitung hab i glesen, dass achttausend Mann gestreikt haben. Kannst du dir das vorstellen? Achttausend Mann! Vier Tag lang tun's nix und dann arbatn's wieder.«

»In den Ratskeller«, sagte Ludmilla, »kannst auch nicht mehr gehen! Wucherer, Schieber und Schwarzhändler führen da das große Wort. Und wie die mit die Kellnerinnen umgehn, ausgschamt! Und keiner tut was dagegen! Wann aber a normaler Münchner a bissel hamstert, wird er gleich bestraft. Der Vatta schimpft auch, dass wir in Bayern, in einem Agrarland, nicht einmal ein Stückl Fleisch für unsere Bürger mehr haben. Nur Kartoffeln kannst kriegn, und die auch rationiert. Denk dir, Lena, für drei Wochen kriegst 2 Eier, und jedes kost 24 Pfennig! Unsere Soldaten in der Garnison kriegen zu Mittag oft nur Kommisbrot, Marmelade und Tee. Und dann des Brot, Lena – nur eine feuchte, abscheuliche Masse, pfui Deifi, und die Marmelad ist auch nicht besser, schmierig, künstlich, greislich!«

Lena half Ludmilla, weiße Semmel und duftendes Brot beim Bäcker zu finden, auch Marmelade bekamen sie und einige Sorten Wurst. Allerdings fanden sie in ganz Landshut keine Seife, nicht einmal Kernseife gab es, da müsse man auch in Landshut auf den Schwarzmarkt gehen, sagte Lena, aber wo der sei, das wisse sie nicht.

Dazu fehlte das Geld. Auf Betreiben Herrlis hatte sie schon wieder an die Schillerstiftung in Weimar geschrieben. Es war ihr arg unangenehm, wie eine Bettlerin kam sie sich vor, doch Herrli redete ihr das aus. Sagte, dass sie sich derartige Skrupel nicht leisten könne. So legte Lena dann auf Herrlis Rat hin ihren Roman »Die Rumplhanni« bei und hoffte, dass die Herren in Weimar sich wieder einmal erbarmten. Sicher gab es viele verarmte Schriftsteller im Land. Glücklicherweise hatte sie in Dr. Petzet immer wieder einen Fürsprecher. Er war nobel, sprach leise und verstehend, so dass Lena manchmal den Tränen nahe war. Sie scheute sich, immer wieder bei Petzet betteln zu müssen.

»Das kannst du dir nicht leisten«, wiederholte Herrli.

Glücklicherweise gab es die Thomas. Lena war dankbar, dass sie diese neuen Freunde gefunden hatte. Sie war inzwischen schon wieder in Riedering gewesen, die Thomas hatten zu einem Musikabend eingeladen. Annette Thoma wusste, dass Lena Klavier spielen konnte. »Geh zu, Lena, du könntest die Christina begleiten, die hat eine gute Stimme.« Lena wehrte ab. »Wenn du wüsstest, wie lange ich nicht mehr gespielt habe!« Doch im Laufe des Nachmittags, als schon einige Musikdarbietungen schlichterer Machart fröhlich begrüßt worden waren, fühlte sie sich sicherer, dachte, dass ihr Vortrag auch nicht schaden könne. Und Christina sagte munter: »Du spielst sicher nicht schlechter, als ich sing!« Sie einigte sich mit ihr auf Silchers »Ach du klarblauer Himmel, wie schön bist du heut«, und dann begann sie zögernd und unsicher, Lena schienen ihre Anschläge viel zu hart, doch bald fand sie sich mit Christinas frischer Stimme zusammen, und schließlich gaben sie sämtliche Strophen zum Besten.

Lena war froh, dass ihre Musiklehrerin Cäcilia nicht zuhörte, aber sie war trotzdem beim Spielen so glücklich gewesen wie lange nicht mehr. Ihr wurde schmerzhaft klar, was für einen Reichtum sie verloren hatte, weil sie nicht mehr musizierte. War sie nicht schon als Schulkind für alle Schmerzen entschädigt gewesen, wenn sie im Kirchenchor mitsingen oder gar die Soli übernehmen durfte? Die Adventslieder hatten ihr Trost gegeben, wenn sie »Tauet Himmel, den Gerechten« oder die Weihnachtsmette mit dem alten, schönen »Stille Nacht, heilige Nacht« sang, von der sie immer beschenkt heimgekehrt war. Manchmal, wenn sie Soli sang, schauten die Leute aus dem Kirchenschiff herauf zu ihr, und sie hatte alle Kraft zusammengenommen, die Geburt Jesu, das schönste aller Geschenke, mit ihrer Stimme zu preisen. Am glücklichsten war sie an Maria Lichtmess gewesen, wenn sie Maria, der Himmelskönigin, ihre Lieder schenken konnte. In der Fastenzeit war das schmerzliche »Stabat Mater« bei aller Trauer für Lena ein herrliches, sie tröstendes Lied gewesen.

Und dann, im Kloster, die Zeit mit Schwester Cäcilia, als die Themen Kontrapunkt, Bach'sche Fugen, Mozart, Richard Wagner und Debussy Lena eine neue, unerschöpflich große Welt eröffneten, da hatte Lena die Schikanen der unduldsamen Nonnen dafür in Kauf genommen, bis sie die Entscheidung, Kloster ja oder nein, fällen musste.

Seit ihrer ersten Ehe hatte sie auf Musik verzichten müssen. Als Anton in Schwierigkeiten geriet, hatte er als

Erstes Lenas Klavier verkauft und das Grammophon, was er beides als überflüssigen Luxus ansah. Die nie endenden Sorgen um die Existenz hatten der Musik allen Platz weggenommen. Lena hatte nichts mehr gehört von Schöpfung, von Harmonie oder Dissonanz. Dabei war die Musik das blühende Leben selbst. Lena spürte, dass sie diese unmittelbare Herzenssprache so sehr nötig hatte. Dass sie ohne die Musik seelisch verkommen müsse.

Doch – was nützten ihr diese Gedanken heute?

Sie schickte Annette Thoma ein paar gut erhaltene Stiefel von Alixl für Annettes Tochter und schrieb dazu, dass sie am Montag über acht Tag' anschwirren, ein Trumm Suppenhenn und sonst noch Essbares mitbringen werde. »Ich werde dann eine Woche recht brav sitzen, dass das Bildl schön wird.«

Emil Thoma wollte Lena malen, und sie freute sich schon sehr darauf. Auch auf die Tage, die sie dann mit ihren Riederingerleuten verbringen konnte.

Aber dann kam alles anders: Emil Thoma verletzte sich beim Holzmachen schwer am Finger. Herrli musste am Ellenbogen operiert werden und kam ins Lazarett.

»Es darf halt net ausgehen«, schrieb Lena an Annette. Aber: »Es wird schon nicht immer auf eine Seite hängen!«

Im Januar 1918 musste Herrli an die Front. Lena hatte schon tagelang Kopfschmerzen. War es die Gewissheit, dass Herrli nicht mehr da sein würde, die ihr zu schaffen machte? Herrlis stoische Gelassenheit, was äußere Not antraf, hatte Lena oft geholfen, nicht an den widerwärtigen Kriegszeiten zu verzweifeln. Er war es auch gewesen, der sie immer zum Schreiben angehalten hatte und es nicht duldete, wenn sie sich hängen ließ und behauptete, dass ihr nichts einfiele. Und sein ständiges Drängen, dass sie sich Hilfe erbettelte – Lena war einerseits erleichtert, den Quälgeist loszuwerden. Doch sie wusste auch, dass es allein schwieriger war, sich und die Kinder durchzubringen. Sie musste dringend eine neue Wohnung suchen, die derzeitige war wegen der Möblierung und wegen ihrer Größe zu teuer.

Lenas einzige Hilfe waren die Bäuerinnen, für die sie immer noch Gesuche um Freistellung vom Kriegsdienst oder Briefe ins Feld schrieb. Sie brachten ihr als Honorar, was sie gerade entbehren konnten, und die Bittbriefe nahmen kein Ende. Eine der Hilfe suchenden Bäuerinnen schrieb an »die Milidärbrifstelerin Christus, Landshut, Maximilianstras 8«.

Das Entgelt in Naturalien war für Lena ein Reichtum an Eiern, Kartoffeln und Speck, von dem auch Ludovico Fabbri, der junge Sänger, des Öfteren profitierte, denn im Lazarett war die Verpflegung äußerst karg.

Fabbris anfangs so übermütiges Verhalten war von einer gewissen Mutlosigkeit und Schwermut abgelöst worden, die ihn Lena sympathischer machte. Seine Wunden an Arm und Hand waren inzwischen verheilt, aber die Gelenke steif geblieben. Jetzt lebte Fabbri in der heillosen Angst, dass er nie mehr so perfekt seinen Beruf ausüben könne, wie er es zum Leben brauchte. Er war mit seinen sechsundzwanzig Jahren auf dem Tiefpunkt angelangt, Schwermut und Bitterkeit beherrschten ihn. Zeitlebens bei bester Gesundheit, gab Fabbri sich verloren. Er schien gebrochen.

»Ich wollte so gerne mit Ihnen auftreten, gnädige Frau«, sagte er, »aber mit der steifen Hand bringe ich nichts zu Stande, was Ihren Texten entspräche. Ich würde mich schämen.«

»Aber, aber«, sagte Lena beschwichtigend. Was war er denn nur für ein verzweifeltes Bündel Mann! Als seine Hand noch eingebunden war, hatte er Lena zweimal zu Lesungen begleitet. An zwei Abenden hintereinander waren sie in Partenkirchen aufgetreten, Lena hatte aus ihren Kriegsbüchern vorgelesen und Fabbri dazu Lieder gesungen, die ihnen passend schienen, wie »Prinz Eugen« oder »Edward« von Carl Loewe. Sie hatten beide Abende einen vollen Wirtshaussaal gehabt und freundlichen Applaus.

Und weil Herrli bei seinem Abschied Fabbri gebeten hatte, sich Lenas und der Kinder anzunehmen, kam er fast täglich in die Neustadt, wo Lena in der Maximilianstraße eine kleine Wohnung gefunden hatte. Sie lag in der Nähe der Schweren Reiterkaserne, und von den Fenstern des Wohnzimmers aus sah man auf die Jodokskirche und auf die bewaldeten Höhen vor der Trausnitz. In einem Möbelgeschäft, das von der Besitzerin aufgegeben wurde, bekam Lena für wenig Geld eine recht behagliche Einrichtung, und Fabbri sagte, dass die Wohnung, nicht nur wegen der reizenden Aussicht, einen direkt zum Bleiben einlade.

Bei einem Landshuter Arzt hatte Lena sich Rat für Fabbris Hand geholt und eine Salbe. Sie begann nun nach den Anweisungen des Chirurgen, Fabbris Hand zu bewegen und mit der Salbe zu massieren. Fabbri jammerte zunächst dramatisch. »Mamma mia – ich habe die Nase voll von Krieg, Hunger und Armut und jetzt auch noch diese Qualen!«

»Aber, aber«, sagte Lena wieder, und er lachte und sang in voller Übertreibung: »Ich hab es getragen sieben Jahr, und ich kann es nicht tragen mehr, wo immer die Welt am schönsten war, da war sie öd und leer. Ich will hintreten vor sein Gesicht in dieser Knechtsgestalt, er kann meine Bitte versagen nicht, ich bin ja worden so alt.«

Den Schluss wiederholte er mit zittriger Stimme und zittrigen Händen, so dass Lena ihn schelten musste: »Sie – Methusalem – halten S' still, sonst können S' Ihre Hand nie mehr gscheit bewegen!«

»Ich halte still, gaaanz still!«, gelobte Fabbri, und mit einem Mal zog er Lena an sich, so fest, wie sie es dem zarten Jungen nie zugetraut hätte, daher war Lena im ersten Moment überrumpelt, doch dann sah sie ihre Situation klar, kühl, ohne jede Sentimentalität. Dieser hübsche Bursche nutzte die Gelegenheit, Lena spürte seinen Körper, aber sie war wieder einmal isoliert, wie bei Anton, wie bei Herrli auch.

Sie schickte ihn weg, bat Leni und Alixl, nicht mehr zu öffnen, wenn er käme. Die beiden Mädchen waren traurig. Fabbri beschäftigte sich viel mit ihnen, sie kochten gemeinsam, wenn Lena schrieb, und brachten dann Bratkartoffeln an ihr Bett. Oder sie fabrizierten aus allen möglichen Zutaten Kaiserschmarrn. Und vor allem – Fabbri sang mit den Mädchen, und Lena hatte Freude an den drei hübschen jungen Kindern mit ihren frischen Stimmen, sie fühlte sich wohl in ihrer Gegenwart, und sie schrieb Seite um Seite an ihrer »Madam Bäuerin«, der Geschichte eines jungen Mädchens aus besseren städtischen Kreisen, das aufs Land kommt und gegen viele Widerstände den Erben eines großen Hofes heiratet.

Manchmal dachte sie an eine Kritik Josef Hofmillers, der über sie geschrieben hatte, dass in Wahrheit nicht sie schriebe: »Es schreibt aus ihr heraus«, hatte er behauptet. Eine Sicht auf ihre Arbeit, die Herrli außerordentlich gut gefiel, die er gar nicht oft genug zitieren konnte. Lena fand sich durchaus bei Sinnen, und sie wusste auch genau, was sie schreiben wollte. Hatte vor allem ihre Sprache, aber auch den Inhalt oft gegen Herrli verteidigt. Doch er wollte sie nun mal als ein Instinktwesen sehen, zwar mit wachem Verstand, aber geleitet von Trieben. Und anscheinend gefiel das einigen Leuten. Aber wenn es dem Verkauf ihrer Bücher diente, ihr sollte es recht sein.

Doch die Sicht des Literaturhistorikers Werner Mahrholz auf ihre Arbeit gefiel ihr besser. Mahrholz schrieb in seiner *Deutschen Literatur der Gegenwart* zwar auch, dass etwas Geheimnisvolles um Lena Christ sei. Aber dann: »Diese Frau ist rein dichterisch vielleicht neben Annette Droste das größte, stärkste, sinnlichste Talent unserer ganzen Literatur.« Das konnte Lena zwar nicht glauben, aber es gab ihr Mut und neue Ideen, ließ sie zufrieden sein, Pläne machen für Geschichten, die sie künftig schreiben würde.

Herrli mit seiner Sucht, alles zu mystifizieren, ständig von ihren Dämonen und Trieben zu reden, war ihr oft sehr zuwider. Wenn Lena Kopfschmerzen hatte oder sich einmal unwohl fühlte, wenn sie nur ruhig dasaß in ihren Gedanken, dann redete Herrli gleich davon, dass die Dämonen sie wieder in ihren Fängen hätten, unterstellte ihr, sie sei auf der Flucht vor sich selber. »Du bist ein Flüchtling«, sagte er gern, »jemand, der durch den finsteren Wald läuft und hinter sich die Stimmen der Verfolger hört. Dabei gerätst du nur noch tiefer in die Finsternis, stolperst und stürzt am Ende.«

Manchmal dachte Lena, dass es Herrli selber war, der von Dämonen und Trieben gepeinigt wurde. Dass er seine Ängste auf sie übertrug. Zuweilen, wenn ihr das Schreiben leicht von der Hand ging, wenn sie, erfüllt von ihrer Idee, Seite um Seite füllte, hatte sie plötzlich aufgesehen, und Herrli war vor ihr gestanden, mit hasserfüllten Augen. Einmal hatte er es ausgesprochen. Zwischen zusammengepressten Lippen brachte er heraus, dass er es nicht ertrage, wenn sie so Seite um Seite fülle. Sie solle doch einmal innehalten, damit ihre Gedanken mehr in die Tiefe gehen könnten.

Lena verstand ihn, entschuldigte ihn. Schließlich wusste sie, dass er sein eigenes schöpferisches Schreiben aufgegeben hatte, weil es ihm nicht genügte. Darunter musste er ja leiden, denn er war andererseits durchaus davon überzeugt, dass er gebildeter und klüger sei als andere. Herrli fand sich schlechterdings großartig. Vor allem gegenüber Lena. Sie glaubte, eine innere Leere bei ihm zu spüren, etwas gespenstisch Kaltes. Seine langatmigen Phrasen, all das Nachgemachte, was er aus seinen Büchern herauszerrte und ihr aufdrängen wollte, sie hatte es satt. Ohne ihn lebte es sich leichter, selbst in diesen elenden Kriegszeiten. Auch Leni und Alixl vermissten ihn nicht. Sie hatten, selbst wenn sie es zu verbergen suchten, wohl gespürt, dass seine Freundlichkeit gezwungen war, nicht von Herzen kam, eher die Haltung eines Lehrers war. Sie hatten eine große Scheu vor Herrli.

Aber nun waren sie ihn für eine Weile los. Urlaub von Herrli. Der Gedanke, dass Herrli an der Front etwas zustoßen könnte, kam Lena nicht. Herrli war, im Gegensatz zu ihr, unverwundbar.

Lena rückte sich im Bett zurecht und beschrieb den jungen Schiermoser, einen Helden ihrer Geschichte. Als sie merkte, dass er fast so ausschaute wie Ludovico Fabbri, verpasste sie dem Schiermoser noch schnell einen Schnurrbart, und statt wasserheller Augen kriegte er dunkelbraune. Sie schrieb:

Des Schiermosers Franz ist gerade am Tage des heiligen Antonius fünfundzwanzig Jährlein alt geworden, hat außer seinem körperlichen Ebenmaß und seinem strohgelben Schnurrbart auch noch einen ebenso blonden Lockenkopf, und dazu ganz dunkelbraune Augen. Das alles schätzen die Weiberleut der Umgebung an ihm.

Als am nächsten Tag Ludovico Fabbri trotz ihres Verbotes vor der Tür stand, hinter einem großen Blumenstrauß sein trauriges Kindergesicht verbergend, schickte Lena ihn fort, und es war ihr gleichgültig, wohin er ging. Aber beim nächsten Mal, das wusste sie, würde sie es nicht mehr fertig bringen.

42. Kapitel

Von einer dankbaren Bäuerin bekam Lena eine fette Henne, und sie schickte sie noch am selben Tag ab nach München zu Dr. Erich Petzet, der ihr immer wieder durch seine Fürsprache dazu verholfen hatte, dass die Schillerstiftung ihr mit namhaften Beträgen unter die Arme griff. Sie gab ihr Paket auf dem Postamt ab, die Post war so ziemlich das Einzige, was gut funktionierte. Von Landshut nach München benötigte der Zug zweieinhalb Stunden, und Lena konnte sicher sein, dass Petzet die Henne noch heute oder spätestens morgen in der Früh bekommen würde.

Als sie vom Postamt zurückkam, hockte Fabbri vor der Tür. Die Mädchen waren in der Schule, niemand hatte ihn hereinlassen können. Lena wusste hinterher nicht mehr, was sie miteinander geredet hatten. Er kniete vor ihr auf dem Boden, so viel war sicher, er redete auf Lena ein, »Scusi, scusi, scusi, per favore!«

Er redete auf sie ein in seinem schönen Italienisch, das seine Muttersprache war, da er in Italien geboren und aufgewachsen war, obwohl er von deutschen Eltern abstammte. Er redete, während Lena hastig die Türe aufschloss und ihn in die Wohnung hineinzog, damit die Nachbarn nicht aufmerksam würden. Bald hörte sie nicht mehr, was er redete, er hielt sie mit seinen Blicken fest, und sie spürte, wie ihr Widerstand brach, wie ihr Blut begann, Fabbri zu gehorchen. Er küsste sie heftig, gierig, und Lena gab nach. Sie erlebte Fabbris Umarmung wie im Traum, zutiefst erregt, hingerissen, so überwältigt, dass sie sich nur noch des Herzens Mariä vergewissern wollte für den wunderbarsten Augenblick ihres Lebens, doch

Fabbri hatte sie schon geöffnet für mehr, viel mehr, wahrscheinlich war es viel zu viel, war es Ekstase, von der Fabbri jetzt sprach, sie nahm undeutlich wahr, dass er sagte, es sei Ekstase, sie zu umfangen, sie, die sich niemals hingeben werde.

Da irrst du dich gewaltig!, dachte Lena, doch sie sprach ihre Gedanken nicht aus. Er konnte nicht wissen, dass in ihrem Leben gerade etwas völlig Neues begann, dass es notwendig war für sie, so wie man nach einem harten Winter halb erfroren ist und sehnlichst auf den Frühling wartet. Lena legte sich auf den Rücken und öffnete sich ihm, der sie aufmerksam ansah, völlig bei ihr war, und Lena klammerte sich an ihn, setzte seinem Rhythmus den ihren entgegen. Sie unterstützte seinen Kampf, kämpfte mit der gleichen Kraft und spürte, sie würde gewinnen. Und dann spürte sie nichts mehr, nur noch ihn im roten Flammenmeer ihrer Lust.

Lena kannte kein normales Glück, aber dieser Morgen voller Sonne, Wärme und Leidenschaft, Fabbris endlose Liebeserklärungen, von denen sie die Worte kaum mitbekam, nur den Klang seiner Stimme genoss, dieser Morgen gehörte ihr. Alles schien gut zu sein, im Vertrauen auf den eigenen Körper, der Lena nun schön erschien, da Fabbri ihre kleinen Brüste feierte, die langen, schmalen Beine, die schimmernde Haut. Lena glaubte an ihr Empfinden, wenn sie mit Fabbri zusammen war, verlor nach und nach das Gefühl der Trennung von der Wirklichkeit, unter dem sie so oft litt. Alles war einfach, groß und liebevoll. Jeden Tag wurde Lena freier, selbstverständlich ritt sie ihn und hörte triumphierend seine Schreie, bis sie selig über ihm zusammensank. Sie spürte die Zärtlichkeit, die Glut Fabbris jeden Tag und erinnerte sich in den Stunden ohne ihn an ihre Glut.

Ludovico besaß nichts. Aber er hatte einen Koffer voller Bücher und Hefte, in denen Lena neapolitanische *canzoni*, deutsche Liedtexte und Opernlibretti fand. Im »Rosenkavalier« von Strauss und Hofmannsthal las sie den Anfangsdialog zwischen der Marschallin und ihrem jugendlichen Liebhaber im ersten Akt: »Das Zudirwollen, das Dichumklammern, das bin ich, das will zu dir; aber das Ich vergeht in dem Du ... Ich bin dein Bub', aber wenn mir dann Hören und Sehen vergeht – wo ist dann dein Bub?«

Als der Marschallin schmerzlich vor Augen geführt wird, dass es ihren jungen Liebhaber am Ende doch zu einem jungen Mädchen zieht – da spürt sie Vergänglichkeit, hat alles schon immer geahnt, aber doch nicht so bald erwartet.

Wie im »Rosenkavalier« die Marschallin, nannte Lena ihren jungen Ludovico ebenfalls »Bub«. Und natürlich hoffte sie, er werde sie, anders als der Bub der Marschallin, niemals verlassen.

Ludovico war schon ins Bett gegangen, während Lena noch einen Tee getrunken hatte. Plötzlich wollte sich Lena seiner vergewissern, sie ging ins Schlafzimmer, fand ihn schlafend im Bett und legte sich zu ihm, drängte sich wie in Angst an ihn, und sofort spürte sie sein Glied heiß und stark an ihrem Bauch. Ludovico öffnete ihren Mund mit seiner Zunge, und dann liebten sie sich, bis sie, zufrieden und müde eng umschlungen einschliefen.

Wie wichtig die Liebe war. War sie göttlich, heilige Mutter Maria? Lena klammerte sich an jeden Augenblick der Ekstase, sie schloss die Augen, erlebte alles noch einmal, immer wieder, bis sie nichts mehr von ihrem Alltag spürte, nur noch diese Momente höchster Lust. Das Fieber, die Rastlosigkeit, bis Fabbri wieder kam, bis sie wieder allein sein konnten, alles war eine große, reine Ungeduld.

Fabbri nahm sie oft mehrmals, ohne sich zurückzuziehen, seine immer neue Kraft, sein stets waches Begehren folgten aufeinander wie die Wellen im Meer – Lenas Abende und Nächte waren nur noch Liebkosungen. Seine zärtliche Unersättlichkeit und ihre, die Glut durchströmte sie vom Kopf bis zu den Zehen, eine weitere Vereinigung brachte wieder neuen Gleichklang, neue Wahrnehmungen und Verzückungen. Lena hatte kaum Worte – Fabbri war es, der redete und redete, er war entzückend in seinem Eifer, sagte, dass zum ersten Mal er es sei, der eine Frau umwerben müsse, und Lena dachte, dass sie es vermutlich mit einem Don Juan zu tun habe, doch er sprach schon weiter von Lenas Sensibilität, ihrem Talent, ihn aufzuregen, er zähle die Stunden, bis er wieder bei ihr sei. »Schade, dass wir nicht heiraten können. Doch du müsstest dich ja scheiden lassen, und ich bin katholisch, meine Kirche traut keine Geschiedenen.«

Irgendwann, nach seligen Wochen, dachte Lena an Herrli, der an der Front war, allerdings nicht bei der kämpfenden Truppe. Er war Sekretär des Kommandanten und verrichtete Schreibarbeiten auf der Stube. Angst um Herrli musste Lena nicht haben. Und in den letzten Wochen hatte sie fast vergessen, dass es ihn gab.

Heilige Mutter Gottes. Lena hatte vergessen, dass sie einen Mann hatte, einen Ehemann!, selbst wenn sie nie miteinander geschlafen hatten. Sie fühlte sich unschuldig, und doch wusste sie, dass sie Böses getan hatte. Sie horchte in sich, spürte keine Reue. Jeder, der wusste, was Lena schon im Bett erduldet hatte, der würde sie freisprechen. Sie konnte sich das aufsagen wie ein Gedicht, immer wieder, sie glaubte es sich nicht.

Stundenlang lief sie in Landshut herum, fand das Portal der Martinskirche offen, das dem des Münchner Frauendoms ähnelte, und sie ging hinein, setzte sich aufatmend in eine Bank und nahm dankbar den hohen, hellen Raum des Gotteshauses in sich auf, denn sie hatte geglaubt zu ersticken.

Einsamkeit. Allein in einem hohen Dom sitzen – war das Einsamkeit? Nicht, wenn Fabbri sie mit seinen Fantasien verfolgte, nicht, wenn sie vor Ungeduld und Sehnsucht nach ihm fieberte. Wie der Wind tanzte Fabbri um sie herum, war er nicht da, vermisste Lena Feuer und Helligkeit, die er um sie verbreitete.

Lena ging mit Fabbri und den Mädchen durch die Stadt. Sie wollten Kleidung kaufen für Leni und Alixl, für

Fabbri. Sie hatten so viele Bedürfnisse, die drei, vor allem Fabbri. Selbst in dem schönen Kolonialwarenladen von Kohlndorfer mit den raumhohen Schubladenschränken, den weißen Schirmlampen und dem Geruch nach Bonbons und Friedenszeit war das Angebot inzwischen mager geworden. Doch sie bekamen noch je eine Tüte Bonbons für die Mädchen, Kakao für Lena, Zigarren für Fabbri, und für alle gemeinsam erstanden sie eine große geräucherte Wurst zum Abendessen. Im Kaufhaus Tietz fuhren sie mit dem Lift – dem ersten, den sie je gesehen hatten – bis zum dritten Stock und wieder hinunter, jeder von ihnen stieg einmal aus und rannte die Treppe herauf oder hinunter, um die Schnelligkeit des Lifts mit der eigenen zu messen. Sie fanden für Fabbri den dringend benötigten Anzug, und die Mädchen bekamen jedes einen Rock und eine Bluse.

In der Buchhandlung Krüll in der Theaterstraße kaufte Lena Hugo von Hofmannstals »Wege und Begegnungen«, und am Abend las Fabbri darin, während Lena schrieb.

»Hier, Lena, hier beschreibt er dich«, sagte Fabbri und las: »Nun sah ich erst recht, wie groß und schön sie war, und konnte den Augenblick kaum erwarten, dass sie mit wenigen der ruhigen und großen Schritte ihrer schönen Füße, an denen der rötliche Schein hervorglomm, wieder bei mir wäre ...«

Während er ihr vorlas, beobachtete Lena Fabbris Mund. Der schönste Mund, den sie kannte. Mit einem Mal wusste Lena, dass sie Ludovico Fabbri liebte. Er hüllte sie in seine Liebe wie in einen Purpurmantel, er war ein Prinz. Lena fühlte sich groß und ungelenk neben seiner zierlichen Vornehmheit. Doch er kann das Leben allein nicht bewältigen, redete Lena sich ein, er braucht mich, ich darf ihn nicht alleine lassen.

Der Bub sah von seinem Buch auf, und es war wie immer. Fabbri, der sofort auf den Beinen war, zog Lena vom Bett hoch, seine Hand war unter ihrem dünnen Hemd, und sie flossen ineinander. Lena fühlte sich jung und lebendig, sie staunte über ihre tiefe Liebe zu Fabbris jungem Körper, er war wie eine leichte schöne Skulptur, lag auf ihr wie eine Blüte, und sie liebte seinen biegsamen, sehnigen Hals, die Adern, den flachen Bauch – immer wieder gingen ihre Hände auf Entdeckungsreise, Lena berührte seine Brustwarzen und staunte, als sie unter ihren Fingerspitzen hart wurden, sie zog tief das kräftige Aroma seiner Achselhöhle in sich ein. Sie sprachen nicht, während sie sich liebten. Später zog er sie zu sich, bettete ihren Kopf auf seine Brust, und sie blieben in schweigender Vertrautheit beieinander liegen. Es gab keinen Moment der Kälte, des Sichzurückziehens.

Fabbri schloss auch die Mädchen in seine gute Laune ein; sagte, er lebe gerne in einem Weiberstaat. Zumal man sich hier sogar auf die Heilkunde verstehe und ihn von seinem Gebrechen befreit und dadurch von einem Albtraum erlöst habe. Fabbri war Lena kindlich dankbar, dass er seine Hand wieder bewegen konnte, dass sie mit jedem Tag beweglicher wurde. Sie feierten mit den Kindern ein Genesungsfest, für dessen Speisenkarte sie auf Hamstertour gehen mussten. Sie brachten aber nur Mehl und einige Eier heim, so dass sie lediglich Pfannekuchen backen konnten, die sie mit selbst gesuchten Schwammerln füllten. Aber der Bub sang ihnen dazu seine *canzoni*, und es war wieder lustig im Weiberstaat.

An einem Sonntag Ende Oktober, gleich nach dem Kirchgang, schrieb Lena den Schluss ihres Romans »Madam Bäuerin«, und in ihrem neuen, nie gekannten Glück gab sie dem Geschick der jungen Liebenden einen überraschend frohen Ausgang:

Indem sie noch redet, kommt der alte Schiermoser dazu und ruft: »Jetz da schaug her! Jetz is richtig no aus dera Dreifaltigkeit a Dreieinigkeit wordn! Was a solches Christkindl doch alles zwegn bringt! Aber in Gottesnam! D' Hauptsach is, dass i wieder an Schlafkamerad hab und der Hof an Stammhalter, für dees ander wird nachher der Bua scho sorgn und sei Madam.«

Und die junge Schiermoserin sagte fröhlich: »Amen, Vater.«

Nur langsam tauchte Lena wieder auf aus der bäuerlichen Welt, in die Madam Bäuerin hineingeheiratet und ihr Glück gefunden hatte. Es dauerte immer eine Weile, bis Lena am Ende eines Romans wieder zurückfand in ihre eigene Existenz. Die hatte zum ersten Mal ja auch etwas Romanhaftes, Verrücktes. Hier war nicht nur ihr kleines, alltägliches Dasein, es war ganz und gar überflutet vom Strom ihrer Liebe zu Ludovico, so dass sie das Draußen, die Erschütterungen des Lebens, des Krieges, nur unbestimmt wahrnahm.

In den Zeitungen sahen sie die Bilder von der Front, von den Demonstrationen in Berlin und München, die eine Umwälzung der Politik vorbereiteten. Das fanden sie wichtig und nötig, kümmerten sich aber wenig darum, denn sie hatten keine Ahnung davon, wie in München Verhaftungen durchgeführt, wie Geiseln genommen und Wohnungen unter dem Vorwand der Suche nach Verrätern ausgeplündert wurden. Sie sahen auch nicht, wie Königin Marie Therese in hilflosem Bemühen in der Residenz mit ihren Hofdamen an der Nähmaschine saß, um für die Soldaten in den Lazaretten Leintücher zu nähen.

Doch nach dem feindlichen Durchbruch an der Piavefront im Süden wuchs auch in Landshut die Angst, dass dieser lang dauernde Krieg in bedrohliche Nähe kommen könnte. Lena hörte in den Geschäften, dass in Tirol alles drunter und drüber gehe, man sei mit österreichischen Flugzeugen aus Innsbruck geflohen und beim Münchner Waldfriedhof gelandet.

In den ersten Novembertagen war es dann soweit: Der König und die Königin mussten fliehen. In der Nacht vom siebten auf den achten November fuhren sie in einem Automobil ohne Licht in Richtung Chiemgau, nach Schloss Wildenwart, das den Königlichen Hoheiten gehörte. Es war auch höchste Zeit, denn der Tag danach brachte die Revolution.

Lena hatte noch vor einigen Tagen in einem Landshuter Geschäft ein großes Foto von den Majestäten gesehen, Ludwig III. in der prächtigen Uniform und dem Säbel in der Hand, Königin Marie Therese mit der Krone auf dem schön frisierten Haar, im Abendkleid und üppigem Schmuck. Beide Hoheiten schauten aus dem Bild, als könnten sie es nicht erwarten, bis sie von der Kamera erlöst würden, und Lena dachte daran, wie sympathisch und bescheiden sie ihr erschienen waren. Sie waren gute Schauspieler gewesen, sicher nicht unmenschlich, aber immer die Macht im Auge, wie es ihr königliches Amt erforderte. Jetzt hatten sie es verloren. Doch Lena hoffte trotzdem, dass man ihnen nach dem Krieg eine Stellung geben würde, die ihrem Herkommen gebührte. Was auch geschah, was auch ihre Ziele dabei gewesen sein mochten – Lena gegenüber waren sie gütig gewesen, hatten sie ausgezeichnet. Ihnen verdankte Lena das Gefühl, dass auch ein Bankert hoffähig war.

Jeden Tag erwartete Lena die Rückkehr Herrlis von der Front. Als er dann wirklich kam, traf sie seine Gestalt unter der Tür wie ein Schlag. Dass er ohne rechte Begrüßung erst einmal nach einem Bad verlangte, erleichterte sie, sie war ihm dankbar für die Frist. Zitternd machte sie sich daran, den Ofen zu schüren, ihm Frottiertücher anzuwärmen, ihm aus dem Weg zu gehen. Er badete ausgiebig in dem Sud aus Kamille, dem einzigen Badezusatz, den sie ihm geben konnte, denn Kosmetika gab es nicht mehr – doch als er dann nach ihr rief, als sie seinen mageren weißen Körper sah, seinen rauen Versuch, sie an sich zu ziehen, war es ihr unmöglich, länger zu schweigen.

Herrli, der seine Annäherung, die ohnehin halbherzig tastend gewesen war, schon wieder bereute, schrie Lena an: »Du bist wie ein Kind, man muss dich ständig beaufsichtigen. Du bist leider noch dümmer als ein gebranntes Kind.«

Als Lena schwieg, fuhr er fort, dass er es sich ja eigentlich habe denken können. »Du bist im Grunde immer noch so primitiv und triebhaft, wie ich dich kennen gelernt habe. Das Fremdartige an Ludovico betört und verlockt dich. Du greifst wie ein Kind nach wertlosen Glasperlen, nur weil sie so schön funkeln.«

Herrli konnte seinen Hass nicht länger verbergen. »Nur durch mich, hörst du, nur durch mich konntest du vor den dunklen Mächten und Dämonen fliehen! Jetzt hängst du dich an Fabbri, morgen vielleicht an einen anderen, du bist ja nicht fähig, alleine zu sein!«

43. Kapitel

Lena ging mit den Mädchen zurück nach München, Herrli blieb in Landshut, denn ein Zusammenleben in der kleinen Wohnung kam unter den neuen Umständen nicht mehr in Frage.

Ludovico war bereits wenige Tage nach Herrlis Rückkehr in die Hauptstadt gefahren, er wollte Herrli nicht begegnen, und der war dazu auch nicht aufgelegt. Ihm genügte es, wenn er Lena immer wieder predigen konnte, dass es ohne ihn überhaupt keine Lena Christ gebe, dass er allein sie entdeckt und gefördert habe – und das sei nun der Dank.

Lena entgegnete einmal, dass Herrli ebenso wie sie von ihren Buchhonoraren gelebt hätte, damit sei doch ihre Schuld an ihn abgetragen. Außerdem sei sie damit einverstanden, wenn er die Scheidung wolle.

»Wenn ich mich von dir trenne«, sagte Herrli mit großer Bestimmtheit, »dann bist du verloren. Es steht ja nicht nur eine Frau auf dem Spiel, sondern eine Dichterin! Glaubst du, dass ich alles zusammenbrechen lasse, was ich einmal mit allergrößter Geduld aufgebaut habe?«

Lenas Bauernsinn, der immer noch in ihr lebendig war, sagte ihr, dass Herrli seine Stellung als Mann der Dichterin nicht aufgeben wollte. Dass er schlicht nicht wusste, was er mit seinem Leben anfangen sollte nach diesem Krieg, der alte Ordnungen zerschlagen und Herrli noch weniger anzubieten hatte als ihr, die immerhin einen Verleger für ihren neuen Roman gefunden hatte und auch für ihre Bauerngeschichten. Langen Müller wollte oder konnte weder »Madam Bäuerin« noch die Bauerngeschichten übernehmen. Durch Vermittlung von Dr. Erich Petzet war der Paul List Verlag gerne bereit, ihre Bücher zu verlegen.

Als könne er Gedanken lesen, fragte Herrli, wie weit sie denn mit dem neuen Roman sei, und Lena berichtete es ihm wahrheitsgemäß.

»Das ist dir schon klar, dass ich von deinem Honorar die Hälfte bekommen muss! Schließlich stehe ich jetzt vor dem Nichts und brauche Geld, um mir eine neue Existenz aufzubauen.«

»Gut«, sagte Lena nach einiger Überlegung. »Ich sehe zwar nicht, woher du deine Ansprüche ableitest, denn ich habe jahrelang für dich mitgearbeitet, aber du sollst das Geld bekommen. Bedingung ist, dass du uns ab und zu Lebensmittel besorgst, denn ich höre, dass es in München ganz schlecht damit aussieht.«

Gleich in den ersten Münchner Tagen las Lena in der Zeitung, dass Erich Mühsam im Gefängnis sitze. Lotte hatte ihr vor längerer Zeit einmal nach Landshut geschrieben, dass Mühsam, der wunderbare, liebenswürdige Weiberheld, jetzt seinen lang gesuchten Hafen gefunden habe, seine Zenzl, nach der er immer gejammert hatte: »Jede hat mich gern, doch keine liebt mich.«

Erich Mühsam, so erfuhr Lena jetzt aus einer Zeitung, gehörte zum Gesprächskreis Kurt Eisners, im Münchner Januarstreik der Munitionsarbeiter hatte er zur Revolution aufgerufen. Er hatte sich geweigert, zum Vaterländischen Hilfsdienst zu gehen, und war deshalb nach Traunstein gebracht worden zu einem Zwangsaufenthalt, einer Art Verbannung, die alle nur möglichen Schikanen gegen ihn enthalten hatte. Im Frühjahr hatte er auf dem Münchner Rätekongress die Schaffung einer bayerischen Räterepublik gefordert, aber keine Mehrheit erlangt.

Laut Lotte war Mühsams Wohnung total zerschossen worden, alle Wertsachen seien ausgeräumt und fortgetragen worden. Wenn Lena an den kreuzfidelen, geistreichen Mühsam dachte, tat es ihr weh, was die Zeit aus ihm machte. Wer konnte ihm helfen? Seine mächtigen Freunde waren ermordet worden, seine Feinde hatten das Sagen, und sie verfolgten ihn offenbar mit unvorstellbarer

Wut. Würden sie ihn jemals wieder aus dem Gefängnis entlassen?

In der Zeitung hatte Lena gelesen, dass die Münchner Räteregierung alle Bauern aufforderte, durch sofortige Lebensmittelsendungen an die Städte die neue Regierung zu unterstützen. Darüber wunderte sich Lena. Wie sie die Bauern kannte, würden sie ihr Gselchtes und ihr Kraut, das Mehl und die Butter, das Obst und das Gemüse lieber im hintersten Stadl verstecken, als es der neuen Regierung zu geben. Hatte ihnen die Kriegswirtschaft nicht genug abgepresst?

Lena war sicher, dass auch die Räteregierung abgesetzt würde, wenn sich die Lebensmittelknappheit in den Städten nicht bald besserte. Der Arbeiter-, Soldaten- und Bauernrat war ihr nicht geheuer. Wie sollten Arbeiter und Soldaten mit den Bauern gemeinsam Politik machen? Die Städter hatten die Bauern nie verstanden, umgekehrt war es genauso. Oder noch ärger, denn die Bauern sahen in den Stadtleuten nur verhungerte Stadterer, die ihnen den Schmalzhafen, die Mehltruhen und die Eierschüssel leer fraßen. Nur wenn die Stadterer als Sommerfrischler Geld bei den Bauern ließen, konnte man für diese Wochen den alteingesessenen Groll auf sie vergessen. Denn der Hunger nach Profit war bei den Bauern häufig so groß, dass man auf weiß Gott was alles verzichtete, wenn nur der Geldbeutel Nutzen davon hatte.

Doch ohne die Bauern konnte die Räteregierung nicht agieren. Es war denn ja auch die starke Rivalität zwischen dem Bauernbund der Brüder Gandorfer, die die Revolution stützten, und dem bayerisch-konservativen Bauernverein des Georg Heim, die die Schwäche der Räteregierung in München mit zu verantworten hatten.

Lena sah die Bauern um Glonn, sah die Bauernarbeit, die stille, immer gleiche Arbeit durch die Jahreszeiten hindurch. Die störte sich nicht daran, ob Sommer oder Winter war, Krieg oder Frieden, Monarchie oder Republik.

Bei diesen Gedanken regte sich wieder die Sehnsucht

nach dem Glonntal in Lena, besonders, da Lotte zur Zeit wieder in Berlin lebte und Lena ausdauernd damit beschäftigt war, in München eine bezahlbare Bleibe zu finden.

Jedes Mal, wenn Lena einen Behördengang machte oder auf dem Viktualienmarkt nach Lebensmitteln suchte, war sie überrascht und geängstigt vom Zustand der Münchner Stadt. Der südliche Frauenturm trug eine lange rote Fahne. Gruppen von Matrosen und jungen Männern, die in aufgeknöpften Soldatenmänteln steckten, rote Armbinden trugen und ein Gewehr mit nach unten gerichtetem Lauf, bevölkerten die Straßen. Die Münchner schienen ihnen auszuweichen, Lena tat es ihnen nach, ging rasch in ein Geschäft oder eine Gasse, wenn wieder so ein Haufen kam. Junge Mädchen waren dabei, manche hatten Zigaretten im Mund wie die Männer, sie jubelten, wenn die Matrosen, um ihnen zu imponieren, bayerischen Offizieren die Schulterklappen abrissen, wogegen die sich offenbar nicht mehr wehren konnten. Lena sah die Mädchen, es waren dürftige dabei und schöne, doch allen gemein ein irrer Glanz in den Augen, Gebärden von Anmaßung und Größenwahn. Sie setzten ihre Hoffnung auf die Rebellen, wollten durch sie Königinnen werden in der Stadt, in der sie bislang Dienstboten und Kellnerinnen gewesen waren. Lena fühlte Abscheu vor der wahnsinnigen Meute, am meisten aber vor den Mädchen.

Immer wieder wich sie Lastwagen aus und hupenden Autos, die man in den Kriegsjahren nicht gesehen hatte. Man hörte von Demonstrationen in den einzelnen Stadtteilen, von Diebstählen, Plünderungen, Schießereien, bei denen es Tote gab. Lena dachte an Schillers Lied von der Glocke, das so unnachahmlich reich war an Lebenskenntnis, dass sie immer das Gefühl hatte, es sei ihr Leben, von dem Schiller da redete.

»Freiheit und Gleichheit! hört man schallen, der ruh'ge Bürger greift zur Wehr, die Straßen füllen sich, die Hallen, und Würgerbanden ziehn umher. Da werden Weiber zu Hyänen und treiben mit Entsetzen Scherz; noch zuckend, mit den Panthers Zähnen zerreißen sie des Feindes Herz. Nichts Heiliges ist mehr, es lösen sich alle Bande frommer Scheu, der Gute räumt den Platz dem Bösen, und alle Laster walten frei.«

Ludovico mochte das Lied von der Glocke nicht. Er mochte Schiller nicht. Sein Interesse galt italienischem Volksgut und Schubertliedern, deren Texte von Goethe, Claudius oder Rückert stammten. Lenas Romane hatte er nicht gelesen. Noch nicht. Er werde alles lesen, wenn bessere Zeiten kämen. Wenn sie verreisen könnten. Ruhe hätten.

Ludovico erzählte lieber endlose Geschichten über sich. Sein Vater war tot, begraben auf dem Münchner Waldfriedhof. Die Eltern seien Artisten gewesen, überall herumgereist. Italien, Frankreich, Deutschland, Amerika. Die Mutter – jeden Tag erzählte der Bub eine andere Geschichte über sie. Lena kannte Ludovicos Abstammung, seinen Geburtsort, das Wesen seiner Eltern nun schon in einigen Versionen. Wenn sie den Bub darauf ansprach, lachte er, sagte, sie könne sich die schönste Familie aussuchen. Nach der ersten Version war die Mutter eine Zigeunerin gewesen, sie war in Cafés und Gasthäusern als Wahrsagerin und Sängerin aufgetreten. Der Vater habe dazu Gitarre gespielt. Oder Laute, wie Ludovico.

Ein andermal war die Mutter Zirkusartistin, arbeitete mit dem Vater auf dem Trapez. Zuletzt in München, wo er tödlich verunglückt sei. Lena bat Ludovico, mit ihr zum Waldfriedhof, zum Grab zu gehen.

»Was willst du denn da?«, fragte der Bub grob, und es tat Lena weh, dass er nicht das Bedürfnis hatte, sie wenigstens in dieser Form seinem Vater vorzustellen. Dennoch liebte Lena Ludovicos schönes Knabengesicht und seinen zarten Körper, der so leidenschaftlich begehren konnte, mit dem sie ihre bebende Gier, ihre Fantasien, ihren Wahnsinn lebte – und sie wollte ihn akzeptieren, wie er war.

Lena lernte, dass seine Stimmungen wechselten. Oftmals tat Ludovicos Gleichgültigkeit ihr weh. Aber er hielt ihren Leib und ihre Seele zusammen. In den innigen Stunden mit ihm war sie eine Ganzheit. Sie sagte es ihm, versuchte es ihm zu sagen.

»Du hast einen Teil von mir, ich hab einen Teil von dir. Tief in unseren Herzen sind wir ein Ganzes, das spüre ich.«

Lena hätte noch viel mehr zu sagen gewusst; dass sie Mitleid mit ihm hatte, der sich seine Kindheit erfinden musste. Immer wieder. Dass sie seinen kindischen Stolz begriff, seine Unsicherheit, seine theatralische Art, mit dem Leben umzugehen, seine Prahlerei mit den Abenteuern, mit dem Werben anderer Frauen um ihn.

Er ging mit ihr dann doch zum Grab seines Vaters. In der Tram saß sie ihm gegenüber. Sie sah seine wasserblauen Augen, die ihr heute anders erschienen. Seltsam grün und golden. Vielleicht hatte das damit zu tun, dass der Bub einen neuen Janker trug, der mittelgrün war. Unter dem weißen Hemdkragen hatte er eine Schleife gebunden, er war wirklich der eleganteste junge Mann weit und breit. Wie wohl Toni jetzt aussah? Lenas Sohn war achtzehn und immer noch, wenn Lena an ihn dachte, hämmerte ihr Herz. Toni, ihr Ältester, ihr Sohn. Die Schwiegereltern hatten ihn aufgenommen, aber dass sie ihn ihr ganz wegnehmen wollten, hatte Lena erst begriffen, als es zu spät war.

Es war immer eine tiefe Freude für Lena, mit Ludovico durch die Straßen zu gehen. Auf den Bürgersteigen kamen ihnen Menschen entgegen, grau, farblos, gesichtslos – und an ihrer Seite ging dieser strahlende Bub. Doch sie kannte auch seine Schwächen. Sie musste ihn beschützen, denn in gewisser Hinsicht war er auch verrückt, seinen Ängsten ausgeliefert. Oftmals in der Nacht fuhr er auf, schrie, so dass Lena ihn wecken musste. Dann schmiegte er sich an sie, meist wurde eine leidenschaftliche Umarmung daraus, und Lena war bereit, jeden Schmerz von ihm zu erdulden.

Sie gingen dem Waldfriedhof entgegen. Ludovico zog Lena plötzlich eng an sich, das tat er in den Straßen selten, weil sie größer war als er, aber heute nahm er ihren Arm, verschränkte seine Finger in ihre, und Lena war so glücklich, dass sie nicht mehr sprechen konnte. Alles um sie verschwand, die Menschen, die Straße, auch ihre Ängste und die Zweifel an Ludovico waren nicht mehr vorhanden. Ihre heftige Freude an diesem gemeinsamen Gang zum Grab seines Vaters wollte Lena nie vergessen. Es war ihr, als ginge sie meterhoch über der Erde, wie in einem Traum.

Auch am Grab ließ er sie nicht los. Lena hätte gern die alten Blätter, die auf dem Efeu der Grabstelle lagen, entfernt, den Blumenstrauß hingelegt, der in ihrer Tasche steckte, doch Ludovico hielt sie fest, sie sah in seinem klaren Kindergesicht eine schmerzliche Leere. Er war ihr Geliebter. Ihr erster, einziger. Lena wollte ihm gerecht werden, sie hoffte, ihm mehr geben zu können, viel mehr, als er jemals gehabt hatte. Sie bekam Angst, ihn zu enttäuschen, wie vielleicht andere ihn enttäuscht hatten. Sie würde sich nie von dem Bub trennen, nie. Sie wollte für ihn da sein.

In der Tizianstraße hatten sie eine Wohnung gefunden, ganz in der Nähe der Düllstraße, und Fabbri half Lena dabei, die Möbel aus der Winthirstraße in die neue Behausung herüberzuschaffen. Lena bezahlte zwei Männer dafür, die schwersten Sachen in einem Möbelwagen zu transportieren und in die einzelnen Zimmer zu verteilen. Trotzdem stöhnte der Bub missgelaunt über die Mühe des Umzugs.

»Mir reicht es! Das ist Arbeit für einen Kuli, nicht für einen Sänger!«

»Aber es ist doch unsere Wohnung! Da musst du mit entscheiden, wo die Möbel stehen sollen.«

»Es ist deine Wohnung. Ich bin nur Gast. Ich hasse Kleinkram!«

Er war wie erlöst, als es an der Tür klingelte. Lena räumte Bettlaken in eine Kommode, sortierte, faltete, bis ihr vom Hocken der Rücken wehtat und sie aufstehen musste. Ihr fiel auf, dass Ludovico nicht zurückkam, und sie ging in den Flur, um nach ihm zu sehen.

Er stand an der Tür, vor ihm hatte eine junge Frau auf ihrem Bauchladen Kosmetika ausgebreitet, Lena sah Flaschen und Fläschchen, Seifestücke, Puderdosen, Kämme, Bürsten – längst vergessene Dinge, die in Münchner Läden kaum angeboten wurden. Die junge Frau war reizvoll, unter einer Art Turban quollen dunkle Locken hervor, ihr Gesichtchen mit den großen dunklen Augen schien gebräunt – mehr konnte Lena nicht sehen und wollte sie auch nicht. Ihre Aufmerksamkeit galt dem Bub, der so bittend, fast bettelnd nahe an das Mädchen heranrückte, dass er sie bald aufzufressen schien. Lena blieb vorsichtig im Türrahmen stehen, schaute nur so weit hervor, dass sie die beiden da vorn beobachten konnte, dass sie Ludovico sehen konnte, wie er bettelte. Kein Zweifel, er, der Kosmetika liebte, wollte von dem Mädchen einen billigen Preis erhandeln für diesen und jenen Artikel, und dabei war er so sanft, so flehend, so verführerisch, wie er es bei Lena nicht mehr war. Er stand da mit seinem schönsten Lächeln, aber es galt dem Mädchen.

Lena sah alles sehr scharf. Es quälte sie, wie Ludovico bettelte. Sie schämte sich seiner Demütigung, die er wohl nicht wahrnahm, aber stärker war ihre Eifersucht auf das Mädchen. Lena sah, dass Ludovico Eindruck machte auf sie. War sie anfangs schnippisch gewesen, hochfahrend und ablehnend, hörte Lena jetzt, wie sie fragte, ob Ludovico sie wiedersehen wolle. Vielleicht heute Abend? Im Augustiner? Sie wohne dort ganz in der Nähe. Und Ludovico gab ihr seine Hand, lächelte schmeichlerisch, vertraulich, verführerisch. Das Mädchen gab ihm einige kosmetische Artikel, Ludovico zahlte, vermutlich nur einen kleinen Teil dessen, was das Mädchen sonst verlangte.

Lena zog sich zurück von der Tür.

Ich ertrage es nicht, dachte sie, nein, das ertrage ich nicht. Sie war vor Zorn und Verzweiflung unfähig, etwas zu denken. Was wollte sie – der Bub war jung, war in seiner eleganten Zierlichkeit schön. Viele Mädchen und

Frauen machten ihm Augen. Es war nicht seine Bettelei, die ihr so wehtat. Er würde immer eine Frau finden, die ihn bei sich aufnahm, die alles für ihn tat. Das war es, was Lena so schmerzte. Sie war austauschbar, der Bub war sich seiner Wirkung bewusst, er war stolz auf seinen Körper, er begriff nicht, dass er ihn einsetzte wie eine Hure.

Nach dem Zorn kam Angst über Lena, dass Ludovico sie verlassen könnte. Vielleicht war der Bub unmoralisch und unverantwortlich, aber war er deshalb schlechter als sie selber? Sie war voller Stolz und Skrupel, trotzdem bettelte sie auch. Nicht um Parfüm oder Seife, natürlich nicht, sie bettelte um Geld. Nicht weniger wortreich und mit nicht weniger Unterwerfung. Sie führte die Krankheiten der Mädchen an, um zum Ziel zu kommen, die Kosten für ihre Schule. Immerhin hatte sie zwei ihrer Brüder auf dem Briefpapier den Soldatentot sterben lassen, um den Rittmeister Trombetta abzuschütteln.

Lena bettelte nicht mit ihrem Körper, aber mit ihren Worten, ihrer Sprache. Wer wertete, wer setzte die Maßstäbe?

Der Bub war ungebändigt, rechenschaftslos in seinem Egoismus. Wie ein Kind. Niemand hatte ihn je erzogen. Lena dagegen war dressiert worden wie ein Hund.

Wenn Ludovico bei ihr bleiben wollte, würde sie ihn nie nach der Hausiererin fragen.

Der Bub war in der Nacht ausgeblieben, während Lena und die Mädchen Geschirr einräumten, Betten bezogen, ein Abendessen aus Kartoffeln und Kokosfett zubereiteten. Leni und Alixl erwähnten Ludovico nicht, sie erinnerten Lena an die Zeit, wo sie in der Düllstraße gewohnt hatten, nur einige Meter von ihrem jetzigen Zuhause. Wo sie den Lumpi hatten, ihren Dackel, der damals noch jung und lustig gewesen war. Irgendwann bekam er die Hundestaupe und ging ein. Und die Theres hatte dort mit ihnen gelebt, die süße Theres mit den nussbraunen Augen, deren junger Mann im Krieg gefallen war. Lena glaubte Sehnsucht aus den Erinnerungen ihrer Töchter herauszuhören.

Wenn sie selber das Haus sah, dachte sie daran, dass sie dort das Erscheinen ihres ersten Romans erlebt und den »Mathias Bichler« geschrieben hatte. Es waren zumindest friedliche, ereignisreiche Zeiten in der Düllstraße gewesen, so viel stand fest. Zumindest äußerlich hatte alles seine Ordnung gehabt. Derzeit dagegen war München von Armut gezeichnet, vom Hunger. Vom Elend.

Es gab kaum etwas zu kaufen. Ständig aßen sie Pfannekuchen aus Mehl, Kokosfett und Wasser. Schwammerl, wie in Landshut, würde es erst wieder im Herbst geben. Die Mädchen und der Bub jammerten, sie hatten dauernd Hunger, und Lena fuhr nach Lindach, um beim Wimmerbauern Lebensmittel zu kaufen.

Lena liebte ihre Mädchen, und sie liebte ihren Bub. Jeden Tag mehr und jeden Tag aus einem anderen Grund. Die Stetigkeit ihrer Liebe blieb seltsamerweise ungebrochen, obwohl Ludovico ihr grob sagte, er wolle mehr vom Leben, ein lustigeres Leben als das mit ihr, ein intensiveres Leben. Er könne auch Armut nicht ertragen. Wie ein seltener Gast kam und ging er, blieb manchmal tagelang weg. Doch wenn er kam und Lena seine Schritte hörte, regte sich etwas in ihrem Leib.

Fast schon orientalisch war ihre Eifersucht. Seit die Hausiererin da gewesen war, ängstigte Lena sich vor jeder Frau, die dem Bub über den Weg laufen könnte. Sie war überzeugt, dass jedes weibliche Wesen sich in Ludovico Fabbri verlieben müsse. Sie zwang sich, an Fabbris Liebkosungen zu denken und nur daran. Ihr ganzes Wohlergehen lag in seinen Händen.

Seit acht Wochen war sie schwanger. Es gab inzwischen keinen Zweifel mehr. Sie kannte diesen Zustand allzu gut. Die Spannung der Brüste, das Gefühl, geerdet zu werden. Lena versuchte, sich diesen kommenden kleinen Fabbri vorzustellen, in ihr war ein Durcheinander an Gefühlen, aber sie war in erster Linie traurig, voller Angst, weil sie wieder einmal nicht wusste, wie sie ein kleines Kind in dieser Zeit durchbringen sollte. Dann wieder freute sie sich; ein Kind von Ludovico, ihrem Einzigen, eine wunderbare Vorstellung. Eines Abends, als er sie nach längerer Zeit einmal wieder in den Arm genommen hatte, als sie in Gier und Liebe mit ihm verschmolz, sagte sie es ihm.

Ludovico wollte das Kind nicht. Lena hatte es vermutet. Sie hatte die Mitte der Dreißig überschritten, aber sie lebte die Liebe wie ein junges Mädchen, das erst vor dem Leben steht. Völlig rechenschaftslos, als habe sie nicht bereits drei Kinder, begann Lena jetzt erst zu leben. Dabei hätte sie wenigstens das wissen müssen: Der Bub wollte kein Kind, wollte keinen Rivalen. Niemals. Auch nicht von Lena. Er war der Umhegte, der so viel brauchte. Essen, Trinken, Kleidung, teure Kosmetika, Billets für Reisen.

Lena sprach zu niemandem über ihre Schwangerschaft. Auch nicht zu Leni, obwohl das schöne junge Mädchen, das ihre Tochter war, Augen im Kopf hatte. Lena liebte ihre wunderbaren Mädchen zärtlich. Alixl, die Jüngere, war womöglich noch hübscher als ihre Schwester. Es tat Lena weh, dass sie ihren gutherzigen, geduldigen Töchtern so wenig an Schönem geben konnte. Sie fühlte sich wie eine Gefangene, gab ihren Töchtern Liebe, und sie wusste, auch für das werdende Kind würde dieser Strom nie versiegen – aber die materiellen Bedürfnisse zwangen sie dazu, sich nicht zu freuen, dem Bub Recht zu geben, der ihr zugleich mit der Absage an das Kind auch selber den Laufpass gab. »Ich mache mir nichts aus Schwangeren.«

Am Morgen lag der Brief auf dem Boden. Lena trat darauf, als sie aus dem Bett stieg und nach Ludovico rief. Als sie den Brief aufhob, wusste sie, was darinstehen würde: »Liebste – ich möchte dich nicht verletzen. Ich möchte dir so früh als möglich die Wahrheit sagen, so weit ich sie selber kenne. Bitte, Lena, vergiss mich. Streiche mich aus deinem Leben. Ich weiß, ich verursache viel Schmerzen. Aber ich weiß auch, dass ich es bin, der am meisten darunter leidet, vielleicht mehr als du. Ich will nicht, dass Deine Mädchen und Du euer Weniges mit mir teilen müsst. Ich gehe nach Frankreich, habe dort ein Engagement. Dein Bub.«

Lena nahm kein Schlafmittel an diesem Abend. Sie spürte auch noch nicht die Wucht des Hiebes, den Ludovicos Brief ihr versetzte. Als Leni und Alixl besorgt fragten, warum sie so weiß aussähe, ob der Ludovico nicht mehr käme, gab sie ihnen nach einigem Zögern seinen Brief. Beide Mädchen schmiegten sich an sie. Alixl sagte: »Sei nicht traurig Mama, er war doch z'letzt nur noch a gscherta Hammi.«

»Du hast doch uns, Mama«, sagte Leni, als sei sie über Lenas Schmerz verletzt, »und wir verlassen dich nicht.«

Lena küsste ihre Mädchen, schickte sie zu Bett. Sie war voller Mitleid und Liebe zu den beiden und gleichzeitig von einem schüchternen Stolz erfüllt. Wie schön Leni war mit ihrem klaren Gesicht, dem frischen Mund und der ebenmäßigen Figur.

Seit einigen Wochen hatte sie einen Freund, einen jungen Studenten aus der Nachbarschaft. Er hieß Heinrich Dietz und war ein hübscher, aber ernsthafter Junge, dass Lena ihn auf den ersten Blick gern haben musste. Er sah sehr entschlossen aus, als er zum ersten Mal kam, denn Leni hatte ihm gesagt, dass sie nur mit ihm befreundet sein dürfe, wenn er sich ihrer Mutter vorstelle. Er reagierte sofort, Lena sah, dass er aufgeregt war. Sehr verlegen. Aber er sagte tapfer, dass er ein Buch von Lena gelesen habe, »die Rumplhanni«.

»Sofort, als ich d' Leni kennenglernt hab, wollt ich was lesen von Eahna. Der Roman is wunderbar, ich hab ganz viel glernt draus.«

Lena spürte die Sanftheit zwischen beiden, die Zärtlichkeit, und sie sah, obwohl sie es selber niemals erlebt hatte, schon gar nicht mit dem Bub, was sie einander waren. Sie sah es genau, und diesmal täuschte sie sich nicht. Sie kannte ihr Kind und wusste, dass die Liebe zwischen ihr und Heinrich eine wundervolle Liebe war. Für sie selber gab es nur Illusionen und Täuschungen. Lena wusste jetzt, dass ihre Beziehung zum Leben eine schmerzvolle war, doch ihrer Tochter hatte sie so viel Liebe gegeben, Liebe ohne jede Einschränkung, so dass

Leni unmittelbar auf Heinrichs Liebe zugehen konnte, sie erkannte.

Wenn sie doch nur auch ihre jüngere Tochter in guter Obhut wüsste. Alixls Gesicht war auffallender als Lenis, sie hatte die dunklen Augen der Leix, sah überhaupt mehr ihrem Vater ähnlich als Lena. Alixl war auch viel komplizierter als die Große, hatte manchmal ein überbordendes Temperament, dann war sie wieder sehr still, in sich gekehrt. Doch jedermann mochte Alixl, sie konnte so lustig sein, so voller Fantasie. Wie Leni, war auch sie eine eifrige, gute Schülerin. Nur – was für eine Mutter hatten sie? Eine, die weder die Fähigkeit noch die moralische Beharrlichkeit besaß, ihr Leben für sich und die Mädchen aufzubauen.

Lena lag wach und sah ihre Lage in dem unbarmherzigen Licht, das der Brief Ludovico Fabbris darauf geworfen hatte. Ihre Müdigkeit machte alles noch trostloser. Das Leben lag grau vor ihr, ohne Hoffnung. Hinzu kam, dass der Eigentümer des Hauses, in dem Lena die hübsche Parterrewohnung gemietet hatte, ohne Vorwarnung das Haus an eine Glaubensgemeinschaft verkaufte. Diese frommen Leute schickten nun Handwerker ins Haus, die den ersten Stock und die übrigen Räume umbauten, so dass Lena tagtäglich von schier unerträglichem Baulärm und dem Geschrei der Maurer und Mörtelweiber umgeben war.

Ludovico hätte das nicht einen Tag lang akzeptiert. Nicht eine Stunde. Auch nicht Lena zuliebe. Seine Liebe war keine Liebe gewesen. Lena hätte nie auf ihn zählen können. Doch sie ersehnte nichts so unbändig wie seine Rückkehr.

Wenn die Mädchen in der Schule waren, flüchtete Lena aus dem Haus, lief zum nahen Rotkreuzplatz oder fuhr mit der Tram zum Odeonsplatz, zum Tambosi, wo sie ein Selters trank und am »Kaspar Glück« zu schreiben versuchte. Lena hatte die Residenz, den Odeonsplatz und die Ludwigstraße mit ihren großen Kirchen und Palästen schon immer geliebt und bewundert. Der heiß ersehnte

Krieg hatte den Münchnern Elend beschert, die Menschen wurden vom Hunger tyrannisiert, auch Lena und ihre Mädchen litten jeden Tag mehr oder weniger – doch hier, an einem Platz wie diesem, spürte Lena den Atem der großen Stadt, trotz allem, und die eigene Misere traf sie doppelt so hart.

Das Café war voller Menschen, viele jüngere Männer und Mädchen. Sie waren damit beschäftigt, Tee, Kaffee oder Kakao zu trinken und ihr Frühstück einzunehmen. Woher hatten sie das Geld, waren sie Schwarzhändler oder so reich, dass sie die horrenden Preise bezahlen konnten? Lena sah auch, dass sie selbstverständlich Milch zum Kaffee erhielten und Sahne auf den Kakao! In München bekamen nur noch Familien mit Säuglingen und Kleinkindern Milch. Es kam so weit, dass es für die Dreiviertelmillionenstadt nur 730 Liter Milch pro Tag gab.

In den Straßen, vor den Geschäften, wo es Eßbares gab, bildeten sich riesige Schlangen. Überall war der Boden verschmutzt und mit Papierfetzen von ständig neuen Verordnungen bedeckt. Es fiel Lena auf, wie rasch die Erinnerung an die Monarchie von allen Schildern getilgt wurde, besonders bei den Hoflieferanten, die sich immer damit gebrüstet hatten. Das wusste Lena noch gut aus ihrer Kindheit, wo sie diesen oft anmaßenden Leuten Fleisch liefern musste.

Lena schien sich der Magen umzudrehen, wie gern hätte sie jetzt einen Kaffee gehabt und ein Brot mit Marmelade oder irgendetwas anderes zu essen. Die anderen Gäste redeten und lachten, das Gelächter schien aufzusteigen und auf Lenas Kopf herunterzufallen. Immer dieser Druck im Kopf. So als hielte nur noch ein stählerner Ring Lenas Schädel zusammen. Im Bauch schienen sich auch die Organe zu verknoten, und der Gedanke an die Ursache dafür schloss Lena sofort aus dem Kreis der Lachenden, unbesorgt Frühstückenden aus.

Sie empfand mit einem Mal eine tiefe Einsamkeit, fühlte sich ausgeschlossen. Das Gefühl, seit Tagen mit niemandem mehr gesprochen zu haben, wenn man von ihren geliebten Mädchen absah, lähmte sie. Lena sah in die Gesichter der anderen, sie suchte irgendein bekanntes Wesen, oder eines, das ihren Blick erwiderte, von ihrer Verlassenheit Notiz nahm. Aber sie waren alle anderweitig in Beschlag genommen, diskutierten wichtig, tranken dabei mit großen Schlucken ihren Tee und hörten ihren Begleitern zu. Einer erzählte gerade, dass er in einer Galerie am Kosttor viel Geld für ein Gemälde bekommen habe.

Doch es war nicht allein der Mangel, die materielle Not, die sie am meisten bedrückte. Sie spürte ein inneres Elend, eine Verarmung ihres Geistes durch die Einsamkeit, die in ihr war, und sie tat, was ihr von jeher geläufig war – sie ging quer über den Platz in die Theatinerkirche, setzte sich fröstelnd in eine Bank und betete zu Maria:

»Es ist schlimm, arm zu sein, Herz Mariä, du hast es erfahren. Verstehst du auch, wie es ist, keine Wurzeln mehr zu haben, nichts, woran ich mich halten könnte? Hatte ich im Leben eigentlich jemanden, der mir Halt gab, außer dir? Nie konnte ich die Bruchstücke meines Lebens sammeln und aufbauen zu einem Haus für mich und meine Töchter. Du weißt, Heilige Mutter, dass ich ein karges Leben hatte mit wenigen Sonnentagen, häufig nahe am erbarmungslosen Rand der Armut, an dem ich mich jetzt auch wieder sehe. Nur wenn ich zu dir bete, fühle ich etwas von der Geborgenheit in den Gärten des Herzens, die du mir schon gegeben hast, als ich ein Häuslerkind in Glonn war. Du weißt, Mutter, dass seither viel passiert ist, du hast gesehen, dass in meinem Leben viel mehr passiert als im Leben der anderen Menschen. Wenn du kannst, heilige Maria, hilf mir und meinen Mädchen, damit nicht noch ein schuldloser kleiner Mensch durch meine Sünden leiden muss.«

Lena fand ihre eigenen, dürren Worte jämmerlich, sie suchte in ihrer Handtasche nach dem Gebetbuch, blätterte, fand den Bußpsalm Miserere und betete: »Denn siehe, in Schuld bin ich empfangen und in Sünden empfing mich meine Mutter. Besprenge mich mit Hysop, so werde ich gereinigt, wasche mich, so werde ich weißer als Schnee.«

Auf dem Heimweg kam sie in der Briennerstraße an einem Laden vorbei, den sie von früher kannte. Damals konnte man dort Herde und Öfen kaufen, heute hingen Bilder im Schaufenster. »Kunstgalerie« hieß jetzt das Geschäft, und Lena dachte an den jungen, wohl gekleideten Mann, der im Café von seinen Geschäften mit Bildern bekannter Maler gesprochen hatte.

Lena zerbrach sich den Kopf, wie sie selber zu Geld kommen könnte. An ein schöpferisches Schreiben war in ihrer Wohnung nicht zu denken. Obwohl sie Miete zahlte, lebte sie in Räumen, die sie nur nachts bewohnen konnte, weil die Maurer offenbar ganze Wände über ihr herausbrachen, was einen Heidenlärm verursachte. Am Tag musste sie mit den Mädchen hinausgehen in einen Biergarten, wo sie ihre Hausaufgaben machen konnten. Doch selbst wenn sie ihren »Kaspar Glück« zu Ende bringen würde, gebe es keinen Verlag, der den Roman herausbringen wollte. Von ihrem letzten Verleger, Paul List in Berlin, an den sie geschrieben hatte, bekam sie eine abschlägige Antwort.

Lena schrieb auch an Korfiz Holm, doch er antwortete, dass er leider nicht in der Lage sei, ein Buch zu produzieren, und über Geldmittel verfüge er ebenso wenig. Er wisse derzeit nicht, ob er den Verlag überhaupt weiterführen könne. »Es sind schlechte Zeiten für die Literatur, liebe Lena«, schrieb er.

Wenn sie an die lustigen Zeiten im Verlag dachte, an die Feste in Pasing oder an ihr Schlachtfest in der Kuglmüllerstraße, wurde sie rot vor Scham, dass sie jetzt so betteln musste. Doch leider konnte sie sich diese Schamgefühle nicht mehr leisten. Die Umzüge hatten ihr Honorar aufgezehrt, sie lebten nur noch von Brot und Kraut und Wurstbrühe, die sie vom Metzger einmal die Woche bekamen. Herrli konnte auch nichts mehr bringen an Naturalien, da er aus Landshut zurückgekehrt war in die Hohenzollernstraße, wo er in seiner alten Junggesellenwohnung lebte.

Wenn sie wenigstens gesund wäre! Aber die Kopfschmerzen ließen auch nicht nach, als Lena durch die Straßen heimlief, und der starke Druck im Leib schien sich noch zu verstärken.

In der Nacht bekam Lena Krämpfe, ein Ziehen im Bauch, das trotz Wärmflasche und Kamillentee nicht nachließ. Im Gegenteil. Lena spürte, wie Blut aus ihr herauslief, sie legte dicke Tücher vor, weckte ihre Töchter und ging dann, auf die beiden Mädchen gestützt, langsam den Weg zum Rotkreuzkrankenhaus.

»Was hast du, Mama, was fehlt dir?«, fragten Leni und Alixl angsterfüllt, aber Lena beruhigte sie.

»Es ist nicht schlimm, eine Frauensache. Das kann vorkommen, wenn man auf die vierzig zugeht wie ich.« Die Mädchen glaubten Lena nur zu gern. Die Mama hatte keine Angst, dann mussten sie auch keine haben. Gott sei Dank. Sie hatten ja nur die Mama.

Als sie in der Höhe des Kanals waren, nahm sie ein Automobil das letzte Stück mit, und im Rotkreuzkrankenhaus kam ihnen schon eine Nachtschwester entgegen, die sie hatte aussteigen sehen.

44. Kapitel

Wenige Tage nachdem Lena wieder daheim war, als sie fiebernd und vom dem Baulärm völlig entnervt in ihrem Bett lag, kam Geld von der Schillerstiftung. Herz Mariä, dir sei Dank! Lena fand rasch eine Wohnung in der Bauerstraße in Schwabing. Die Erlösung von dem täglichen Lärm in der Tizianstraße hätte Lena sich ohne die Schillerstiftung nicht leisten können! Man kam auch Lenas Bitte nach, ihren Namen nicht zu nennen, wenn die Unterstützten in der Zeitung erwähnt wurden.

Doch auch diese Summe zerrann, obwohl Lena und die Töchter sparten, nur noch zweimal am Tag aßen. Das tat Lena am meisten weh, denn Leni war ein großes Mädchen mit ihren sechzehn Jahren, und sie hatte einen gesegneten Appetit. Die drei Jahre jüngere Alix hatte auch ständig Hunger, und die Vorratskammer war leer. Am liebsten hätte Lena sich wieder Tiere gehalten wie in der sorglosen Zeit in der Kuglmüllerstraße, aber das ging in Schwabing nicht. Außerdem hätte sie kein Geld gehabt, auch nur ein Tier zu kaufen, geschweige denn, es regelmäßig zu füttern.

Lena konnte absehen, wann sie wieder mittellos dastehen würde. Sie schaute ihre Möbel an. Da war nichts mehr, was sie hätte verkaufen können. Die Sessel hatte sie bereits versetzt, ihr bestes Besteck, die hübschesten Teller und Schüsseln, Kissen, Kommoden – alles, was sie irgend entbehren konnten, hatte sie zu Geld gemacht. Nur die Bilder hingen noch an den Wänden. Und Lena erinnerte sich an die Worte des jungen Mannes im Tambosi, der gesagt hatte, er verdiene sein Geld mit Bildern.

Am Morgen, als die Mädchen in der Schule waren, lud

Lena ihre in Tücher gehüllten Bilder auf einen kleinen Handwagen. Zwei Gemälde stellten Gebirgslandschaften dar, eines zeigte eine liebliche Gegend um Dachau, ein anderes den Spaziergang eines Liebespaares unter Bäumen, das fünfte zeigte den Engel mit dem Flammenschwert. Lena fuhr zu der Galerie am Kosttor. Am Tag zuvor war das Wetter lieblich vorsommerlich gewesen, die Leute liefen in leichten Kleidern herum und in besserer Stimmung als sonst. Daher hatte Lena den Transport ihrer Bilder für den nächsten Tag geplant, und der Morgen versprach auch wieder einen schönen Maientag. Doch bald wurde der Himmel grau und kalt, drohte mit Regen. Noch ehe Lena an der Maximilianstraße angekommen war, regnete es tatsächlich, und ein starker Wind trieb das lose Papier und den Schmutz durch die Straßen. Lena fürchtete um ihre Bilder, zog ihren Karren in eine Toreinfahrt, wo sie ein geschütztes Eckchen zu finden hoffte, doch bald begann sie entsetzlich zu frieren, da sie nass geworden war und ihre viel zu dünnen Kleider an ihr klebten.

Sehnsüchtig schaute sie nach dem Café, in dem viele Passanten Schutz suchten. Doch sie hatte kein Geld, sich etwas Warmes zu kaufen, und ihren Wagen könnte sie ohnehin nicht mit hineinnehmen.

Lena dachte an ihre Töchter, die ihr vertrauten, und als der Regen ein wenig schwächer wurde, machte sie sich auf den Weg in die Galerie. Durchnässt und vor Frost zitternd, zeigte sie dem Inhaber ihre Bilder, doch er sagte, damit wäre kein Geld zu machen, das seien Bilder völlig unbekannter Maler, die wolle niemand kaufen. Wenn sie Bilder hätte von Stuck, Lenbach oder Defregger, dann könne sie gerne wiederkommen.

Als Lena mit den Bildern wieder zurückging in die Bauerstraße, öffnete sich plötzlich der Himmel zu einem Wolkenbruch, Sturzbäche kalten Regens fielen Lena ins Gesicht, durchnässten ihre schon feuchten Kleider noch vollends. Sie trachtete auch nicht mehr danach, ihre Bilder zu schützen, sie waren ja doch nichts wert.

Lena ging vor sich hin, ohne von ihrer Umgebung etwas wahrzunehmen als den Regen, der kein Ende nahm, und den kalten Wind, der wie mit Hieben in ihren Körper eindrang, besonders in ihren Kopf, dessen nasses Haar im Wind schmerzte. Lena sah die öden Pflastersteine unter ihren Füßen, setzte mechanisch einen Schritt vor den anderen und dachte, dass die durchdringende Feuchtigkeit ihr gesundheitlich Scherereien bringen würde. Gut, dass Kerschensteiner sie nicht so sah! Und wenn schon – kam es jetzt noch darauf an? Lenas Energie schien sich in der vergeblichen Willensanstrengung, ihre Bilder zu verkaufen, verbraucht zu haben. In ihr war ein Gefühl von Leere, das auch der Gedanke an Kerschensteiner nicht mit Feuer erfüllen konnte.

Nie mehr konnte sie dem Professor unter die Augen treten. Nie mehr! Er stand stark und erfolgreich in der Tradition seiner Familie, eine Tochter war auf die Welt gekommen, sie musste jetzt schon zwei Jahre alt sein. Lena wusste, dass seine Familie für Kerschensteiner das Wichtigste war. Für ihn gehörten dazu nicht nur seine Frau und das Kind, auch seine Eltern, die Schwestern, die Nichten und Neffen – die ganze große Kerschensteiner-Familie war in seine Güte und Liebe eingeschlossen. Auch das ärmste Geschöpf unter seinen Patienten nahm er in seine Obhut – Lena hatte es erfahren.

Bevor Lena nach Landshut gezogen war, hatte sie sich noch seinen Rat geholt, und sie gab vor sich selber zu, dass sie ihn brennend gern sehen wollte, dass die wenigen Kilometer zwischen München und Landshut sie schier in Panik versetzten. Es war ihr immer ein großer Trost gewesen, Kerschensteiner wenigstens räumlich in der Nähe zu wissen. Er freute sich aufrichtig, als er sie in seiner Sprechstunde sah, erkundigte sich nach ihrem Schreiben, bestärkte sie darin, nach Landshut zu ihrem Mann zu gehen. »Das ist auch für Ihre Familie und für Ihre Gesundheit das Beste.« Kerschensteiner sah Lena mit so viel aufrichtiger Güte und Interesse an, dass sie aufgewühlt, dem Weinen nahe vor ihm saß.

»Heiliges Herz Mariä, halt mir jetzt Leib und Seele zusammen, er darf nicht wissen, wie es um mich steht«, flehte Lena, und Kerschensteiner fiel auf, dass sie zart und hohlwangig aussah.

»Geht es Ihnen auch wirklich gut? Soll ich Sie nicht doch untersuchen?«, fragte er besorgt, und das Gefühl vollkommener Einsamkeit kehrte in Lena mit doppelter Kraft zurück, als sie spürte, dass ihr immer nur die Sorge des Mediziners galt.

Lena war zu Kerschensteiner ohne jede bestimmte Absicht gekommen, nur in dem starken Verlangen, ihn zu sehen. Damals hatte sie nicht ahnen können, dass sie in Landshut Ludovico treffen und sich von Herrli trennen würde.

Was war aus ihrer Liebe zu Kerschensteiner geworden, als ihr Ludovico begegnete? Was hätte Lena tun müssen, um in ihrer ständigen Sehnsucht nach Kerschensteiner Halt zu finden? In Wahrheit, so glaubte Lena heute, hatte sie in Ludovico ihre Liebe zu Kerschensteiner gesucht. Eine trostlose Verzweiflung stieg in ihr hoch, als ihr klar wurde, dass keiner von beiden sie je geliebt hatte.

Daheim warteten Leni und Alixl besorgt auf die Mutter. Während sich Lena ein trocknes Kleid anzog, versuchten die Mädchen vorsichtig, die Bilder trockenzutupfen. Lena berichtete ihnen von ihrem vergeblichen Versuch, die Bilder zu verkaufen. »Ach Kinder, es ist so aussichtslos! Nur Bilder von Lenbach, Stuck oder Defregger bringen Geld!«

»Dann schreibn wir das auch unter unsere Bilder«, schlug Alixl vor.

»Glaubst es!«, sagte Leni kopfschüttelnd zu ihrer Schwester, und Alixl fragte, warum das denn so schlimm sei.

Sie kochten sich einen Tee aus getrockneter Pfefferminze, teilten sich ein Butterbrot, das Heinrich Leni geschenkt hatte, und das Brot schien in Lenas Mund aufzuquellen, schien sie zu ersticken, so sehr schämte sie sich ihrer Ohnmacht. Sie gab ihren Teil Alixl, die ihn gierig verschlang, und schleppte sich mit zwei Wärmflaschen ins Bett, fiel in einen fiebrigen Schlaf, aus dem sie immer wieder erwachte. Sie sah sich um in ihrem Zimmer, fand es kahl und armselig. Sie hatte bis auf das Bett fast alles verkauft, nur die Bilder waren ihr geblieben, richtig, die Bilder! Die fehlten jetzt auch, standen beim Herd zum Trocknen.

Es war still in dem großen Haus. Die Stille der Nacht war für Lenas Nerven vielleicht noch quälender als die Geräusche des Tages. Der Gedanke an ihren letzten Besuch bei Kerschensteiner hatte ihr das Bewusstsein ihrer absoluten Einsamkeit wieder klar vor Augen geführt.

Während sie sich an Ludovico verlor, sich ihm völlig unterwarf, hatte sie alle anderen Menschen um sich zu etwas weniger Wichtigem gemacht. Lotte war in Berlin, sie hatte ihren Freund, den Doktor Gerhard Pagel, geheiratet, und so sehr Lena sie vermisste, war sie doch froh, dass Lotte nicht mit ansehen musste, wie sich Lena an einen gefühllosen und nichtsnutzigen Jungen hängte. Ja – so war es gewesen. Lena wusste das inzwischen. Auch, dass Anton und Herrli, jeder auf seine Art, gefühllos und nichtsnutzig waren.

Lena konnte sich nie gegen den Schmerz wehren, den sie ihr antaten. Auch gegen Herrli hatte sie keine Waffen gehabt, wenn er überall den Eindruck erweckte, als sei er es, der ihre Romane zumindest entwerfe und betreue, der aus ihr bei jeder sich bietenden Gelegenheit eine triebhafte, von Dämonen besessene Schriftstellerin machte.

Vor allen ihren Freunden schämte sie sich. Vor Annette Thoma und ihrem Mann, dem Maler, die eine so glückliche Ehe führten, wie Lena sie sich immer vergeblich gewünscht hatte. Es schien ihr klar, dass Annette und Emil Thoma für Lenas Verhalten nicht das mindeste Verständnis haben würden. Vor Ludmilla und Tiburtl mochte Lena sich nicht sehen lassen, vor Kathi und vor Frau Böck ebenfalls nicht. Sie alle hätten kein Verständnis dafür gehabt, dass Lena Herrli verlassen und unverheiratet mit dem Bub zusammengelebt hatte. Wie gut, dass sie es nicht wussten. Dass sie glaubten, der Krieg habe Lena und Herrli auseinandergeführt und noch nicht wieder vereint.

Einzig mit Lotte hätte Lena reden können. Sie hätte Ludovico mit Sicherheit durchschaut, aber Lena ihren Irrtum niemals vorgeworfen. Sie und ihre Schwabinger Freunde lebten nach völlig anderen Maßstäben. Lotte war die Geliebte vieler gewesen, und einmal, nach einer Eifersuchtsszene mit Walter Stich, hatte Lotte mit Lena darüber geredet. »Walter verlangt von mir, dass ich ihm treu bin, dabei weiß ich, dass er fremdgeht, wenn es ihm passt!«

Lotte sagte entschlossen zu Lena, sie hielte sich daran, was Franziska zu Reventlow über die Treue der Frau geschrieben hatte: »So geht mir doch mit der Behauptung, die Frau sei monogam! Weil ihr sie dazu zwingt, ja! Nun Gott sei Dank, unsere christliche Gesellschaftsmoral hat sich mehr wie gründlich überlebt die letzten Jahrzehnte.«

Lotte hatte die Freundin erwartungsvoll angesehen. »Hat sie nicht Recht? Warum dürfen Frauen nicht, was für Männer selbstverständlich ist?« Lottes Stimme war leiser geworden, als sie Lena berichtete, dass Franziska zu Reventlow notfalls auch für Geld mit Männern geschlafen habe. »Sie hat daraus kein Geheimnis gemacht. Hat gesagt, dass sie hundert Mark nehme für eine Nacht.«

Lotte. Wenn sie doch jetzt da wäre! Vielleicht bekäme Lena dann einen heißen Kakao. Sie spürte, wie sie fror und zugleich fieberte. Sie lag zugedeckt mit allen Decken und Mänteln, die sie noch besaß, und trotzdem war ihr so kalt, dass sie zitterte. Ihr Laken war schon nass vom Schwitzen, das sich mit dem Frösteln abwechselte. Lena fühlte sich wieder so elend wie in ihrer nasskalten Wohnung damals in Haidhausen, wo sie auch von der gemeinen, grauen Armut ihres Lebens krank geworden war.

Manchmal schlief sie ein vor Erschöpfung. Dann wachte sie wieder auf und überlegte panisch, wie sie Geld verdienen könne. Münchens Straßen waren voll von Arbeitslosen, Schlangen hungriger Menschen standen vor den

Läden, um zu kaufen, was es gerade gab. Bücher wollte niemand haben. Hätte Lena Platin gehabt, würde sie je Gramm zweihundertfünfzig Mark erlösen, für einen Brillanten je Karat fünfzehntausend Mark. Lena wusste, dass der Schwarzhandel blühte, dass das Geld immer weniger wert wurde und dass daher die Leute, die noch Geld besaßen, dafür Dinge von bleibendem Werk kaufen wollten. Eben Schmuck und Kunstgegenstände.

Sie hatte ihre Mädchen vor einigen Tagen mit einer Tasche Bücher ins Haus der Familie Lenbach und in die Villen Stucks und Defreggers geschickt. Sie glaubte, dass man im Haus eines berühmten Künstlers ihr vielleicht helfen würde, dass man dort ihren Namen kannte und im Tausch gegen ihre Bücher vielleicht den Mädchen einige Zeichnungen oder Skizzen geben werde, die sie dann verkaufen könnte. Doch Leni und Alixl kamen niedergeschlagen zurück. Man hatte sie abgewiesen.

Der Schmerz und die Scham darüber wüteten in Lena. Sie konnte es später nur ihrem Fieber, ihrem Hunger und der Angst und Sorge um ihre Mädchen zuschreiben, dass sie in der Aussichtslosigkeit ihrer Lage daran gegangen war, ihre Bilder mit den Signaturen »Lenbach« und »Stuck« zu versehen.

Sie war in der Stille der Nacht frierend und fiebernd in den Keller gegangen, die geheimnisvollen Schatten, die ihre Kerze warf, schienen ihr so fremd und gefahrvoll wie das, was sie zu tun vorhatte. In ihrem Kellerabteil lag nur noch elendes Gerümpel, zerbrochene Blumenvasen, die geklebt werden sollten, Teile eines kleinen Tisches, doch sie räumte alles entschlossen beiseite, fand, was sie suchte. Die Ölfarben, die noch von der Restaurierung ihrer Möbel übrig waren, hatten jeden Umzug mitgemacht, lagen in ein altes Laken eingewickelt in der Schublade des zertrümmerten Tisches.

Lena ging wieder hinauf in ihre Wohnung. Die schreckliche Stille und Leere im Haus folgten ihr, gaben ihr das Gefühl, dass nicht nur das Haus, sondern auch die Straße und die Stadt leer seien, die ganze Welt war leer, und Lena war allein, nackt und frierend im undurchdringlichen Nebel.

Das Fieber war gestiegen, Lena fühlte sich fast wie im Delirium, ihr war schwindlig, sie schleppte sich zum Bett und malte mit einem Küchenpinsel »Stuck« auf ihr Bild, das die Landschaft bei Dachau zeigte. Lena wusste, dass das völlig wahnsinnig war, dass ihr Bild mit dem Maler Stuck nichts zu tun hatte. Stucks große mythologische und symbolhafte Kunst war einzigartig, jedermann, der sich für Malerei interessierte, kannte ihn, und gerade deshalb wählte sie seinen Namen für ihr Bild, da ohnehin nur üble Geschäftemacher danach greifen würden.

Lena fühlte sich so furchtbar müde, dass sie glaubte, bei der Berührung mit ihrem Kopfkissen müsse sie sofort einschlafen, doch jeder Nerv war angespannt. Sie grübelte nur darüber nach, wie für ihre Mädchen Geld zu beschaffen war. Wenn sie nur für ein paar Tage Essen kaufen und ihren Mietzins bezahlen könnte – mehr wollte Lena nicht.

Doch es musste schnell gehen, der nächste Tag war in ein paar Stunden angebrochen, der übernächste würde ihm auf den Fersen folgen, die Tage waren Feinde, die von Lena forderten, was sie nicht hatte – Geld!

45. Kapitel

Sie war nicht zu dem Galeristen am Kosttor gegangen, sondern zu einem Händler in Schwabing, dessen Laden sie durch Zufall entdeckt hatte. Sie zog ihr schwarzes Seidenkleid an und einen großen, dazu passenden Hut, beides hatte sie sich damals von dem Honorar für »Madam Bäuerin« geleistet. Trotz der eleganten Aufmachung fühlte Lena sich erniedrigt, und nur der Gedanke an ihre darbenden Mädchen ließ sie ihren Stolz bekämpfen.

Der Händler kaufte ihr Bild. Dabei sah er sie mit seinen listigen, unter dicken Tränensäcken fast verschwindenden Augen an. Er verkaufte neben Bildern alte Bauernmöbel aus dem Land um Dachau. Trotz seines gewiss teuren Anzugs sah der Händler schmierig aus. Und Lena spürte, dass er sie ebenso einschätzte. »Wir beide«, schienen seine Augen zu sagen, »wir beide sind zu allem fähig.« Lena sah die Grausamkeit in seinen schwimmenden Augen. Es würde ihm bestimmt Vergnügen bereiten, Lena zu vernichten. Für heruntergekommene Menschen ist es oftmals das einzige Vergnügen, andere mit hinunterzuziehen.

Ob sie noch mehr so wundervolle Bilder habe, fragte der Händler. Sie habe noch vier, sagte Lena, es seien aber Erbstücke, die wolle sie nicht verkaufen.

»Aber wenn, dann bitte nur an mich, gnädige Frau, ich bezahle sie sofort und so gut wie kein anderer in der Stadt.«

In der Tat. Lena trug fünfhundert Mark in ihrer Börse, fuhr sofort zum Viktualienmarkt. Heute sollten Leni, Alixl und Heinrich ein Festessen bekommen! Sie sah die aufgespannten Schirme in der Maisonne, sah die Körbe mit Salat, Rettichen, Spinat und Gurken. Die Marktfrau, eine alte Bäuerin mit Kopftuch, saß müde auf ihrem Hocker, reckte sich aber, als sie Lena sah, und rief ihr zu: »Gnä Frau, was geht ab? Salat, Karfiol? A scheene Gurkn? Eier?« Lena kaufte, und die nächste Standlfrau rief: »Madam! I hätt scheene Radi, Erdäpfel und gelbe Rübn aa!« Und als Lena näher kam, flüsterte sie, dass sie ein Trumm Henne habe, für die Suppn, aber sie müsse zehn Mark dafür verlangen, das Futter sei ja so teuer. Lena nahm die Henne mit.

Groß war das Angebot nicht. Zumindest nicht das sichtbare. Was die Marktfrauen versteckt hielten – Lena wusste es nicht, wollte es gar nicht wissen. Schließlich bezahlte sie mit ergaunertem Geld. Trotzdem tat ihr die Dürftigkeit des früher überquellenden, in allen Farben leuchtenden Viktualienmarktes weh. Lena ging zum Metzger, bekam tatsächlich ein Stück Suppenfleisch, das der Metzger unter der Theke hervorholte, weil Lena es bezahlen konnte.

Es folgten ein paar satte, selige Tage für Lena und die Mädchen. Lena fühlte sich jeden Tag stärker und glücklicher, doch sie war in einem Zustand leichter Erregbarkeit, und erst als der Händler unter der Türe stand und sein Geld zurückverlangte, wurde sie ruhig und kalt. Sie sah in sein erstarrtes, verschlagenes Gesicht, das die Maske des Biedermannes abgelegt hatte, und sagte sehr bestimmt, er bekomme sein Geld, was er seltsamerweise akzeptierte.

Sofort, als er verschwunden war, ging Lena zu einem neuen Händler und verkaufte ihm einen »Lenbach«, für den sie sechshundert Mark verlangte. Schließlich hatte sie fast vierzig Mark ausgegeben, und sie mussten morgen noch leben und übermorgen auch.

Dass sie ihr Bild mit »Lenbach« signierte, geschah aus denselben Motiven wie bei Stuck auch. Lenbach war noch bekannter und berühmter als Stuck, denn er hatte glänzende Porträts von vielen bedeutenden Menschen gemacht, von König Ludwig I. von Bayern, von Kaiser Wilhelm I., von dem Fürsten Otto von Bismarck, mit dem er befreundet war, hatte er achtzig Bildnisse gemalt. Sogar auf dem Sterbebett hatte er den großen Staatsmann malen dürfen.

Wer also Lenas Bild als einen Lenbach ansah, der war entweder wahnsinnig oder raffgierig, und dafür fühlte Lena sich nicht verantwortlich. Sie hatte nicht die Wahl, musste sich mit gewissenlosen Menschen gemein machen.

Es ging ihr durch den Kopf, dass sowohl Lenbach als auch Stuck vom Land nach München gekommen waren, dass sie aus ähnlich armen Verhältnissen kamen wie sie – und heute waren sie leuchtende Sterne am Himmel der Kunst. Als Lenbach gestorben war, im Jahr 1904, waren die Münchner in hellen Scharen zu seiner Beisetzung am Westfriedhof gekommen, sie hatten Lenbach einen größeren Abschied bereitet als ihren Landesherren.

Obwohl Lena von Gott auch ein Talent gegeben wurde, hatte sie versagt. Sie besaß heute noch weit weniger als die kleine Hansschusterlenei in Glonn. Damals lebte sie mit den Großeltern die Regeln des katholischen Kirchenjahres, war stolz, wenn sie sich in der Passionszeit Süßigkeiten untersagte, sich im Schweigen übte. Die Rituale der Kirche waren ihr selbstverständlicher Besitz, sie liebte Weihrauch, brennende Kerzen, die Statue der Gottesmutter. Vor allem liebte Lena die Orgelmusik – wenn sie aufbrauste, dann spürte Sie, dass sie lebendig war, atmete, eine tiefe Sehnsucht hatte, ohne zu wissen wonach. Im Geheimnis der heiligen Kommunion hatte Lena alles um sich herum vergessen, sie sah Jesus Christus, der in sie eintrat, leibhaftig vor sich, wie er sich im Raum ihres Herzens umblickte, ob es sauber, lichterfüllt war oder verschmutzt von Sünden. Damals, das wusste Lena heute, war sie kein armes Häuslerkind gewesen, sondern ein glückliches, sorgloses Kind an der Hand des Großvaters, reich an Fantasie und Fröhlichkeit.

Auch heute, wo Lena ihre Vergangenheit wie eine drückende Last empfand, waren die Gedanken an die Liebe des Großvaters und die Geheimnisse des Glaubens ihr einziger Besitz.

Lena stand am geöffneten Fenster ihres Schlafzimmers. Sie sog tief die verheißungsvolle Mailuft ein, die in den Häuserschluchten Schwabings so viel ärmer roch als in Glonn, wo sie nach Sonne duftete, nach den ersten Primeln, nach den vergangenen Schneeglöckchen und Krokussen, nach dem treuen, immergrünen Efeu mit seinen starken Wurzeln. Sie hörte die Tauben, die von allen Simsen und Dachgauben gurrten, das Trillern der Vögel, fühlte den Wind, der immer neue Gerüche mitbrachte, den Geruch alten Laubes, neuer Schösslinge, nasser Erde und frisch gemähter Wiesen. Lena spürte, dass sie sich mit zugeschnürter Kehle ihre Heimat Glonn zurückwünschte, den Sommer dort, den Winter, den Frühling und den Herbst. Sie wollte die verheißungsvollen Sonnenaufgänge zurückhaben und die Untergänge in ihren wilden Farben, den Weizen auf den Feldern und die nasse, umgepflügte Scholle, die Kastanien, die Veilchen, die wilden Erdbeeren und den leuchtenden Mohn.

Niemals hätte Lena Glonn verlassen dürfen. Doch sie hatte keinen Willen gehabt damals, durfte keinen haben. Sie war noch keine Person gewesen, nur das Kind ihrer Mutter. Ihr hatte sich Lena geopfert bis zur Selbstaufgabe. Heute war ihr klar, dass sie den Überfall ihrer Mutter auf ihre Freiheit, ihr Leben und auf ihre Person nicht hatte abwehren können.

Am Abend saß Lena am Fenster, als warte sie auf den nächsten Händler, der ihr den Betrug nachweisen würde. Sie sah auf die Straße, sah sich selber auf einem immer enger werdenden Pfad, ohne Hoffnung, ohne Rettung. Doch sie wusste keinen anderen Ausweg mehr, fand andere Kunsthändler, die kauften, ohne hinzusehen, bezahlte mit dem Geld des einen die Forderung des anderen, und schließlich standen zwei Beamte der Kriminalpolizei vor der Tür. Lena trat ihnen gefasst entgegen.

»Ja, ich bin die Schriftstellerin Lena Christ.«

Die Beamten marschierten durch ihre Wohnung, schauten in jeden Kasten, unter die Betten.

»Haben Sie noch mehr Bilder mit gefälschten Signaturen?«

»Ich habe kein Bild mehr, nein.«

»Aber Sie haben doch falsche Signaturen auf unbedeutenden Bildern angebracht! Tun Sie doch nicht, als ob Sie das nicht wüssten!«

»Ich habe meine Bilder von einem Sachverständigen prüfen lassen«, sagte Lena. »Er hat mir gesagt, dass meine Bilder wertvoll sind, von Stuck und Lenbach stammen. Da ich nichts mehr zum Leben hatte, habe ich die Bilder verkauft.«

»Der Name des Sachverständigen?«

»Den kann ich nicht angeben. Der Mann hat Familie, ich kann ihn nicht verraten. Ich glaube aber, dass er nach bestem Wissen gehandelt hat.«

»Diesen Namen werden Sie schon nennen müssen. Der Mann ist genauso betrügerisch wie Sie. Aber damit kommen Sie nicht weit, glauben Sie mir! Sie sollten sich schämen. Immerhin haben Sie das Ludwigskreuz!«

»Davon werden meine Töchter nicht satt«, entgegnete Lena, und der Beamte fuhr sie an, dass dann halb München zu Betrügern werden müsse.

»Die großen Schieber und Händler auf dem Schwarzmarkt, die werden nicht angezeigt, aber mich wollen Sie bestrafen, weil ich meine Kinder nicht hungern sehen kann.«

Der erste Beamte wurde rot vor Wut: »Halten Sie den Mund! Was wissen denn Sie! Sie sind eine Betrügerin, und dann wollen Sie auch noch das Maul aufreißen!«

Der zweite, etwas ruhigere, sagte, Lena werde schon sehen, was sie davon habe: »Sie bekommen eine Vorladung von der Polizeidirektion, bis dahin halten Sie sich zur Verfügung.«

Schon am nächsten Tag kamen Leni und Heinrich außer Atem und völlig empört heim. Sie zeigten der Mutter die Zeitung, die Heinrich mitgebracht hatte. Leni weinte verzweifelt, doch Heinrich rief, dass er nicht zulassen werde, dass man Leni derart verleumde. »Verlassen S' sich auf mich, Frau Christ, ich werd aufräumen in dem Saustall! Denen stopfe ich das Lügenmaul!«

Lena sah ihre Kinder – Heinrich war in diesen Wochen schon ihr Sohn geworden –, sie liebte die beiden jungen Menschen in ihrer ehrlichen Empörung, ihrem Vertrauen in die Reinheit ihres Herzens. Sie sahen in Lena ihre zu Unrecht verdächtigte Mutter und wollten sich schützend vor sie stellen.

Lena stockte der Atem, das Blut schien ihr in den Adern zu gefrieren. Was war das für eine zerstörerische Kraft gewesen, die sie getrieben hatte? Konnte sie das noch mit Ausweglosigkeit, mit der Liebe zu ihren Kindern rechtfertigen? Wie sollte sie Leni und Heinrich sagen, dass alles stimmte, was die Zeitung schrieb.

Sie schwieg. Heinrich und Leni, irritiert von diesem Schweigen, starrten sie an. »Mutter – du hast –«, brachte Leni schließlich heraus, und Lena nickte. Sie gab vor den Kindern zu, dass sie betrogen hatte, weil sie keinen Ausweg sah aus der Not. Sie habe natürlich daran gedacht, dass der Betrug herauskommen könne, aber sie habe die vage Hoffnung gehabt, dass die Käufer, die nichts von Kunst verstanden, sich an ihren Stucks oder Lenbachs freuen würden.

Heinrich und Leni erholten sich von ihrem Schrecken, sie umarmten Lena, wussten, dass die Mutter es für sie alle getan hatte, dass sie krank war und fiebrig und daher noch verzweifelter als sonst. Lena konnte sich nicht mehr erinnern, wer als Erster den Gedanken gehabt hatte, jedenfalls wollten Heinrich und Leni aufs Polizeipräsidium. Sie wollten angeben, dass sie die Idee mit den Bilderfälschungen gehabt, dass sie es waren, die ihre Mutter dazu überredet hatten.

Lena küsste sie, dankte ihnen und sagte, das dürften sie nie und nimmer tun. Doch sie bat Leni und Heinrich, Alixl von der Schule abzuholen, damit sie geschützt sei, falls jemand sie auf den Zeitungsartikel hin dumm anredete.

Als die beiden gegangen waren, nahm sie nochmals die *Münchner Zeitung* und las wieder und wieder, was das Blatt schrieb: »Die Ausreden der Lena Christ! München hat wohl noch selten ein Verbrechen gesehen, das mit so viel Raffinement durchgeführt worden ist wie die Bilderfälschungen, die sich die Romanschriftstellerin Lena Christ geleistet hat.«

Ein Verbrechen. Ein Verbrechen. Es dröhnte in Lenas Kopf. Als sie von der Straße eine seltsame Unruhe hörte, sah sie, dass Nachbarinnen vor dem Haus standen, ihre Kinder waren um sie geschart, alle glotzten durchs Fenster in Lenas Wohnung, die im Parterre lag. Die dicke, breitbrüstige Nachbarin, die Lena und ihre Töchter schon seit ihrem Einzug ins Haus mit ihrem Hass verfolgte, trommelte mit den dicken Fäusten auf das Fensterbrett, rief, dass die Betrügerin Lena Christ eine Schande sei für das ganze Haus, für das ganze Viertel!: »Da sieht mers, wos für a Fetzn des is, die Christ, immer is's so aufputzt daherkemma, die Bachstelzn, die dürre. Sie glaubt, sie is die Keenigin von Jerusalem, dabei tuts nix anders als wie betrügn! Aussijagn sollt mers mitsamt der Bagaasch!«

Während nun die Kinder mit Lust auf das blecherne Fensterbrett trommelten, während sie »Bagaasch« schrien, »Bagaasch, Bagaasch«, dachte Lena, das sei der Preis dafür, dass sie und die Kinder sich einige Tage satt gegessen hatten, doch bald wurde ihr klar, dass der Preis noch um ein Vielfaches höher war. Die fette Nachbarin und ihre Kinder waren wie hässliche Kläffer, um die man sich nicht kümmern brauchte, doch heute war es, als hätten sie die Tollwut, und dann konnte ihr Biss tödlich sein.

Lena war es gewohnt, den Tatsachen ins Auge zu sehen, doch jetzt, wo schon die Zeitungen und die Nachbarn über sie zu Gericht saßen, konnte sie ihre Situation nicht mehr beschönigen. Was die Nachbarn wussten, war inzwischen auch denen bekannt, die Lena liebte. Kerschensteiner würde es erfahren. Er, der Lena gesagt hatte, dass Wahrhaftigkeit eine der größten Tugenden sei. Zum ersten Mal seit Tagen fühlte Lena ein Beben in der Kehle, Tränen sammelten sich in ihren Augen und liefen über. Doch Lena konnte nicht richtig weinen, ihre zu lang geübte Selbstbeherrschung bekam wieder die Oberhand, und sie wischte sich die Augen, als es klingelte und Herrli hereinkam.

Er wollte sich regelrecht vor Lena aufbauen, sah jedoch ihre schwimmenden Augen, und eine eigentümliche Genugtuung ließ ihn Lena nur zunicken und sich abwenden. Er warf sich auf einen Stuhl und sagte umherschauend:

»Du hast es ja weit gebracht ohne mich.«

So sehr sich Lena auch bemühte, Ordnung in ihre Gedanken zu bringen, die Worte wollten nicht aus ihr heraus. Sie war auf einiges gefasst gewesen, aber nicht auf Herrli. Wieso kam er her? Sicher wollte er seinen Triumph genießen.

»Ich habe keine Zeit, ich muss für die Mädchen Kleider einfärben.«

»Wenn das deine größte Sorge ist!« Herrli lachte hämisch.

»Weißt du, wie man in der Stadt von dir redet? Weißt du, dass du erledigt bist, ganz und gar erledigt?«

Lena sah ihn an, seinen kahlen Mönchskopf, seine Fischaugen, sie glaubte in ihnen eine heimliche Freude an den Grausamkeiten zu sehen, die er ihr sagte. Sie hatte das Gefühl, als sei Herrli zum ersten Mal ehrlich zu ihr, und das Gefühl der völligen Einsamkeit, das stärker schmerzte als jede körperliche Verletzung, nahm wieder Besitz von ihr, trennte sie ab vom Leben wie damals, als sie ihren Arm auf den Hackstock gelegt und mit dem Messer –

Wenn sie bislang noch Zweifel gehabt hatte, heute war es ihr klar: In gewisser Weise war Herrli der Nachfolger ihrer Mutter gewesen. Auch er hatte Lenas Arbeitskraft ausgebeutet, hatte sie als seinen persönlichen Besitz angesehen wie der Herr seinen Hund. Und jetzt triumphierten beide über sie, Herrli und die Mutter. Alle Verwünschungen der Mutter waren in Erfüllung gegangen. Auch der Fluch, dass Lena jede gute Stunde mit zehn bitteren büßen solle.

Sie dachte an Anton, an den jungen Toni, ihren Sohn, sie würden sich schämen, dass Lena einmal eine Rolle in ihrem Leben gespielt hatte, und wahrscheinlich würden auch sie triumphieren. Die Schwiegereltern ebenso, sie hatten es schon immer gewusst: Ein ledigs Kind und dann noch aus einer Wirtschaft heraus, das hatte nicht gut gehen können.

In ihre Gedanken hinein sagte Herrli, dass Lena sich wohl über ihre Lage nicht im Klaren sei. »Offenbar sitzt du immer noch auf dem hohen Ross, obwohl du demnächst im Gefängnis landen wirst. Außerdem – kein Verlag, keine Zeitungsredaktion wird mehr mit dir arbeiten. Niemand wird je wieder ein Buch von dir drucken oder eine Geschichte. Keine Bühne wird etwas von dir aufführen. Dein Name ist unrettbar beschmutzt. Der Beruf einer Schriftstellerin ist dir durch deine wahnsinnige Tat verschlossen.«

Die große Trauer in Lena machte sie unempfindlich für das fanatische Lächeln Herrlis, der sie in besinnungslose Angst hineintreiben wollte. Das spürte Lena, und noch wehrte sie sich. »Woher weißt du das alles?«, fragte sie in einem Anflug von Spott, »die Zeitung ist doch erst heute morgen erschienen?«

Herrli stutzte, aber nur kurz, um seine Methode zu ändern. Dann begann er ihr weinerlich vorzuhalten, dass sie nicht nur ihren, sondern auch seinen Namen besudelt hätte. Und den der Mädchen. »Ich kann mich nirgends mehr sehen lassen. Die meisten wissen ja gar nicht, dass wir getrennt leben. Und deine Töchter werden immer die Töchter einer Verbrecherin bleiben.«

Er hatte sich gründlich vorbereitet auf seinen Seelenmord, und als sein Angstapparat nicht sofort funktionierte, benutzte er Leni und Alixl, um Lena zum Äußersten zu treiben. Herrli machte eine Pause, dann meinte er,

dass irgendwann ja auch ihr Bub davon erfahren würde, dass seine ehemalige Freundin Lena Christ im Gefängnis sitzt. Herrli sah Lena lauernd an:
»Und vor allem dein unübertrefflicher Kerschensteiner! An deiner Stelle wäre ich lieber tot.«
»Das ist es also, was du willst«, brach es aus Lena hervor.

Herrli stand auf, ging zur Tür. Er drehte sich noch einmal um und sagte zu Lena, dass er ihr Gift besorgen könne.

»Ich habe einen Bekannten, der ist Professor in einem Forschungslabor. Er kann mir Zyankali besorgen. Das ist ein Gift, das sehr schnell wirkt. In wenigen Sekunden wärest du tot. Überlege es dir, es wäre für uns alle das Beste. Aber vor allem für dich. Dein schlechter Ruf wird dich fortan überallhin verfolgen.«

In der Nacht schlief Lena kaum. Sie horchte auf die Geräusche der Straße, ein Auto, das vorbeifuhr, war ebenso tröstlich wie das Lallen eines Betrunkenen. Als sie wieder einschlief, sah sie sich im Traum nackt und allein im Nebel, sie fror, war ohne jede Orientierung. Mit einem erstickten Schrei wachte sie auf, machte Licht, schleppte sich taumelnd aus dem Bett und holte sich ein Glas Wasser.

Sie sah wieder ihre Mutter, die dumpf und böse auf sie einbrüllte, sie als Luder bezeichnete, als Schindervieh. Sie zählte Lena all ihre Lügen auf, ihre Vorwürfe hallten wider in Lenas Kopf. Die Nacht war wie ein Kreuzweg, auf dem jeder Schritt, alle Folterungen einzeln vorgebetet werden. Sie fühlte eine endgültige, tödliche Kälte in sich, wünschte sich den Zusammenbruch, damit ihr klägliches Leben enden konnte.

Herrli – ausgerechnet er drängte sich wieder in ihr Leben. Es war, als habe er ihr Zimmer mit Angstschwaden angefüllt. Er hatte die Augen eines Dompteurs, er triumphierte vor Freude und Stolz, dass Lena, sein ausgebrochenes Tier, wieder in seinen Fängen war. Sein Gesicht war das eines Schauspielers, bitter, dunkel, böse, dann wieder strahlend in einer Art geistiger Ekstase. In seinen Bewegungen war eine Heftigkeit, ein Fieber, das Lena vorher nicht aufgefallen war. Hatte ihn die Front verändert – oder war er schon immer so gewesen, und Lena hatte ihn nicht richtig angesehen? Vielleicht war es ja ihre Liebe zum Bub, die ihn nicht ruhen ließ. Eines schien Lena gewiss – Herrlis Eitelkeit war gewaltig und eine Verwundung seiner Eitelkeit lebensbedrohlich. Wahrscheinlich hasste er Lena noch mehr als die fette Nachbarin, die mit ihrer Meute um die Wette kläffte.

In den nächsten Tagen war in den *Münchner Neuesten Nachrichten* zu lesen: »Umfangreiche Bilderfälschungen hat die Kriminalpolizei festgestellt. Eine im Norden der Stadt wohnende Schriftstellerin mit bekanntem Namen [...] Die Art, wie Lena Christ vorgegangen ist, verdient keinerlei Rücksichtnahme [...]«

»Die Untersuchung gegen die der Bilderfälschung beschuldigte Lena Christ zieht weitere Kreise [...]«

Sie hetzen mich zu Tode, dachte Lena, und sie schrieb es in ihren Abschiedsbrief an Heinrich, Lenis Freund, der gemeinsam mit Leni und Alixl alles tat, um Lena die Zeitungen vorzuenthalten, sie zu beruhigen, zu trösten, doch Lena las auch in den Augen ihrer drei Liebsten, dass sie keinen Ausweg wussten aus dem Fegefeuer, in dem sie steckten.

Lena schrieb Abschiedsbriefe an alle Menschen, von denen sie glaubte, dass sie sich ihrer Kinder annehmen würden. An Ludwig Thoma, an Dr. Erich Petzet und an Kerschensteiner. Allen teilte sie mit, dass sie ihren Fehltritt mit dem Opfer ihres Todes sühnen werde und dass man, bitte, ihren Töchtern helfen solle. Zum Schluss schrieb sie an Hans Ludwig Held: »Lieber Hans, ich möchte als Katholikin sterben. Da mich nach meinem freiwilligen Tod kein Priester beerdigen darf, bitte ich Dich, an meinem Grab ein katholisches Vaterunser zu beten.«

Lena schickte Leni und Alixl mit ihrem restlichen Geld nach Lindach. Heinrich würde mitfahren. Sie sollten dort an Nahrungsmitteln einkaufen, was der Wimmerbauer ihnen geben konnte. Die Kinder waren voller Angst. Sie wussten nicht, was sie denken sollten, wollten es nicht wissen, aber sie waren auch froh, der Trauer und Verzweiflung zu entrinnen. Dann wieder zögerten sie, die Mutter zu verlassen, doch Lena tröstete sie und versprach ihnen, dass schon alles wieder in Ordnung komme. Die Kinder machten sich früh auf den Weg. Lena küsste Heinrich, nahm ihre Töchter in den Arm, sog ihren frischen Mädchengeruch ein. Die Liebe zu Leni und Alixl drückte ihr schier die Kehle ab. Nur die Sicherheit, dass für ihre Töchter eine tote Mutter besser war als eine lebende, auf die ein schmähliches Gerichtsurteil wartete, nur diese Gewissheit hielt Lena davon ab, hinter ihren Kindern herzulaufen. Vom Fenster aus schaute sie den dreien nach, wie sie mit ihren Rucksäcken zum Bahnhof gingen.

Der älteste Sohn der Nachbarin, ein dicker Junge mit täppischen Bewegungen und verdrückstem Charakter, rief den dreien »d' Christ-Bagaasch, d' Christ-Bagaasch« hinterher.

Lena wollte nichts mehr denken, nichts mehr fürchten, nichts mehr hören. Ihr fiel ein, dass sie noch einen Rest Cognac haben musste. Sie trank das halbe Wasserglas in einem Zug aus, genoss das Brennen in der Kehle, die Benebelung ihrer Gedanken. Sie legte sich auf ihr Bett, sie hatte das Gefühl, immer tiefer zu fallen, sie wollte auch fallen, sich in Verleumdung und Erniedrigung wälzen, sie wünschte sich verzweifelt, noch mehr zu trinken und dann all die Grausamkeit, aus der ihr Leben bestand, zu erbrechen. Am größten war ihr Zorn auf sich selbst, dass sie sich von der widerlichen Schlange, die die Welt war, auffressen ließ.

Herrli kam. Er gab Lena, die völlig benommen war, noch das von ihm verfasste Testament, und Lena schrieb es mühsam ab:

»Ich habe mich entschlossen, den Makel, welchen ich auf meinen guten Künstlernamen gebracht und das Unglück, welches ich dadurch meiner Familie zugefügt habe, mit dem Opfer meines Lebens freiwillig zu tilgen und gutzumachen.

Sollte dieses Opfer nicht nutzlos gewesen sein, so habe ich den Wunsch, dass die nach meinem Tode noch anfallenden Einkünfte aus meinen veröffentlichten und noch zu veröffentlichenden Werken folgendermaßen verteilt werden:
Die Hälfte aller bei Albert Langen noch zu erwartenden Honorare für meine Bücher wird zur Tilgung meiner Schulden, die ich bei Albert Langen habe, dem Verlag Langen gutgeschrieben. Die andere Hälfte davon gehört zu gleichen drei Teilen meinem Mann Peter Jerusalem und meinen beiden Töchtern Magdalena und Alexandra.

Meine im Verlag List, Leipzig, erschienenen Novellen ›Bauern‹ gehören mit allen Honoraren, die daraus noch fällig werden, zu gleichen Teilen den oben genannten drei Personen: Peter Jerusalem, Magdalena und Alexandra Leix.

Alle sonst noch aus Novellen, Romanen, Theaterstücken, Übersetzungen in fremde Sprachen, Verfilmungen etwa erfolgenden Honorareingängen werden zur Hälfte als Deckung meiner bestehenden Schulden hergenommen. Die andere Hälfte teilt sich wieder in meinen Mann und meine zwei Töchter.

Ich habe diese Bestimmungen bei vollem Bewusstsein getroffen und hoffe auf genaue Einhaltung derselben. Ich glaube, dass ich durch Eingabe meines Lebens meinen Kindern und meinem Mann ihren guten Namen wiedergegeben habe und gehe dahin mit den innigsten Segenswünschen für meine Lieben.

Geschrieben am 29. Juni 1920 zu München
Magdalena Jerusalem (genannt Lena Christ).«

46. Kapitel

Sie fuhr mit der Tram nach Sendling hinaus. Am Harras stieg sie aus und ging zu Fuß zum Waldfriedhof. Es war noch früh, nicht einmal halb zehn, doch die Sonne stand schon hoch am sattblauen Himmel, und in ihrem Licht wichen Lenas dunkle Gefühle und wurden klein und nichtig. Sie dachte an Kerschensteiner und war beruhigt, denn er hatte ihr einmal gesagt, dass man von niemandem etwas Schlechtes sagen solle, wenn man es nicht genau wisse. »Aber wenn du es genau weißt, dann frage dich, warum du es sagst.« Kerschensteiner, dessen war sich Lena sicher, war großmütig in ihrem Leben gewesen und würde es auch in ihrem Tode sein. Er würde niemals schlecht über sie reden und ebenso wenig schlecht von ihr denken. Ihr erster Freund, der junge Priester, hatte ihr das Augustinuswort geschenkt: »Mir selbst ward ich zum großen Rätsel.« Doch sie konnte sich mit Großem nicht mehr trösten, war müde von ihrem Leben, sterbensmüde.

Nur an ihre Töchter mochte sie noch denken. Lena stellte sich vor, wie sich Ludwig Thoma, Erich Petzet und Hermann Kerschensteiner zusammensetzen und besprechen würden, was sie für Lenas Töchter tun könnten. Vielleicht beriet sich Kerschensteiner mit seiner Schwester Julie, die gemeinsam mit ihrem Mann ein Landerziehungsheim in Schondorf leitete und sicher am besten wusste, was besonders für Alixl zu tun sei.

Lena trat durch das Tor des Waldfriedhofes und ging zum Grab des Vaters von Ludovico, wo sie sich mit Herrli treffen wollte. Er war schon da, reichte ihr ein Fläschchen und ging rasch wieder davon, man sollte sie nicht zusammen sehen, nicht beobachten, dass Herrli ihr das Gift gab, denn Beihilfe zum Selbstmord war strafbar.

Herrli ging zwischen den Gräbern davon, eilig, er hatte nicht den kleinsten Versuch gemacht, Lena von ihrem Vorhaben abzubringen, im Gegenteil, sie hatte das Gefühl, dass er sie dazu drängte, ihr das Gift besorgt und sie bis zum Grab begleitet hatte, damit Lena es sich nicht anders überlegte. Lena war entsetzt, wie klar und intensiv sie ihre Lage sah. Sie erkannte, dass ihr nichts mehr blieb als die Leere des Todes. Und dass es einen Menschen gab, der sicher sein wollte, dass sie das Gift nehmen würde. Herrli stand hinter einem Baum und gab Acht, weil er fürchtete, dass es noch Hände gab, die Lena ins Leben zurückreißen wollten.

Wie lange war es her, dass sie mit dem Bub an diesem Grab gestanden hatte, dass er sich an sie geklammert hatte in plötzlich aufsteigendem Schmerz um seinen Vater. Damals hatte sie auch die tiefe, unnatürliche Ruhe des Friedhofs gespürt, in der die Stimmen der Vögel umso lauter klangen. Damals lebte die Liebe noch, die der Bub in ihr getötet hatte, es war eine Liebe, die Leidenschaft entzündete und die mit ihm fortging. Sie hatte sich allein gefühlt, als er ging, doch inzwischen war das Gefühl von Einsamkeit ein grundsätzliches geworden, hatte mit dem Fortgehen Ludovicos nichts mehr zu tun.

»Heiliges Herz Mariä«, betete Lena, als sie die Flasche aus ihrer Tasche herausnahm und den Stöpsel herauszog, »du bist die Trösterin der Betrübten, die Hoffnung der Sterbenden, bleib jetzt bei mir, ich habe nur noch dich.«

Herrli hatte ihr gesagt, sie solle nicht an dem Zyankali riechen, sondern es in einem Zug hinunterstürzen. Er war fürsorglich, ihr Todesengel, und Lena folgte seinem Rat. Sie spürte, wie das Gift durch ihre Adern rann, sie fühlte sich schwer, wie gelähmt, doch ihr Verstand arbeitete noch klar und kämpfte gegen die Todesvorstellung, gegen den Tod, gegen den ewigen Schlaf. Ihr Herz schlug verzweifelt, laut, als müsse es zerbrechen, und Lena durchfuhr ein dunkler Blitz von Einsamkeit und Schrecken. Sie richtete sich hoch auf, kalt und zitternd wegen des Schocks, dann hörte sie die Stimmen der Vögel nur noch leise und dann nicht mehr.

Anhang

Lena Christ wurde wenige Minuten nach ihrem Tod von einer Friedhofsarbeiterin aufgefunden. Sie erschrak, als sie die Leiche sah, und rief: »Mein Gott, noch so jung und so schön!«

Diese spontane Aussage deckt sich mit dem Befund im Selbstmordverzeichnis der Polizeidirektion München vom 30. 6. 1920, der besagt, dass Lena Christs Gesundheitszustand als »günstig« beurteilt wurde. Das widerspricht den Behauptungen Peter Jerusalems, der in seinem Buch »Der Weg der Lena Christ« davon spricht, dass sie todkrank und um Jahre gealtert gewesen sei und auch daher die Lust am Leben verloren habe. Da Selbstmörder obduziert werden, kann Lena Christs Gesundheitszustand nicht schlecht gewesen sein. Bei anderen Suizidalen, die am selben Tag wie Lena Christ starben, war der Gesundheitszustand oftmals als »ungünstig« oder »sehr ungünstig« angegeben.

Darüber hinaus sagt das Selbstmörderverzeichnis klar aus, dass Lena Christ, von den falschen Signaturen abgesehen, einen tadellosen Ruf genoss. Auch dies steht im Widerspruch zu den dunklen Andeutungen Peter Jerusalems, dass Lena Christ schon in der Zeit, als er sie kennen lernte, in Schwierigkeiten gewesen sei. Jerusalem behauptet das immer dann, wenn er seine Beihilfe zu Lena Christs Selbstmord verteidigen muss. Doch es gibt nicht einen Beleg für Verfehlungen Lena Christs. Diese Verleumdungen gehören zu dem Rechtfertigungsversuch, als den man Jerusalems Buch über Lena Christ ansehen muss.

Selbstmordverzeichnis der Polizeidirektion München vom 30. 6. 1920

Jerusalem Magd. 30. 10. 1881, kath., Schriftstellerin
Sittlicher und religiöser Charakter: gut
Körperlicher Zustand: günstig
Familienverhältnisse: verheiratet
Erwerbs- und Vermögensverhältnisse: ungünstig
Art, Ort und Zeit der Selbstentleibung: 30. 6. 1920 Waldfriedhof, vergiftet
Nächste Veranlassung: Furcht vor Strafe
Alter: 38 Jahre, 6 Monate
Schriftstellersgattin
Todestag 30. 6. 1920 morgens zwischen 9–10 Uhr
Sterbeort: Waldfriedhof
Wohnsitz: München, Bauerstraße 40
Hinterlassene Person: Peter Jerusalem, Schriftsteller, Hohenzollernstr. 34/2
Kinder, minderjährig: Magdalena 27. 12. 03
Alexandra 20. 12. 06
sonstige nächste Verwandte: nein
Leichenfrau des 19. Bezirks, F.W. Zangl, Sterberegister 1887

Nachrufe:

Münchner Neueste Nachrichten vom 1. Juli 1920:
»Freiwillig aus dem Leben geschieden. Ein Leben, das zu großen Hoffnungen berechtigt hat und an schweren Irrungen gescheitert ist, hat nach eigenem Entschluß ein jähes Ende gefunden. Die bekannte Schriftstellerin Lena Christ, die in seelischer Entgleisung die aufsehenerregenden Bildfälschungen verübt hat, nahm am Mittwoch Vormittag auf einem Grabe im Waldfriedhof tödlich wirkendes Gift. [...] Die Erfindungsgabe, die Lena Christ als Schriftstellerin bekundete, hat sie leider auch für ihre dunklen Zwecke benutzt. [...] Vom menschlichen Stand-

punkte aus wird man der Dahingegangenen, die mit ihrem Talent wohl nicht zu solch verwerflichen Mitteln hätte greifen brauchen, die Teilnahme nicht versagen. [...]«

Münchner Neueste Nachrichten vom 13. 7. 1920:
»Wir haben es für richtig gehalten, unseren geschätzten Mitarbeiter Peter Jerusalem, der der Gatte Lena Christs war, zu einer Würdigung der unter so tragischen Umständen aus dem Leben geschiedenen Frau das Wort zu geben:
›Wenn ich hier den Versuch mache, den dunklen Wegen einer verirrten Menschenseele nachzugehen, so geschieht dies nur aus dem Gefühl einer inneren Verpflichtung jenen gegenüber, die die Tote als Künstlerin oder als Menschen lieb gewonnen haben und die nun mit fragenden Augen in das Dunkel blicken, aus dem kein Wort mehr zu ihnen dringt.

Um die Lösung des Letzten zu geben, ist es nötig, mit dem Ersten zu beginnen. Die Wurzeln der dunkeln Triebe, die am Ende überwuchernd das bessere Teil dieser Seele erstickten, ruhen in einer unglücklichen, krankhaften Anlage und wurden durch die Behandlung, die ihr in der Jugend widerfuhr, nicht zum Verkümmern, sondern im Gegenteil zu lebhafter Entfaltung gebracht. Lena Christ war der Umgebung, in der sie aufwuchs, vollkommen fremd. An einer verstehenden Liebe fehlte es. Der Großvater allein, dessen gütig führender Hand sie leider allzu früh entrissen wurde, hat ihr das gegeben, dessen sie bedurft hätte, um die Herrschaft über sich selbst und das dunkel Triebhafte in ihrer Natur zu gewinnen. Als sie dann aber in den Bereich und unter die Herrschaft einer ihr wesensverwandten und doch im Tiefsten verschiedenen Natur geriet (d. i. der erste Ehemann Anton Leix) und nun mit Gewalt das zu zerbrechen suchte, was durch eine tiefere, von Liebe getragene Einsicht hätte geradegebogen werden können, wurde sie mehr und mehr in die Einsamkeit abgedrängt und blieb sich am Ende hilflos überlassen.

Da geriet sie nach der ersten Katastrophe durch einen Zufall an jemanden, der den tieferen Gehalt ihrer Seele und die Bedeutung ihrer Begabung erkannte und der staunend sah, was sich nach kurzer Zeit schon unter seiner leise führenden Hand zu entwickeln begann. Er (d. i. Peter Jerusalem) sah, daß da eine große Dichterin und Gestalterin der Menschenseele völlig unerkannt durch das Leben gegangen war und fast daran zerbrochen wäre, hätte nicht die gewaltige Naturkraft in ihr sie nicht immer wieder gehalten. [...]
Der Krieg brachte ihr endlich in ihren Bayernbüchern den ersten großen äußerlichen Erfolg, aber auch die Vorbedingungen für den schließlichen, unglückseligen Zusammenbruch. Sie war ein Mensch, der von schwersten Melancholien und krankhaften Anfällen heimgesucht, nicht allein sein konnte und in einer Angst vor sich selber hilfesuchend sich an jemanden anschließen mußte. Der ihr bisher Stütze gewesen war, (d. i. Peter Jerusalem) wurde ihr für das letzte Jahr des Krieges genommen, und bei seiner Rückkehr aus dem Feld im Jahre 1918 fand er sie in einer unglücklichen Verirrung, hin- und hergezogen zwischen Pflichtgefühl und einer Neigung zu einem anderen (d. i. Ludovico Fabbri). In einer tieferen Erkenntnis ihrer Natur suchte er sie mit verstehender Nachsicht aus dieser rein geistigen Verstrickung zu lösen, da die viel leichter zu betätigende Gewalt bei ihrem Wesen nur das Gegenteil des Gewünschten erzeugt hätte. Es stand eben nicht bloß eine Frau, sondern die Künstlerin auf dem Spiel. Es wäre am Ende auch gelungen, doch der Betreffende zog sie kraft seiner betörenden Gewalt ganz an sich. Jener andere zog sie mit hinein in das leichte Leben seiner Art, ohne tieferes Verständnis für ihr eigentliches Wesen. Als sie dann mittellos dastand, ließ sie sich auf das Fälschen von Signaturen ein, die nur durch das Schiebertum dieser Zeit zunächst erfolgreich waren. [...]
Eine bittere Satire auf die üble Kriegszeit hat Lena Christ mit diesem Handel gegeben. Es konnte neben der tiefen Güte ihres Wesens unter Umständen etwas Teufli-

sches in ihr hervortreten. Damit komme ich zu dem letzten und dunklen Gebiet dieser Seele, dessen Wurzeln im Unerklärlichen haften. Lena Christ hatte in ihrem Leben Zustände der vollkommenen Besessenheit. Es war, als handle sie unter irgendeinem dunklen Zwang, vor dem sie selber ein Grauen empfand. Ich selbst war Zeuge schwerer psychischer Störungen, die sie zum Beispiel plötzlich draußen auf freiem Feld überfallen konnten. Sie verfügte auch über besondere mediale Fähigkeiten, und es haben sich bei ihr seltsame spiritistische Phänomene gezeigt. [...]

Auf jeden Fall hatte ich die Empfindung, da ich Lena Christ wenige Tage vor ihrem Tode wiedersah, als sei ein böser Dämon von ihr gewichen. Indem sie selbst für ihre Taten sich zur schwersten Strafe verurteilte, glaubte sie, das Begangene zu sühnen und ein jeder, der weiß, mit welcher Leidenschaft sie an diesem schönen Leben hing und der die ungeheure Energie und Zähigkeit dieser Frau kannte, wird ermessen können, was dazu gehörte, diese Energie gegen sich selber anzuwenden und wird verstehen, daß sie dadurch ihre dunkle Tat vielfach gesühnt hat.‹«

(Erst zwanzig Jahre nach ihrem Tod, in seinem Roman »Der Weg der Lena Christ«, gibt Jerusalem zu, dass er es war, der ihr das Zyankali für ihren Selbstmord besorgt hatte. Anm. d. Autorin)

Annette Thoma, Schriftstellerin, schreibt in ihrem Buch »Bei uns daheim« über ihre Freundin Lena Christ: »Lena Christ faszinierte schon beim ersten Händedruck. Ein typisch baierisch-bäuerliches Gesicht, klassisch geformt, durchgeistigt, als wäre es dem Echten in ihrem Schrifttum angeglichen oder umgekehrt. Dazu die reichen blonden Haare, in dicken Zöpfen im Nacken zusammengehalten. Mein Mann (d. i. der Maler Emil Thoma) wollte sie malen, es kam aber nicht dazu, weil er seine Hand verletzte.

Auffallend war im Zusammenhang mit ihrer schlichten Natürlichkeit die Sicherheit im Urteil und eine klare Ausdruckweise, ob man über diesen unseligen Krieg sprach, ob sie sich zu den Bildern meines Mannes äußerte oder ein Urteil über Literarisches abgab. Tragisch, daß durch die Liebe zu einem jungen Balladensänger, der ihr nicht gemäß war, ihr Leben so unglücklich endete.«

Münchner Neueste Nachrichten vom 29. 9. 1931:
»Auf dem Waldfriedhof bei München fand der Friedhofswärter 1920 eine tote Frau von eigentümlicher Schönheit des Antlitzes [...] Es war die Dichterin Lena Christ. Hätte sie nicht vorzeitig die Rennbahn verlassen, so würde sie heute wahrscheinlich die berühmteste Dichterin Bayerns sein, würde in einer Front mit den besten Namen der neuen deutschen Erzählung stehen, würde Siegerin sein statt Unterliegerin ...Der klare Fluss der Handlung, die einfache und edle Darstellung, die prachtvolle Zeichnung bäuerlicher und handwerkerlicher Gestalten, alles das kennzeichnet die Dichterin als eine der herausragendsten Gestalten süddeutschen Schrifttums.«
BÖRRIES VON MÜNCHHAUSEN

Telegramm-Zeitung vom 1. November 1931, Autor ist der engagierte junge Journalist Werner Friedmann, der spätere Chefredakteur und Verleger der *Münchner Abendzeitung:*
»Lena Christ war *die* bayerische Dichterin. Ein weiblicher Ludwig Thoma, eine Frau voller Lebenswärme und Natürlichkeit. Voller Liebe zu den bayerischen Menschen und zum bayerischen Land [...] Und dann kam das Verhängnis. Es ist die große Liebe, die sie elementar herabwirft von der Höhe ihres Schaffens, an der sie bei ihrer Schwerblütigkeit zugrundegehen muß. Ein Lautensänger, um vieles jünger als sie selbst, verletzt aus dem Krieg zurückgekehrt, kettet sie, die zum erstenmal wahrhaft und leidenschaftlich zu lieben beginnt, an sich. Vielleicht unbewußt, vielleicht bewußt, gewiss aber schicksalhaft. Sie

vergißt ihre Welt und ihre Arbeit, ihre Ehe und ihre Kinder. Sie reißt alle Schranken ein, eilt an die Seite des Geliebten, dessen Schönheit und Klugheit ihre liebende Phantasie ins Unermessliche steigert, dem Glück entgegen, das sie Zeit ihres Lebens gesucht hat. Sie gibt mit ihm Konzerte, hält Vorträge, sie hilft dem durch seine Verletzung hilfsbedürftig gewordenen Künstler. Ihre Bekannten rücken von ihr ab – sie kümmert sich nicht darum. Noch hat sie Geld von ihren Büchern. Es gibt Konflikte wegen des Altersunterschiedes, der junge Mann lebt von ihrem Geld. Lena Christs Ehemann kommt aus dem Felde zurück, doch die Leidenschaft zu dem jungen Geliebten bleibt. Lena Christ will die Liebe ihres Lebens halten, fälscht Bilder plump und schlecht, von der Verzweiflung diktiert. Fabrikanten und Kunsthändler kaufen trotzdem, alle wollen ihr Geld vor der Steuer in Sicherheit bringen.

Vergessen ist das Schicksal eines Menschen, den man mit Steinen bewarf, weil er fehlte. Aber die Literaturgeschichte der Zukunft wird ein Plätzchen haben für Lena Christ, die bayerische Dichterin.«

1940, beim Erscheinen des Romans von Peter Jerusalem, »Der Weg der Lena Christ«, in dem Jerusalem zugibt, dass er seiner Frau das Zyankali besorgt und ihrem Sterben zugesehen hat, ist offenbar die Presse nicht irritiert. Im Gegenteil: Die Rezensionen des Buches zollen dem Autor eher Mitgefühl und Respekt. Einzig Hulda Hofmiller, die Frau des bekannten Essayisten Josef Hofmiller, der sich am intensivsten mit den Werken Lena Christs auseinandergesetzt hat, schreibt zum Erscheinen des Buches »Der Weg der Lena Christ«, 1940, empört: »Ich schäme mich der Tat dieses Mitschuldigen und der ungenierten, ja sogar günstig besprochenen Veröffentlichungen und eingehenden Darstellungen dieses verbrecherischen Handelns für die ganze deutsche Literatur. Jerusalem hatte den Cynismus, ihr das Gift zu verschaffen, sie mit keinem Wort von ihrem, zweifellos in zerrüttetem Zustand gefassten Entschluss abzubringen ... Man braucht nur human zu denken, um das Handeln dieses Mannes grauenhaft zu finden!«

Der Genealoge und Privatgelehrte Adolf Roth beschäftigt sich 1957 in dem Monatsheft *Schönere Heimat* ausführlich mit dem Herkommen Lena Christs. Am Schluss seines sorgfältig recherchierten Artikels schreibt er: »[...] daß sie schließlich an einen Schwabinger schmierigster Observanz gerät, der sie zwar zum Schreiben bringt, ihr darüber hinaus aber keine Hilfe und ganz bestimmt keinen Halt geben kann, und der sie schließlich bewußt und überlegt in den Tod treibt, macht die Tragik ihres Lebens aus. Das hat dann freilich nichts mehr mit der Herkunft der Lena Christ zu tun, das geht die Zeit und die Umstände an, unter denen sie ihr Leben zu leben gehabt hat.«

Süddeutsche Zeitung vom 5–7. 4. 1969, Autor K. H. Kramberg:
»Der zwielichtige Tod dieser Frau war der (wenn man das so nennen darf) stilvolle Abschluß einer Entwicklung, die unter dem Druck einer bis zur Grausamkeit unduldsamen Gesellschaft das Gesicht einer lebenslangen Folter annahm. Zwischen 1912 und 1920 schrieb Lena Christ sechs Bücher vorwiegend autobiographischen Charakters, eindrucksvoll durch die Verschränkung einer urwüchsig sinnlichen Sprache und einer niemals schwelgerischen, vielmehr gebrochen anmutenden Pathetik. Das machte diese Dichterin von überregionalem und auch überpersönlichem Rang aus.

Zwanzig Jahre nach ihrem Tod schrieb ihr Mann eine Biographie, die zugleich die Analyse ihres Charakters zu geben beansprucht; ›Der Weg der Lena Christ‹. Aber die Authentizität dieses Berichts ist zweifelhaft. Denn Peter Benedix (d. i. vormals Peter Jerusalem) hatte Gründe, seine mögliche Mitschuld am Tode der Frau zu verschleiern; auch war ihm daran gelegen, als Inspirator und Lenker ihrer schriftstellerischen Arbeit zu gelten. Der Fall Lena

Christ ist seit den ›Erinnerungen einer Überflüssigen‹ zwar literaturnotorisch, aber de facto nicht mehr aufgeklärt worden.

Die Lyrikerin Ursula Krechel schreibt in der *Süddeutschen Zeitung* vom 31. 10/1. 11. 1981:
»Sich 1940 zu einer so umsichtigen Art von persönlich geleisteter Euthanasie zu bekennen, entbehrt nicht einer zeitgenössischen Chuzpe. Eine lungenkranke, depressive, vielleicht ans Ende ihrer schriftstellerischen Möglichkeiten gekommene Schriftstellerin ist tot besser als lebendig. Ein Denkmal pflegeleichter als eine Frau. So gelang es ihm, freilich auf ganz andere Weise, als sein Kleingeist erhoffte, ›wenn auch nicht die Frau, so vielleicht doch noch die Dichterin mir und anderen zu erhalten‹. Der Meister, der ihr angeblich die Hand zum Schreiben geführt hat, darf ihr auch das Gift reichen.
Die erfindungsreiche Lena Christ, die einen Blick für die Abgründe zwischen den Menschen hat, hätte ihren Figuren ein solches Ende nicht erfinden wollen.«

Die Kinder Lena Christs – was aus ihnen wurde:

Anton Leix, der älteste Sohn Lenas, wuchs bei seinen Großeltern auf, die ihn offenbar förderten, aber auch seinen Hass auf die Mutter schürten. Jedenfalls lehnte es der Junge ab, seine Mutter zu sehen. Lena Christ schreibt in ihrem Testament, dass sie Toni enterbe, da er sie nicht mehr als seine Mutter anerkannt habe. Sein Vater, Anton Leix, focht nach dem Tode Lena Christs das Testament an, suchte die Rechte seines Sohnes als Erbe zu wahren. Toni Leix studierte Medizin und lebte als praktischer Arzt und Geburtshelfer in Altmannstein/Oberpfalz. Er suchte am 25. 8. 1938 beim Amtsgericht München dringend den Namen seines Großvaters, den er für seinen Ariernachweis brauchte.
Magdalena Leix heiratete früh den Studenten Heinrich

Dietz, die Ehe war ausgesprochen glücklich und endete erst mit dem Tod des Ehemannes. Die Tochter aus dieser Ehe, Erika Schneider, lebt in Wasserburg und hütet das Erbe ihrer Großmutter.

Alexandra Leix kam nach dem Tod ihrer Mutter ins Münchner Waisenhaus in Neuhausen. Sie wurde später in Gesang und Tanz ausgebildet und heiratete 1932 Anton Jakob Schlageter, mit dem sie eine sehr glückliche Ehe führte. Als dieser Mann ihr durch ein Unglück genommen wurde, nahm sich die Sechsundzwanzigjährige am 17. Februar 1933 durch Leuchtgas das Leben. Sie wurde im Grab ihrer Mutter beigesetzt.

Die Enkelin Lena Christs, Frau Erika Schneider, übergab im Jahr 1999 Frau Dr. Elisabeth Tworek, Leiterin der MONACENSIA MÜNCHEN, den Nachlass Peter Jerusalems, der sich seit 1934 Benedix nannte. Es handelte sich dabei um zwei Aktenordner, gefüllt mit Korrespondenz, die Peter Jerusalem-Benedix seit dem Tode Lena Christs bis zu seinem Tod 1954 mit Verlagen, Buchhändlern, Sendern und Privatpersonen geführt hat. Das Studium dieser Briefe zeigt, dass Peter Jerusalem vierunddreißig Jahre lang nicht müde wird, darauf zu pochen, dass er allein Lena Christ entdeckt habe: »Schließlich und endlich verdankt mir ja auch Bayern seine anerkannt größte Dichterin Lena Christ, die es ohne mich nie gegeben hätte. Ich sage das nicht, um mich dessen irgendwie zu rühmen, was mir nicht liegt, sondern erwähne es nur als eine Tatsache.«

Diese Behauptung wiederholt Peter Jerusalem-Benedix gebetsmühlenhaft, wenn er Sendeanstalten, vor allem den Bayerischen Rundfunk München, auffordert, Lena-Christ-Texte zu senden. Er spielt dabei Personen vom Intendanten bis zum Abteilungsleiter gegeneinander aus, denunziert oder beleidigt sie. So nennt Jerusalem im Zusammenhang mit Honorarforderungen, die offenbar nur in seinem Kopf bestehen, den BR einen Saustall. Immer wieder weist er darauf hin, dass er seit einem halben Jahr mit der Miete im Rückstand sei, dass seine Frau und er bald auf der Straße sitzen, »weil im Bayerischen Rundfunk Norddeutsche darüber entscheiden, ob altbayerische Texte gesendet werden«. Dabei vergisst er offenbar, dass er selber in Kassel geboren ist.

Auch seine Verleger macht er für seine stets schwierige wirtschaftliche Situation verantwortlich. Allenorts erklärt er, dass er »wegen des totalen Versagens meiner Buchverleger« nicht zahlungsfähig sei. Er beschäftigt Bücherrevisoren und Rechtsanwälte, da er seine Verleger für Betrüger hält.

Schwer erträglich wird die Lektüre seiner Briefe, wenn es um die Töchter Lena Christs geht. Ganz offensichtlich hat er Probleme damit, die Honorare der Mutter mit ihnen zu teilen. Schlimmer ist, dass er noch am 4. November 1948, achtundzwanzig Jahre nach ihrem Tod, Lena Christ bei ihrer Tochter Leni denunzieren will: »Heut möchte ich Dir nur kurz mitteilen, dass Dein letzter Honoraranteil RM 1800 betragen hat. Daraus sind DM 180,- geworden. Hiervon Freikonto DM 90,-, also DM 18,-. Demnach zusammen DM 108,-

70 % sind gestrichen und die restlichen 10% bleiben vorläufig noch gesperrt.

Diesen Dir zustehenden Betrag werde ich Dir in drei Raten schicken. Anders ist es mir zur Zeit nicht möglich, da ich von meinen Verlegern seit der Währungsreform keinen Pfennig mehr erhalten habe, obwohl sie zu Zahlungen verpflichtet wären.

Schließlich mußt Du Dir ja sagen, dass es ohne mich nie eine Lena Christ gegeben hätte, sondern Deine Mutter rund zehn Jahre vor ihrem Tode schon ein ähnliches Schicksal erlitten hätte wie das, was sie ihr Leben beenden ließ. Du würdest das umso mehr einsehen, wenn Du alles wüßtest. Als Frau Leix hätte sie auch bestimmt keinen Pfennig hinterlassen und nur Schulden, die übrigens bei ihrem Tode im Jahre 1920 auch reichlich vorhanden waren und rund 40.000 Mark betrugen.«

Die von Jerusalem behaupteten Schulden, die nicht so hoch waren, wie Jerusalem angibt, waren Vorschüsse der

Verlage Albert Langen und List. Sie wurden bald nach dem Tode Lena Christs von den Verlagen aus Honoraren für Neuauflagen beglichen, so dass Jerusalem damit nicht belastet war. Er erwähnt auch mit keiner Silbe, dass er zu ihren Lebzeiten von den Honoraren Lena Christs profitiert hat und nach ihrem Tod fast ausschließlich davon lebt.

Auch gegenüber Helmut von Cube, der für die Zeitschrift *Regenbogen* einen Aufsatz über Lena Christ plant, wiederholt Jerusalem seine kryptischen Andeutungen. Jerusalem schreibt am 2. 7. 47: »Lena Christ befand sich im Stadium einer offenen Lungentuberkulose, angenommene und schon honorierte Arbeiten hatten die Redaktionen ihr zurückgeschickt, mit dem Bemerken, nach dem Vorgefallenen (Bildersignaturfälschung) könnten sie nichts mehr von ihr bringen. Dabei war diese Fälschung bei weitem nicht das Schlimmste. Wesentlich Schlimmeres habe ich nur angedeutet.«

Selbst Lenas langjährigen Freund, Hans Ludwig Held, will Jerusalem davon überzeugen, dass sie eine dunkle Vergangenheit habe. Jerusalem bittet den einflussreichen Freund immer wieder um Fürsprache, weil er glaubt, ein Recht auf finanzielle Unterstützung durch Stipendien oder Literaturpreise zu haben. Er scheut sich auch nicht, sich über die mindere Qualität der Texte von Preisträgern auszulassen. Hans Ludwig Held hat ihm mehrfach vorsichtig mitgeteilt, dass vor allem das Buch über Lena Christ »zwischen dir und den Herren der Stiftung zur Förderung des Schrifttums steht«. Jerusalem antwortet ihm in einem Brief vom 4. 7. 51: »[...] kann ich nur sagen, daß ich gegen die unzureichende Denk- und Kombinationsfähigkeit mancher Leute machtlos bin. Wüßten die, was ich an ausgesprochen Kriminellem bezüglich der vor meiner Begegnung liegenden Lebensführung der Lena Christ verschwiegen habe, würden sie höchlichst erstaunt sein. Auch darüber, daß ich es gewagt habe, mit einer in jeder Beziehung so schwer belasteten Persönlichkeit eine nähere Verbindung einzugehen. Aber ich war ja einfach fasciniert von ihrer großen mündlichen Erzählerbegabung, die ich unbedingt der deutschen Literatur darbieten und erhalten wollte. Was aber das sehr Negative im Leben der Christ betrifft, so konnte ich als anständig denkender Erdenbürger nicht den dichten verhüllenden Schleier von einer Toten wegziehen. Mithin muß ich es eben hinnehmen, daß man mich gelegentlich mit Steinen bewirft, für eine Handlung, die verschiedene Leute in den mir zugegangenen Zuschriften als eine wahre Freundestat bezeichnet haben. Unter ihnen befindet sich sogar eine Klosterschwester.

Letzten Endes resultiert das Ganze ja aus einer Überschätzung des Lebens. An sich ein Gut, ist es kein Gut mehr, wenn es nur noch aus Elend, Qual und Pein besteht, verbunden mit einer jeder Hoffnung baren tödlichen Erkrankung, ganz abgesehen von dem, was bei der zu erwartenden Gerichtsverhandlung an den Tag gekommen wäre. Dem gegenüber war der Tod eine Erlösung und ein alles zudeckendes Gut. Ein nicht hoch genug zu schätzendes, als das ihn ja auch Heinrich von Kleist empfunden hat, als er mit dem Gefühl einer beseligenden Heiterkeit zusammen mit seiner Todesgefährtin den letzten Weg gegangen ist.«

Befremdlich ist auch, wie Peter Jerusalem mit Menschen umgeht, die sich nachweislich für die Werke Lena Christs eingesetzt haben. So beschimpft er den Buchhändler Bruno Eppelin in Ruhla/Thüringen, der mit Lena Christs Töchtern korrespondiert und sie darüber aufklärt, wo Bücher der Mutter neu aufgelegt werden. Lena Christs Werke erscheinen nämlich in Weimar, in Wien und in Krakau, und Eppelin fragt die Töchter, ob Jerusalem ihnen von seinen hohen Honoraren auch etwas abgebe. Eppelin hebt besonders hervor, dass Alixl ihn in ihrer Phantasie, ihrem Erfindungsreichtum sehr an die Erzählungen der Mutter erinnere. Jerusalem stellt Eppelin in wütenden Briefen als »kleinen Buchhändler« hin, »der sich anmaßt, das Werk Lena Christs gefördert zu haben«. Er teilt Eppelin außerdem mit, dass Alexandra »eine ebenso schwere Psychopathin wie ihre Mutter« sei, dass sie Eppelin Lügenmärchen aufgebunden habe und so fort. Später wird er auf Anfrage von Leuten nach den Töchtern von Lena Christ eiskalt sagen, dass die Jüngste, eine schwere Psychopathin, sich mit Leuchtgas das Leben genommen habe. Offenbar hat Alixl bei Jerusalem schlechte Karten, weil sie zehn Jahre nach dem Tode der Mutter beim Amtsgericht eine Abschrift des Testamentes ihrer Mutter beantragte. Grund: »Auseinandersetzung mit dem zweiten Ehegatten der Verstorbenen, Peter Jerusalem.«

Er hat es jedesmal strikt zurückgewiesen, wenn die Töchter mitentscheiden wollten über das Werk der Mutter, und sie damit eingeschüchtert, dass ihre Mutter ihn »zum alleinigen Bevollmächtigten« ernannte habe, wofür es allerdings keinen Beleg gibt.

Peter Jerusalem hat es trotz seiner Bemühungen nicht geschafft, mit seiner Person die Sicht auf Lena Christ zu verstellen. Er ist vergessen. Anders als Lena Christ, deren Romane heute noch gelesen werden, da ihre Kunst nichts von ihrer Sprachkraft und Eindringlichkeit verloren hat. Lena Christ gehört zu den stärksten und schärfsten Beobachtern ihrer Epoche, sie war wie eine Art Teleskop, durch das man in die Vergangenheit Altbayerns blicken konnte und kann. Zweifellos ist sie eine der größten Dichterinnen ihrer Zeit gewesen.

München, April 2002
Asta Scheib

Danksagung

Sie waren mir eine große Hilfe, und ich danke ihnen von Herzen:

Dr. Elisabeth Tworek, Christine Hannig und Ursula Hummel vom MONACENSIA Literaturarchiv, die mich bei den Recherchen jederzeit unterstützt haben.

Dr. Edda Ziegler, die mit ihrem Projekt »Der Traum vom Schreiben« den Anstoß gegeben hat.

Der Psychoanalytiker Dr. Andreas Hamburger hat mich ebenso intensiv beraten wie der Lungenspezialist Dr. med. Joachim Lehnert.

Kristof Wachinger vom Verlag Langewiesche-Brandt stellte mir das letzte Exemplar der Buchreihe über deutsche Sagen zur Verfügung, an der Peter Jerusalem und Lena Christ mitgearbeitet hatten.

Meine Freunde Kalypso und Rupp Doinet beherbergten mich für die Zeit des Schreibens in ihrem gastlichen Haus.